中国博物馆协会 编

中国考古遗址博物馆
史前遗址博物馆
卷

江苏凤凰文艺出版社
JIANGSU PHOENIX LITERATURE AND ART PUBLISHING

图书在版编目（CIP）数据

中国考古遗址博物馆．史前遗址博物馆 / 中国博物馆协会编．—南京：江苏凤凰文艺出版社，2022.8
ISBN 978-7-5594-6681-5

Ⅰ．①中… Ⅱ．①中… Ⅲ．①石器时代考古—遗址博物馆—介绍—中国 Ⅳ．① G268.3

中国版本图书馆 CIP 数据核字（2022）第 045933 号

中国考古遗址博物馆．史前遗址博物馆
中国博物馆协会　编

出 版 人	张在健
策划编辑	张　遇
责任编辑	费明燕　胡雪琪
装帧设计	焦莽莽
图片提供	本书编委会（另有说明者除外）
责任印制	刘　巍
出版发行	江苏凤凰文艺出版社
	南京市中央路 165 号，邮编：210009
网　　址	http://www.jswenyi.com
印　　刷	南京爱德印刷有限公司
开　　本	889 毫米 × 1194 毫米　1/16
印　　张	17.25
字　　数	265 千字
版　　次	2022 年 8 月第 1 版
印　　次	2022 年 8 月第 1 次印刷
书　　号	ISBN 978-7-5594-6681-5
定　　价	518.00 元（全二册）

江苏凤凰文艺版图书凡印刷、装订错误，可向出版社调换，联系电话 025-83280257

《中国考古遗址博物馆》编委会

主　任　　刘曙光

副主任　　李　岗　　吴　健

编　委　　(《史前遗址博物馆》卷，以姓氏笔画为序)

王轩龙　　王居中　　田彦国　　阳　引　　戎云宝　　朱章义
李井岩　　吴孝斌　　吴海红　　张希玲　　张宗国　　张国萍
武秀兰　　姚小强　　赵　辉　　赵元杰　　赵志雄　　胡继忠
崔　强　　梁慧娟　　董　平　　曾　阳　　蒋远金　　董翠平
楼　卫

编　委　　(《历史时期遗址博物馆》卷，以姓氏笔画为序)

丁　伟　　万　琳　　王东林　　王原茵　　王　彬　　王银安
王　琳　　吉　桃　　吕劲松　　任新来　　李民涌　　李举纲
李　宾　　杨邦德　　杨志国　　何　俊　　辛军民　　张永伟
张茂林　　陈建平　　范丽君　　周东征　　周意群　　赵学锋
段洪黎　　葛明宇　　董朝辉　　景宏伟　　曾超群　　蔡　梅
魏乾涛

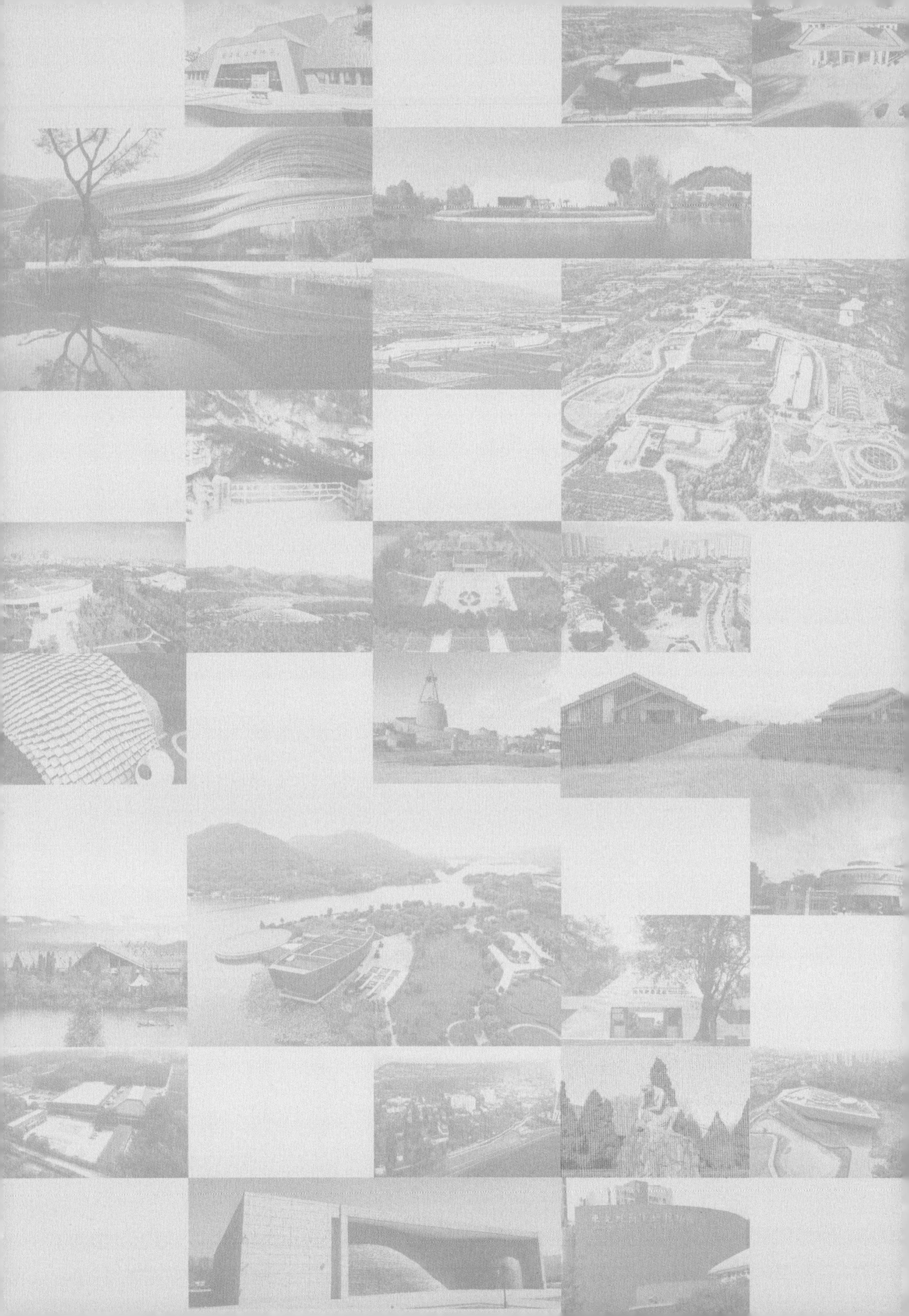

《史前遗址博物馆》卷

主　　编　　吴　健

副主编　　楼　卫

总统稿　　沈一敏

编　　辑　　楼　卫　　沈一敏　　郑伟军　　俞博雅　　厉小雅

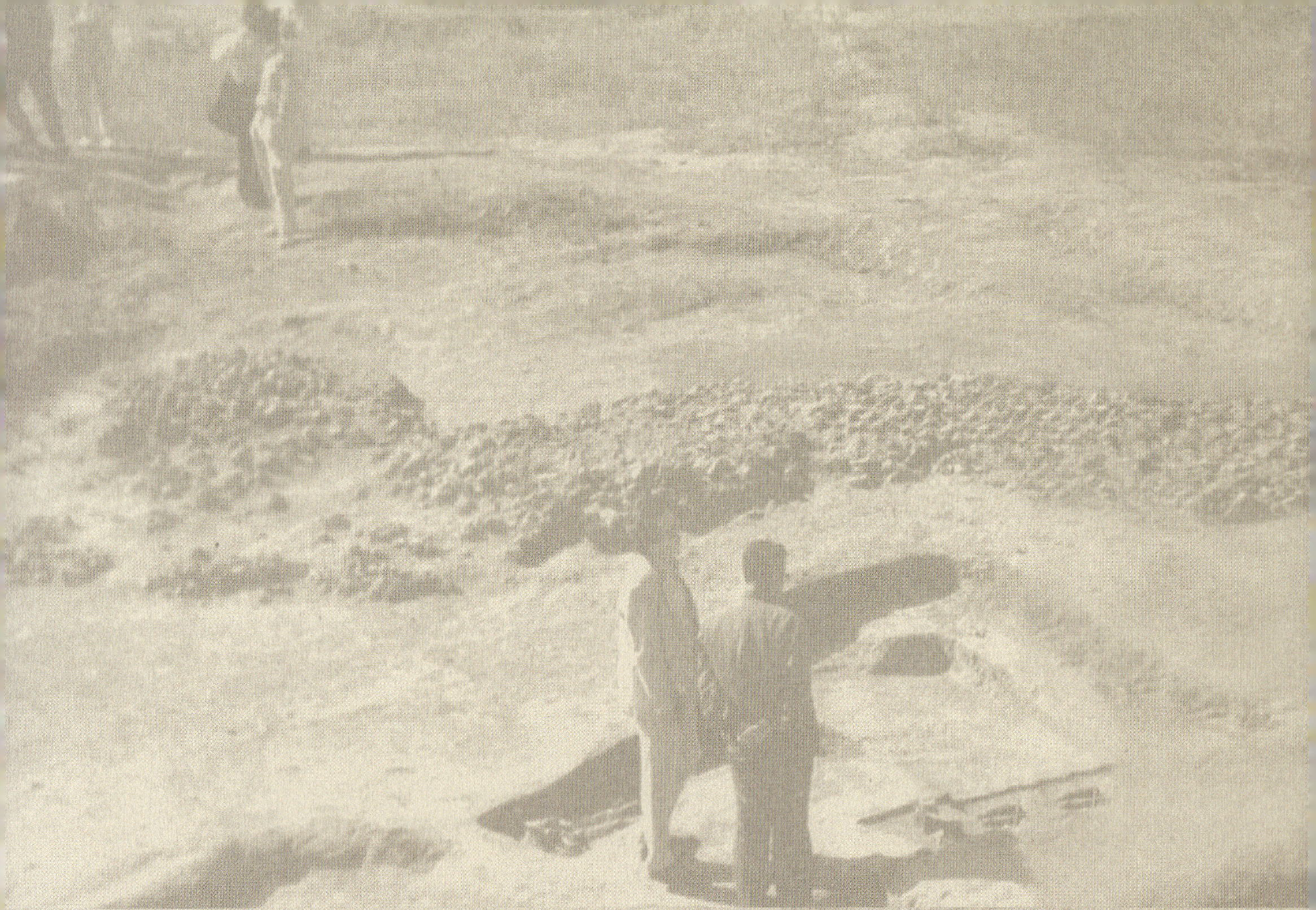

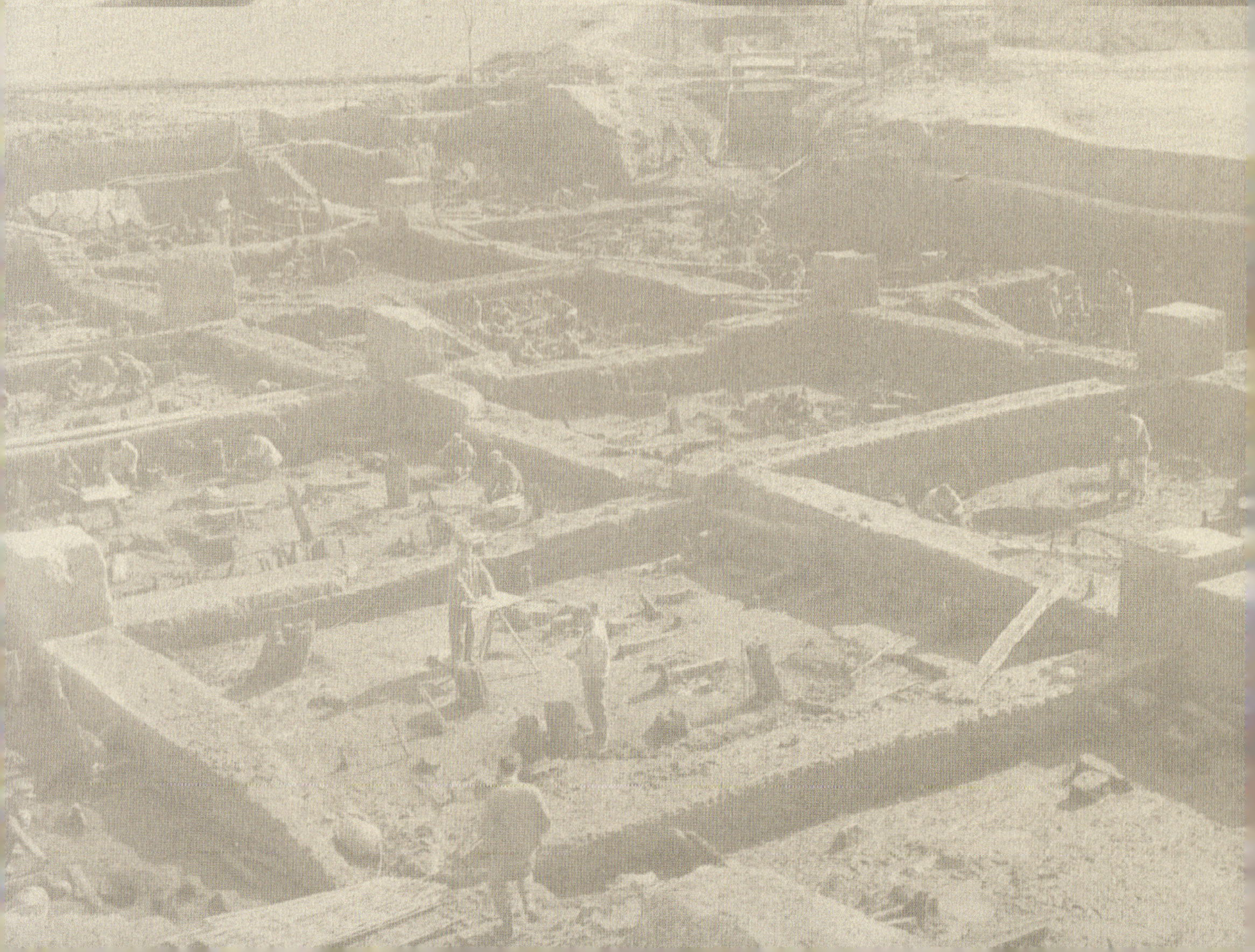

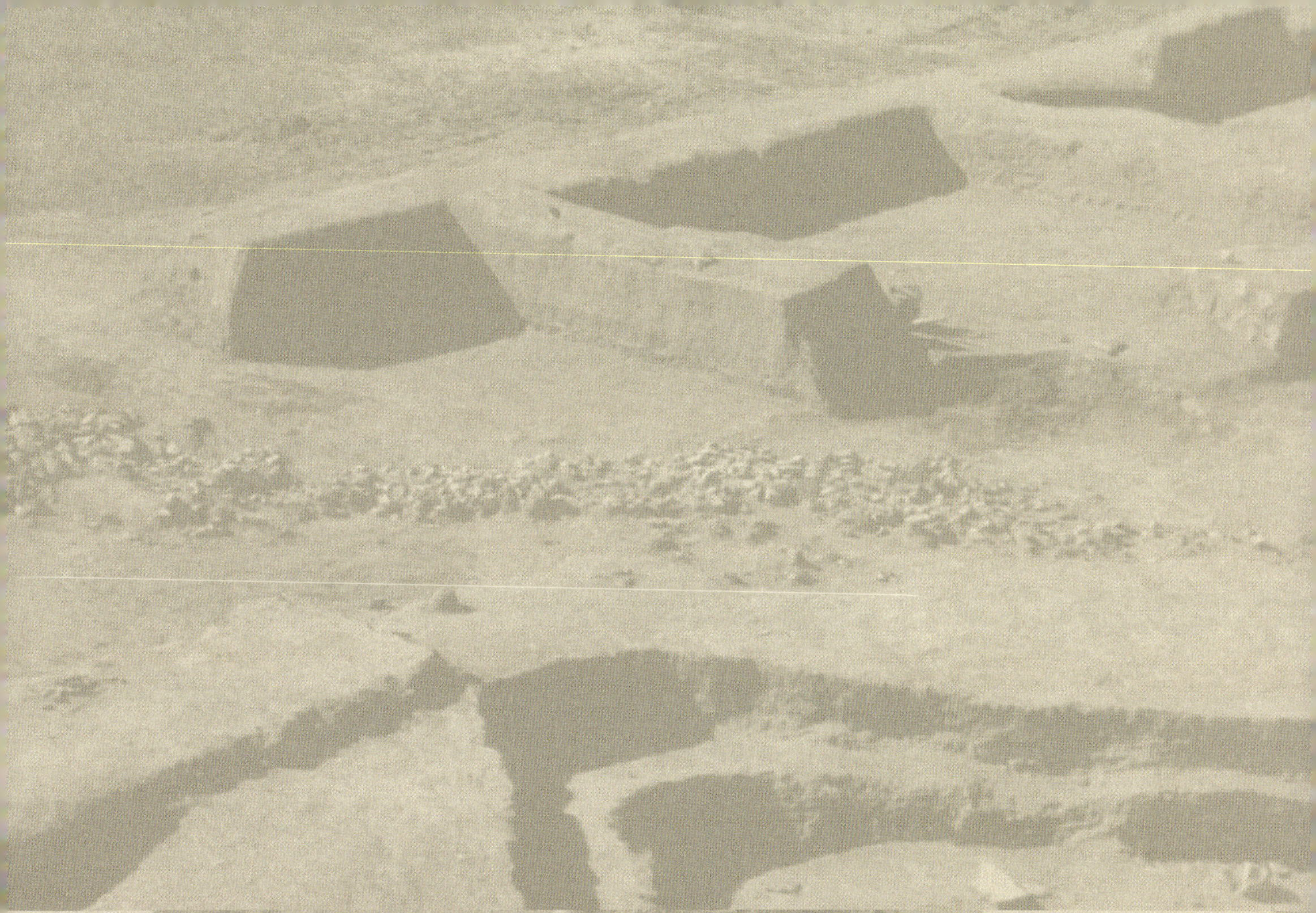

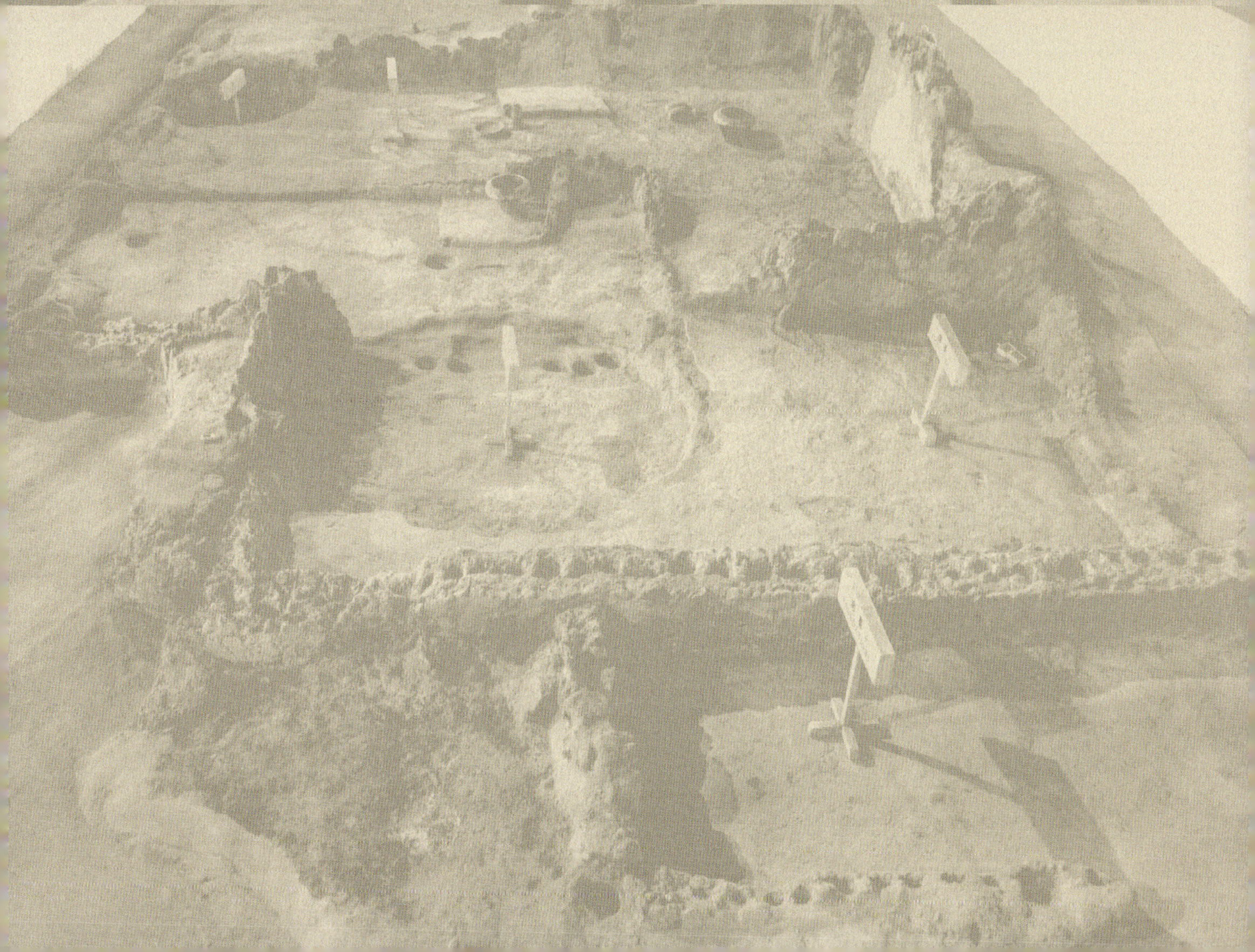

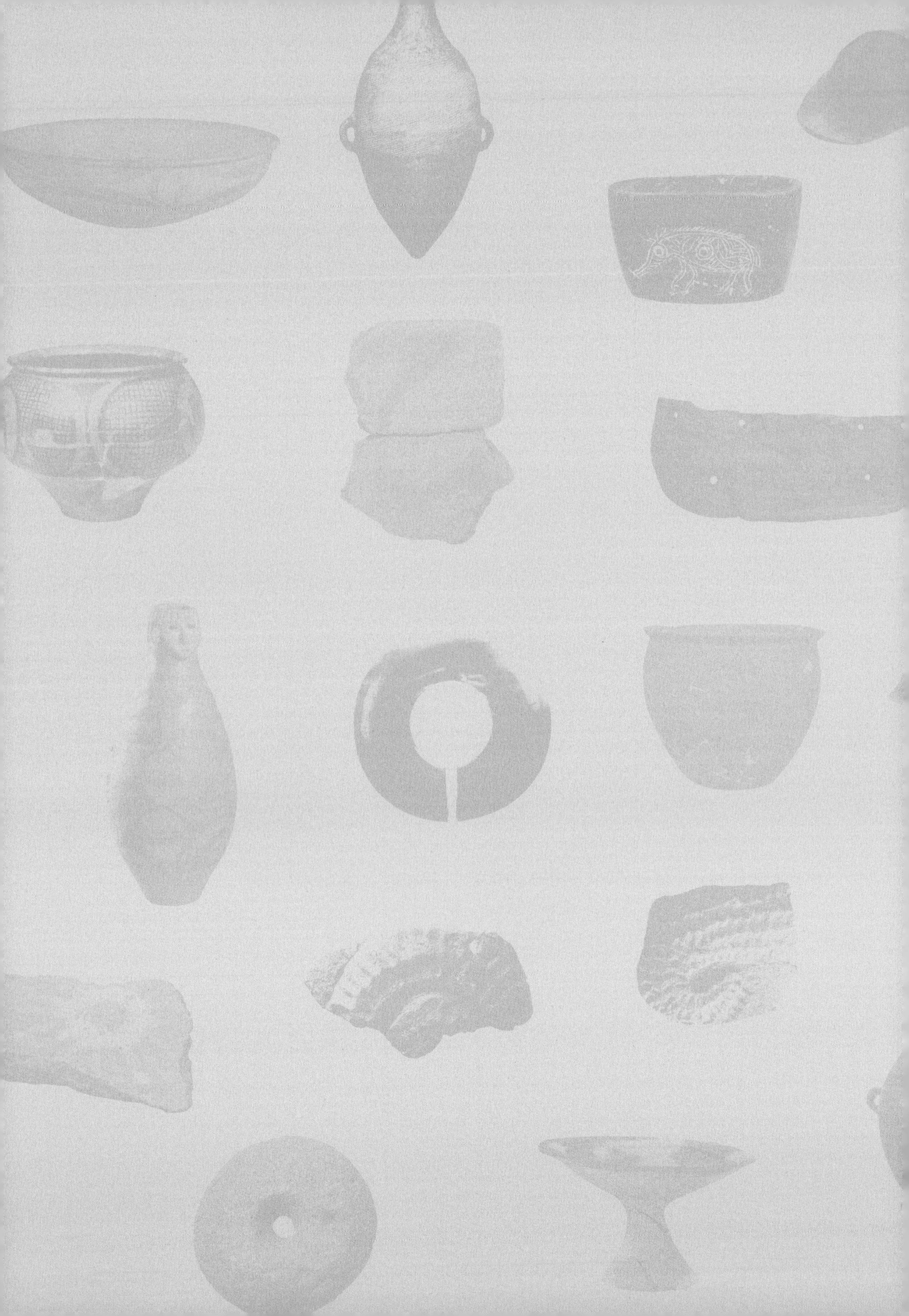

序

博物馆作为一种特殊的社会文化教育服务机构，是一个国家、一个民族历史文化和现代文明的形象代表。随着人类文明的发展与进步，博物馆逐渐成为人们寻求历史文化知识的最佳场所，博物馆的社会功能也在不断被赋予新的内容。

考古遗址博物馆是一种比较特殊的专题类博物馆，它依托考古遗址的保护而存在，伴随考古研究的深入而发展，通过"将考古发掘的工作和研究成果进行形象化表达"，直观生动地向观众讲述遗址蕴含的历史文化，并与考古学形成相辅相成、互相补充的紧密关系。伴随着中国考古学的发展与成熟，中国考古遗址博物馆也经历了开创、发展和飞跃等阶段，并逐渐成为博物馆体系中重要的组成部分。

20世纪50—70年代，为中国考古遗址博物馆建设的开创时期。这一时期的考古遗址博物馆基本上依托重要考古遗址的发掘成果而不断发展。其中，1953年正式对公众展示周口店遗址的"中国猿人陈列室"，是我国第一座建在考古遗址区范围内的展示建筑，创造了考古遗址出土文物就地展览的先例。1958年在半坡遗址发掘原址上开放的西安半坡博物馆，成为中国第一座真正意义上的考古遗址博物馆，也是世界上最早的考古遗址博物馆之一，开创了我国遗址博物馆建设的先河。受此影响，陆续建立了一些考古遗址博物馆。这一时期的考古遗址博物馆大多是在遗址保护管理机构、文物陈列室的基础上建立起来的。考古发掘与保护展示工作存在脱节现象，理论研究也相对滞后。特别是在20世纪60年代中期到70年代后期，中国博物馆整体发展几乎停滞不前，遗址博物馆的研究也不可避免地陷入停滞状态，直到20世纪80年代中叶，遗址博物馆研究才陆续开展起来。

1979—2004年，为中国考古遗址博物馆建设的发展时期。特别是党的十一届三中全会以后，我国的文博事业发展重新回到正轨，考古遗址博物馆的建设也进入高速发展期。1979年，秦始皇兵马俑博物馆采取边发掘边展出的方式，将秦兵马俑一号坑正式对外开放，成为我国考古遗址博物馆发展历程的重要转折点。1989年，秦兵马俑三号坑展厅建成开放，1994年，秦兵马俑二号坑展厅建成开放。秦始皇兵马俑博物馆的对外开放，极大地促进了遗址博物馆的建设热潮，一批极具特色的遗址博物馆相继诞生，如1988年成立西汉南越王博物馆、1993年成立河姆渡遗址博物馆、1994年成立敦煌石窟文物保护研究陈列中心、1995年成立北京辽金城垣博物馆、1997年成立三星堆博物馆、1999年成立汉阳陵考古陈列馆、2001年成立王府井古人类文化遗址博物馆等。这一时期考古遗址博物馆的飞速发展，受益于"中国考古黄金时代"的到来，与当时考古工作的蓬勃开展密切相关。随着国家对考古工作投入的人力、物力和财力支持不断增多，中国考古学的学科体系建设得到极大提升。关于人类起源、农业起源、文明起源等课题的研究不断深入，以古代都城和陵墓为核心的历史时期考古学也取得了丰硕成果；同时由于配合基建工程的考古发掘量激增，考古遗址的发掘数量不断增多，新的考古发现和重要考古成果大量涌现，也使建立考古遗址博物馆的机会大大增加。与上一时期不同的是，一些考古机构和考古项目负责人，在重要考古遗址的发掘之初，就开始规划如何保护和展示考古遗迹，这种转变使考古工作不仅仅是为考古遗址博物馆提供展示对象，也为博物馆的后续发展提供坚定的支撑。

2005年至今，可谓中国考古遗址博物馆建设的飞跃时期。以纪念1905年张謇创办南通博物苑走过百年历程为契机，博物馆学界通过学术论坛、图书出版、课题研究、陈列展示、社会教育等方式，认真总结百年经验，积极筹划博物馆未来发展之路。由此，中国考古遗址博物馆建设也有了质的飞跃。这一时期，中国的文物保护理念发生重大变化，特别是将大遗址作为"中华民族文明发展史最具代表性的综合物证和弥足珍贵的文化遗产"，将其保护和利用上升到"有利于促进优秀传统文化传承体系建设、美化城乡环境、推动经济社会协调可持续发展"的高度。在此期间，"十一五"至"十三五"时期，国家文物局连续颁布大遗址保护专项规划并设立大遗址保护国家项目库，先后有150余处大遗址被列为国家重要大遗址，财政部为此设立了专项保护经费。建设考古遗址公园逐渐被作为重要考古遗址保护利用的工作模式，建成一批特色鲜明、具有较高展示水平的遗址博物馆成为促进文博事业蓬勃发展的奋斗目标。在国家政策和资金的支持下，考古遗址博物馆建设如火如荼，一批重要的考古遗址，如牛河梁、跨湖桥、大明宫、二里头夏都等，在多年来考古工作的成果基础上，建成了高水准的考古遗址博物馆；一些早期建成的考古遗址博物馆，例如良渚、金沙、三星堆、汉阳陵等也借此得到改建、扩建或提升，并率先发展成为国家考古遗址公园。较之传统的考古遗址博物馆，考古遗址公园不仅在对遗址的整体保护和展示阐释方面有了很大的进步，同时与考古学的关系也更加密切。更为重要的是，这种模式提升了社会公众对考古学的认识和理解，加强了社会公众的文化遗产保护意识，带动了考古遗址博物馆展览质量和教育服务水平的提升。

党的十八大以来，博物馆与考古工作受到党和国家的高度重视，特别是习近平总书记曾多次做出重要指示批示，为我国文博事业的发展指明了前进方向、提供了基本遵循、增添了强大动力，考古遗址博物馆也迎来了新的发展机遇。近年来，结合大遗址保护和考古遗址公园建设，全国新建和即将竣工开放的遗址博物馆约有50座。考古遗址博物馆以其独特的魅力，成为当前最具吸引力的

序

博物馆种类之一，也势必成为新时代中国特色、中国风格、中国气派博物馆事业充满活力的增长极。2021年发布的《中华人民共和国国民经济和社会发展第十四个五年规划和2035年远景目标纲要》中明确提出，要加强安阳殷墟、汉长安城、隋唐洛阳城和重要石窟寺等遗址保护，开展江西汉代海昏侯国、河南仰韶村、良渚古城、石峁、陶寺、三星堆、曲阜鲁国故城等国家考古遗址公园建设。2021年10月国务院办公厅印发的《"十四五"文物保护和科技创新规划》，更是把大遗址保护、国家考古遗址公园建设作为重点工作任务，并提出用"考古成果实证我国一万年的文化史、五千多年的文明史"的目标。同月，国家文物局发布了《大遗址保护利用"十四五"专项规划》，进一步提出了"一流遗址博物馆创建项目"，拟支持10—15处高水平遗址博物馆。这些战略决策，都将成为考古遗址博物馆发展的强大动力和支撑。

经过半个多世纪的发展历程，考古遗址博物馆在实现考古遗址的有效保护、推动考古学科发展、展示中华文明的灿烂成就、提高社会和公众的文化遗产保护意识等方面，发挥了不可替代的作用。在高质量发展的新时代，考古遗址类博物馆如何把握发展机遇，充分体现自身价值，适应社会需求，已成为我们面临的新课题。同时，整理总结中国考古遗址博物馆的发展历史，形成对考古遗址博物馆全面、系统、科学的认识，为弘扬中华优秀传统文化、增强文化自信提供更坚强的支撑，也具有十分重要的现实意义。

值此中国博物馆协会成立40周年之际，由中国博物馆协会史前遗址博物馆专业委员会和中国博物馆协会考古与遗址博物馆专业委员会共同编撰的《中国考古遗址博物馆》一书，集中介绍了全国具有代表性的56座考古遗址博物馆。通过这些典型代表，展示新时期中国考古遗址博物馆的整体形象，以供同仁们回顾历程、总结经验、交流借鉴、构建愿景。希望本书的出版，能够为考古遗址博物馆的发展提供有力的学术支撑，为我国博物馆行业的高质量发展和博物馆学科体系的完善，贡献绵薄之力。

中国博物馆协会史前遗址博物馆　　　　中国博物馆协会考古与遗址博物馆
专业委员会主任委员　吴健　　　　　　专业委员会主任委员　李岗

目 录

序 001

史前遗址博物馆

周口店遗址博物馆 008
南京直立人化石遗址博物馆 016
柳州白莲洞洞穴科学博物馆 026
浦江县上山遗址博物馆 039
桂林甑皮岩遗址博物馆 051
大地湾博物馆 061
阜新查海遗址博物馆 071
敖汉博物馆 081
跨湖桥遗址博物馆 090
沈阳新乐遗址博物馆 100
宝鸡北首岭博物馆 111
仰韶文化博物馆 120
河姆渡遗址博物馆 129
西安半坡博物馆 140
马家浜文化博物馆 150
福建省昙石山遗址博物馆 159
良渚博物院 168
郑州市大河村遗址博物馆 181

牛河梁遗址博物馆 190

青海柳湾彩陶博物馆 200

东莞蚝岗遗址博物馆 211

三星堆博物馆 219

城子崖遗址博物馆 233

民和县喇家遗址博物馆 241

成都金沙遗址博物馆 252

历史时期遗址博物馆

二里头夏都遗址博物馆 266

盘龙城遗址博物院 276

殷墟博物馆 285

铜绿山古铜矿遗址博物馆 297

虢国博物馆 308

晋国博物馆 317

梁带村芮国遗址博物馆 326

宝鸡先秦陵园博物馆 339

安吉古城遗址博物馆 350

秦始皇帝陵博物院 358

里耶秦简博物馆 373

南越王博物院 381

汉景帝阳陵博物院 395

茂陵博物馆 406

目 录

徐州汉兵马俑博物馆 415

南昌汉代海昏侯国遗址博物馆 424

大葆台西汉墓博物馆 435

汉魏洛阳城遗址博物馆 444

大明宫遗址博物馆 458

乾陵博物馆 468

法门寺博物馆 478

西安大唐西市博物馆 490

渤海上京遗址博物馆 501

重庆白鹤梁水下博物馆 512

耀州窑博物馆 522

磁州窑博物馆 534

景德镇民窑博物馆 542

南京大报恩寺遗址博物馆 550

明十三陵博物馆 559

海龙屯遗址博物馆 570

广东海上丝绸之路博物馆 584

后 记 595

周口店遗址博物馆

周口店遗址概况

周口店遗址位于北京市房山区周口店镇，距市中心约 50 千米，背靠峰峦起伏的太行山脉，面临广阔的华北平原，山前一条小河潺潺流过。这里自然资源丰富，气候温暖宜人。

周口店遗址以出土丰富的、代表人类发展不同阶段的人类化石著称于世，共计发现了 27 处化石和文化遗物地点。其中 4 处出土了不同时代的古人类化石，即：第 1 地点（猿人洞）、第 4 地点（实为遗址，沿用旧称）、第 26 地点（山顶洞）、第 27 地点（田园洞）。共发现古人类化石近 300 件。

在周口店遗址出土的人类化石中，最为著名的是距今 70 万—30 万年的"北京人"化石和距今 3 万—1 万年的山顶洞人化石。此外，第 4 地点和第 27 地点也分别出土了距今 20 万—10 万年和距今 4.2 万—3.8 万年的古人类化石。

周口店遗址入口

周口店遗址出土的古人类化石涵盖了人类演化史上3个重要的阶段：直立人、早期智人和晚期智人，是研究这些阶段人类体质特点和演化更替过程的珍贵材料，提供了古人类脑容量与结构、骨骼结构与特征、身高、年龄、发育特点、性别差异、营养状况、死亡原因等方面的大量信息。这些材料的出土和研究成为科学史上里程碑式的事件，确立了直立人这一古人类阶段，解决了发现于印度尼西亚的爪哇人"是人是猿"的争论，是古人类"多地区起源"学说及"连续进化、附带杂交"理论的支撑，是研究现代东亚人类起源与演化过程的主要依据，成为进化论和唯物论有力的材料支撑。基于此，周口店成为举世闻名的人类化石宝库和古人类学、考古学、古生物学、地层学、年代学、环境学等多学科综合研究基地。

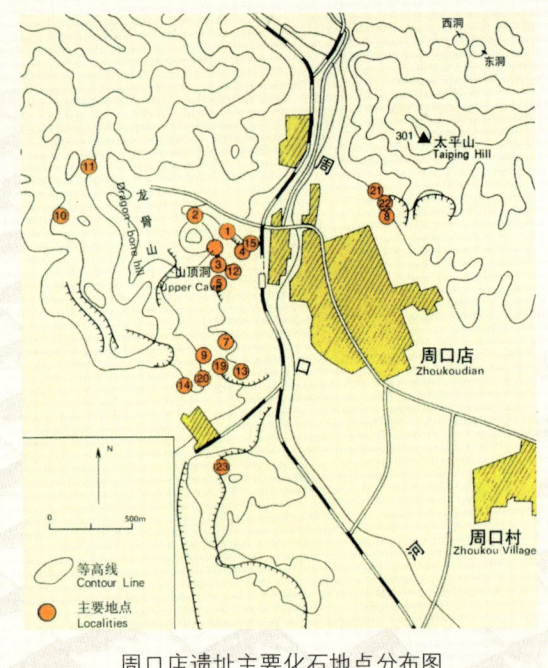

周口店遗址主要化石地点分布图

周口店遗址1961年被国务院公布为全国重点文物保护单位，1987年被联合国教科文组织列入《世界遗产名录》，2011年被联合国教科文组织亚太地区世界文化遗产培训与研究中心授予"世界遗产青少年教育基地"称号，也是中国房山世界地质公园八大园区之一。

周口店遗址还出土了10余万件古人类的石制品，其时代距今70万—1万年，为考古学家研究旧石器时代石制品的原料、类型，石器制作技术、加工对象、使用方式，古人类生计特点和生存状况，以及遗址性质和利用方式等提供了重要材料。其中第1、第15地点和山顶洞分别是东亚地区旧石器时代早、中、晚三个时期的典型代表，是研究东亚古人类石器技术特点及其发展过程、建立中国旧石器时代考古学体系和进行东西方远古文化比较研究的基础。有控制的用火遗迹和狩猎大型动物的遗存也为研究古人类的适应能力、行为方式、社会组织和智力发展水平提供了不可替代的资料，成为建立东亚地区古人类生存模式的重要依据。

周口店遗址及其附近发育多种地层和地质现象，出土丰富的更新世动物化石，是中国第四纪地质学得以建立和发展的重要基地，是进行地质教学与实习的重要场所。周口店第1地点厚层的中更新世洞穴沉积和丰富的哺乳动物化石使"周口店期"和"周口店动物群"得以建立，成为华北中更新世地质时代、地质沉积序列和动物群演化序列的典型代表。诸多化石地点各自从不同的方面提供着不同地质时代的地层和古生物资料，成为其他区域地层划分与排序、时代界定和动物群对比研究的参照系。

遗址出土的古人类化石及相关研究

周口店遗址1921年发现，断断续续发掘数十年，是迄今为止世界上发现化石最丰富、材料最全面的古人类遗址之一。在发现的古人类化石中，最广为人知的是"北京人"。

"北京人"是周口店遗址第1地点（猿人洞）出土古人类的俗称。周口店遗址共计出土"北京人"化石200多件，他们代表40余个男女老幼个体，分布在洞内第3—11层堆积物中，包括完整的头盖骨6个，牙齿147枚。

最初，学者们认为"北京人"生活在距今50万年左右。20世纪70年代开始，随着年代学研究的深入，科学家用铀系法、热释光法、裂变径迹法、古地磁法、电子磁旋共振法等测年法对"北京人"生活的年代进行研究，认为"北京人"在距今70万年左右来到周口店遗址生活，在距今20万—30万年时离开了周口店遗址。

"北京人"头盖骨化石

根据孢粉研究，"北京人"在周口店遗址生活的时候，环境大体上属于温带气候。山前有平坦开阔的草原，河流（坝儿河）潺潺流过，森林里棕熊、洞熊、狼、狐狸等10余种食肉动物虎视眈眈，但也有肿骨大角鹿、葛氏斑鹿、转角羚羊等食草动物出没。气候宜人，水草丰美，周围又有山洞可供居住，这种环境非常适宜古人类生活。

同时，猿人洞中的部分地层大量出土鬣狗粪便化石及食肉动物化石，显示"北京人"曾和鬣狗等动物争夺猿人洞的居住权。在周口店遗址居住的漫长岁月中，"北京人"为生存所做的斗争非常严酷。

"北京人"与现代人外表颇有不同。"北京人"的头骨壁较厚，前额低平，有突出的眉脊和粗壮的枕脊，头顶正中有一条从前向后延伸的矢状脊。下颌骨粗大，牙齿粗壮。脑容量约为915—

1225毫升，成年人平均为1088毫升，较现代人的平均值（约1400毫升）小，但远比猿类的大（猿类的脑容量最大只有600毫升）。脑颅较扁，像基部较大的馒头形，最宽处在外耳门附近；现代人的脑颅则近似球形。四肢形态基本上像现代人，主要差别是骨壁比现代人厚。根据腿骨推算，"北京人"男性身高约为1.56米，女性身高约为1.44米。"北京人"的股骨后面有股骨脊，表明能直立行走。

"北京人"以石器为主要工具，石器类型有刮削器、砍砸器、尖状器、雕刻器和石锥等，他们已经能使用不同的技术制造多种类型的石器，砸击法、锤击法和碰砧法是最常用的三种技法。

"北京人"复原像

"北京人"已经懂得使用和控制火，他们将天然火种带回所居住的山洞内保存，这大大提高了他们抵御野兽和外界寒冷的能力，也使得他们的体质得到增强。猿人洞内发现了厚厚的灰烬层。周口店第1地点目前已确认的火堆遗存有3处，还有个别烧灼过的石器，少量木炭、烧石，大量烧骨和烧过的朴树籽，以及无法计数的灰烬。

除"北京人"之外，周口店遗址出土的另一著名古人类就是山顶洞人。山顶洞人指的是出土在周口店山顶洞遗址的古人类。

山顶洞位于周口店遗址第1地点上方。从山顶洞内的灰色角砾岩堆积中发现了包括3个完整头骨在内的至少8个个体的晚期智人化石材料。山顶洞人属晚期智人，其体质特征基本与现代人相似，年代距今3万—1万年。

山顶洞人使用打制石器，会人工取火，靠采集、捕鱼、狩猎为生，掌握磨光和钻孔技术，会用骨针缝制衣服。在山顶洞内还发现了一些钻孔的兽牙、海蚶壳和磨光的石珠，推断是佩戴的装饰品，说明他们具有爱美意识。山顶洞人的尸骨和随葬装饰品的地方均撒有赤铁矿粉末和用此种颜料染过的装饰品，不少装饰品还残留有红色，是山顶洞人对死者实行埋葬的证据。这种埋葬习俗在旧石器时代较为常见。

周口店第4地点是一处南北向的洞穴—裂隙堆积，堆积物主要为黄色砂质黏土。在此发现了石器和古人类用火的证据（灰烬、烧石及烧过的朴树

山顶洞人埋葬场景（复原想象图）

籽）以及豺和鹿的化石。1973年发掘出土了古人类前臼齿1枚和40多种动物化石。化石的地质年代距今20万—10万年，证明此处生活的古人类属早期智人阶段，介于"北京人"和山顶洞人之间。

第27地点位于遗址核心区西南约6千米处，发现于2001年。2003—2004年，中国科学院古脊椎动物与古人类研究所专家进行了发掘。目前，已鉴定出34件古人类化石、39个属种的哺乳动物化石。

博物馆的建立与遗址保护

博物馆的建馆经过

1929年，为了发掘、保护和研究周口店遗址，当时的中国地质调查所新生代研究室在周口店设立工作站。新中国成立后，周口店遗址于1949年即恢复发掘。1953年，在周口店遗址内建"中国猿人陈列室"，9月21日对外开放，这是新中国最早一批博物馆之一，也是周口店遗址博物馆的雏形。

1972年，"中国猿人陈列室"改扩建为"北京猿人展览馆"。展馆位于龙骨山遗址群北面台地，建筑面积约为1036平方米，后更名为周口店遗址博物馆。

2002年8月16日，北京市人民政府和中国科学院签署了市院共建周口店遗址协议，明确了双方的职责、任务和目标。自那时起，周口店遗址博物馆更名为周口店北京人遗址博物馆（管理处），直接隶属北京市房山区人民政府。

为落实市院共建协议和《周口店遗址保护规划》，2006年2月，博物馆启动新馆建设工作。新馆于2011年7月开工，2014年5月18日落成开放。2021年6月，博物馆更名为北京周口店北京人遗址博物馆。

周口店遗址博物馆

遗址整体保护

1989年2月，北京市政府发布《北京市周口店北京猿人遗址保护管理办法》（以下简称"《办法》"）。随着国家上位法的修改、周口店遗址管理体制的改变，以及《周口店遗址保护规划》的编制实施，《办法》已不能满足需要。2003年，《办法》的修订工作启动。经多次论证修改，新《办法》于2009年6月1日起颁布施行。

2003年12月，周口店北京人遗址管理处委托中国文物研究所和北京建筑工程学院城市研究所编制《周口店遗址保护规划》。2005年10月，规划被国家文物局批准，2006年10月颁布实施。

为了进一步加强周口店遗址的科学保护和科技防护能力，按照《保护世界文化和自然遗产公约》和我国世界文化遗产的保护要求，2012年，周口店遗址动态信息及监测预警体系开始建设，得到国家及北京市文物局高度重视和大力支持。2012年12月31日，周口店遗址监测中心挂牌成立，被国家文物局列为中国世界文化遗产监测试点单位之一。2018年已完成三期建设，监测区域覆盖第1、第2、第3、第4地点及山顶洞等。监测内容涵盖岩体稳定性、表面病害、沉降、积水、锚杆受力、微环境以及猿人洞保护棚的震动、基础墩位移、钢结构应力应变等24个监测项共336个监测指标。

市院共建以来，周口店遗址进行了三次安防技防提升工程，不断完善设备设施功能，建立电视子系统监控室，加装红外报警系统，对遗址、博物馆进行全面动态监控。

第1地点（猿人洞）的保护

第1地点（猿人洞）堆积剖面因长期遭受自然应力侵袭而凹凸不平，出现松滑、空洞、裂隙和危石，呈现不正常坡度，具有局部坍塌和落石的隐患。2009年6月，开始对第1地点（猿人洞）进行抢救性清理发掘。

为使周口店第1地点（猿人洞）得到更加科学、有效的保护，遗址管理处向社会公开征集保护方案，经过多次论证、评比，最终确定

俯瞰周口店遗址第1地点保护棚

采用清华大学建筑设计研究院的设计方案。2013年，保护方案得到联合国教科文组织世界遗产中心和国家文物局批准，2015年正式施工，2018年8月竣工。

周口店遗址第1地点（猿人洞）保护工程先后荣获2019年亚洲建筑师协会保护类建筑唯一金奖、2020年联合国教科文组织亚太地区文化遗产保护奖"创新奖"。

博物馆的展览展示与公众教育

自市院共建以来，周口店遗址博物馆的展览展示、公众教育工作取得了长足的进步。通过引进展览及研究馆藏举办形式多样的原创展览，丰富了馆内展览形式，也增加了观众参观的内容，充分发挥了馆际交流的作用，迄今为止共计在馆内举办了近40场展览。通过举办国际学术会议、出境展览等，大大提升了周口店遗址的国际影响力。

"北京猿人走进马来西亚——周口店遗址文物展"开幕式

博物馆开展丰富多彩的科普活动。"服务全方位，科普知识进校园（社区）"宣讲活动、行走的"北京人"流动展览活动，已成为博物馆的科普名片。同时，系列科普宣传片、科普读物等也深受好评。各类文化活动持续不断，志愿者成员逐年递增。2021年，为纪念周口店遗址发现100周年，博物馆还举办了一系列纪念展览、纪念活动。

自发现至今，周口店遗址已历经了百年的沧桑，如今正在以崭新的风貌迎接世人的目光。遗址的开发与管理任重道远，遗址的研究和保护道阻且长。周口店遗址博物馆希望给观众带来美好的体验和文化的熏陶，希望能将周口店遗址建设得更加美好。

（撰稿人：宁娟）

南京直立人化石遗址博物馆

遗址概况

南京直立人化石地点于 1993 年 3 月在南京东郊汤山镇西雷公山葫芦洞内被发现。葫芦洞因洞身形似葫芦而得名，是由距今 4 亿多年的奥陶纪石灰岩经过地下水溶蚀而形成，洞内钟乳石等景观丰富多样，还出土了举世瞩目的南京直立人 1 号头骨化石、2 号头骨化石，以及大量的哺乳动物化石。1993 年 3 月 28 日，新华社报道了这一重大发现，引起轰动。南京市人民政府于 1993 年 4 月 28 日举行了表彰大会，对参与直立人发现工作的个人和单位予以奖励。

南京直立人化石地点的发现，获评 1993 年中国十大科技新闻、1994 年度全国十大考古新发现、"八五"期间全国十大考古新发现。2006 年，该化石地点被列为全国重点文物保护单位。

南京直立人化石地点地处被誉为"中国地学摇篮"的宁镇山脉核心区——南京汤山温泉旅游度

葫芦洞原址

南京直立人化石遗址博物馆鸟瞰图

假区，紧邻沪蓉高速，属于低山丘陵地带。区域内雨水充沛，气候适宜，15万亩山林错落有致，湖泊河流星罗棋布，喀斯特溶洞千姿百态，拥有丰厚的自然生态资源和深厚的历史文化底蕴，自古便是著名的宜居康养之地，是南京东郊著名的旅游胜地。

考古发现、学术成果及意义

考古发现

汤山地处宁镇山脉西端，由小汤山、雷公山和团子尖等一系列山地组成。葫芦洞是汤山地区迄今发现最大的一座天然溶洞，位于北纬32°03′31.0″，东经119°02′28.0″，海拔56.3米，长64米，宽25米，分为大洞和小洞。在中更新世中期，葫芦洞外地势相对平缓，植物茂盛，存在水域，动物众多，山麓面生长草本植被，上部为森林，山上气候凉爽，为古人类的生活和繁衍创造了极为有利的条件。

1993年3月，江宁汤山旅游公司在计划对葫芦洞进行旅游开发时，发现两件化石。化石经中国科学院古脊椎动物与古人类研究所、中国科学院南京分院和南京地质古生物研究所等机构专家鉴定，属直立人的头骨化石。

1993—1994年，南京市博物馆、北京大学考古学系联合对葫芦洞小洞进行了考古发掘。洞内堆积可分四层：第1层为白色钙板层，主要成分为碳酸钙；第2层为棕红色粉砂质黏土层，由棕红色黏土和棕黄色黏土交叉叠压堆积而成；第3层为棕红色黏土化石层，古人类化石和动物化石即含于该层；第4层为棕红色黏土层。

葫芦洞小洞化石堆积

实际上，葫芦洞内发现的可鉴定古脊椎动物化石标本1325件，可分为大洞动物群和小洞动物群。

葫芦洞小洞考古发掘地层剖面

大洞动物群有5目13科16属17种，包括马铁菊头蝠、鼠耳蝠（未定种）、变异仓鼠、根田鼠、似小林姬鼠、棕熊、黑熊、似北方豺、南方猪獾、中国鬣狗、梅氏犀、李氏野猪、葛氏斑鹿、肿骨鹿、毛冠鹿、狍（未定种）、似德氏水牛。小洞动物群有4目11科14属16种，包括棕熊、亚洲黑熊、中国鬣狗、虎、豹、中华貉、狐（未定种）、猪獾、李氏野猪、肿骨鹿、葛氏斑鹿、水牛（未定种）、梅氏犀、马（未定种）、剑齿象（未定种）、属种未定小型鹿。该动物群与北京周口店第1地点动物群较为相似，大部分属华北动物群，只有少量动物带有南方色彩。此外，洞内还发现68件鬣狗粪化石，但未发现石器工具和取火灰烬等人类生活遗迹。

洞内最为重要的发现，为2件古人类头骨化石和1枚古人类牙齿化石。两件头骨化石均残缺不全，形态与北京人较为相似，时代约相当于北京人偏晚阶段，距今约35万年。1号头骨化石发现于小洞，2号头骨化石发现于大洞和小洞之间的巷道，1枚牙齿化石则发掘于小洞。

考古回顾

1990年3月22日，地方政府开山取石，发现葫芦洞洞穴，洞穴堆积中发现有大量动物骨骼化石，但未发现古人类化石。

1992年6月—1993年初，中国科学院南京地质古生物研究所、中国科学院古脊椎动物与古人类研究所在汤山葫芦洞采集动物骨骼化石。经鉴定，这些动物与北京直立人伴生的周口店中更新世动物群颇为一致。

1993年3月13日，汤山旅游公司在清理葫芦洞小洞时，发现一件头骨化石（即南京直立人1号头骨化石）。

1993年3月24日，南京直立人1号头骨化石入藏南京市博物馆，并开始进行修复工作。

1993年3月27日，南京市博物馆考古人员进驻汤山，征集、清洗、编号、登记当地农民发现的古脊椎动物化石，筛洗已挖出的堆积土。

1993年4月17日，南京市博物馆考古人员又从汤山旅游公司征集到另一件头骨化石，该头骨化石发现于葫芦洞大洞与小洞之间的巷道沉积中，即南京直立人2号头骨化石。

1993年12月10日—1994年1月16日，南京市博物馆、北京大学考古学系联合组成汤山考古队，对葫芦洞小洞进行科学考古发掘，发现1枚直立人牙齿化石及大批伴生古脊椎动物化石。

1994年3月—1996年1月，室内资料整理，完成考古发掘报告《南京人化石地点1993—1994》的编写。

学术成果及意义

南京直立人在我国古人类演化序列中占据重要位置，为探寻中国人类起源、演进问题提供了珍贵的资料。长江中下游地区多次发现旧石器时代的所谓"砾石工业"，其内涵与北方旧石器传统完全不同，但创造该旧石器传统的人群至今不能确定，南京直立人正是解决这一难题的突破口。

南京直立人化石的发现，为进一步研究古人类形态与演进提供了最直接的资料。南京直立人头骨的形态特征与北京人相似，同时又具有自身的特点。总体来说，南京直立人的年代约处于北京人偏晚阶段，早于和县人。对其性别、年龄的鉴定，主要以形态为据；对其病理学、特殊体征的研究则是特色研究，比如对所谓高耸鼻梁的问题，有学者提出是与西方人群基因交流的结果，亦有学者认为是为了适应当地的寒冷气候。

南京直立人化石地点的发现，对古脊椎动物的研究意义深远。葫芦洞发现的古生物化石，其组成与北方动物群相似。针对这一问题，学术界提出了迁徙说、长江河道摆动说、气候演变说、长江封冻方便动物南迁说等不同观点，不仅吸引了全国相关学者的研究兴趣，也推动了对中更新世时期中国大陆区域联系这一全国性学术问题的探讨。该地点的发现，不仅仅是宁镇地区乃至长江中下游地区的区域性考古发现，更有全国性的学术意义。

南京直立人化石的发现，对研究人类起源和演化以及环境演变过程具有重要的科学意义，也带动了多学科的共同发展。将其头骨形态特征、伴生动物群种类与已知的北京人等考古发现相比较，可以确定其在古人类演化中的序列。运用多项现代化测年技术，可以测定南京直立人的生存年代。但不同的测年结果存在一定的差异。陈铁梅等采用铀系法测年，认为南京直立人的年代为距今35万年左右；陈琪等根据葫芦洞大洞石笋底部样品，采用铀系法测年，推测南京人生存年代应早于距今40万年；周春林等采用高精度热电离质谱铀系法（TIMS），测定为距今50万年；汪永进等通过钙板和石笋的TIMS测年，认为南京直立人1号头骨至少老于距今50万年，而2号头骨比1号头骨年轻，上限当不晚于距今23.9万年，即距今50万—23.9万年。目前学术界多数采用的观点是，南京直立人约处于北京人偏晚阶段，距今约35万年，地质年代属中更新世中期。

南京直立人化石地点的发现，以及相关的古生物群分析、堆积物分析、孢粉分析、沉积物分析等，为古环境重建提供了第一手的珍贵材料。研究人员通过分析伴生动物群的组成，发现大量动物与北方的周口店第1地点动物群相似，只有极少部分南方动物群成员（如剑齿象、猪獾），显示出较为单调的北方组合。堆积物分析、孢粉分析显示，当时的植物以落叶阔叶和针叶混交林为主，草本植物为辅，显示的主要是温带性质，只发现少量的亚热带植物（如枫香、杨梅、山核桃、海金沙、铁杉），因此，当时南京地区的气候可能略为寒冷。孢粉分析和沉积物分析是古环境重建的基础。孢粉分析提供了当时的植被情况，松、杉、桦、榆、栎、柳等林木生长，山坡及宽谷中有禾草等草类和海金沙等蕨类；沉积物分析也可最大限度地复原当时的山川地貌、自然环境，尤其是可解决长时段变迁问题。

总之，南京直立人化石地点的发现，是中国古人类发展史研究、旧石器时代考古研究中一次重大发现，具有重大意义：第一，所发现的直立人头骨化石与伴生古动物化石，相比我国其他的同类发现，不仅数量众多，且保存较好；第二，填补了直立人化石地点在江南地区的空白，为研究我国境内人类起源与演进、分布与谱系提供了珍贵的资料；第三，大量的古环境学、古生物学资料，对中更新世时期古环境的重建具有重大的意义。

遗址的保护、展示、利用情况

南京直立人化石地点的发现，引起了社会各界的重视。早在发现1号头骨之后不久的1993年4月，南京直立人化石地点便被列为南京市文物保护单位，1995年又被列为江苏省文物保护单位。2006年，南京直立人化石地点（以"南京人化石地点"为名申报）被列为全国重点文物保护单位，并制定《南京人化石地点保护规划》，进一步加强对南京直立人化石地点的保护。

全国重点文物保护单位标志

2013年，南京直立人化石地点被列入第二批"江苏大遗址"。现已建成南京直立人化石遗址公园，2014年对外开放。遗址公园以科普教育、地质研究、文化旅游为功能定位，由葫芦洞原址、南京直立人化石遗址博物馆、时光隧道三个部分组成。

南京直立人化石遗址博物馆位于汤山山体北麓的汤山国家地质公园核心区，紧邻化石地点，于2014年8月10日建成开馆，占地面积约为137 330平方米，建筑面积约25 700平方米，展陈面积约5500平方米，库房面积约1060平方米。博物馆北向采光，背靠山体，依托南高北低的地形走势而建，由世界著名建筑设计师欧蒂娜·戴克担纲设计。多条白色曲线叠加而成的建筑形体走向与自然地貌的等高线相融合，宛如切开了汤山山体的一角，露出清晰的地层褶皱，与周边自然环境融为一体，揭示着地质变迁的奥秘。

南京直立人化石遗址博物馆的主入口

  南京直立人化石遗址博物馆依托汤山国家地质公园优越的地质资源和深厚的历史文化底蕴，立足于地学研究、科普教育、文化旅游三大功能定位，以展示汤山古生物、古人类和地质运动三大核心资源为目标，现对外开放有"地层天书——南京6亿年生物演化""洞天福地——汤山百万年环境变迁""人类密码——南京直立人身世之谜""文明之基——汤山温泉与文明演进"4个常设展厅，展示了化石、模型、标本、实物、复制品等丰富展品。馆内还设置了临展厅、多功能报告厅、4D影院、母婴休息室等，馆外设有地质广场、公共停车场、亮化系统等，植被丰富，生态环境优美。

  博物馆集遗址保护、文化旅游、科普科研等功能为一体，以中更新世的南京直立人为核心，还原了人类先祖在南京的生存环境，演绎了沧海桑田的地质变迁和人类进化史，彰显了汤山地区深厚的历史文化底蕴，是汤山国家旅游度假区内重要的科普教育基地和文化旅游综合体。博物馆先后被评为"中国地质学会地学科普研学基地""自然资源科普基地""江苏省科普教育基地""南京市科普教育示范基地"。

常设展厅

地学科普研学空间

"夜游直立人博物馆"研学活动

在做好陈列展览的同时，为了给青少年提供优质的研学课程，博物馆立足地质学、古生物学、考古学的知识体系，在"人类进化"和"自然界生命演化"这两个大概念下，与专业机构、专家、社会团体开展合作，通过1200多小时的用心研发，创建了蕴含300余个知识点的酷炫探索空间，推出了数十个主题研学课程，寓教于乐，鼓励孩子们不断地求知和探索。目前，博物馆开发的"夜游直立人博物馆"科普研学活动已成为亮点，取得了良好的社会效益。

（撰稿人：张鹰飞）

柳州白莲洞洞穴科学博物馆

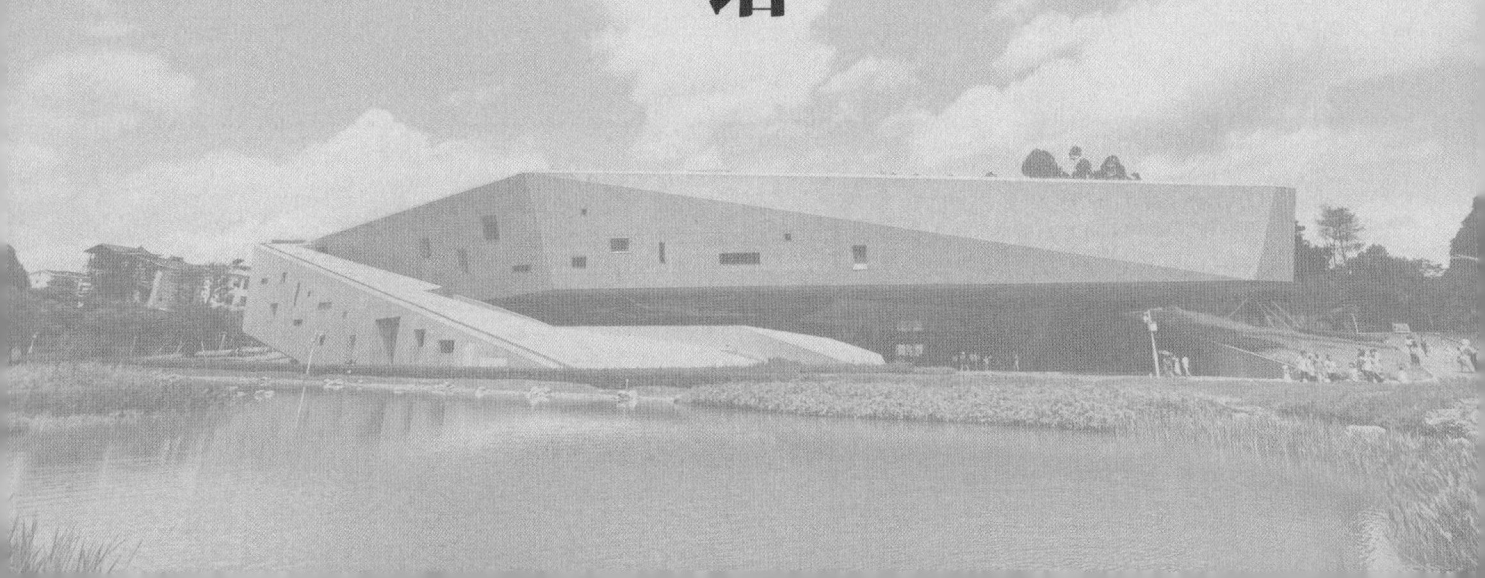

白莲洞遗址位于柳州市郊东南12千米的白面山南麓，距著名的柳江人洞仅3千米，离鲤鱼嘴遗址直线距离不足5千米。白面山原名水岩山，因山体南壁陡直灰白，形似人面，故方言称之为"白面山"。白面山由石炭系上统马平组石灰岩和白云岩构成。其基部与北侧的胡广岩等丘陵相连接，为一巨大的连座峰林山体的一部分。

白莲洞遗址周边地形图

白莲洞因上层洞口正中有一块巨大的白色钟乳石，形似莲花蓓蕾而得名。白莲洞共有五层溶洞，全长1870米，其主洞长973.6米，可分为上中下三层。上层洞口为一半隐蔽的岩厦式洞窟，其沉积物为白莲洞文化堆积。在洞厅有一横贯窟室东西的巨厚钙华板，该钙华板由两道古边石坝上下叠置构成，异常明显。以这个大钙华板为界，可以划分出两套洞穴堆积：钙华板以下为晚更新世红褐至黄褐色堆积物，含化石智人及大熊猫—剑齿象动物群。其文化遗物除砾石工具外，燧石类石器亦占很大部分。大钙华板以上，为晚更新世末次冰期主冰段以来的堆积物，包括末次冰期晚冰段灰黄色和早全新世、中全新世灰色堆积。含鹿—竹鼠现生种动物群，并有大量螺类。其文化遗物上层以含陶片为特征，下层以打制的砾石工具为主，充分体现了晚更新世末次冰期晚冰段，至中全新世新石器时代文化鼎盛期的发展历程。

柳州白莲洞洞穴科学博物馆由裴文中教授建议柳州市人民政府筹建，并亲自担任筹备处主任。博物馆于1981年开始筹建，1985年正式对外开放。2019年新馆建成，柳州白莲洞洞穴科学博物馆以崭新的面貌呈现给广大观众。

柳州白莲洞洞穴科学博物馆鸟瞰图

考古发现与工作回顾

从洞口岩壁上残留的游人题词可知,早在清雍正十三年(公元1735年)就有人在白莲洞活动。

1956年,中国科学院古脊椎动物研究所古人类研究室华南调查队在裴文中、贾兰坡两位教授率领下,在广西调查巨猿和人类化石时,于洞内扰乱土层中发现四件石器、一件扁尖的骨锥和一件粗制的骨针。这批文化遗物后经贾兰坡教授和邱中郎先生鉴定,认为"属于旧石器时代晚期"。

1965年,裴文中教授在《柳城巨猿洞的发掘和广西其他山洞的探查》一书中称白莲洞已发现磨光石斧,因此"该洞堆积应为新石器时代者"。

1973年8月22日,柳州市博物馆的专业人员对该洞东北部螺壳堆积物进行小规模清理,发现一件用灰黑色石英岩砾石打制的石器。此外还发现木炭颗粒、烧骨与烧石等用火遗迹,以及猕猴、果子狸、竹猴、鹿、羊等五种动物残破的牙齿化石和鱼的喉齿。由于这次清理发掘过程中仍没有发现磨制石器和陶片,故发掘者撰文称:"再一次证明白莲洞文化遗址的下限不可能晚于旧石器时代晚期。"

白莲洞遗址外景

白莲洞此后成为我国古人类学界老前辈十分关注的史前遗址。我国古脊椎动物学奠基人杨钟健教授曾于1974年和1977年两次致函柳州市博物馆，指出"柳州为我国一主要化石产地"，殷切希望白莲洞有更多的新发现。

1979年6月22日至7月底，博物馆专业人员对东部扰乱层进行清理，并试掘一东西向4米×2米的探沟。此次发掘清理共找到有人工痕迹的石制品87件，另有残石料11件。这些石器所用原料大多为砾石，并有少量黑色燧石，后者为首次发现。此外还找到不少残破的哺乳动物化石，计有猪、牛、羊、鹿四种。牛、猪是新发现的种类。这次发掘依然没有找到磨制石器和陶片，但在扰乱层中出土一件穿孔砾石，因它与桂林甑皮岩新石器时代洞穴遗址出土的"穿孔石器"相近，所以发掘者指出白莲洞遗址的时代"也可能延续到全新世"，即经过中石器时代延续到新石器时代初期。

1980年2月起，博物馆专业人员在遗址的西部扰乱层进行清理，并试掘另一4米×2米的东西向探沟，此外，在洞口外侧开挖稍小深沟一个，以摸清洞口外沿的堆积情况。这次清理发掘于4月15日由第四层中采到人牙化石一颗。此外，还找到石制品与石器残件约150件，以及用火遗迹和烧骨、烧石等，各类动物化石19种，其中有大熊猫、熊、竹鼠等新发现的哺乳动物种类。

白莲洞遗址的发掘与研究工作亦获得贾兰坡教授的支持和关怀。贾老在1981年2月7日的通信中对白莲洞遗址的发掘和研究做出了具体指导。

1981年3月5日，在裴文中教授亲自指导下，北京自然博物馆与柳州市博物馆签订了联合发掘白莲洞遗址的协议书。

1981年4月和1982年3月，北京自然博物馆和柳州市博物馆在裴文中教授指导下对白莲洞遗址进行联合发掘。专业人员除清理了第二探沟和第一探沟周围的扰乱层外，还按照考古学的方法布方，进行了一定规模的发掘。这两次清理和发掘获得了更多种类的哺乳动物化石以及文化遗物。裴老自始至终都十分关心发掘情况。他不但亲自观察典型标本，多次指出要以严格的考古学方法对白莲洞遗址进行发掘和清理，还致函柳州市博物馆，表示将于9月或10月间赴柳参加发掘白莲洞遗址，后惜因病未能成行。此次考古发掘，清理出了遗址的剖面，基本搞清了堆积的层位关系，为今后的进一步研究奠定了良好的基础。

历次清理和发掘获得的人类文化遗物共计有：人类牙齿化石2颗、石制品500多件、动物化石3000多件、动物牙化石300多枚、人类用火遗迹2处。发掘后的遗址仍保留了较多的原生堆积，层序清晰，年代分明。

白莲洞遗址的发掘与研究得到了学术界的普遍关注和重视。北京大学、四川大学、成都理工大学、中国国家博物馆、中国科学院古脊椎动物与古人类研究所先后派出专

人牙化石

遗址内景

业人员对遗址发掘进行指导，并对白莲洞遗址进行多学科综合性研究，从而确立了白莲洞遗址在华南史前研究中的学术地位。

考古遗址的研究与文化阐释

1956年发现白莲洞遗址后，20世纪七八十年代，为了进一步了解白莲洞遗址与"柳江人"的关系，在专家学者的指导下，人们对白莲洞遗址进行了科学的考古发掘。1982年夏，童恩正、刘兴诗和周国兴考察"柳江人洞"，论证该洞并非古人类的居住地或墓葬，只是化石的埋藏地点，人体遗骸系由暴风雨泥石流冲入洞内。"柳江人"实际是白莲洞文化的创造者，其本身就是白莲洞人，或者说，白莲洞人偶然被埋入了"柳江人洞"内。1982年11月6日，中国自然科学博物馆协会首届年会在柳州召开，周国兴和易光远在会上宣读并分发论文单行本《中国第一座洞穴科学博物馆——白莲洞遗址的重要发现》。1984年，白莲洞遗址的初步研究成果由周国兴教授在《史前研究》第2期上以《白莲洞遗址的发现及其意义》为题正式对外报道。1987年，《广西柳州白莲洞石器时代洞穴遗址发掘报告》发表于《南方民族考古》创刊号上。

1991—1994年，柳州白莲洞洞穴科学博物馆与北京自然博物馆、北京大学、中国科学院植物研究所、成都理工大学等合作开展了"白莲洞洞穴堆积的年代测定与古生态环境"的课题研究。1994年9月，编辑出版了《中日古人类与史前文化渊源关系国际学术研讨会论文集》（中文、日文两种版本）。2009年11月，蒋远金研究员主编的发掘报告《柳州白莲洞》由科学出版社正式出版，该书是白莲洞遗址最新研究成果的系统总结，得到"国家重点文物保护专项补助经费"资助。

白莲洞遗址的堆积物厚达3米。堆积物的东侧部可划分为8层，西侧部可划分为10层，东侧部的第7层与西侧部的第3层底部至第4层顶部在洞穴中部相连接，形成一个巨厚的横贯全洞室的钙华板层。经综合分析研究，堆积中包含五个不同阶段的文化：

第一阶段文化：本文化层主要由西7层和西5层构成，年代为距今2.6万年。石制品可分为燧石和砾石两大类，石器以燧石小石器占主要地位，占石制品总数的94%，而砾石制品仅占石制品总数的6%。这种燧石小石器可能是旧石器时代晚期石器尺寸趋小的产物。这一阶段文化反映了华南地区旧石器时代晚期文化的面貌。

第二阶段文化：主要由西4层构成，距今2.5万—1.9万年。本文化层的燧石小石器与第一阶段的燧石小石器相比，更能体现细石器的特点，出现了细石叶，石器种类增多，主要有尖状器、刮削器、雕刻器等。在本文化层的石器组合中，大型砾石工具数量增多，但基本保持前一文化层器物的特点，

燧石石片

器物除有与前述第 5 文化层相同种类的器物外，还开始出现一类砸器，此外，出现了工艺非常原始的磨削技术。总之，这一阶段的石器制作水平显示，旧石器的制作经过长期发展已达到相当高的水平，反映了旧石器时代晚期后段文化。

第三阶段文化：本期主要由东 6 层、东 4 层和西 1 层构成。该期文化的年代在距今 1.5 万—1.2 万年。本层虽然出土器物不多，但很有特色。本层中的石器绝大多数为制作风格粗犷的砾石工具，但仍存一定数量的燧石小石器。白莲洞式打片法至此趋于成熟。穿孔砾石器物的器形和孔壁规整。此外，本段还出现了沾有赭石粉、两侧经过局部磨制的碾磨石。这一阶段文化表现出由旧石器文化向新石器文化过渡的状态，是新石器文化的摇篮。

第四阶段文化：本期由东 3 层和东 2 层构成。其中，东 3 层为主要的文化层，年代距今 1.1 万—9000 年，层中螺壳密集。该文化层的石器绝大多数仍为砾石工具，打制石器仍以砾石工具为主。出现通体磨光石制品，如双刃切割器，穿孔砾石，最早见于报道的磨光石斧也应出自此层。此外，还有经磨制并穿孔的小砾石装饰品。学术界一般认为的新石器时代文化的四个要素，在这一阶段已基本具备，人类从此摆脱了原始状态，进入一个崭新的时代。

穿孔石器

第五阶段文化：本期由东1层构成，年代在距今7000年前后。由于农民挖岩泥，第五期文化层几乎被破坏殆尽，出土文化遗物仅发现少量燧石石片制品。此外，本文化层顶部还出土少量原始陶片。这一阶段为新石器中期前段文化，只是代表新石器时代中期的东1层堆积物太薄，出土物太单调，还不足以反映该时段的文化全貌。

柳州地区分布着丰富的旧石器时代晚期、中石器时代和新石器时代文化遗存，其中由柳江人、白莲洞遗址、鲤鱼嘴遗址和柳江台地遗址构筑的桂中史前文化框架，分别代表了桂中地区自更新世晚期至全新世以来的史前文化序列，其人种、文化渊源一脉相承。柳江人是中国乃至整个东亚迄今发现的最早的晚期智人代表。研究表明，"柳江人洞"并非柳江人的居住之所，而是一个化石埋藏点，柳江人是白莲洞早期文化的创造者。与之相距仅2千米的白莲洞文化，是一处包含旧石器时代晚期经中石器时代至新石器时代早中期的史前文化，时间跨度为距今3万—7000年。三个相互叠压文化层的发现，充分证明了桂中史前文化发展的阶段性与连续性。鲤鱼嘴遗址亦是一处包含旧石器时代晚期、中石器时代和新石器时代的文化遗址，年代为距今2万—6000年，其文化内涵与白莲洞同期文化酷似。遗址内丰富的过渡时期人类骨骼化石的发现和研究，进一步证明它既是柳江人的继承者，又是柳州新石器时代晚期文化创造者的嫡系祖先。上述考古资料，充分证明了桂中史前文化从旧石器时代至新石器时代是一脉相承的。

柳州区域史前文化虽然有其自身的特点，但与邻近诸原始文化相比，仍有着较多的一致性。柳州区域打制石器加工原始，打击方法主要是锤击法，偶见碰砧法，石片石器较多，制作方法都显得简单、粗糙，通常是在砾石的一端由一面向另一面反向打制，这种简单的打制石器是这类遗址中最常见的，也是遗址最显著的特点。磨制石器几乎都保留打制石坯时的痕迹，且多为局部磨光，表现出早期磨制石器的原始性。陶器都是夹砂陶，纹饰简单，火候低。这些特点同桂北、云南、贵州等地同时代的史前文化遗址情况近似，尤与桂北、黔贵边界同时代的文化遗存最为接近。

以白莲洞石器时代遗存为代表的华南中石器时代遗址的发掘和研究，使我们清楚地看到华南地区从旧石器时代向新石器时代过渡的轨迹。研究表明，华南地区中石器时代文化与本地域旧石器时代晚期、新石器时代早期文化相比，其差异显而易见。首先，华南地区旧石器时代晚期遗存为灰黄色不含介壳的堆积，中石器时代遗存是"含介壳的灰黄色文化堆积"，新石器时代则为"含介壳的灰色文化堆积"，这是堆积性质的不同；其次，旧石器时代晚期遗存与若干种已经绝灭的"大熊猫—剑齿象动物群"共存，中石器时代则偶见个别绝灭种，新石器时代全部为现生种，这是动物群性质的区别；再次，在文化遗物方面，旧石器晚期遗存全部为打制石器，而中石器时代遗址除打制石器外，还有少量的局部磨光石器、原始陶器和穿孔石器，至新石器时代前期，具细石器风貌的石器工艺已基本消失，并出现了通体磨光器，这是文化性质的不同。华南中石器时代的识别和确立是本地区相关考古遗址综合研究的结果。它的存在，表明中国中石器时代文化亦可分为两大系统：一种以北方的细石器工业为代表，另一种则以华南的大型砾石工具为特色。史前文化是一种非常敏感的生存系统，不可能存在一种能适应各种生态环境和不同地域的统一的文化。

遗址博物馆的设立与遗址保护

白莲洞遗址文化堆积据有连续完整的地层，是华南地区洞穴遗址群中不可多得的晚更新世至全新世的标准剖面和地点，其重要意义在于证实了中国南方中石器时代文化的存在，并为探索中国南方旧石器时代文化向新石器时代文化转变提供了十分珍贵的实证材料。

白莲洞遗址于1956年发现，1961年成为柳州市文物保护单位。1979年12月，在北京猿人第一头盖骨发现五十周年纪念会上，裴文中向与会的柳州市博物馆馆长易光远提出建立白莲洞洞穴科学博物馆的设想。1981年3月28日，柳州市博物馆将《关于成立柳州白莲洞博物馆的报告》上报柳州市人民政府。4月11日，柳州市人民政府批复同意成立"柳州白莲洞洞穴科学博物馆筹备处"，并聘请裴文中教授担任筹备处主任。

1981年5月1日，周国兴、余善书代表北京自然博物馆和柳州白莲洞洞穴科学博物馆筹备处探望病中的裴文中院士。裴老于病榻上为筹建中的白莲洞洞穴科学博物馆题词：中国可以成为世界上古人类学的中心，广西是中心的中心。

1982年2月10日，贾兰坡收到柳州白莲洞洞穴科学博物馆专刊第2号后，于病榻上来函指出："（博物馆的）陈列最好是只陈列白莲洞的遗物，……陈列内容，不要华丽，要有科学内容和使人看了有明快之感为佳。"

1983年6月23日，柳州市人民政府批准成立柳州白莲洞洞穴科学博物馆筹建小组，着手正式组建博物馆。1985年5月20日，经柳州市人民政府批准，柳州白莲洞洞穴科学博物馆正式成立。

开馆之初，博物馆主要包含白莲洞遗址本体（150平方米）、白莲洞岩溶洞穴（约7500平方米）、专题陈列室（约500平方米），系统地展示了白莲洞文化的研究成果和人类起源的部分知识。

2006年，白莲洞遗址被国务院公布为全国重点文物保护单位。2009年9月，为丰富柳州历史文化名城内涵，柳州市委、市政府将建设"白莲洞古人类遗址博物馆"项目列入"柳州市文化建设十大工程"。2013年，柳州市文化局将市区范围内的史前遗址划归柳州白莲洞洞穴科学博物馆管理。

2019年，博物馆综合陈列楼建成开放。博物馆从历史走向未来，是新时代柳州考古研究与保护利用工作的重要实践之一。

2019年9月29日，博物馆以全新的面貌回到公众视野中。从建筑主体到陈列展览，从历史溯源到研学科普，新馆提升了柳州城市文化竞争力，更加丰富了人民的美好生活。

在遗址保护方面，2010年5月，经过不懈努力，《全国重点文物保护单位白莲洞遗址保护规划（2009—2029）》编制完成，获得了国家文物局的正式批复。2013年1月，柳州市规划委员会原则同意白莲洞遗址规划方案的设计范围。2013年5月14日，柳州白莲洞遗址抢救性文物保护项目获得广西壮族自治区发改委立项批复，列入国家发改委2013年文化和自然遗产保护投资计划项目，申请国家资金和地方配套资金支持。2013年6月，《广西柳州白莲洞遗址保护及环境整治方案》和《广西柳州白莲洞遗址危岩体抢险加固保护工程方案》均通过国家文物局专家评审，国家文物局下拨资金，用于白莲洞遗址保护及环境整治和危岩体抢险加固工程。

遗址博物馆的展览展示、公众教育

全新开放的柳州白莲洞洞穴科学博物馆，是柳州市倾力打造的一张"文化名片"。新馆总面积1万平方米，建筑创新性地采用装饰清水混凝土，是广西第一座采用清水砼新工艺建造的场馆。从上空看，建筑造型像一件史前石器，与白莲洞遗址珠辉玉映，相得益彰；建筑周围草木苍翠，郁郁葱葱，实现了文化、建筑与环境的和谐统一。博物馆已获评国家AAAA级旅游景区，入选中国华侨国际文化交流基地。

新馆的陈列展览以脊椎动物的演化、柳州史前文化的传承为主题，展厅面积近4000平方米，包括"地球·往事——古生物演化陈列"和"洞穴·家园——柳州史前文化陈列"两个部分，共展出古生物化石、古人类文化遗存等重要文物标本近2000件。陈列不仅融入了最新的科学成果，还加入了场景复原、多媒体成像、电子互动等生动的展示手段，展陈水平和展品质量均达到同类博物馆领先水平。同时，馆内设有纪念品商店、学术报告厅、游客服务中心、志愿者服务站等，以及大型展示屏、自助导览机、安防监控系统等功能完备的现代化设施，满足参观服务和文物保护需要。

"地球·往事——古生物演化陈列"展陈面积1657.5平方米，展出化石标本349件，分为"生命乐园""生命印迹""人之由来"三个部分。陈列以生命起源和脊椎动物的演化为主题，展现了生物从无到有、从简单到复杂的发展历程，重点展现了脊椎动物从鱼类发展到哺乳动物的过程，重现生命演化的宏伟历程。陈列将实物标本、复原模型、图表、场景复原、多媒体等有机结合，配合

"地球·往事——古生物演化陈列"展厅

"洞穴·家园——柳州史前文化陈列"序厅

大量互动展项，以达到展示内容科学、展示形式多样、观众互动密切和参观感受舒适的良好效果。

"洞穴·家园——柳州史前文化陈列"展陈面积1745.5平方米，展出文物标本1400多件，由"洞天福地""洞穴人家""洪荒岁月""文明曙光"四个部分组成。该陈列以柳州不同时期的史前遗址为节点，以柳州史前文化的发展演变为主线，按照"突出柳州地域特色，展现柳州史前文化亮点"的思路，围绕人类体质演化和文化发展，展现了柳州先民的生产生活面貌，书写柳州先民奋斗不息的不朽诗篇，传达柳州史前文化的历史意义和现实意义。该陈列获评国家文物局"弘扬优秀传统文化、培育社会主义核心价值观"推介展览。

新馆陈列从展览内容出发，将科学性、专业性较强的展览内容以多样化、现代化、技术化的展示手段表现出来，增强了观赏性、趣味性。此外，根据展览内容设置的各种互动项目，增强了参与感，满足了好奇心，拉近了与观众的距离。陈列总体风格雄浑大气，烘托出宏伟壮阔的历史氛围，局部则精细别致，巧妙地表现出地域特色。形式设计充分考虑了展陈性质及文物特色，做到与展览内容相协调，大量采用地方特色元素，注重"文化"主题的表现。

为了传承史前文明，守望精神家园，进而自觉延续中华民族文化基因，柳州白莲洞洞穴科学博物馆结合免费开放和文化惠民工作，积极引导观众特别是青少年到博物馆参观，进一步了解家乡的悠久历史和文化。

2010年，柳州白莲洞洞穴科学博物馆打造了"探古乐园"模拟考古园区，两大主题：模拟考古发掘探方区和原始人生产生活场景区，包括"成为一名考古学生""与原始人一起打石为器、捏土为陶、钻木取火、狩猎野兽"等体验项目。这里是国内遗址类博物馆中较早推出考古类探究体验项目的场馆之一。通过模拟考古发掘和体验原始生活，参与者可以去翻开柳州先民给我们留下的这部古老的地书，重新拾回我们祖先的童年记忆。

2019年新馆正式开放后，依托两大基本陈列，积极探索多种多样的线上线下研学实践活动，进一步拓展博物馆的社会教育空间。

博物馆借助报刊、电视和新媒体等多种平台，讲好柳州史前故事，联合广西卫视和央视中文国际频道录制了《广西故事——白莲遗秘史前之光》、《国宝·发现》之《洞穴寻踪》等专题纪录片。《柳州日报》等媒体也推出柳

研学活动

州史前文化系列报道。同时，博物馆在微信公众号推出"史前故事"云看展、"古老的地书·桂中地区"、中国传统文化二十四节气、博学云科普、"弘扬民俗，传承文明"等系列专题推文。将原"探古乐园"的体验项目课程化，全新的"白莲洞人的生存智慧——博物馆中的教育体验课程"荣获"2020年广西十佳文博研学课程"，以及中国科协科普部主办的2020年"同上一堂科学课"全国科技联合行动优秀科学课程三等奖。"小讲解员"培训课程以寒暑假招募、与共建学校联合培养的方式开展，结合博物馆的历史内涵，发挥讲解专业特长，为青少年提供公益性文化服务。新馆的研学实践教育课程不仅保留了原有的体验，更注重实践内容与中小学学科知识的连接。柳州白莲洞洞穴科学博物馆已获得广西第二批"自治区级中小学生研学实践教育基地"、柳州市爱国主义教育基地、柳州市科普教育基地、柳州市社会科学普及基地、柳州市中小学生研学实践教育基地等称号。

"小讲解员"培训

柳州白莲洞洞穴科学博物馆开馆37年以来，累计接待游客超616.6万人次，以柳州丰富的史前文化内涵为支撑，打造"遗址保护+陈列展览+研学基地+文化公园"的新时代爱国主义教育基地，成为科研科普、文化休闲的重要阵地。

（撰稿人：陈坚　叶亮）

浦江县上山遗址博物馆

上山遗址位于浙江省浦江县黄宅镇上山村（原渠南村、三友村），为钱塘江一级支流浦阳江上游河谷盆地地带，地势平坦，海拔50米左右。遗址坐落于两个比邻小土丘，相对高度3—5米，遗址总面积约4万平方米。2000年秋冬之际，浙江省文物考古研究所开展浦阳江流域新石器时代遗址考古调查，考古工作者来到浦江，在名为"上山"的小土丘上发现了这处距今约一万年的遗址。

遗址文化面貌独特，2001—2007年四期考古发掘共揭露面积2000余平方米，出土大口盆、平底盘、双耳罐、石磨盘等1000多件文物。2003年，经北京大学考古文博学院碳十四年代测定，上山遗址距今11 400—8600年，这是迄今发现的长江下游及东南沿海地区年代最早的新石器时代早期文化遗址。上山遗址的发现，把浙江的史前文明上溯至一万年前。上山遗址出土了世界上最早的栽培稻遗存，它证明上山先民已经学会了水稻的种植，历史在这里率先迈出了革命性的一步。

2006年5月，上山遗址被国务院公布为第六批全国重点文物保护单位。2006年11月5—7日，在浦江县举行的"中国第四届环境考古学大会暨上山遗址学术研讨会"上，"上山文化"成功命名。

2007年以来，浙江省文物考古研究所实施了"浙中地区上山文化遗址专题调查"，迄今已在嵊州、永康、金华、义乌、武义、龙游、仙居、临海、兰溪等地发现上山文化遗址20处。上山文化昭示了浙江在人类童蒙时期的灿烂文明，体现了这片神奇土地自古以来的创造活力，再次证明了拥有河姆渡文化、良渚文化的"万年浙江"在中华文明起源中的重要地位。

倾心保护，打造万年文化地标

为进一步加强上山遗址的保护，浦江县启动了上山遗址保护与利用工程。2007年，该工程被列入"浙江省首批文物保护利用示范项目"。"十一五"期间，在对上山遗址本体及周边环境进行保护的基础上，《上山遗址总体保护规划》编制工作于2007年组织实施，于2010年完成并通过了国家级论证。2013年，上山考古遗址公园成为浙江省首批省级考古遗址公园。2014年，《上山考古遗址公园规划》启动编制，并于2015年正式通过评审论证，为上山遗址的保护和利用提供了科学依据。

"十二五"期间，以《上山遗址总体保护规划》《上山考古遗址公园规划》为依据，上山文

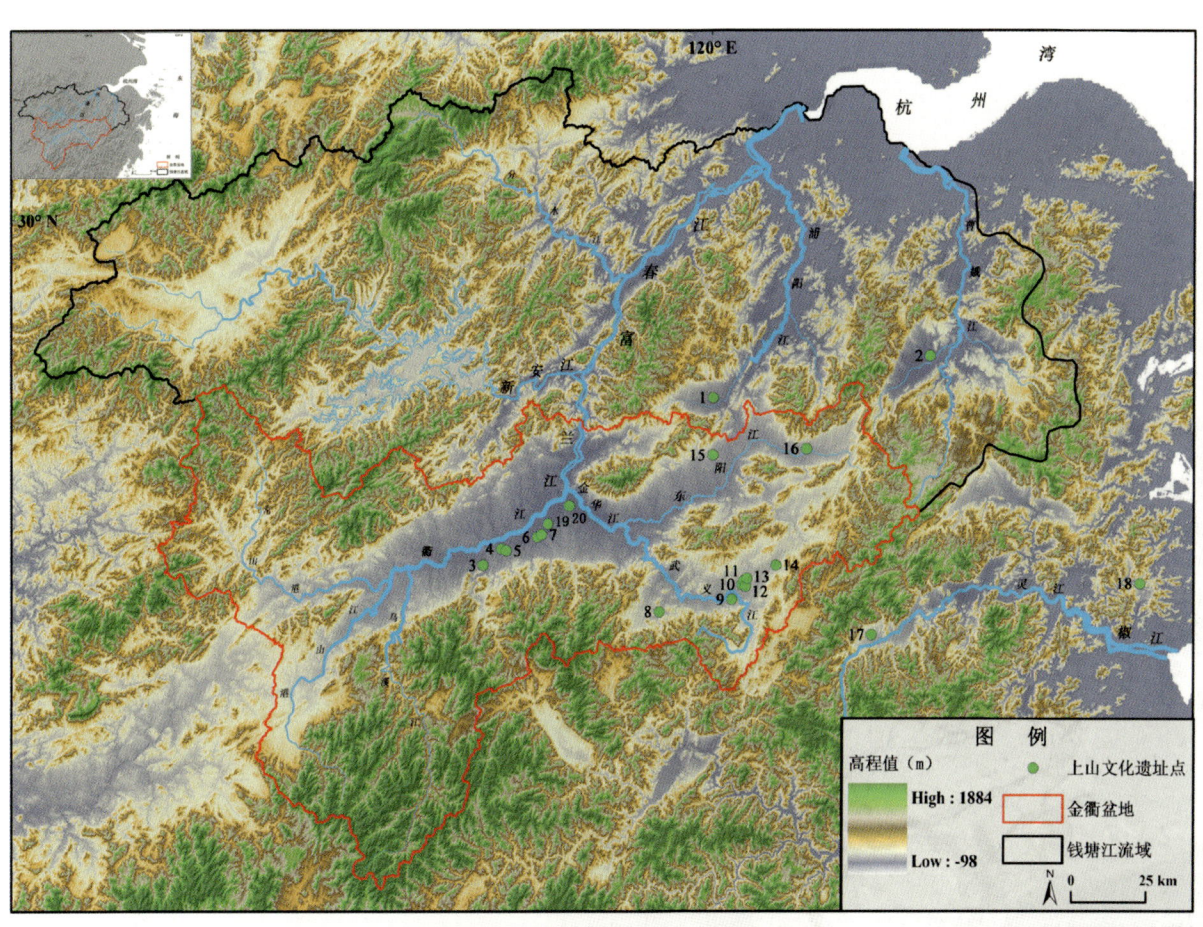

1.浦江上山遗址	2.嵊州小黄山遗址	3.龙游青碓遗址	4.龙游荷花山遗址	5.龙游下库遗址	6.金华青阳山遗址	7.金华山下周遗址
8.武义大公山遗址	9.永康湖西遗址	10.永康庙山遗址	11.永康蓭山遗址	12.永康长城里遗址	13.永康长田遗址	14.永康太婆山遗址
15.义乌桥头遗址	16.东阳老鹰山遗址	17.仙居下汤遗址	18.临海峙山头遗址	19.金华三潭山遗址	20.兰溪皂洞口遗址	

上山文化遗址群分布图

上山考古遗址公园入口

化的保护、研究和宣传工作全面启动。上山考古遗址公园规划面积1206亩，2016年完成了上山遗址保护与利用工程一期及配套工程建设。2016年11月，上山考古遗址公园核心区南区对外免费开放。

2020年，上山遗址保护与利用工程二期和上山遗址AAA级旅游景区提升工程开始实施。遗址公园内新增了接待服务设施——研学中心并正式投入使用。同时，完成遗址公园内两个遗址馆的陈列布展提升改造工程。联合上山文化部分重要遗址，推出精品临展"上山文化考古新成果展"。完成上山考古遗址公园中渠段道路及环境营造，遗址公园入口景观、游线及遗址公园标识、标牌等保护利用及配套工程，建立了整个遗址公园的框架。

遗址馆建筑采用充满原始社会风情的干栏式风格、人字形屋顶，并覆盖仿真茅草。遗址公园整体设计风格追求古朴、原生态，既充满历史沧桑又有天然野趣，是一处亲近自然、品味文化和陶冶情操的理想休闲文化场所。同时，在遗址核心区块周边打造稻作农业体验区，开展美丽乡村建设，形成集参观、展示、观赏、体验于一体的稻作农业景观，成为浦江万年文化的新地标，受到社会各界欢迎并产生强烈反响。上山遗址保护与利用工程，成为"文化+旅游""文化+美丽乡村"的成功案例。考古学界泰斗严文明先生亦对上山遗址保护工程大为赞赏，称其为全国考古遗址公园之典范。

用心展示，掀开远古神秘面纱

上山考古遗址公园遗址馆面积约1500平方米，是在原来遗址发掘区的外围设立廊道，在廊道部分进行图文、器物的综合陈列。遗址区与展览区相互呼应，这是上山考古遗址公园有别于一般博物馆的地方。在两个遗址馆内设有三个主题陈列："万年上山——上山文化主题陈列""上山文化研究保护和宣传回顾展""考古科普知识图文展"。

1号遗址馆的"万年上山——上山文化主题陈列"围绕一个遗址、一粒稻米、一缕炊烟、一种文化展开，清晰展现了上山遗址作为世界稻作农业起源地、中国农耕村落文化源头的地位。展厅内陈列有古上山人制作的大口盆、双耳罐等原始陶器，一系列打磨使用的石制工具等。一粒"万年稻米"独立柜最神秘也最引人注目，令观众惊呼叹息，切身感受到上山先民的聪明才智。

透过夹炭红衣陶残片，观众能够看到考古专家如何开启神秘的探索历程。陶片中蕴藏的秘密，是被上山人有意识地羼和进陶土里的大量砻糠、稻叶。残留的密密麻麻的痕迹，就是古上山人留下的砻糠印痕。专家推测，古上山人在陶土中加入砻糠、稻叶，可以达到加强陶土黏结性和减轻陶器

1号遗址馆内部

展厅陈列

重量的目的。当时的烧制技术尚处在原始阶段，通常采用平地堆烧法进行烧制，火候不高，陶器断面因此呈现出独特的"外红内黑"现象，人们形象地称之为"夹心饼干"。

上山遗址陶器器形古朴大气，以大敞口、小平底的大口盆为主，无耳或安装单侧桥形耳。大口盆数量约占出土陶器的70%，因此学术界也戏称上山文化为"大口盆文化"。然而，关于大口盆的

包含砻糠遗存的陶片

用途，至今众说纷纭，尚未定论。上山遗址出土陶器中没有发现炊器，而大口盆的数量又如此多，所以，一些考古专家提出大口盆是锅的论断。但是在这些所谓的"锅"下面没有发现烟熏火燎的痕迹，人们推测上山人可能采用"石煮法"烹煮食物。也有专家认为，大口盆可能用于盛装淀粉类食品或储存食物和其他物品。

平底盘是上山文化中期出现的陶器，敞口，大而浅，不适合盛装流质食物如汤汁等，也不便用瓢、匙、筷进食，尺寸较大，不适合独自用食。从食具的角度观察，上山时期很可能实行合餐和共食制。那么如何共食呢？这个问题，让人联想到中亚、南亚等地区的"抓饭"。有趣的是，抓饭用的盘子与上山的平底盘，形状十分接近。当然，上山先民抓的并不一定是米饭，也可能是其他肉类、淀粉类的食物。

另一代表性陶器是双耳罐。双耳罐又可细分为两种，一种罐耳呈桥形，两侧对称，耳的功能应该是用于穿绳，方便悬挂和提拎，可用于贮存物品和搬运携带。另一种罐，呈对称扁耳，脖子较宽，器形较大，适合贮存流体物质。

不难发现，随着上山文化的发展，陶器制作技艺出现了明显变化，早期以夹炭陶为主，之后开始出现夹砂陶。另外，卷（折）沿罐、圈足盘、钵形器及圜底器等陶器，也体现出上山先民独具一格的审美情趣和生活内容。

在1号遗址馆内陈列着一粒炭化的万年稻米，这是考古专家通过浮选法在上山遗址浮选出来的。看似不起眼的一粒米，却承载着延续万年的稻作文明。

通过形状大小判断，并通过水稻植硅体、小穗轴等实验室分析，可以确认上山遗址出土的稻米遗存是经过人工驯化的栽培稻而非野生稻。同时，考古专家在出土的镰形器和石片形器刃部发现了人工使用过的痕迹，具有镰刀光泽，判断应为古上山人的割稻工具。而出土的

万年稻米

组合性石器，如石磨盘和石磨棒，被认为是古上山人碾米脱粒的工具。石磨棒和石磨盘又称上磨石和下磨石，可以相互磋磨，起到脱粒、脱壳和淀粉加工效果，是上山文化重要的食物加工工具。石磨棒和石磨盘上的残留物，包含橡子、菱角、稻米等淀粉粒。

古上山人从驯化水稻到栽培水稻，从收割水稻到加工食用水稻，已形成完整的证据链。就是这样一次次的辛勤实践，让水稻一步步成为主食之一，养育了现今世界上一大半的人口。

石磨盘和石磨棒

上山遗址的年代处于最后冰期结束后的气温上升期和全新世早期的气候波动期，人类的生活区域向河谷盆地聚集。遗址周围的狩猎、采集资源十分丰富：有野生的牛、猪和鹿；浦阳江及其大小支流里，有各种各样的鱼类；植被丰饶，有多种坚果和块茎类，如橡子、菱角等。聪慧的上山先民用木棍、石球进行狩猎和采集活动，并用石磨盘加工坚果和其他淀粉类块茎食物，同时耕种水稻，由此获得了稳定的食物来源，摆脱了茹毛饮血的原始穴居生活。

考古专家在上山遗址发现了三排规整的柱洞，这是上山先民挖坑埋柱，用一根根木头建造房子后的遗迹，推测房屋为干栏式建筑。

2006年上山遗址发现了"上山人"的牙齿之后，考古专家一直在追寻上山人的骨骼。终于在2015年，体质人类学专家在上山遗址出土的遗存中发现了肱骨、股骨、盆骨等，尽管骨头十分碎小，但足以证明"上山人"

房屋遗迹——三排柱洞

真的出现在上山遗址中。

从洞穴走出的人们，就这样聚集在一个原始聚落，在远古的上山升起了东亚第一缕炊烟。著名考古专家严文明因此为上山遗址题词"远古中华第一村"。

上山考古遗址公园2号遗址馆内主要陈列"上山文化研究保护和宣传回顾展""考古科普知识图文展"。通过"万年行旅"主题介绍上山遗址2000—2020年间走过的历程，向大众展示珍贵的图片文字资料，包括国内外专家学者来到上山实地考察、上山文化相关学术研究成果等，也向曾为遗址发掘、保护、利用、研究、宣传做出重要贡献的亲历者致敬。

2号遗址馆内还设有互动项目——上山文化知识问答和模拟考古游戏，观众可以通过亲身体验，加深对上山文化的认识。为更好地还原上山人生活劳作的一天，展厅内运用幻影成像等多媒体技术呈现早、中、晚三个场景，可以看到当时的上山林木苍苍，溪流潺潺，土地肥沃，非常适合居住，古上山人决定在此定居下来，形成了东亚第一个初级村落。在上山遗址所在的钱塘江流域河谷盆地，长达两三千年的时间里，上山先民繁衍生息。

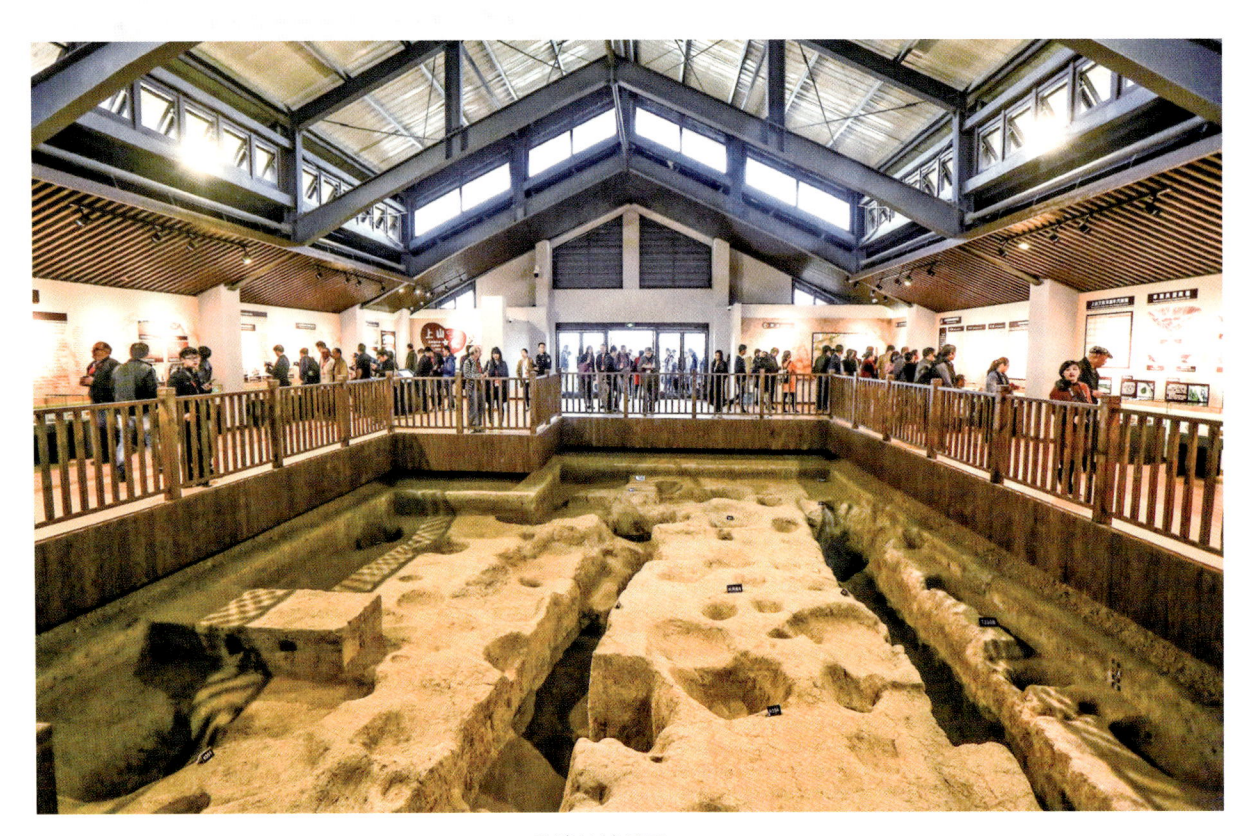

2号遗址馆展厅

潜心踏古，寻觅最美历史记忆

上山文化的内涵日益丰富，并且在世界考古界大放异彩，离不开国内外众多考古专家和学者们的共同努力。在这20年里，国内外诸多著名专家学者，组成多学科、高精尖的科研力量，对上山遗址、上山文化进行细致深入的研究。

在上山文化命名10周年暨稻作农业起源国际学术研讨会上，与会专家们认为：上山文化聚落群是迄今中国境内乃至东亚地区发现的规模最大、分布最为集中的早期新石器时代遗址群，是迄今发现的最早村落，以金衢盆地为中心的钱塘江地区应是世界稻作农业的重要起源地，为在长江中下游以及更广阔的地域范围内探索早期新石器时代文化提供了有价值的启示。

作为浙江省唯一的考古研究成果，上山文化在第四届世界考古论坛惊艳亮相，引起世界考古专家的广泛关注。

2020年11月举办的上山遗址发现20周年学术研讨会，一是明确了上山是世界稻作农业的起源地，上山遗址发现了包括水稻收割、加工和食用的较为完整的证据链，是迄今发现的世界上最早的稻作农业遗存。二是明确了上山文化是中国农耕村落文化的源头，标志着一个历史阶段的开端。三是明确了上山文化发现的彩陶是迄今发现的世界上最早的彩陶，是中国彩陶文化的重要源头之一。四是搭建了多个平台，成立"上山文化遗址联盟""上山文化研究中心""中华万年考古遗址联盟""中国水稻研究所上山稻作研究基地"，为浦江开展上山文化研究与宣传占据制高点，掌握主动权，有利于各项工作组织推进。五是与会专家一致同意"上山文化"申遗。

中国国家博物馆举行的纪念上山文化命名15周年"万年浙江与中华文明"学术座谈会认为，上山文化是改写人类文明史的重要发现，是人类文明史的重要篇章，是世界稻作农业的起源，具有重要的考古学价值。上山文化彩陶是迄今世界上发现的最早彩陶，它孕育于上山文化独特的红色陶系，是上山文化陶器的精华，也是中国彩陶文化的重要源头之一。上山先民率先走出洞穴、走入旷野、驯化水稻、形成定居，为中华文明与人类文明做出巨大贡献，上山代表着一个变革的时代、创新的时代、觉醒的时代。

中国建筑设计研究院总规划师、申遗权威专家陈同滨表示，上山文化遗址群申遗具有重大意义，可见证"农业起源"中的"稻作起源"这一中国对世界人类文明的重大贡献。上山文化遗址群属于中国特色、中国风格、中国气派考古学的标志性成果，是继良渚古城遗址之后，可直接提升中华民族文化自信的又一重大文化遗产，揭示了钱塘江等流域的文明发展对东亚地区文明进程的贡献，填补了世界遗产中稻作起源的类型空白。

精心宣传，打响万年上山品牌

配合 2020 年上山遗址发现 20 周年学术研讨会举行，上山考古遗址公园研学中心推出"上山文化新成果展"。此次展览展出了义乌桥头遗址和仙居下汤遗址最新出土的陶器 85 件，主要包括以陶壶、陶罐为主的上山文化中、晚期陶器，距今 9000—8500 年。陶器制作精美，器形丰富，引发观众的热烈讨论。

为更好地宣传上山文化，让更多人了解上山文化，2021 年 1 月 15 日—2021 年 3 月 14 日，"万年浙江，从这里开始——上山文化考古成果展"在浙江省博物馆孤山馆区精品馆展出。本次展览展示了浦江上山遗址、义乌桥头遗址、仙居下汤遗址出土的考古成果，不仅在杭城引起轰动，还在央视新闻客户端进行了时长 45 分钟的现场直播。

2021 年"5·18"国际博物馆日，"万年永宝——中国馆藏文物保护成果展"在首都博物馆正式开幕，从上山遗址出土的珍贵的万年稻米出现在展览中，成为上山文化出土文物在首都的首秀。

为纪念上山文化命名 15 周年，由浦江县发起的"稻·源·启明——浙江上山文化考古特展"在中国国家博物馆举办。展览共展出上山文化早、中、晚三期文物近 200 件，通过全面展示辉煌灿烂的中华史前文化，进一步增强广大群众的文化自信和民族自豪感。

我们遵循发展、保护与创新三大原则，根据自身文化特色，以"稻"元素为核心，重点打造"稻作农业展示区"。目前，上山考古遗址公园内已开辟稻田 300 亩，由专人精心管理养护，利用稻田展示各种宣传语、上山文化徽标等图案，其中 2020 年袁隆平先生的题词"万年上山 世界稻源"成为经典。

2021 年，上山考古遗址公园与中国水稻研究所合作，引进 1950 年代以来 60 余种不同年代的稻种，着力打造全国首个"田间博物馆"，推广普及水稻知识。

为了让上山文化活起来，让博物馆走出去，2016 年，我们创作打造了《邂逅上山》宣传片。宣传片采用动漫形式，生动有趣直观，让中小学生能在短时间内了解上山。2016 年以来，我们还采用"送出去"的方式宣传上山文化，每年一主题，以图文形式在全县范围内举办巡回展览。五年来共举办"记住乡愁——上山文化图片展""万年上山""文明序曲——上山文化解读""回首一万年——上山文化考古成果图片展""万年浙江从这里开始——上山文化考古成果图片展"巡回展览 100 余场，让上山文化走进学校、社区、乡镇文化礼堂，更贴近群众生活。

2016 年以来，特别是 2017 年 6 月上山遗址博物馆成立以后，博物馆建立大学生暑期社会实践基地，承接了"百名记者走读金华""海外名校学子走进金华古村落活动"等研学活动，还通过与金华地区各学校、乡镇的合作，以研学旅行活动打响"万年上山，世界稻源"研学品牌。其中与上山村合作的"研学+非遗"体验项目，如手工制陶，迎龙灯、鱼灯、马灯，推手车，踩水车，推石磨，农耕体验等活动，将颇具本地特色的非遗文化完美融入研学旅行，让学生们在领略上山悠久历史的同时，对传统非遗项目有更清晰的认识。

作为上山考古遗址公园的保护管理机构，2021年，上山遗址博物馆已成功申请为中国博物馆协会、浙江省考古学会等专业机构团体会员。2021年10月18日，在第三届中国考古学大会上，受人瞩目的中国"百年百大考古发现"公布，浦江上山遗址脱颖而出，榜上有名。

上山研学活动

追忆与展望，上山从来不是过去式

上山先民为我们留下了灿烂的文明财富。在传承上山文化的前行道路上，我们不忘初心，牢记使命。目前，上山文化事业的发展已进入最关键的时期。

浦江是上山文化遗址联盟秘书处所在地。2020年11月以来，通过上山遗址博物馆牵头组织，上山文化遗址联盟已成功召开了1次预备会议、2届联席会议，先后发布了《上山文化遗址联盟章程》《上山文化遗址联盟浦江宣言》《上山文化遗址群保护和联合申报世界文化遗产城市联盟章程》等重要文件，为加强成员之间交流、共同推进上山文化申遗工作发挥了积极作用。我们将以阐释浙江历史价值、实证万年浙江的高度为目标，携手各联盟成员单位，争取通过3—5年的努力，让上山文化遗址群申遗工作取得实质性进展。

目前，我馆已启动"上山文化遗址群"——上山遗址申遗项目、国家级考古遗址公园申报文本

上山文化博物馆效果图

等项目的编制工作，同时将启动上山文化博物馆（世界稻源博物馆）建设，力争到 2024 年，高标准完成上山文化博物馆（世界稻源博物馆）建设并开馆。2025 年争取将上山文化遗址群列入《中国世界文化遗产预备名单》，并启动向联合国教科文组织申报世界文化遗产的工作。我们的目标是将上山考古遗址公园建设成弘扬浙江优秀传统文化、展示浙江文化发展水平的金名片和重要窗口。

万年上山，是稻作文明曙光的初现；万年上山，是远古村落的起始。蜈蚣溪畔，金黄的稻穗低伏摇摆着一代又一代上山人的悠悠岁月。渠湾田垄，浅草下的土壤深处又埋藏着多少厚重的记忆。上山遗址博物馆将传承着历史的稻香从乡野迈向世界，这片从远古走来的万年大地，稻作开放的文明之花，如一盏灯塔，指引时代巨舟滚滚向前……

（撰稿人：张国萍　朱晗欣）

桂林甑皮岩遗址博物馆

遗址的发现与考古回顾

1965年5月13日—11月5日，广西壮族自治区博物馆与桂林市文物管理委员会联合对桂林市及桂林地区各县开展文物普查。这次文物普查在桂林市区和郊区石灰岩洞穴、山坡共发现58处新石器时代遗址和文物散布点，其中11处遗址保护比较完整。甑皮岩遗址是这次普查发现的最具代表性的重要遗址。

1965年6月3日，是甑皮岩遗址被发现的日子。

当时，由方一中、巫惠民、蒋廷瑜、张益桂等人组成的文物普查一组，在中午时分来到甑皮岩所在的独山山脚下，他们在野外进餐时发现地上有散落的夹砂陶片。顺着这个线索，普查员找到了位于独山南麓高出地表约5米、呈一道裂隙状的甑皮岩洞穴。

20世纪70年代，独山及甑皮岩遗址远景（山脚房子后即为遗址）

一个著名的遗址，就此被发现。

一段华南新石器时代早、中期的历史空白，就此被填补。

一个国家级重点文物保护单位，一个大遗址，一个国家考古遗址公园，也因此而生。

为了解遗址的初步状况，调查小组以之前洞穴内被挖开的一个小坑为中心点，扩展成一个2米×2米的探方，进行考古试掘。

甑皮岩遗址近景

工作从6月4日一直持续到6月9日。探方发掘到3.1米深时，遇上乱石块的阻挡，无法再下挖，野外工作就此结束。这6天发掘出人骨5具，以及石斧、石锛、陶片等遗物若干。初步判断这是一个非常重要、文化堆积较深、出土遗物丰富的新石器时代遗址。

1973年6月，桂林市文物管理委员会（简称"市文管会"）担心甑皮岩遗址在"深挖洞，广积粮"的人防工程中被破坏，便派王静宜、阳吉昌、赵平3人带着木制文物标志牌，拟到遗址进行插牌提示及保护。他们到达时，发现遗址已遭到部分破坏，还有工人准备对遗址进行进一步爆破。

6月12日，市文管会紧急向上级部门汇报了情况，6月14日得到了立即进场清理的许可。甑皮岩遗址的第一次抢救性考古发掘，就此拉开序幕。

发掘主持人为市文物工作队队长阳吉昌，赵平为领工，见习考古。遗址的发掘划分为A、B、C、D四个区，布设2米×3米探方10个。从揭露的探方地

1965年在桂林开展文物调查工作的蒋廷瑜先生

层所获颇丰，发掘出的遗迹有火塘、灰坑、石器制作和石料贮放点等；出土人骨18具，葬式有屈肢蹲葬、侧身屈肢葬、二次葬、母子合葬等；其他出土文物有石器、骨器、陶器、各种动物骨骼、牙齿、介壳等。发掘简报《广西桂林甑皮岩洞穴遗址的试掘》发表于《考古》1976年第3期，而伴随着

科研及展陈需要的考古采样工作持续到1979年才结束。

1970年代的考古发掘及相关鉴定结果陆续公布之后，学术界对遗址年代、文化性质、埋葬习俗、家猪饲养、古代环境等问题进行了一系列认真而富有成效的讨论。但发掘资料没有完整整理公布，很大程度上制约了研究工作的深入。遗址涉及的一些重要学术课题依然争论颇多，许多问题悬而未决，严重影响了对遗址全面、正确的认识和评

1973年第一次考古发掘时的阳吉昌先生（右）及赵平先生（左）

价。同时，受到地下水上涨浸泡等自然因素的影响，遗址内文化堆积出现损坏。因此，2001年4月，中国社会科学院考古研究所、广西壮族自治区文物工作队、桂林甑皮岩遗址博物馆、桂林市文物工作队联合组成考古队，以傅宪国为领队，对遗址进行了主动性考古发掘。希望通过发掘，清理遗址的地层叠压关系，判明各地层遗迹、遗物的特征及其演变规律，同时将遗址历年发掘出土的自然及文化遗物做进一步的整理、分析与研究，全面、客观地反映遗址文化堆积的全貌，认识甑皮岩遗址在中国史前考古学上的价值。通过与地质、文物保护等单位合作，全面、妥善地保护这一在中国史前考古学上占有重要地位的新石器时代遗址。

这次发掘，考古队只向国家文物局申报了10平方米的发掘面积。

为什么不多挖一些面积，而只发掘10平方米呢？原因有如下三点：第一，贯彻历史文化遗产"保护第一"的原则；第二，文物不可再生，在南方地区洞穴遗址面积本来就小的情况下，考古队希望能尽可能多地保留遗址的文化堆积；第三，学科不断进步，理念不停更新，如果能保留下更多的东西，后来者就有机会、有条件做进一步的分析与研究。

但这10平方米的发掘面积，却充分体现了发掘者对本次发掘的多层次思考：它在遗址内大致呈半圆形分布，这样既可探索不同时期人类在洞内的活动状况，又可发现不同时代的遗物，为遗址的分期提供地层学上的依据；分布区域刚好覆盖了墓葬集中区域，有可能重新发现墓葬，解决甑皮岩人的丧葬是平地掩埋还是坑葬的问题；分布区域还覆盖了1970年代测年采样时的取样区，可以

再次验证遗址的测年分期；分布区域内还有一个1970年代仅下挖0.5米、保存地层较厚的探方，对其进行清理或许可以发现一些遗迹现象，以及获得较多的文化遗物，为遗址分期提供有力证据。

这次发掘，从一开始就同步展开了古动物、古植物、体质人类学、陶器制作工艺、古环境、碳十四年代学等多学科综合研究，以及石骨蚌器的微痕分析、残余物分析、实验考古等。这些现已常态化运用于史前考古的多学科综合研究，在当时还比较少见。发掘过程中的全部原生堆积土，都用0.5厘米规格钢质网筛进行筛选，将陶片、石片、石块、水陆生动物遗骸等不论大小悉数选出。筛选过后的土样，晒干后再次进行浮选，并收集相关标本。发掘临近结束时，还在每一文化层采集土样，用于土壤酸碱性、植物孢粉、植物硅酸体的分析与研究。

田野发掘工作从4月开始，至8月结束，发现了石器加工场、墓葬、灶等遗迹现象，出土了较多文化遗物，获取了大量的遗址信息。

这次考古发掘，荣获2001至2002年度国家文物局田野考古二等奖。考古发掘报告《桂林甑皮岩》也于2003年11月出版，该报告被中国文物报社评为2003年最佳考古发掘报告，2005年荣获第四届中国社会科学院考古研究所夏鼐考古学研究成果奖二等奖、2007年荣获第六届中国社会科学院优秀科研成果奖二等奖。遗址丰富的文化信息以及两次考古发掘所秉持的先进理念，使遗址在2021年荣列"百年百大考古发现"之一。

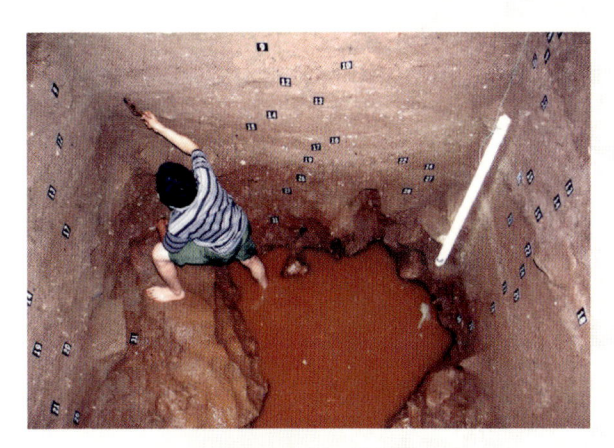

2001年考古发掘及傅宪国先生

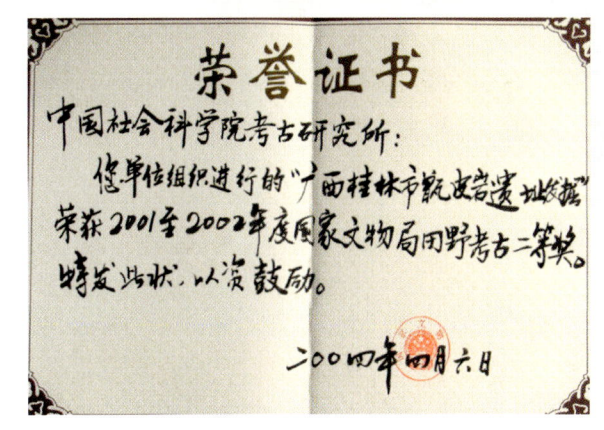

第二次考古发掘荣获奖项

遗址的研究与文化价值

1976年发表的《广西桂林甑皮岩洞穴遗址的试掘》，认为甑皮岩遗址是一个新石器时代晚期较早类型的遗址；其生产活动以渔猎和采集经济为主，少量农业工具如石杵等的出土说明已经有了原始的农耕；葬式可分为屈肢蹲葬、侧身屈肢葬、二次葬，无葬具和埋葬坑，并有母子合葬，其屈肢蹲葬与南宁地区贝丘遗址墓葬相似。

在发掘简报的基础上，相关研究工作相继开展。

北京大学及中国社会科学院考古研究所碳十四实验室通过采样分析，认为以第二层钙华板为界，遗址可分为早、晚两期，早期距今9000年以上，晚期距今7500年左右。上海博物馆实验室对陶片进行了热释光测定，其年代也基本落在这一范围内。

中国科学院古脊椎动物与古人类研究所分析了遗址出土的14个人类头骨，认为甑皮岩人属于蒙古人种，14个头骨以老、幼者占绝大多数，其中4个头骨有比较明显的人工伤痕。研究人员还分析了甑皮岩遗址的动物群，认为这一时期开始了猪的初级阶段的驯养。

中国科学院南京地质古生物研究所研究了遗址出土的淡水瓣鳃类化石，认为甑皮岩瓣鳃类动物群与我国现生的瓣鳃类有些相近。还分析了腹足类化石，鉴定有7种现生种的腹足类动物。

中国地质科学院岩溶地质研究所认为钙华板形成于全新世中期，其形成年代在距今6600—3370年。

这些基础研究材料的发布，一定程度上丰富和推动了中国史前考古学的研究和发展。除上述研究成果之外，在人种、脑容量、病理、寿命、屈肢蹲葬习俗探源、死亡原因等方面，学者们也开展了积极探索。甑皮岩人存续期间地理气候环境变化及钙华板的形成亦成为研究热点之一。

这些争论颇多、悬而未决的问题，加上遗址遭受的物理及生物损害，促成了2001年的第二次考古发掘。本次发掘的重要成果之一是中型考古发掘报告《桂林甑皮岩》。

第二次考古发掘，在突破1965年试掘时遇上的乱石块地层后，考古队发现了更早的文化堆积层。遗址年代基本可以确定为距今1.2万—7000年，年代上属于新石器时代早、中期，文化分期可划分为五期（约1000年一期）。各时期在遗址内分布范围也不尽相同，基本体现为第一期在洞穴中心一带，之后每期往边缘扩展，到第五期时文化堆积遍布洞穴。发掘明确了墓葬有明显的墓坑轮廓。

此次发掘的一个重要收获是在第一期文化层堆积中发现了甑皮岩先民制作的工艺极其原始的陶器。这是一件敞口、圆唇、斜弧壁的陶器，根据口、腹等特征，确认为圜底釜。其羼和料为颗粒大小不一的石英，最大粒径达到1.1—1.5厘米，烧成温度极低（不超过250℃），胎质疏松，器表开裂，呈鳞片状。种种迹象显示出这件陶器成形技术的原始性。学者们推测，甑皮岩先民在食用水生螺蚌时，需要热水才能较容易地获取其肉，陶器出现很可能和这种饮食习惯有较大关系。这一原始陶器的出土，让甑皮岩遗址在华南地区陶器起源研究中具有了重要意义。

甑皮岩第一期陶器

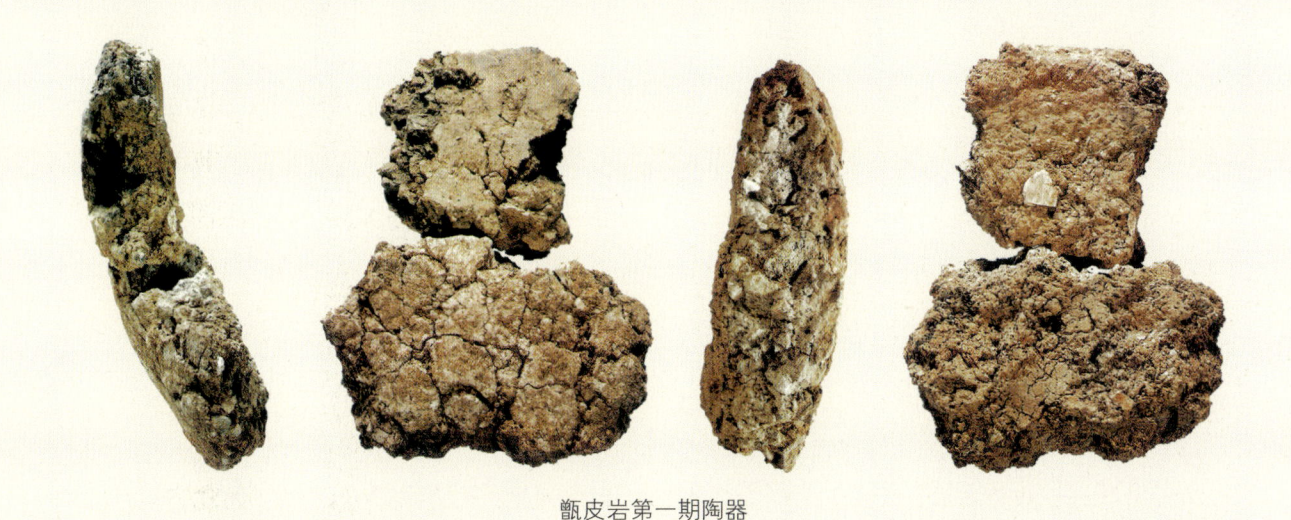

通过第二次发掘，学者们认识到甑皮岩先民主要以游猎和采集为主要生计方式。但从甑皮岩人多数有龋齿及浮选和残余物中有芋头来看，这时的甑皮岩先民应已经开启了种植芋头一类块茎植物的农业模式。

考古工作者通过浮选，在遗址第三期文化堆积中发现了一颗炭化的桂花种子。这颗距今约1万年的桂花种子是考古界目前发现的最早与人类相关联的种子。桂花是桂林市的市花，这颗种子也因此成为桂林市最能体现地方历史文化、最具有地方特色的文化遗物之一。

两次的考古发掘让我们对甑皮岩遗址有了更深的了解和认识。第二次考古发掘后，以甑皮岩遗址第二至第四期为代表的、物质文化发展相对平稳且演变轨迹清晰的、分布在桂林及其附近地区的、主要以洞穴遗址为特征的一类遗存被命名为"甑皮岩文化"。宝积岩、大岩、甑皮岩、父子岩这些遗址作为代表，共同构建起比较完整的桂北地区从旧石器时代晚期到新石器时代甚至商周时期的文化发展序列。

甑皮岩文化在漫长的发展过程中，与沅水流域、洞庭湖地区、岭南地区乃至东南亚地区的史前文化都有交流。甑皮岩人的生活生存方式，代表了距今1.2万—7000年间古人类在亚热带和热带地区的一种最佳适应方式。甑皮岩文化是史前中国多元一体进程的文化源流之一，承载了中国与东南亚地区史前文化交流发展的重要历史信息。

有鉴于此，考古学家高度评价甑皮岩遗址，认为它是华南乃至东南亚史前考古最重要的标尺和资料库之一，是中国制陶技术重要的起源地之一，是现代华南人和东南亚人古老祖先的居住地之一，也是距今1.2万年以来最适宜人类居住的地方之一。

遗址博物馆的设立与遗址保护

1973年8月14日，甑皮岩遗址的第一次考古发掘还在进行，广西壮族自治区和桂林市的相关领导就到考古工地进行视察，指出遗址将来可以成立博物馆，遗址发掘情况应马上上报自治区，并要求尽快发表发掘简报。

12月，自治区派出汇报小组，赴北京向国家文物局、中国科学院考古研究所等单位做工作汇报。相关领导和专家认为，甑皮岩遗址是一处重要的洞穴遗址，具有很高的科学研究价值，并对拟建洞穴遗址陈列馆表示支持，提出了许多指导性意见。

1974年1月，自治区文化厅听取了赴京小组的工作汇报，同意筹建甑皮岩洞穴遗址陈列馆。1976年10月，通过了《关于禁止在独山范围内开山取石和挖洞的通知》，至此，甑皮岩遗址得到了较为全面的保护。

1978年12月，在庆祝广西壮族自治区成立20周年之际，甑皮岩洞穴遗址陈列馆正式对外开放，成为全国第三个史前遗址类专题博物馆。甑皮岩遗址在1981年被公布为广西壮族自治区重点文物保护单位，之后于2001年被公布为全国重点文物保护单位。同年，博物馆更改为现名。2013年，甑皮岩遗址进入国家大遗址保护名单，并被公布为甑皮岩国家考古遗址公园。

遗址的保护是一项重大工程。从1973年发掘开始，考古队就尝试用热蜡涂抹等方式，来保护龟裂的骨针等骨器，之后又用天那水稀释硝酸纤维漆溶液来保护人骨，2013年又再次对骨蚌质文物进行保护。遗址现场也从建立砖墙保护，发展到透风透气的钢铁栅栏保护，再发展到扩大保护范围、完全敞开遗址的景观性保护。遗址的洞顶滴水治理，从最初的洞内搭盖瓦棚发展到围幕堵裂隙及埋管引流，大大减轻了洞顶滴水对遗址的危害。通过物理加固隔梁、探方回填等方式保护遗址本体免受坍塌危害。遗址地下水害的治理工作也还在进行之中。

遗址博物馆的展览展示、公众教育

1978年甑皮岩洞穴遗址陈列馆正式对外开放，开馆之后即成为一个著名的文化和旅游景点，成为桂林市民、国内外游客了解桂林历史文化、了解中国史前文化的一个重要窗口。

2001年第二次考古发掘后，人们对遗址的文化内涵有了新认识。2003年，博物馆展陈改造提升。展陈主题为"寻访万年前的桂林人"，以场景式展陈为主，在全面介绍甑皮岩遗址发掘成果的基础上，突出万年主题，把对遗址文化分期、动植物群、葬式等的新认识体现在了新展陈里。

2010年，随着申报国家考古遗址公园工作的全面启动，展陈又有了新思路。2016年，新展馆

"桂林·山水家园"基本陈列序厅

正式推出"桂林·山水家园"基本陈列，旨在以甑皮岩遗址为核心，上承旧石器时代晚期宝积岩遗址，下接新石器时代晚期至商周时期的父子岩遗址，糅合大岩、螺蛳岩、塔山、龙王庙、鳌鱼头等遗址的新认识，把桂林考古所见距今3万—3000年的历史，用文物的方式展现出来。

博物馆在研究、展示的同时，重点开展以互动体验为主的青少年模拟考古等科普工作。2004年，博物馆举办了广西第一个考古夏令营，获得社会空前关注。馆内设置的模拟考古、原始作坊、原始狩猎、原始篝火等公共考古互动区域，吸引了众多家庭及中小学生团体来馆参观、体验、游玩。通过申报课题等方式，推动甑皮岩遗址成为广西首个考古科普基地。"考古大篷车"进入桂林市多所中小学，让公共考古走进校园。2010年，时任中国考古学会理事长张忠培先生在甑皮岩遗址考察期间，当场写下"坚持公众考古从娃娃抓起，文物保护就有希望"的题词。

张忠培先生在甑皮岩遗址现场题词

桂林甑皮岩遗址博物馆立足所在城市，

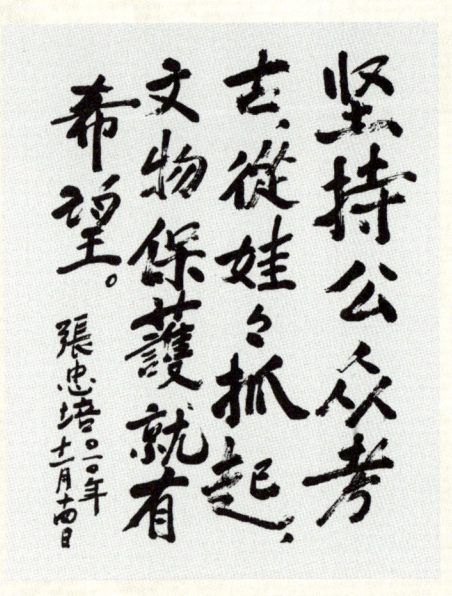

张忠培先生题词

面向旅游市场，与相关机构合作，在阳朔县十里画廊图腾古道景区内建设甑皮岩古人类遗址展示馆。此举开创了甑皮岩"一址两馆"的新运营模式，对文化产业发展进行了新探索。

目前，桂林甑皮岩遗址博物馆已是广西壮族自治区爱国主义教育基地、科普教育基地，自治区级中小学生研学实践教育基地，广西青少年科技教育基地。博物馆还出版有《寻访万年前的桂林人》《史前明珠甑皮岩》《公众考古从娃娃抓起——甑皮岩国家考古遗址公园公众考古的探索与实践》等书籍。

正是得益于甑皮岩遗址拥有的厚重的史前文化，得益于党和政府对文化事业的高度重视，得益于优秀考古人一辈接一辈的努力与付出，得益于全社会的厚爱，桂林甑皮岩遗址博物馆才有今天这样的成就。今后我们将更加努力，争取百尺竿头，更进一步。

（撰稿人：阳引　韦军）

大地湾博物馆

大地湾遗址的发现与考古回顾

　　大地湾遗址发现于1958年。当时甘肃省文物管理委员会组织的泾渭流域文物普查小组，在秦安县五营镇邵店村的山坡上发现了属于仰韶文化晚期的一些遗物和遗迹，认定这是一处需要保护的古代文化遗址。从地表观察，该遗址似乎并没有什么特别之处。当时，大量珍贵的古文化遗存，尤其是独具魅力的彩陶，仍然静静地沉睡在地下。1961年，该遗址被公布为县级文物保护单位。

大地湾遗址全貌

　　1978年夏，甘肃省博物馆文物工作队队长岳邦湖、副队长张学正率领业务人员去渭河流域选择仰韶文化的发掘地点。他们沿渭河而下，一路考察。来到秦安县文化馆以后，他们以敏锐的专业眼光，从库房堆放的文物中，捕捉到了一组既陌生又熟悉的陶器，有黑宽带纹红陶钵、黑彩鱼纹红陶盆、造型独特的葫芦形瓶、彩陶罐等。说它陌生，是因为类似的纹饰、器形在甘肃以往仅有零星的残片出土，从未见过成组的完整陶器；说它熟悉，是因为这组陶器与著名的西安半坡遗址出土器物面貌非常接近，真像是孪生兄弟。原来，这是文物干部韩永录当时从五营乡征集来的。于是岳、张一行来到了偏远的五营乡。

在五营乡新建的邵店村小学，教师们介绍说，在扩建操场和修建围墙时发现了一批古代墓葬，挖出不少陶器，但人们因旧观念及迷信思想，嫌弃这些东西曾与死人骨头埋在一起，发现后便把大多数陶器当场毁坏丢弃，只有个别有花纹的没舍得打碎，最后由韩永录收藏到了县文化馆。至此，便可确认：文化馆那批珍贵的彩陶就出自距今6000多年的仰韶早期墓地。

在随后的调查中，线索进一步扩大。他们发现乡里的一些居民用彩陶盆养花，还有一些居民用彩陶罐装盐。经多日调查，工作队又征集到一批完整的彩陶。这说明该遗址不仅有墓地，还有人类的居住遗址。在一些断崖上，暴露出了几米厚的文化层，其中既有房址、窑址、灰坑等遗迹，又有各类陶、石、骨器等遗物。一切迹象都表明，这是一个以仰韶文化为主体的大型遗址，极富发掘价值。队员们兴奋不已，经报请上级批准，决定在此试掘。1978年8月，考古人员进驻工地，开始在河边阶地试掘。

谁也未曾料到，始于此时的田野考古发掘后来竟持续了7年之久，直到1984年才暂告结束。1995年又进行了补充发掘，即便如此，也只是打开了大地湾遗址这座地下宝库的小小一隅。

遗址发掘现场

根据对出土文物的研究，这个遗址蕴含了上下延续3000年的人类历史。起初人们在离水源最近的河边台地安家立业，随后向山地扩展，最终在距今5000年左右，形成雄踞长虫梁、傲视清水河的大型中心聚落。大地湾的考古发掘不仅达到了预期目的，还取得了一系列重要成果：一是发现了我国一支年代较早的含有彩陶的考古学文化——大地湾文化，经仰韶文化早期、中期、晚期到常山下层文化的比较完整的相对年代序列，为陇东及周围地区新石器时代文化发展建立了一个可靠的标尺，使彩陶研究取得了重大突破；二是大地湾遗址位于甘青地区和关中交界处，遗址各期文化面貌可以充分反映两个地域之间的文化关系；三是大地湾遗址聚落由低等级向高等级的演变发展线索非常清楚，为中国文明起源研究提供了一个可贵的实例。

鱼纹彩陶盆（大地湾二期文化）

人头形器口彩陶瓶（大地湾二期文化）

遗址的研究与文化价值

大地湾遗址的文化分期与特征

大地湾遗址面积达275万平方米，文化堆积层较厚，大多在1—2米，少数地段厚达3米，延续时间长。遗存大致可划分为五个文化期：

第一期即大地湾一期文化，距今7800—7350年。一期文化遗存是迄今为止渭河流域发现最早的新石器时代文化，它是我国新石器时代考古的重大发现，使西北地区史前考古研究取得了突破性进展。这一时期产生了我国最早的彩陶文化，出土的人工种植的黍，奠定了大地湾是我国原始农业发源地之一的重要地位。

第二期即仰韶文化早期，距今6500—5900年，发现了较为完整的环壕聚落，出土陶、石、骨器达2980件，房址156座。整个聚落以广场为中心，房址呈扇形分布，朝向中心，周围以壕沟环绕，平面为向心式封闭格局，不仅较为全面地揭露出仰韶文化早期的村落布局，而且首次展示出聚落在同一文化期不同时间段的发展变化。这一时期，彩陶艺术日趋发展，摆脱了单纯的带状纹饰，纹饰以写实鱼纹为主，陶器在陶质、陶色、器形上都有长足的进步，有些器体硕大、纹饰精美的彩陶，堪称史前艺术的杰作。

第三期即仰韶文化中期，距今5900—5600年。大地湾三期文化的发现，初步确立了甘肃仰韶文化中期的界定标准。此时的环壕聚落内部开始分化，人口增加，聚落规模进一步扩大，聚落内的一个中心已经分化成几个中心，并在环壕外出现了新的中心，环壕已失去原来的防御作用。这一期也是彩陶艺术达到鼎盛的阶段。生动活泼的线条、变化无穷的图案、造型与彩绘的完美结合无不体现史前艺术大师的精湛技艺以及对生活的热爱。

变体鲵鱼纹彩陶罐（大地湾三期文化）

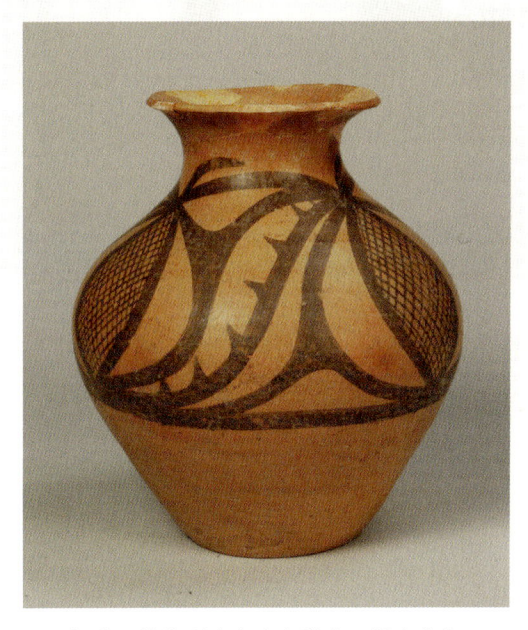

第四期即仰韶文化晚期，距今5500—4900年，是大地湾遗址覆盖面积最广、内涵最为丰富的一期。此时，在遗址所处中轴线的山坡上分布着数座大型宫殿式建筑，周围为密集的部落或氏族。大地湾四期文化在我国仰韶文化晚期考古研究中占据举足轻重的地位。通过对它的整理研究，我们对仰韶文化晚期农业和聚落所达到的高度有了重新认识。大地湾仰韶文化晚期中心遗址为进一步探讨中华文明的起源以及西北地区在文明形成过程的作用提供了可靠依据。

锯齿网格纹彩陶壶（大地湾四期文化）

第五期即常山下层文化，距今4900—4800年。五期遗存为大地湾遗址最上层，是仰韶文化向齐家文化过渡时期的遗存，其发现为甘肃仰韶文化发展方向和齐家文化的渊源提供了重要线索和启示。这一期因后期破坏严重，又因发掘面积有限，所以仅发现少量遗迹、遗物。

大地湾遗址的价值

大地湾遗址的学术价值突出，尤其在中国史前文明研究领域，具体体现在历史价值、科学价值、艺术价值三个方面。

历史价值主要体现在甘肃史前文化发展序列和古文化分区方面：

（一）大地湾遗址文化内涵丰富，延续时间长，为甘肃史前考古确立了距今7800—4800年的断代标尺，同时为甘肃东部及南部地区建立了较为完整的史前文化发展序列。

（二）甘肃新石器时代文化是在其东部本土发育起来的，并融合吸收了邻近地区，尤其是关中、中原的文化因素，表明甘肃是中华远古文化的发祥地之一。

（三）以大地湾四期文化为代表的仰韶文化晚期遗存与马家窑文化是两支性质不同的文化，地域和时代均不相同。河湟地区与泾河、渭河流域应视为两个不同文化区。

科学价值主要体现在制陶技术与史前建筑等方面：

（一）大地湾一期红色彩陶及彩绘符号的出现和使用，表明仰韶文化时期的彩陶和标记符号，均始于距今8000—7000年的大地湾一期文化。

（二）大地湾一期的"内模敷泥法"制陶方式，是我国迄今为止发现最早的制陶方法之一，为我国早期制陶工艺增添了新的一页。

（三）大地湾一期的谷物（黍）炭化颗粒的出土，表明在距今8000—7000年，该地区已出现旱作农业。

（四）大地湾一期出土的几座房屋遗迹，清楚地表明了距今8000—7000年间的泾河、渭河流域先民们的居住方式为半地穴式（在黄土地上挖出小圆形深穴），为中国建筑历史提供了早期研究实例。

（五）大地湾二期阶段的房屋建筑中，多见用红色颜料涂抹在草泥居住面上的室内装饰手法，以及在灶坑门道间设通风孔道用于助燃。这些特点都是其他同类考古学文化中较少见的。

（六）大地湾四期的房址，呈现出居住方式的演化和令人惊叹的营造技术。其中较为突出的方面有：表现出在同期古文化中相当可观的建筑规模；房址多为平地起建式，采用"木骨泥墙"工艺；地面铺设普遍采用以料姜石为原料的白灰面；大型房屋居住面下铺设有不同厚度的防潮层，其材料为当时人工加工而成的料姜石轻质颗粒，相当于今天建筑材料中常用的"轻骨料"。

艺术价值主要体现在彩陶与地画等方面：

（一）大地湾遗址不仅包含我国最早的一批彩陶，而且在仰韶文化时期达到了彩陶繁荣鼎盛的阶段，其图案、色彩和器形均显示出史前先民的艺术水平，在中国美术史上占有不可替代的地位。

（二）大地湾四期F411房址中的一幅约1.2米×1.1米的地画，不仅为我们研究当时人们活动的一些现象和思维方式提供了素材，而且对于我国古代绘画史及绘画技艺的研究，也是不可多得的实物资料。

大地湾先民在彩陶、绘画、雕塑、建筑等方面表现出惊人的艺术创造力，为我们留下了弥足珍贵的艺术宝藏，众多美不胜收的史前艺术品具有永恒的艺术价值，是西北先民的辉煌艺术成就。

　　大地湾遗址及其现有地理环境，不仅基本保持了史前生态环境——由梁峁与河川组合而成的完整原始地形地貌，而且反映出聚落在3000年间的连续活动过程，揭示了聚落阶段发展的完整性，是我国史前史研究中极为难得的实例，在史前聚落研究方面具有独一无二的价值。

遗址博物馆的设立与遗址保护

　　大地湾博物馆位于甘肃省秦安县五营镇邵店村，是一座以全国重点文物保护单位大地湾遗址为依托的专题性博物馆，于2011年12月开馆并免费对外开放。博物馆占地面积44.89亩，建筑面积约3155平方米，建筑呈折线形延伸到古河道。设计师巧妙利用当地的材质，以黄土合成材料装饰墙面，以鹅卵石铺地，加之简洁淳朴的外形，使整个建筑很好地融入周边环境，体现出"大象无形"的造型设计意境。

大地湾博物馆全景图

大地湾博物馆展厅

博物馆在有限的整体空间内同时具备展厅、休闲空间、纪念品商店、报告厅等功能性空间，将其有机组合在一起，布局合理顺畅。

多年来，大地湾博物馆坚持规划先行、基础优先、协调推进、整体提升的原则，全面加强遗址博物馆保护管理工作，不断提升研究水平，积极推动展示利用和博物馆的公众服务工作，努力发挥大地湾遗址的综合效益。

1999年，甘肃省政府划定公布了大地湾遗址的保护范围和建设控制地带。2003年，省政府公布实施了《大地湾遗址保护规划》，这是甘肃省政府公布的第一个文物保护规划，为大地湾遗址的后续健康发展提供了依据。2006年，《秦安大地湾——新石器时代遗址发掘报告》出版。博物馆按照规范，建立健全了大地湾遗址保护档案，完成了原始环壕聚落区域部分遗址保护棚建设，实施了F901原始宫殿遗址本体加固保护工程，建设了安全防范系统。同时，大地湾遗址的考古工作也在进行中。对遗址进行的全面测绘和全部区域考古勘探工作，让人们摸清了遗址的分布情况。

2013年12月，大地湾国家考古遗址公园获国家文物局批准立项。遗址公园建设逐步开展，开创保护利用工作新局面。

2014年，考古发掘工作取得新成果。考古发现的旧石器时代遗存将大地湾遗址人类活动历史向前推至距今 6 万年。博物馆先后征地 120 亩，开展了大门修建、围墙改造、环卫设施添置、道路硬化、环境绿化等工作，显著改善了大地湾遗址的基础设施条件和周边环境。

遗址博物馆的展览展示、公众教育

遗址博物馆的展览展示

大地湾博物馆的基本陈列为"文明序曲——大地湾遗址考古成果展"，曾参与第十届（2011—2012 年度）全国博物馆十大陈列展览精品评选，荣获优秀奖。陈列区面积近 1500 平方米，根据建筑结构及空间特点，划分为"发掘保护""岁月遗痕""陶风彩韵""天地伴眠"四个单元，展出大地湾遗址考古出土的具有代表性的陶、石、骨、角、蚌等文物及标本 300 多件，运用地形沙盘模型、彩陶文化墙、房屋建筑动画演示、纪录短片等辅助展品，描绘了约 3000 年间遗址发展的清晰脉络。整个展览充分展现了大地湾遗址的考古发掘成果及其在中国史前文明研究中的重要地位。

陈列设计注重遗址类博物馆的定位，力求达到形式设计与内容设计的和谐统一，在尊重考古科学的基础上，应用了不少新的形式设计和展示元素，用简洁、通俗的语言诠释深奥的考古科学和博大的大地湾文化。内容力求趣味性并贴近生活、贴近广大观众的欣赏需求，展品组织科学合理，以出土物佐证遗址的价值，结构上尽可能避免"时代主线性"，用不同于通史陈列的模式展示大地湾考古的重要成果及对中华文明起源问题的探讨。

"发掘保护"单元以 3 个小区块，将大地湾遗址的发现机缘、考古发掘过程、保护论证现场真实展示出来。用翔实的文字和考古现场、遗址原貌、论证现场等大量珍贵的影像资料，完整展现大地湾遗址的发掘保护历程。

"岁月遗痕"单元包括史前田园、拓荒耕种、家畜驯养、渔猎采集、居室变迁、简服美饰、文明肇始 7 个组。单元内展示的所有展品，均为大地湾遗址发掘出土。每组展品都经过慎重选择，都具有时代特色，是当时社会生活的缩影。通过展品，我们可以窥探到史前时期每个发展阶段的社会风貌、风俗习惯等。时至今日，在当地，我们依然可以看见史前时期一些风貌的印记。

"天地伴眠"单元为墓葬展示区，主要展示大地湾一至四期墓葬的典型规制及葬式。这些墓葬都有不同特征，每一座墓葬都包含那个时代的信息，每一名死者都拥有鲜为人知的故事。虽然我们无法得知墓主人的生前事迹，但可以肯定，他们都是大地湾文化的创造者，是中华文明的开启者，是我们引以为豪的祖先。

从这些墓葬规格及形制来看，史前时期，大地湾先民将死亡看得很重要。一个人生前所用的生产生活工具常用于陪葬，并且越往后期，陪葬品越多，反映了生产生活资料的增加和社会的发展。儿童瓮棺葬则可能反映了先民对"灵魂不灭"的寄托。在埋葬夭折儿童的瓮棺底部留有一个小孔，或许在先民的意识里，逝去的灵魂可以从小孔自由出入。

"陶风彩韵"单元主要以大地湾遗址出土的各期陶器为展示内容。陶器随着史前人类的定居生活而出现，是史前人类的重大发明之一，是人们日常使用的重要生活工具。而彩陶是大地湾文化的显著特征。早在8000年前，大地湾先民已经开始生产和使用彩陶。这一单元主要以实物加图表说明的方式，将大地湾遗址出土陶器的类型、纹饰、形制和发展变化等，直观展现在观众面前。尤其是极具代表性的人头形器口彩陶瓶，作为将雕塑、绘画结合的完美艺术典范，可以代表史前时期文化艺术成就的高度。

展览四个单元的内容划分与建筑空间结构特点有机结合，注重展示信息与内容的疏密组合与节奏。在保证文物安全、传达文物信息的同时，打破文物与展具的固有界限，创造性地进行文物展示设计，使文物本体展示与辅助展品信息融为一体。灯光设计上采用LED光源射灯，有效地防止紫外线及热量对彩陶的危害，分散式小功率射灯可以增加照射点位，解决彩陶照明的阴影问题。大胆保留部分间接自然光照明，与人工光照明结合，使器物观感自然，节省日常运营电力。

青少年教育计划及实施情况

大地湾博物馆是甘肃省爱国主义教育基地、甘肃省科普教育基地，与一些高校建立了协作关系，开展较为丰富的青少年教育活动。如大地湾博物馆"史前工坊"主题社教活动，涵盖陶艺制作、画彩陶、史前工具的使用体验等。

青少年教育活动

此外，博物馆建立健全与中小学校的长效合作机制，向当地中小学提供大地湾文化方面的丰富教育资源。

（撰稿人：张力刚）

阜新查海遗址博物馆

查（chá）海遗址位于辽宁省阜新市阜新蒙古族自治县沙拉镇北查海村西南约 2.5 千米的向阳扇面台地上，遗址东西长约 125 米，南北长约 100 米，现存面积约 12 500 平方米。1986—1994 年，遗址先后进行了 7 次考古发掘，已发掘面积约 7800 平方米，发现房址 55 座、室内窖穴 23 个、室外窖穴 37 个、居室墓 6 座、居址墓 10 座、龙形堆石 1 处，出土完整和可修复陶器 1177 件、石器 2411 件、玉器 44 件，以及大量的动物遗骨和炭化植物等。经过碳十四测定，遗址年代为距今 7600±95 年，树轮校正为距今 8000 年以上。查海遗址是辽河流域年代较早、保存完整、文化内涵丰富的一处新石器时代古人类聚落遗址，具有重要的历史和文化价值。

遗址的发现与考古回顾

查海遗址是 1982 年第二次全国文物普查时发现的。我国著名考古学家苏秉琦先生非常重视查海遗址的发现，1985 年，在研究、鉴定采集的文物标本后，为全面了解遗址的文化类型，他明确提出了发掘查海遗址的建议。

1986 年，辽宁省文物考古研究所对遗址进行试掘。本次试掘对遗址进行了普遍探测，并在遗址四周挖 5 米×1 米的探沟 15 条，确定了遗址的范围与面积。在遗址南缘发掘 5 米×5 米的探方 6 个，清理出 1 座房址和一些遗物，初步了解了遗址的文化内涵。对房址内出土的木炭做了碳十四测定，确定了遗址的年代为距今 6925±95 年，树轮校正为距今 7600 年。这次试掘为今后的考古发掘工作奠定了基础。

1987 年、1988 年、1990 年，辽宁省文物考古研究所对遗址进行三次发掘，发掘面积约 1500 平方米，清理出 13 座房址、7 个窖穴、3 堆陶器、3 座居室墓。出土遗物十分丰富，分为石器、陶器、玉器三大类，主要出土于房址内。

此三次发掘确定了遗址的南缘，弄清了聚落南部房址的设置特点。已发现的 13 座房址，皆为半地穴式，排列密集有序，似成排排列，方向大体一致。每座房址中部有灶址，房屋内、外两圈布置有柱网，生产工具和生活用具组合齐全。通过发掘，考古工作者从类型学角度认识了这一文化中陶器的器形、纹饰特征和早晚演变关系。出土的玉器 1989 年经中国地质科学院地质研究所鉴定，均为透闪石软玉，即真玉，这是我国目前发现年代较早的由人类加工使用的真玉器。尤为重要的是，

1990年的发掘，出土了少见的类龙纹陶器残片，发现居室墓，并在墓内清理出大、中、小3对6件匕形玉器。新采集的木炭标本经碳十四测定，年代为距今7360±150年（未经树轮校正）。

1992年、1993年、1994年，辽宁省文物考古研究所又对遗址进行三次发掘，总计揭露面积约5800平方米。1992年发掘面积约1000平方米，主要发掘区域在遗址的南部，主要收获和重要发现为：清理出10座房址、3个窖穴、1堆陶器、2座居室墓，还发现了较完整的猪上颌骨和2块猪盆骨，又出土10余件玉器。

1993年发掘面积约2500平方米，主要发掘区域在遗址的西北部。本次发掘清理出16座房址、18个窖穴。发掘的房址有的带有二层基台，有的室内有窖穴，有的南壁东南端穴壁外凸，呈半圆形，推测是房址的出入部位。有些灶底用石块或石器铺垫，一些房址内还出土了较碎的猪骨残渣、炭化山杏核及胡桃果核等。16座房址中，有3组7座房址具有打破关系，这为研究查海遗址的文化分期提供了重要依据。这次发掘的重要发现之一是出土了一件陶罐，一侧塑蟾蜍，另一侧塑蛇衔蟾蜍，为新石器时代遗址中少见。

1994年发掘面积约2300平方米，主要发掘区域在遗址的中部和东北部，清理出16座房址、5个窖穴、1座居室墓、1处龙形堆石遗迹、10座集中分布的墓葬、2个祭祀坑、2段壕沟。新发现的46号房址，位于聚落址中心偏北，面积达157.32平方米，是遗址中最大的房址。该房址内出土了一对大石铲，约是遗址内出土其他石铲的两倍大，推测该房址是聚落中地位较高者居住的房屋，或具有聚会地点性质。

查海遗址聚落环壕的发现，确定了遗址区的东北界。此次清理出的中心墓地、祭祀坑及大型龙形堆石遗迹为研究该聚落的布局及当时人类的生活面貌、意识形态等方面提供了全新的资料。目前，查海遗址虽未全部揭露，但上述7次不同规模的发掘，陆续搞清了聚落的布局、内部结构和文化内涵。

1994年发掘现场（西南—东北）

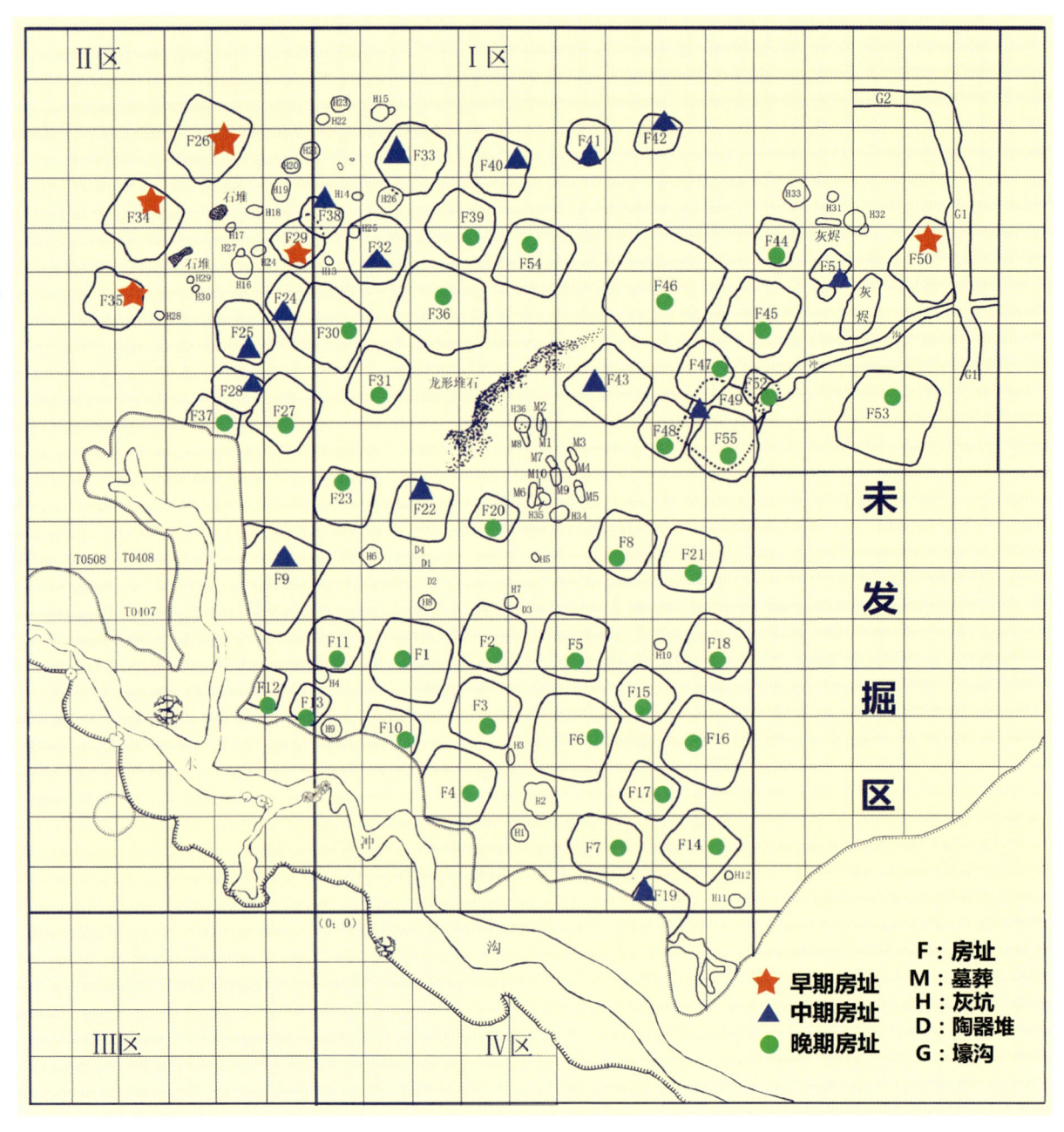

查海聚落平面图

查海遗址的遗迹与遗物

　　查海人在自己营造的聚落中创造出灿烂的农耕文化，为文明的形成打下了坚实的根基。查海遗址的房址规划东西成排，南北成行，整个布局井然有序，室外窖穴和中心墓地经过人们精心选址。

遗址中心为龙形堆石，外围挖有壕沟，揭露出大量的石器、陶器和玉器等生产、生活用具等。由此可知，查海是一处大型中心聚落遗址。

查海遗址清理出的房址皆为半地穴式，形状以圆角长方形居多，大部分房址室内居住面的四周比中间高。居室活动面的踏土厚0.02—0.15米，呈黑灰色，内含烧灰、红烧土等杂物，坚硬起层。每座房址内一般有两圈柱洞，内圈柱洞挖凿在灶址外围，外圈柱洞沿穴壁挖凿。灶址一般设有1—2个，位于房址正中。日常生活所用的陶器、石器等摆放在室内四周。

窖穴有室内窖穴和室外窖穴两种。室外窖穴中，有一组窖穴集中在居住区的西北部，于两排房址之间南北排列，其他室外窖穴均单独分布在房址之间。室外窖穴与房穴一样，均挖凿在生黄土层和基岩层内，穴坑大小不同，壁和底均修整过。较大窖穴还发现有柱洞、台阶、灶址，有的窖穴一侧穴壁呈半圆状外凸。从窖穴的形制和结构推测，这些窖穴上部应有木架结构，其用途应为储藏食物，少部分废弃后被用作垃圾坑。

中心墓地位于查海聚落的中部，共发掘清理出10座墓葬，占地面积约500平方米。有些墓葬之间有叠压打破关系，墓葬皆为长方形土坑竖穴墓，基本为南北向，10座墓中2座人骨已朽无。墓主人为男性的2座，女性的4座，其余不详，年龄在25—40岁之间。

龙形堆石遗迹位于中心墓地以北，是先民们在一条横穿遗址中部的狭长基岩脉线上以红褐色玄武岩石块堆塑而成，全长19.7米，宽1.8—2米。其造型与龙无异。红褐色石块似片片龙鳞，身体呈弯弓状，前身较宽大，石块堆积较多、较厚，身体前部下方石块堆砌出像足又像云雾的衬托物。

龙形堆石遗迹

由头、身体向尾部，石块逐渐变薄、变少，尾部更加松散细小。总体观感是头向西南，昂头张口，尾部摇摆甩向东北方向，呈现巨龙就要腾空飞舞的态势。这是迄今为止我国新石器时代考古发现年代最早、形体最大的龙形象，堪称"中华第一龙"。

查海聚落遗址出土完整陶器、复原陶器及残器共计1177件。大量陶器尤其是完整器或能够复原的器物主要出土于房内遗迹中。各房址内出土的陶器多寡不一，出土位置主要在室内的内外两圈柱网之间，室内中部少见器物。这些陶器有正置、倒置、大器套小器，或被压成碎陶片堆等现象。陶器纹饰以之字纹为主，兼有人字纹、网格纹、短斜线纹、几何纹等。

查海聚落遗址中出土石制品2411件。查海先民一般选用较坚硬的页岩、花岗岩、石灰岩、玄武岩等石料加工石器，器形主要有铲、双孔盘状铲、斧、凿、刀（砍砸器）、杵、磨盘、磨棒、敲砸器、饼形器、砺石、石球、研磨器、沟槽器等，其中铲、双孔盘状铲、斧、磨盘、磨棒自身文化特点明显，颇具地方特色。穿孔器的孔采用琢、钻两种方法相对透穿，技术很成熟，这种穿孔技术还多用于石铲加工过程中，有些石铲的束腰部位采用先透孔后打制的方法，既规整，成功率又高。

查海遗址中还出土了44件玉器，包括玉斧7件、玉凿7件、玉玦7件、玉匕13件、玉管6件、小玉环1件、玉料1件、玉器残片2件。这些玉器的出土对于认识早期玉器的使用、制作水平、加工特点、形制品类，以及玉器与社会意识形态的关系等方面具有十分重要的意义。苏秉琦先生高度概括查海玉器的文化内涵，认为查海玉器解决了三个问题，一是对玉的认识，二是对玉的加工，三是对玉的使用。

动物遗骨大多来自查海遗址1992—1994年的三次发掘。遗骨破碎程度比较严重。全部标本共900件，均为哺乳动物遗骨，其中猪骨最多。由此可知，猪是查海先民肉食的主要来源。祭祀坑内猪骨的出现，表明猪在当时还有其他方面的特殊意义。

7号房址居室墓出土玉匕

查海遗址发掘过程中还采集了一些已经炭化的植物标本，包括木炭和炭化种子、果实，其中木炭和果实是发掘过程中采集的肉眼可见的标本，而炭化种子则是后来在实验室中从土样中筛选出来的，经过实验室分析为杨树、杏树、狗尾草（谷物）等。

查海遗址的文化内涵

以查海遗址为代表的文化类型被考古学界命名为查海文化，是红山文化的源头之一。阜新地区拥有众多的查海文化类型遗址，以查海遗址为中心，构成了一个查海文化遗址群。查海遗址的重要发现，充分证明了辽河流域是中国远古文明的重要发祥地之一。查海遗址中的聚落建筑，表现了中国北方氏族部落的形成与发展，大量的生产、生活用具，标志着渔猎经济向农耕经济的转变。

查海文化的两大核心特征是玉与龙，它是中华民族玉和龙文化的最早阶段，表现了对玉文化和龙文化的创造，是中国"礼制"的雏形，象征着中华民族的早期文明。查海遗址出土的玉器不仅造型十分规整，打磨光滑，而且类型和组合都很有规律，以玦为主，有环状玦与管状玦，玦与匕等已经组合使用。

玉玦

玉器工艺水平比较先进、复杂，说明当时已经有了社会分工，出现了专业的"制玉人"。由于玉器数量稀少，可以推测使用者是身份地位较高的人，当时已产生社会分化，这正是人类由原始社会向国家转变的基础。

查海玉器证明，早在 8000 年前，原始先民就掌握了高难度的攻玉技术，认识、加工、使用真玉器。查海玉器不仅有自身独特的文化内涵，它的许多特点和自身的发展轨迹，对于探讨中国玉器起源、原始功用及玉文化传播也具有重要价值。查海玉器是我国史前玉文化研究和中国文明探源的重要物质和精神载体，是中华文明起源的独特文化标志。因此，查海遗址也成为辽河流域玉文化重要起源地之一。

考古发现表明，新石器时代是龙、蛇、蟾蜍等动物崇拜发展的重要时期。我国各地先后发掘出土新石器时代各种不同的龙、蛇和蟾蜍（蛙）遗物和遗迹，尤以查海遗址龙、蛇和蟾蜍崇拜距今年

类龙纹陶片　　　　　　　　　　　蛇衔蟾蜍陶罐（局部）

代最为久远、最为复杂，并且集龙、蛇和蟾蜍崇拜于一体。

　　除了人工堆塑的龙形堆石以外，查海遗址 23 号房址中还出土了两块类龙纹陶片。这两块陶片皆为夹砂红褐陶，贴塑泥条，以浮雕手法饰窝点纹为鳞，一为盘旋的龙体，一为蜷曲的尾部，不论在躯体形象上，还是鳞状纹的表现上，都已具备了中国古代龙形象的基本特征。

　　39 号房址内出土的蛇衔蟾蜍陶罐，为一件斜腹陶罐，口径 33.6 厘米，底径 15.4 厘米，高 39.9 厘米，夹砂红褐陶，斜直腹，平底，腹部压划篦点纹。陶罐虽残，但是罐身下腹部两侧浮雕蟾蜍、蛇衔蟾蜍动物图案，保存比较完整。这种饰有蟾蜍及蛇衔蟾蜍浮雕图案的陶罐，在我国新石器时代考古中尚属罕见。

　　查海时代，龙、蛇和蟾蜍崇拜作为先民的一种重要意识，支配人们的精神，与当时的社会经济和生产力发展水平分不开。原始信仰是受农事活动、自然环境和思想条件等诸多因素影响，又经历岁月积淀的产物。原始信仰从产生到衰落，是一个相当长的历史阶段，也是人类历史发生的最深刻的变革之一，查海文化的龙、蛇和蟾蜍崇拜就充分地反映出了这一时期的社会情况。

遗址博物馆的建设与保护

　　辽宁省人民政府和阜新市人民政府都非常重视查海遗址的发现与保护，早在 1991 年，就对查海遗址本体和保护范围进行征地保护。1992 年 9 月 4 日，阜新查海遗址博物馆建成开放，它是建立在查海遗址发掘取得重大成果的基础上，为了保护遗址本体、展示遗址出土文物和研究成果而建成的一座专业性遗址博物馆，是查海遗址的保护、管理、展示和研究机构。

　　阜新查海遗址博物馆建于遗址南侧一条东西走向的大冲沟以南约 50 米处，建筑面积 877 平方

阜新查海遗址博物馆

米，建筑高 11 米，框架结构，造型模仿 6 个半地穴房址，外部为土红色仿树皮纹理的墙体。

  阜新查海遗址博物馆展览分为馆内基本陈列"查海文化展"和户外遗址本体展示区两大部分。基本陈列"查海文化展"分为五个展厅，四周从一展厅至四展厅分别展示查海遗址的石器、陶器、龙文化、玉文化和学术研究成果等，中间是一个全景画展厅。全景画高约 7 米，周长约 60 米，以油画形式描绘、再现了查海原始自然风貌和查海先民"日出而作，日入而息"的原始生活场景。

  博物馆户外遗址本体展示区的中央是在原址上按 1∶1 比例复制的龙形堆石。发掘的 55 座房址和龙形堆石下的墓葬、祭祀坑等都已经用沙土回填保护，露天展示它们的基本轮廓。遗址余下还未发掘的部分也有所展示。

  查海遗址现存约 12 500 平方米，目前已发掘完毕的部分大约占遗址总面积的一半，现已用沙土回填保护。余下一半没有继续发掘，基本处于未受干扰的原始状态。遗址整体基本保持 1994 年最后一次发掘的原貌。遗址四周很大区域都是农田和果树林，远处为荒山，较少居民、建筑物等人为因素的干扰，能够较好地反映出 8000 多年前的自然风貌。

  1994 年，为了进一步加强对查海遗址的保护力度，辽宁省、阜新市文物部门整理汇总查海遗址信息资料，积极向国家文物局申报。1996年11月20日，查海遗址被列为第四批全国重点文物保护单位。

2020年，阜新市人民政府制定了《阜新市查海文化遗址保护条例》，从保护主体、保护经费、保护对象、保护规划、保护名录、法律责任等方面加以详细规定，条例已于2021年1月1日起实施。

阜新查海遗址博物馆的社会教育

阜新查海遗址博物馆不忘自己的社会职责与使命，通过免费开放、对团体免费讲解等方式，向公众介绍查海文物，宣传查海文化，充分发挥博物馆的社会教育功能。"博物馆进社区""博物馆进校园"等活动，在培养公众特别是未成年人爱国主义精神、提升民族自信方面积极发挥作用。每年的国际博物馆日，都有中小学专门组织未成年人参观博物馆。博物馆的工作人员、志愿者等热情接待，为观众详细讲解馆藏文物的历史，介绍查海文化。穿梭在其中的青少年，仿佛推开了历史之门，面对充满历史气息的展品，驻足观看，并认真记录所见所闻。

志愿者讲解

为丰富学生的课余生活，培养学生热爱家乡历史文化的情怀，阜新查海遗址博物馆还免费培训"小小讲解员"。博物馆讲解老师会对小学员们进行讲解基本功、讲解语言技巧及礼仪、声音与肢体协调等方面的基础培训，并且让孩子们进入展厅自主学习演练，潜移默化地学习历史，陶冶情操。培训结束后，讲解员小同学在展厅内认真为观众讲解，得到观众的一致好评。

拥有8000余年历史的查海遗址和查海文化，是中华优秀传统文化的一部分，积淀着中华民族深沉的精神追求，代表着中华民族独特的精神标识，是中华民族生生不息、发展壮大的丰厚滋养，对延续和发展中华文明、促进人类文明进步，发挥着积极作用。

（撰稿人：李井岩　盖井浩）

敖汉博物馆

敖汉博物馆现状

敖汉博物馆（原名内蒙古史前文化博物馆）位于内蒙古自治区赤峰市敖汉旗，始建于1988年。博物馆负责敖汉地区文物的收藏、保护、管理等工作，并宣传、展示、研究中国北方史前考古学文化与中华文明起源，是全国优秀爱国主义教育基地。

博物馆旧址位于敖汉旗新惠镇惠文广场北侧，建筑面积4000平方米。正在建设之中的新馆位于敖汉旗新惠镇汽车站西南侧，占地面积41亩，其中主体建筑2.8万平方米，展厅面积1.2万平方米，是内蒙古自治区建筑面积最大的县级博物馆之一。

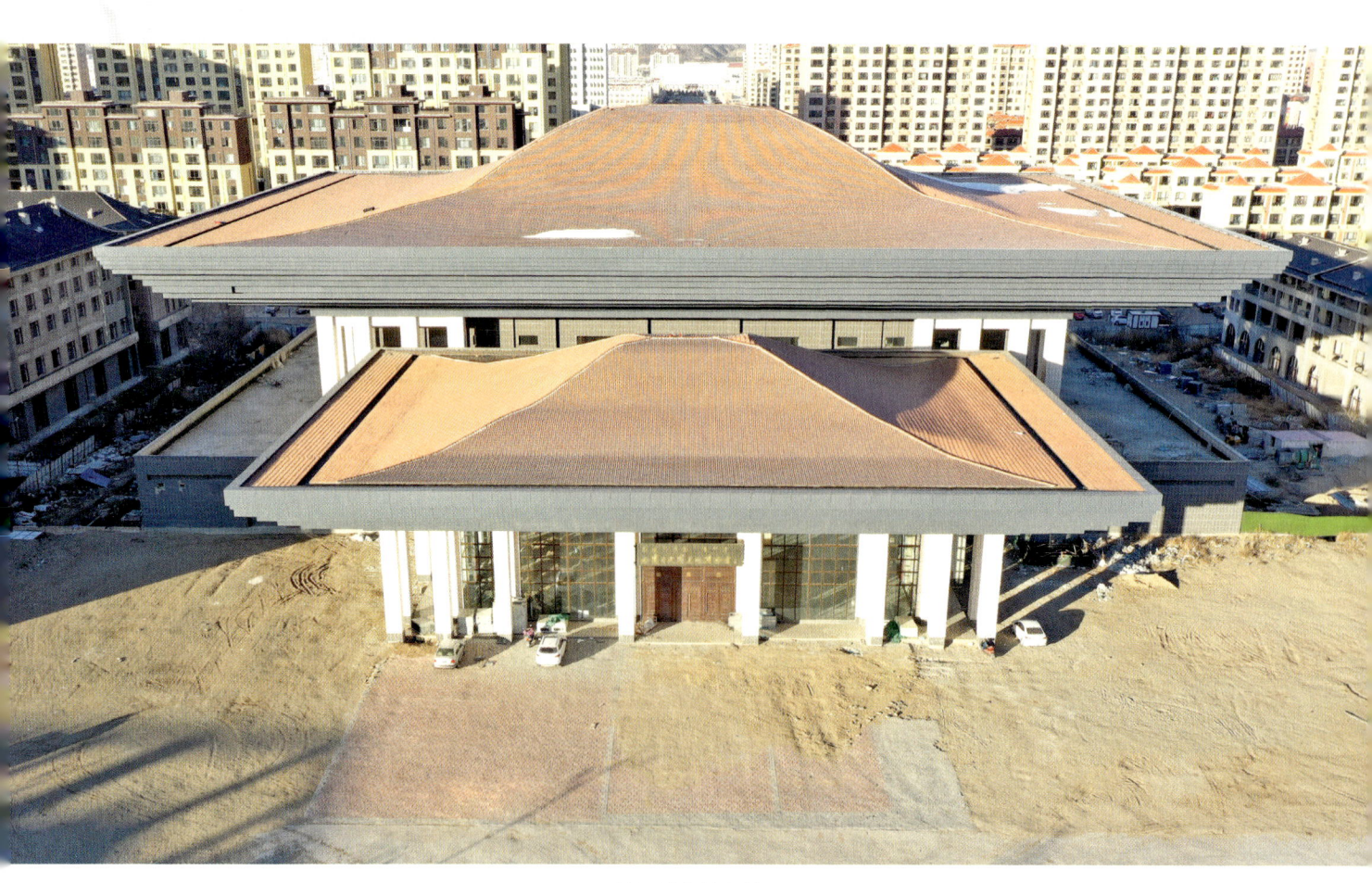

敖汉博物馆新馆

敖汉博物馆旧馆

敖汉史前文物考古回眸

起步时期

20世纪60年代至70年代初，是敖汉旗史前文物考古工作的起步时期。这一时期，小河沿文化被确认，这是以敖汉旗地名命名的第一个考古学文化，填补了辽西地区考古学文化的一个缺环。大甸子墓地的发掘引起轰动，墓中出土的一大批彩绘陶器和精美的玉器、青铜器，使人们看到地处塞外的一个成熟的北方文明方国，其发达程度似乎与同时的夏王朝相当。

发展时期

20世纪80年代，是敖汉旗史前文物考古的发展时期。这一时期以文物普查工作为中心，展开了大规模的田野考古调查，相继发现了兴隆洼、赵宝沟、柳南、小河西等史前文化类型，填补了我国北方乃至东北亚考古学的一系列缺环，形成了较为完整的文化谱系：小河西文化（距今近万年），兴隆洼文化（距今8000—7500年），赵宝沟文化（距今7200—6400年），红山文化（距今6700—5500年），小河沿文化（距今5000—4500年），夏家店下层文化（距今4200—3600年）、夏家店上层文化（距今3000—2500年）。在文物普查的基础上，敖汉旗还展开了对小河西、兴隆洼、赵宝沟、西台遗址及夏家店下层文化墓葬、柳南墓地、周家地夏家店上层文化墓葬的考古发掘工作，取得了重要收获。

这一时期的文物普查工作，摸清了敖汉的文物家底，为科学发掘和研究提供了准确的线索，总结出各种不同时期遗址的规律，采集到一批珍贵的标本，意义重大。

繁荣时期

20世纪90年代，是敖汉旗史前文物考古工作的繁荣时期。这一时期，敖汉旗主要对兴隆洼遗址、西山遗址、小河沿文化墓地等进行了发掘。同时期还对夏家店下层文化山城进行实地测绘，共测绘了120余座大小不等的城址。这些工作不仅将本地区史前考古学文化的研究推进了一大步，同时促进了敖汉文博事业的长足发展，具有划时代的意义。

大发展时期

21世纪以来，敖汉旗史前文物考古进入大发展时期。这一时期对兴隆沟遗址和草帽山红山文化祭祀遗址进行了清理发掘。兴隆沟遗址发掘出土的文物让研究者对8000年前的社会结构、家庭组成、生产方式、宗教信仰、葬俗及自然植被等方面有了突破性的认识。草帽山遗址清理墓葬7座，出土神像、玉璧、骨笛等重要文物，祭坛形制被专家誉为"最早的金字塔式建筑"。兴隆沟遗址出土了经过人工栽培的炭化粟、黍的籽粒。因此，敖汉被联合国粮农组织认定为世界旱作农业重要起源地。2012年9月，联合国粮农组织授予敖汉"全球重要农业文化遗产地"的称号。

2013年4月23日，敖汉旗人民政府与中国社会科学院考古研究所正式签署合作协议，共建"敖汉史前考古研究基地"，揭开了敖汉史前考古研究工作新的一页。

敖汉繁星——史前文化概述

敖汉旗全旗总面积8300余平方千米，地形复杂，呈不规则的缓坡形，由东南向西北逐渐倾斜。南部为低山丘陵区，中部为黄土丘陵区，北部为沙漠平原区。老哈河、孟克河、教来河三大河流纵贯南北，其中教来河、孟克河的中下游，以及老哈河一、二级台地为沿河平川区，地势平坦，土质肥沃，水源丰富。特殊的自然地理环境，孕育了这里古老的文明。

经过文物普查，敖汉旗共发现各个不同时期的古文化遗址4000余处，居全国县级行政区之冠。其数量占内蒙古自治区五分之一，占赤峰市二分之一。史前遗址中，有小河西文化遗址30余处，兴隆洼文化遗址60余处，赵宝沟文化遗址80余处，红山文化遗址530余处，小河沿文化遗址50余处，夏家店下层文化遗址2400余处，夏家店上层文化遗址300余处。

敖汉旗自然环境得天独厚，先民们留下了许多宝贵的文物财富。在敖汉旗发掘并命名了小河西文化、兴隆洼文化、赵宝沟文化、小河沿文化等4种考古学文化。它们的发现，填补了我国东北地区考古学编年的空白，并将我国北方地区新石器时代的历史向前推进了约 3000 年。

小河西文化

小河西文化的发现，为追溯红山文化的本地渊源提供了证据，填补了辽西地区考古学文化的一处空白。小河西文化上限虽早于兴隆洼文化，但两者似有并存发展阶段，为辽西地区并存两种以上的考古学文化提供了一个新例。这一时期的先民们开始磨制石器，从事原始农业、畜牧业、渔猎业，制作陶器、构筑房屋，过着定居生活，在这块神奇的土地上生息繁衍。

兴隆洼文化

兴隆洼遗址中的聚落是迄今考古发现的中国新石器时代聚落中保存最完整、布局最清楚，且第一个完整揭露出房址、灰坑和围壕等全部居住性遗迹的聚落，被誉为"华夏第一村"。该遗址是在 1982 年文物普查期间发现的，1983—1994 年由中国社会科学院考古研究所内蒙古工作队进行 7 次考古发掘，获得一系列较为重要的考古资料。因此，兴隆洼遗址获评 1992 年度全国十大考古新发现、"八五"期间全国十大考古新发现，以及"中国 20 世纪 100 项考古大发现"，并由国务院于 1996 年公布为第四批全国重点文物保护单位。

兴隆洼遗址出土的玉器，皆为阳起石—透闪石软玉类，色泽多呈淡绿、黄绿、深绿、乳白或浅白色，器体偏小，是迄今所知中国年代较早的玉器。主要器类有玦、匕形器、弯条形器、管、斧、锛、

兴隆洼遗址航拍图

兴隆洼文化玉玦

凿等。玉玦的出土数量最多，是兴隆洼文化最典型的玉器之一，常成对出现于墓主人的耳部周围，应是墓主人生前佩戴的耳饰。兴隆洼文化玉器的发现，充分证明了中国古代用玉的历史可追溯至距今8000年左右的新石器时代中期。对该文化玉器类型、雕琢工艺、用玉制度及相关背景进行深入研究，无疑大大有益于探索中国玉文化的起源。

赵宝沟文化

赵宝沟文化，因1986年发掘敖汉旗新惠镇赵宝沟遗址而得名，分布范围北起西拉木伦河以北，南至渤海北岸。敖汉旗现已发现的赵宝沟文化遗址主要分布在中部、北部，以中部黄土丘陵区最为集中。聚落位置多选择在沿河的二、三级台地或较平缓的坡岗上，往往两两相邻或三五成群分布，有环壕和非环壕聚落两种。赵宝沟文化是继兴隆洼文化之后在西辽河流域取得支配地位，且对红山文化产生过重要影响的又一支远古文化。在赵宝沟文化的生计方式中，狩猎占有一定比重。这一时期先民之间已存在等级高低之分，社会分工也日趋明显，表现出发达的原始宗教信仰。赵宝沟文化遗址2006年被列为第六批全国重点文物保护单位。

在距今约7000年的赵宝沟文化遗址发现的陶尊刻有猪龙、凤鸟和以鹿为原型的图案等，使人们看到了先民们高超的工艺水平和原始崇拜。赵宝沟文化陶尊上的图案被认为是中国最早的"龙凤呈祥图"，是龙凤崇拜的开端。

赵宝沟文化陶尊

红山文化

红山文化遗址在敖汉旗分布广泛，目前已经发现530余处，多位于临河的台地、坡岗或山坡上，并以河流为纽带成群分布，少则三五处，多则十几处。红山文化晚期大型祭祀遗址和墓葬中完备的用玉制度，标志着红山人此时已走入古国文明阶段。

草帽山祭祀遗址是红山文化的典型代表，位于敖汉旗四家子镇东郊的草帽山后山梁上，1983

年春文物普查中发现。遗址分东中西三处，最东的第一地点在山岗上，经发掘证明是一处祭坛，四周有近长方形的围墙。第二地点位于第一地点之西隔沟的山梁北部，两者东西相距约5米，高出地表约3米。第三地点位于第二地点西南，两者相距200米，并在同一梁岗之上，高出周围地表约2米。在该遗址中发现了由凝灰岩雕琢的神像，这是首次在红山文化遗址中发现石雕神像。

2012年5月23日出土于内蒙古敖汉旗兴隆沟红山文化遗址的陶塑人像，通高55厘米。考古人员在遗址中先后找到上百块陶片，经过反复拼对，将其中65块陶片粘接成这尊陶人。自1935年赤峰红山后遗址发掘以来，分布在内蒙古东南部和辽宁西部地区已经探明的红山文化遗址有1000余处，出土文物非常丰富，但兴隆沟遗址出土陶人是唯一一件能够完整复原的整身陶人，也是红山文化时期目前所知形体最大的一尊陶人。敖汉红山文化整身陶人的出土为红山文化乃至辽河流域文明的演进，包括宗教信仰等方面的研究提供了难得的一手资料。

红山文化陶塑人像

小河沿文化

小河沿文化因1974年发掘敖汉旗四道湾子镇（原小河沿公社）南台地白斯朗营子遗址而得名，主要分布在老哈河和大凌河中上游地区。小河沿文化的墓葬有长方形土坑竖穴墓，以单人仰身屈肢葬为主。陶器以细绳纹、网格纹的筒形罐和饰平行线、斜线、三角纹的钵、壶等为主，还有石、骨制生产工具和玉制装饰品等。小河沿文化填补了中国北方新石器时代向青铜时代过渡时期的历史空白，为研究红山文化的发展、演变提供了重要线索。

夏家店下层文化

夏家店下层文化遗址因1960年发掘赤峰市松山区夏家店遗址而得名，是中国北方青铜时代早期文化。敖汉境内发现夏家店下层文化遗址达2400余处，其遗址数量比现在的自然村还要多。从发掘情况来看，遗址内的人口空前繁荣，农耕经济占主导地位。每处遗址或石砌或土筑，都有高大的围墙和深深的围壕，用来抵御外来者的侵袭。百余个群体结成联盟，各联盟间构成一定的从属关系和复杂的社会结构，说明当时的社会经历了一次大变革。

大甸子遗址是夏家店下层文化的典型代表，发现于1974年，总面积约12万平方米，已发掘面积达1万余平方米。它是一处大型低台地型遗址，由具有土筑城墙、环壕的聚落遗址和墓地组成。

城子山遗址航拍图

遗址内发现有中国建筑史上最早的竖向错缝城墙垒砌法。出土了大量石器、陶器、玉器、铜器等遗物，其中包括中国最早的金属贝币。遗址东部为大规模墓地，墓葬排列整齐，现已清理804座，出土了大量随葬品。大甸子遗址和墓地，展现了中国北方地区早期青铜文明的面貌，揭示了夏家店下层文化居民的丧葬制度。该遗址入选"中国20世纪100项考古大发现"，1996年由国务院公布为第四批全国重点文物保护单位。

夏家店下层文化的中心当属城子山遗址。城子山遗址是中国北方目前发现最早的一处超大规模史前祭祀山城遗址，位于萨力巴乡与玛尼罕乡的交界处，北距哈拉沟村约4千米。因为山顶有石砌围墙如城，当地俗称"城子山"。1998年敖汉旗博物馆对这座山城进行了全面测绘。城内发现了232个圆形石圈（祭坛）和80处方院，共分为6区，设有9门。在山城的西南角有一石雕猪首，长9.3米，吻部宽2.1米，额头高7.5米，雕凿粗犷，棱线分明，极具神秘感。在东南角发现有大型圆窝石和磨光石块。有的光滑如镜，有的磨出凹面，均成组出现，是典型的祭祀物。城子山周围还有10余个较小的山头，这些小山头上均分布有遗址，保存很完整。遗址群分布范围达6.6平方千米。

这处遗址可作为夏家店下层文化进入早期国家的重要标志之一，其调查和发现具有十分重要的学术价值，尤其对于探讨早期国家形成有很重要的意义。

文化敖汉——博物馆的陈列展览与社会服务

敖汉博物馆的旧馆陈列面积约2000平方米，分为五个陈列厅。第一、二陈列厅为"辽河源的文明曙光——史前文物展"，主要展示小河西、兴隆洼、赵宝沟、小河沿4种考古学文化。从走进考古发现开始，解密敖汉史前先民的生产生活，探究考古学文化的对外影响力，按照这一展陈逻辑，展现敖汉史前先民的生活图景及原始宗教信仰。展览在内容设计上，充分利用敖汉旗几十年以来的史前考古发掘及研究成果，突出展示了农耕文明、玉文化源头、龙的起源地及史前祖先崇拜等内容。

第三陈列厅展现的是"画笔下的大辽风情——辽墓壁画精品展"。第四陈列厅是"辽、金、元、明、清文物精品展"，展出辽、金、元、明、清文物精品100余件。第五陈列厅"红山文化专题展"，系统展现了红山先民的不凡智慧，展出文物500余件。展览在学术性、艺术性、观赏性等方面均受到广泛好评。

在基本陈列的基础上，敖汉博物馆与浙江余姚河姆渡遗址博物馆、萧山跨湖桥遗址博物馆、台州博物馆以及福建昙石山遗址博物馆联合举办了"玉出东方——红山文化玉器精品展"，该临时展览收到了良好效果，为弘扬南北方优秀史前文化搭建了平台。

博物馆由于文物普查成绩突出，在20世纪80年代被国家文化部授予"全国文物博物馆系统先进集体"称号。20世纪90年代，博物馆利用当地丰富的人文资源，采用举办流动展览、放映幻灯片等宣传形式，在农村、牧区、学校等地宣讲敖汉旗光辉灿烂的古代文化，被国家文物局授予"全国优秀爱国主义教育基地"称号。现在，博物馆每年接待观众20余万人次，还利用国际博物馆日、节假日等举办学术讲座，成为敖汉旗对外宣传的重要窗口。

一直以来，敖汉博物馆将公共服务落到实处，着力提升服务水平。馆内在明显位置设置了参观路线、温馨提示等，方便观众第一时间熟悉了解馆内环境。讲解服务人员每天分4个时段为大家免费提供讲解服务，每周六日晚上延时服务到8点，方便了工作日没有时间来馆参观的年轻观众及小朋友。

博物馆在官方网站上及时更新展品、文字、图片、视频等资料，让观众在网上也能参观博物馆。接下来，敖汉博物馆将启动数字化博物馆建设，让不同年龄、不同层次、不同需求的观众都能获取有趣的文化知识信息内容，让观众在数字化博物馆中感悟历史的魅力。

（撰稿人：耿文丽）

跨湖桥遗址博物馆

跨湖桥遗址位于钱塘江南岸风景秀丽的浙江湘湖国家旅游度假区，因古湘湖的上湘湖和下湘湖之间有一座跨湖桥而得名。遗址地处"钱塘江之抱、杭州湾之哺"，海拔-2—-1.5米。钱塘江从东北流经萧山闻堰段时，在遗址西北拐了个U形的弯，绕过遗址，继续向东北，流入杭州湾。遗址南北分布着低矮的山丘，南面为会稽山余脉，往北越过山岭可见钱塘江，聚落面积估计超过20万平方米。遗址的兴起和衰落都与钱塘江、杭州湾有直接的联系。

跨湖桥遗址的发现石破天惊，掀开长江下游及东南沿海地区人类文明史的崭新篇章，在中国新石器时代考古史上写下浓墨重彩的一笔。1990年、2001年和2002年的三次考古发掘，出土了大量骨器、木器、石器、陶器及动植物遗存，特别是发现了迄今年代最早的漆弓、独木舟及相关遗迹，为中华民族文明起源提供了丰富的实证材料，再次有力地证实了长江流域也是中华文明的发源地之一。2001年，跨湖桥遗址被评为全国十大考古新发现。2004年12月，"跨湖桥文化"正式命名。2006年5月，遗址被国务院公布为第六批全国重点文物保护单位。

2009年9月28日，跨湖桥遗址博物馆对外开放。博物馆建于跨湖桥遗址原址，占地83亩，建筑面积6800平方米，由中国美术学院风景设计院设计，是一座综合反映跨湖桥遗址考古发掘和研究成果的专题类博物馆。

博物馆建筑以独木舟为造型，外墙面采用锈蚀质感的铜质材料，充分展现8000年文化的厚重

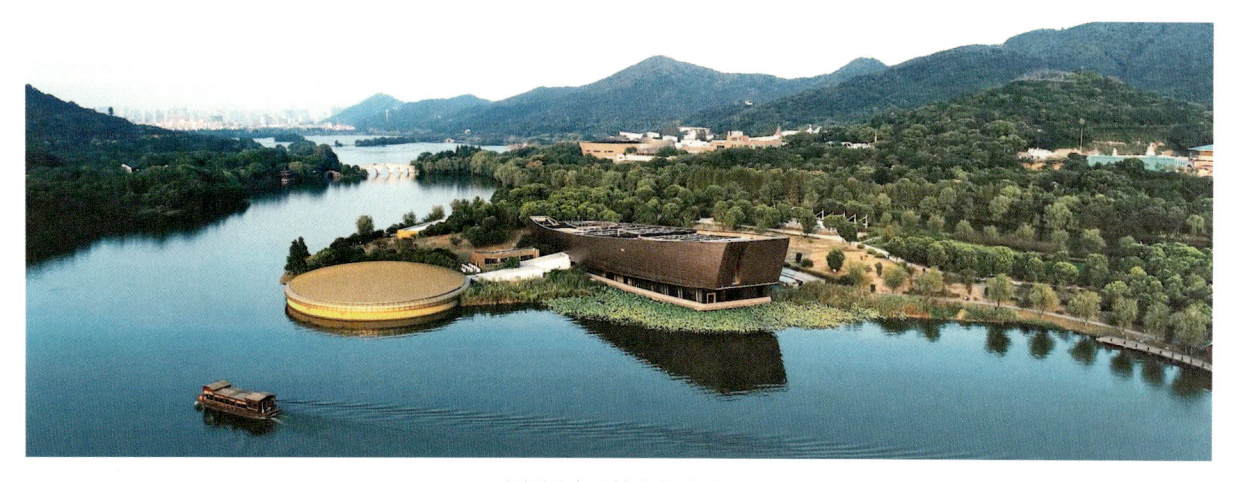

跨湖桥遗址博物馆鸟瞰图

和沧桑。远远望去，犹如一叶扁舟静静停泊在湘湖的湖光山色之中，体现出艺术与自然、历史与现代和谐对话的美感。

内涵丰富的跨湖桥文化

约在8000年前，因全新世早期气候的冷暖波动，钱塘江上游地区聚集的先民为寻找更有利的生存环境来到这里，栖息繁衍近1000年，创造了跨湖桥文化。跨湖桥先民成为中国新石器时代人类从山地走向沿海平原的"先行者"和"弄潮儿"。

跨湖桥遗址属于古村中心聚落遗址，考古发掘面积约1080平方米。考古人员发现的房屋、道路、窖藏、制陶遗迹和带有祭祀性质的土台等遗物遗迹，还原了远古村落的基本面貌。据推测，中心聚落面积约为10万平方米，大约有百十口人居住。村落沿狭长的古湘湖谷地分布，谷地位于两列西南与东北走向的山脉之间，遗址西北靠山，东南面有一片水域，背山面水，环境宜人。

在距今8200—7200年，跨湖桥先民在这里营造房屋、烧制陶器、采集狩猎、种植水稻，一代代生息繁衍。而约在7000年前，暖期到来，冰川融化，东海海平面上涨，杭州湾特殊的地形加剧了海潮的侵袭，跨湖桥文化衰落，遗址遭到废弃。

跨湖桥文化来源于何处，最终归于何方？专家认为，跨湖桥文化的主要源头是上山文化，又与之后的河姆渡文化有着密切的关联。跨湖桥文化处于山地文化向平原文化发展的过渡期，在钱塘江史前文明史中起到承先启后的关键作用。

1927年湘湖图

跨湖桥文化的发现，不仅改变了浙江史前文明的原有格局，还为浙江以外其他文明的研究与再认识提供了新角度。跨湖桥文化在长江中游、淮河流域甚至遥远的南太平洋诸岛，都留下了印记，它所代表的中国古代海洋文明，在人类文明史上也产生了深远影响。

2002年跨湖桥遗址出土的独木舟及相关遗迹，被誉为"中华第一舟"。独木舟的发明和使用，

跨湖桥遗址发掘现场

不仅极大提高了交通和运载的能力，更是迈出了人类征服海洋的决定性一步。这件独木舟残长5.6米，最宽处53厘米，舟体厚度2—3厘米，由整棵马尾松采用火焦法制作而成，出土时在其周围发现桩架结构、木桨、石锛、编织物等大量相关遗迹和遗物，对研究世界舟楫文化产生重大而深远的影响。

跨湖桥遗址发掘出土的漆弓，采用桑木心材制作而成，质地紧密，是迄今世界上发现的年代最早的漆弓，也是跨湖桥文化最重要的亮点

中华第一舟

之一。经过浙江大学酶联免疫分析方法的检测，发现桑木弓的表面涂层、独木舟的修补处和陶片上的黏合剂都含有大量大漆，证明了8000年前的跨湖桥人已经开始采集使用大漆，并且广泛应用于生产生活中。跨湖桥漆弓的发现，有力证明了中国是世界上最早使用天然漆的国家。2003年浙江省博物馆专家对漆弓进行了脱水保护，使这一珍贵文物重新焕发异彩。

　　玉璜作为一种佩饰，常常需要穿孔和切割。1990年、2002年，跨湖桥遗址先后出土了3件玉璜，经浙江大学检测判定其材质为锂云母玉。玉璜呈圆弧形，光滑精致，光泽美丽，可见切割、钻孔及抛光等制作痕迹，说明跨湖桥人可能利用硬质火山燧石、鲨鱼牙齿、石英砂等材料，熟练进行切割、钻孔、打磨、抛光，表现出跨湖桥先民较高的制玉工艺水平。

　　跨湖桥遗址中发现的骨质纬刀、骨叉、木质定经杆、卷布轴等纺织工具，证明跨湖桥人已经开始用原始踞织机织布了，这也是迄今发现最早的织机。纺织工具的发现足以证明，当时的人类已经依靠原始纺织缝纫技术，穿上了衣服。

　　跨湖桥遗址还发现了炭化稻米遗存、农具和水稻加工用具等。骨耜与木铲可用来翻土耕种，锯齿状骨器可以收割稻穗，石磨盘和木捣具用于稻谷脱粒与加工，说明跨湖桥先民已经发展出耕耘、收割、脱粒等一系列较完备的农耕体系。跨湖桥遗址还出土了猪下颌骨标本，牙齿排列明显扭曲，错齿现象相当严重。野猪被驯化为家猪的过程中，随着饮食习惯和食物的改变，下颌骨缩短，牙齿特征弱化。下颌骨的缩短速度快，而牙齿尺寸改变的速度慢，这样就造成一些牙齿被挤出牙床，形成错齿现象。出土具有错齿现象的猪下颌骨，说明当时跨湖桥人已经开始饲养家猪了。尽管如此，采集和狩猎依然是跨湖桥先民主要的生存方式。

世界上最早的漆弓

玉璜

跨湖桥先民的建筑形式有两种。一种是干栏式建筑，为适应江南水乡的地理条件而诞生，这种建筑形式可以抬高房屋的底座，起到防水和防潮的作用；另一种是土木混合建筑，以芦苇或其他植物为骨架，两面拍上泥浆，然后烧烤形成墙面，墙体密不透风，防寒性好。

跨湖桥先民从对自然的认知中，创生出了朴实真切的审美追求。彩陶是跨湖桥文化最重要的特征之一。在东南沿海地区的新石器时代遗址中，迄今没有一处发现如此丰富的彩陶。跨湖桥文化中，太阳崇拜意识已经出现，许多器物表面可以找到具象和抽象的太阳纹彩绘。还有十字形和堆纹、弦纹等抽象符号，出土双耳扁腹陶罐的双耳上，正面有清晰的田字纹。

陶器制作方面，中国最早的慢轮修整技术也在这里诞生，比学术界之前普遍认为的时间提早了近2000年。遗址出土的一件制陶轮轴的底座——木砣形器，是中国应用轮轴技术制作陶器的最早证据。

田字纹双耳扁腹陶罐

黑光陶罐

太阳纹彩陶片

保护研究并重，构筑学术高地

在跨湖桥遗址的发掘与研究过程中，考古工作者坚持"保护为主、合理利用"的工作思路，全面提升文物保护水平。跨湖桥独木舟的出土，引起了国内外专家的高度重视。因独木舟及相关地层蕴含丰富的考古信息，专家们围绕异地保护和原址保护展开了讨论，经过多方论证，决定实施原址保护。

独木舟在海相沉积淤泥中埋藏近8000年，腐朽严重，遗址又地处湘湖水位以下，土质松软、强度低且含盐量高，病害情况复杂，保护难度极大，因此，2005年8月，经国家文物局批准，"萧山跨湖桥独木舟遗址原址保护工程"开始实施。遗址在综合保护专业领域取得了多项科技成果，先后完成了疏干排水、土遗址加固、独木舟脱水、微生物防治以及遗址厅恒温恒湿改造等工程。疏干排水工程彻底疏干遗址周围的地下水，保持遗址干燥；电化学桩加固工程使独木舟下层和周围土体的强度显著提高，增加了土体的承载力和稳定性，保证了文物的安全和参观效果；脱盐、化学药剂加固和防霉杀菌处理，有效遏制了水对独木舟等重要文物的继续侵蚀。独木舟目前处于自然风干状态，没有扭曲、变形、开裂的现象，质地较硬、色泽逐渐恢复到出土时的状态，总体基本稳定，为我国潮湿环境下的大型木结构文物保护研究提供了一个探索性案例。跨湖桥遗址博物馆主编的《跨湖桥独木舟遗址原址保护》，被评为2014年度全国文化遗产优秀图书。

博物馆还积极申报课题，提升科技保护研究能力，顺利完成了"跨湖桥独木舟遗址微生物综合防治研究""跨湖桥遗址潮湿环境综合保护技术效果监测"两个浙江省文物保护科技项目。同时，"跨湖桥独木舟及相关土遗址的精密监测和响应措施研究""独木舟修补黏合剂等痕迹检测"两个省级课题正在有序推进，为我国潮湿环境土遗址保护积累相关施工经验和数据参考。

从2010年开始，博物馆每年举办一届跨湖桥学术研讨会，至今已成功举办了11届。研讨会紧紧围绕遗址原址保护和跨湖桥文化研究两大主题，从史前文化、舟船文化、海洋文化、漆文化等方面进行研讨，并出版会议论文集，发掘跨湖桥文化的内涵。

主题展览立体呈现跨湖桥文化

跨湖桥遗址博物馆基本陈列主要分为三部分："勇立潮头——跨湖桥文化主题展"，展示跨湖桥文化研究成果；"中华第一舟"水下遗址原址保护厅，呈现考古现场原貌；"部落学校"提供主题教程和互动体验。三部分有机关联，达到集学习、实践、探究于一体的全方位传播效果。

"勇立潮头——跨湖桥文化主题展"由"湖底的遗址""生活的画卷""创造的艺术""信仰

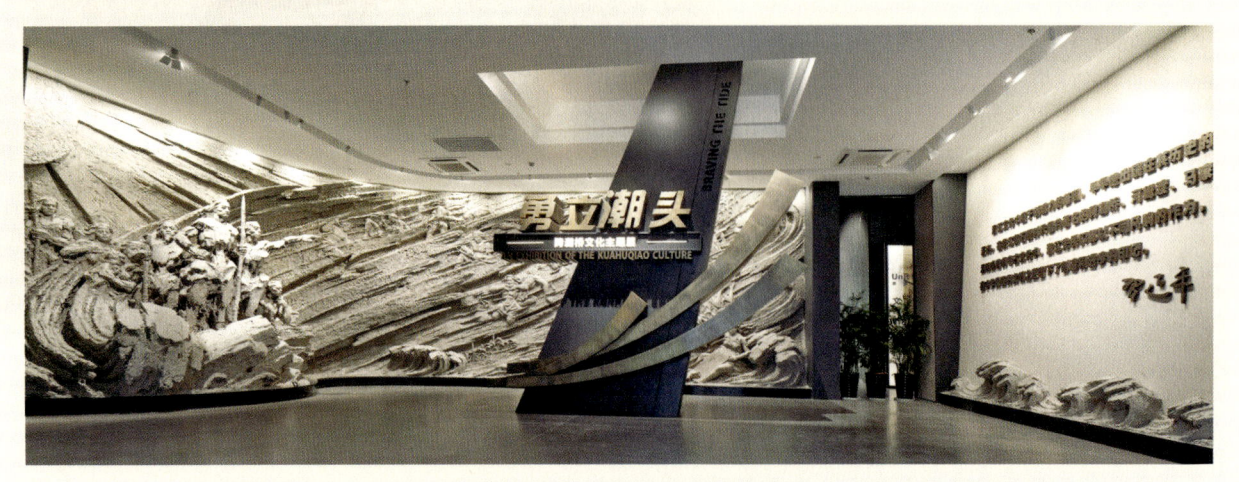

"勇立潮头——跨湖桥文化主题展"

的力量""文明的交融"五个单元构成。从解密考古发掘开始，追踪跨湖桥先民生产生活，领略跨湖桥文化的工艺技术高度，探究跨湖桥先民的精神生活，揭示跨湖桥文化对外辐射和影响，按照从物质到精神螺旋式上升的展陈逻辑故事线，展现跨湖桥先民的生活图景、技艺高度和精神信仰。

展览在内容设计上，充分吸收浙江史前考古研究最新成果，从跨湖桥文化中提炼出"勇立潮头"的浙江精神，突出展示了世界上最早的独木舟、世界上最早的漆弓、中国最早的水平踞织机、中国最早的慢轮修整技术等历史之最，凸显跨湖桥遗址作为跨湖桥文化分布核心区的重要学术价值。

展览形式设计上，紧扣"遗址原址保护"的特点，以"考古"作为核心元素，采用土层原色为主色调，呈现新石器时代的古拙感和雄健有力的原始韵味。主展厅充分利用建筑层高，合理规划展示空间内的斜坡过道，采用通透隔断营造视觉纵深感，达到衔接内容与调动观众观展情绪的作用。强调文物本位视角，采用低反射抗弯玻璃展柜，同时又关注细节，做到设计语素严谨统一，量身定制的积木与灯光，雕塑与创绘等繁简合度，使观众在静谧中获得极具冲击力的视觉震撼。新颖的数字媒体技术、生动的微缩场景、严谨的复原模型、精巧的剪影装置、互动的体验展项等辅助手段与多层级版面构建起多层次信息解读群，并以知识点提问和链接引发观众思考，增加知识性、趣味性、沉浸感，

展厅一隅

水下遗址原址保护厅

达到"好看、好玩、好懂"的目的，满足了各类观众的观展需求。

"中华第一舟"水下遗址原址保护厅，在保持遗址原貌前提下，重点展示独木舟及相关遗迹、考古发掘复原场景、遗址科技保护、独木舟文化等内容和知识点，突出跨湖桥先民创造独木舟与海潮相搏的史实，凸显原址保护与展示的双重功能。

"部落学校"将先民赖以生存的古湘湖生态环境作为空间背景，采用卡通化的表现语言，通过跨湖桥文化专属的研学课件、游戏、第二课堂互动体验项目等，营造充满原始生命力的体验空间。激发青少年学习兴趣，启发探究能力，提升核心素养。

"勇立潮头——跨湖桥文化主题展"荣获了第十八届（2020年度）全国博物馆十大陈列展览精品推介优胜奖和2021年度"弘扬中华优秀传统文化、培育社会主义核心价值观"主题展览重点推介项目两项国家级大奖。

部落学校

搭建史前文化传播矩阵

在基本陈列的基础上，博物馆有计划地举办临时展览，先后策划引进的"遥远的对话——大地湾考古成果特展""辽河畔史前文明之花——沈阳新乐遗址""早期美术中的信仰图景——湖南出土史前白陶展""蛮荒之问——跨湖桥·河姆渡出土文物特展"等都获得了观众的肯定，为弘扬优秀史前文化搭建了平台。

除了引进来，走出去也是博物馆馆际交流的重要方式。"一叶方舟——跨湖桥遗址出土文物展"先后在崧泽遗址博物馆和河姆渡遗址博物馆展出。这是跨湖桥遗址出土文物进行馆际交流的初步尝试，对扩大跨湖桥文化的影响力起到积极作用。

为了方便观众参观，体现"以人为本，服务观众"的理念，主入口设有展厅总导览图，展区入口、开放区域等位置也有引导指示牌、展览折页等。博物馆提供专职讲解员中英文讲解、志愿者义务讲解、电子导览讲解，还专门设计组织观众调查，形成调查报告，不断优化和提升服务水平。在微信公众号上开设的网上VR虚拟展览，将展品及展示空间的信息数字化，将展品、文字、图片、模型、音频、视频、动画资料上传云端，方便观众参观，打造永不落幕的展览。

"一叶方舟——跨湖桥遗址出土文物展"

博物馆积极利用国际博物馆日、文化和自然遗产日等举办学术报告会、展览讲座等，普及文化遗产知识，还联合萧山融媒体中心，开展"遇见美丽萧山·聆听八千年回响"融媒体直播暨萧然学子研学博物馆活动，联合各类学校举办跨湖桥文化进校园、跨湖桥文化纪录片影视欣赏系列活动。经典文物拼图、雕版印刷、活字印刷、陶器修复等系列活动，也广受观众欢迎。

通过与第三方合作授权等形式，探索博物馆文创产品开发新思路，从跨湖桥文化独木舟、陶器、石器、骨角器、木器和太阳纹等相关元素中，提炼设计了耳钉、书签、杯垫、手机壳、明信片、文化衫等兼具观赏性、实用性、艺术性的文创产品，让文物活起来。

跨湖桥遗址博物馆通过优质的展览、科学的保护技术、扎实的研究成果、丰富的教育活动，打造有温度的博物馆，自开馆以来，累计接待游客超400万人次，荣获各级荣誉称号和奖项80多个。2018年11月，跨湖桥遗址博物馆当选为中国博物馆协会史前遗址博物馆专业委员会主任委员单位。

8000年惊鸿一瞥，8000年潮头踏歌，跨湖桥遗址博物馆屹立在湘湖边，展示着8000年前中华文明在浙江的辉煌盛景，等待着更多的人去发现，去探索，去研究。

（撰稿人：沈一敏　楼卫）

沈阳新乐遗址博物馆

新乐遗址位于沈阳市皇姑区黄河北大街以西、新开河以北的黄土台地上。它的发现，把沈阳地区有人类活动的历史追溯到了 7200 年前，为东北地区史前文化研究提供了重要的科学资料，在国内外引起了强烈的反响。

遗址发现与发掘

1972 年冬，沈阳市于洪区北陵乡农业技术员孟方平同志，在新乐电工厂宿舍已拆除的旧墙基断层中发现了压印之字纹的陶片及石器等，并向当时的沈阳故宫考古部做了汇报。1973 年，考古人员试掘新乐宿舍主楼西山墙的西侧，经过近半个月的发掘，发现了近 2 米厚的文化堆积，第一次确定了沈阳地区早期文化遗存中的上下两层文化堆积——新乐文化和新乐上层文化，分别代表了沈阳地区的新石器时代和青铜时代。从此次发掘结果可以看出，新乐文化不论在文化特征还是年代上，都在沈阳地区历史、考古学文化研究中占有独特的地位，并把沈阳地区史前文化的研究推向了一个崭新的阶段，更使辽沈地区在史前文化研究上有了历史性的重大突破。

第一次发掘的惊人收获，既鼓舞了人心，又为第二次发掘奠定了基础。1977 年入冬前，石磨盘残块被发现。清理过程中，考古人员在磨盘的下面看到有烧得很硬的烧土面，大家十分惊喜，断

沈阳新乐遗址博物馆正门

定这又是一处新乐文化房址。1978年，对此房址（二号房址）的发掘正式开始，将一座面积约96平方米的大型房址的平面开口线完全查清和揭露出来。两个阶段近四个月的认真清理发掘，共出土陶器、石器、玉器、骨器、炭化谷物、炭化木雕艺术品、炭化果壳、煤精制品、赤铁矿石、石墨等540余件遗物。沈阳地区有史以来最大的原始建筑，逐渐露出自己本来的面目。

此后1980年、1983年、1991年、2014年的数次发掘，确认这一地区存在三层文化堆积，即新乐上层文化—偏堡子文化—新乐文化。新乐上层文化以磨制石器和素面陶器、鬲、甗等为主要代表，距今4000—3000年。偏堡子文化以磨制石斧、细石器和附加堆纹陶罐、壶、钵为主要代表，距今约5000年。新乐文化以打制石器、磨制石器、细石器、煤精制品、压印之字纹深腹罐为主要代表，距今约7000年。新乐文化中现已发掘半地穴式建筑房址50座，出土各类文物3000余件，有打制石器、磨制石器、细石器、陶器、煤精制品等，其中以出土的炭化木雕艺术品最为精美，这些出土文物集中反映了原始先民的生活水平和生活方式。

新乐文化

距今1万多年前，第四纪冰期结束，地球上的气候逐渐转暖，降水明显增加，海平面迅速上升，动植物世界变得空前兴盛。人类也逐渐走出山区，移向平原地区生活。新乐人就是在这一时期来到了古浑河北岸聚族而居，创造了灿烂的新乐文化。

新乐人的房址集中分布在古浑河北岸的高台地上。此处河道呈东北—西南走向，新乐人的房址也随之排列成行，房址同古浑河河道的距离始终维持在150—250米。新乐人将居住地这样排列分布是有原因的。第一，房屋建在高台地上，可以有效应对水灾等自然灾害；第二，临近水源，便于新乐人汲取生活用水和渔猎；第三，新乐人可以就近在古浑河岸边采集卵石，用于制作石斧、渔网坠等生产工具；第四，新乐人使用的煤精、玉石等，原产地距此有近千米的距离，有可能是利用河道运输而来。因此，新乐人住宅的选址是认真思考过的，是根据生产、生活、生存的实际需要决定的。

新乐人的房屋为半地穴式，呈圆角方形或圆角长方形，木框架结构，这种结构有利于新乐人防寒保暖、抵御野兽侵袭等。房址根据面积不同，可分为三种：大型房址、中型房址和小型房址。大型房址，面积近百平方米，共发现3座，呈倒品字形分布在房址密集区的中间地区。小型房址，面积10—25平方米，穿插分布在大型房址之间。中型房址，面积40—60平方米，分布在大型房址的外围地区。房址相互错落分布，已发掘的50座房址之间没有相互叠压或打破关系，说明新乐人的房屋建筑是有规划布局的。

新乐人的饮食由谷物、肉类、果类、蔬菜构成。在新乐遗址的二号房址发现了大量的炭化黍类谷物，谷物未经脱壳加工，谷壳完整，粒大饱满。新乐人还会在居住地附近的森林里采集榛子、橡子、山里红等野生果实，将采集来的食物用石磨盘、石磨棒去除谷皮、果壳，用陶罐蒸煮食用。新乐人利用兽骨、石镞等做成的弓箭狩猎猪、鹿等动物，用坠着网坠的渔网在浑河捕获鱼虾等。狩猎来的动物，不仅为新乐人提供了营养丰富的肉食，剩余的皮毛还可制作成避寒的衣物，骨骼可用来制作生产、生活中所需的骨针、骨匕、骨镞等工具。

根据生活实际需要，新乐人简单制作了几种陶器，如盛贮炊饮用的深腹罐、饮食用的高足钵、撮取火种的斜口器等。新乐人的制陶采用的是泥片接筑法和泥条盘筑法，虽为手制，但制陶技术相当熟练，制作出的器物端正对称，

石镞

煤精制品

炭化谷物——黍

深腹罐 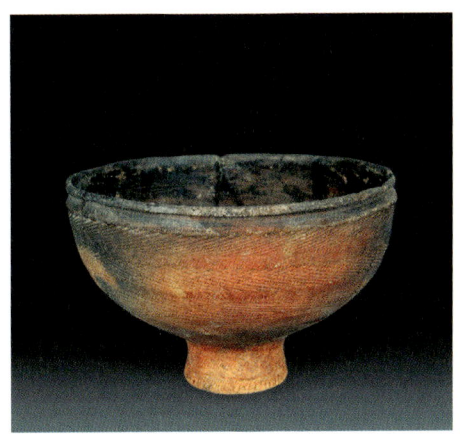　　高足钵 　　斜口器

器壁内外修整得光滑平整。陶器为露天烧造，火候较低。为了使陶壁更加坚实，使器形更加美观，新乐人在陶壁施加压印之字纹、弦纹、篦点弦纹、菱形花纹、锥刺划纹、篮纹、篦点斜纹等。

爱美之心，人皆有之。7200年前的新乐人已经开始有意识地装饰自己，他们将陶片、玉石等钻孔、打磨制作成穿孔陶片、石环、玉珠、串珠，使用兽骨磨制成骨笄等装饰品美化自己。同时，还会烧制猪、狗等小型陶塑，丰富新乐人的生活趣味。

最能体现新乐人原始艺术水平的当属炭化鸟形木雕艺术品，也被称为木雕鸟。出土木雕鸟，在我国新石器时代考古中极为罕见，可以称之为稀世珍品。7200年前的远古时期，在生产力水平低下、

炭化木雕艺术品

食物来源无充足保障的情况下，人类能创造出如此精美的木雕艺术品，其价值是不言而喻的。

苏秉琦先生在为《沈阳文物》创刊号题词时曾提及"沈阳市有'两宝'"，一个是新乐遗址，一个是沈阳故宫。新乐遗址是目前辽宁地区发现的较早的新石器时代聚落遗址，它的发现，无论是对考古学，还是对东北史或辽宁地方史研究，都具有极其重要的学术价值。同时，新乐文化对研究中华远古文化的起源、发展及文明形成的历史，也有重要作用，它在中国原始社会史上占有不可忽视的重要地位。

建馆伊始

新乐遗址独特的文化内涵，引起辽宁省政府、沈阳市政府的高度关注。1982年7月21日，沈阳市人民政府公布新乐遗址为市级重点文物保护单位，并划定新乐遗址的重点保护区、一般保护区和文物保护控制地带等。1984年5月31日，成立沈阳市新乐遗址管理所。为了更好地保护遗

址、宣传新乐文化,又在遗址以南建设文物展厅。建筑占地面积9600平方米,展厅面积860平方米,为单体单层尖顶双坡马架式仿古建筑,寓意半地穴式史前建筑,该建筑曾获"全国十大建筑精品奖"。1994年5月1日,遗址展示区10座半地穴式建筑复原展示对外开放。2009年,博物馆实施改扩建工程,占地面积22 500平方米,新改建的展厅和办公区设立在遗址展示区西北,改建后的文物展厅展示面积约2000平方米,展出文物371件。

原博物馆外景

数次改陈,发挥职能

建馆后,为适应时代发展的需要,基本陈列先后进行多次改造更新,形成了现在的风格。内容设计上,基本陈列以沈阳新乐地区已发掘的遗址遗迹和悠久历史文化为主线,系统展示新乐地区出土的不同时期代表性文物,向观众全面介绍辽沈地区的古代文明与优秀文化,提升观众对辽沈地区古代文化的理解和认知。

一楼的陈列以"沈阳历史源头"为展标,从制石烧陶、火耕采集、围兽渔猎、繁衍生息等不同角度,全面展示新石器时代沈阳地区先民的物质和精神生活。展览分为九个单元:"日出而作""渔猎荒泽""河畔而居""凝土成器""鸾凤歌舞""远古华装""玄妙莫测""心灵之声""未解谜题"。二楼"新乐遗址出土偏堡子文化、新乐上层文化文物展",展出以新乐遗址出土新石器时代中晚期偏堡子文化和青铜时代新乐上层文化为主的文物。展览设计力求简洁,使观众可以通过展览看到沈阳地区古代人类的生产和生活。展厅色彩强调深沉稳重,以黄褐色为主,形成一种出土感与原始感。形式设计上,序厅以原始文明为起点,融入新乐遗址固有的文化元素,突出新乐文化的交融性、独特性与神秘性。展示手段上,互动投影、视频播放、灯箱展示、浮雕墙、油画、沙盘、动画影像、幻影成像等形式,将文字、文物、场景有机结合。"沈阳历史源头"荣获沈阳市首届博物馆陈列展览精品评选"最佳制作奖""精品奖"。

"沈阳历史源头"陈列

遗址展示方面，1994年4月，遗址展示区10座半地穴式原始建筑得到复原，还部分复原了"氏族议会""宰割猎物""打制石器"等场景，再现古老村落生活。同时，遗址展示区保留了一座考古发掘现场——二号房址。二号房址是新乐先民在7000年前居住生活过的地方，也是迄今为止出土文物最多的房址。房址呈圆角长方形，为半地穴式建筑，长11.1米，宽8.6米。中心区域为火膛，沿穴壁至中心火塘排列有里外三层深浅不一的柱洞。从二号房址地面上杂乱、长短粗细不一的塌落炭化木柱堆积遗迹可以得知，这是一处被烧毁遗弃的房址，部分珍贵文物被火烧过炭化，才有幸保存至今。炭化鸟形木雕艺术品出土于房址西北角，出土时已断为三段，通体双面雕刻相同纹饰，分为嘴、头、身、尾、柄五部分，图案以圆目、弯喙、菱形花纹的身体和细长的尾构成。其弯喙如鹏，尾长如凤，旋涡状的头部似羊角，又似鱼目，身上的菱形花纹似鳞又似羽，从宽到细的尾部很

遗址复原区

二号房址

引进临展

"辽河畔史前文明之花——沈阳新乐遗址"展

像鹊的长尾。木雕刀法娴熟，线条流畅，形态特异，充分展现了新乐原始先民高超的雕刻技艺和艺术品位，成为沈阳新乐遗址博物馆的镇馆之宝。

为充分发挥宣传教育职能，丰富展览内容，满足观众参观需求，2005年伊始，沈阳新乐遗址博物馆引进临时展览"人之由来"和"世界百大考古发现"图片展等，受到观众一致好评。2013年，博物馆基础设施改造完成后，先后引进周口店北京人遗址博物馆"周口店遗址巡展——走进新乐"、西安半坡博物馆"最后的原始文化风情"、青海民俗博物馆"沥粉贴金 宏伟绚烂——唐卡艺术展"等不同题材临时展览20余个，通过电视台、报纸、网络等媒体的大力宣传，博物馆观众数量连年攀升，获得良好的社会效益。

文物藏品蕴涵着悠久的历史、灿烂的文明，集结着人类的智慧，为将优秀文化遗产展示给更多的观众，2013年开始，"辽河畔史前文明之花——沈阳新乐遗址"临时展览先后走进凉山彝族奴隶社会博物馆、西安半坡博物馆、萧山跨湖桥遗址博物馆、余姚市河姆渡遗址博物馆、福建省昙石山遗址博物馆等20余家博物馆，扩大了博物馆的影响力，让新乐遗址这张沈阳的名片被更多的人认识和熟知。

文物保护

为真实、完整、科学地保护文物遗址及其周边环境，确保文物历史价值、社会价值能够传承延续，经过国家文物局批准立项，新乐遗址文物保护规划编制工作提上日程。2016年，沈阳当地的建筑单位、研究机构与辽宁省文物保护中心开始了新乐遗址文物保护规划的编制。新乐遗址文物保护规划理念是文物保护、资源整合、互利共赢，通过新乐遗址文物保护范围的调整，实现资源整合与共享。现文物保护规划编制工作基本完成，报送国家文物局等待最终审核。

新乐遗址是7000多年前沈阳地区人类活动的遗迹和实物遗存，是沈阳文明发展的见证，它的历史价值是辽宁地区其他文明不可替代的。新乐遗址的发现，揭示了辽河流域新石器时期较早阶段的文化面貌，同时推动了辽河流域新石器时期考古序列研究。出于有效利用、文物保护和更新展陈方式，满足人民精神文化需求的目的，在沈阳市政府的领导下，未来将实施沈阳新乐遗址公园改扩建项目。遗址公园将以考古研究为前提，以新乐遗址及周边环境为主体，建设集保护、科研、教育、游憩等功能于一体，在新乐遗址保护和展示方面具有示范意义的特定公共文化活动空间。新乐遗址公园的展示，计划大致分为文物展馆区、遗址遗迹展示区、展览社教区、业务办公区、公众休闲区，在确保文物和遗址安全的前提下，通过最新的现代化辅助展示手段，展示新乐文化，讲好文物背后的故事。同时，加强遗址公园外部环境的景观建设，营建温馨的市民公园氛围，打造远古生态概念。新乐遗址公园项目，以新乐人的生产、生活亮点编符成曲，全面展现新乐人丰富的精神和物质世界，以及北方地区的文明曙光。

沈阳新乐遗址博物馆坚持"保护为主、抢救第一、合理利用、加强管理"的文物工作方针，科学、合理利用珍贵文物资源，使其在经济建设和文化建设中发挥应有作用。

宣传教育，服务社会

沈阳新乐遗址博物馆坚持以人为本的服务理念，建立多层次的观众服务体系。博物馆入口设有中文导览图、游客服务咨询中心、物品免费存放处。游客服务咨询中心设有母婴室和观众服务处，提供沙发、雨伞、宣传资料等供观众使用。博物馆的宣传教育活动丰富多彩，举办线上公益讲座"新乐讲坛"，开展流动展板"进校园、进社区、进学校"活动，参与"情暖童心——关爱保护农村留守儿童及困境儿童项目"。同时充分发挥博物馆宣传教育职能,加强博物馆志愿者管理,成立博物馆"志愿者之家",鼓励小志愿者、成人志愿者积极参与博物馆的讲解、导览、咨询等各项服务。

疫情期间,本着"闭馆不闭展,服务不打烊"的宗旨,博物馆通过"一直播"平台推出网上参观活动,持续向公众推送"线上云游新乐馆",新颖形式引发了公众的兴趣,观众点击量达上千次。为鼓励人们多读书、读好书,增强博物馆服务的多样性,提升博物馆历史文化传播的能力,2021年8月,沈阳新乐遗址博物馆联合沈阳市图书馆打造"新乐书房",凡是到馆参观的观众都有机会免费借阅图书。博物馆的多功能厅还定期举办"模拟考古实践活动""模拟原始手工制陶活动",以及"钻木取火""手绘、拼图、填色画"等亲子活动,增强孩子们的观察和动手能力,加深他们对史前文化的了解,提升他们探知远古文明的兴趣。

在新乐遗址发现50周年即将来临之际,沈阳新乐遗址博物馆将不断提升陈列展览水平、改善文物保护条件,更好地为观众展示、解读新乐遗址和新乐文化,更好地实现让文物说话,让文物活起来。

(撰稿人:曾阳 常乐 仲蕾洁)

流动展览进校园

宝鸡北首岭博物馆

宝鸡北首岭博物馆位于宝鸡市金台区金陵河西岸的台地之上，是华夏先民曾经生活过的地方。博物馆是宝鸡史前文化的中心遗址博物馆，以北首岭文化遗存为基础，集中展示了宝鸡地区出土的新石器时代文物及先民的农桑、祭祀、田猎、制陶、丧葬等生产生活场景。

北首岭遗址是继半坡遗址后新石器时代遗址的又一重大发现，距今7100—5600年，总面积约30万平方米，于1957年被陕西省人民政府列为陕西省重点文物保护单位，2006年5月由国务院公布为全国重点文物保护单位。2017年12月，陕西省文物局公布北首岭遗址为第一批"陕西省文化遗址公园"。

北首岭遗址的发现与考古回顾

北首岭遗址的发现与发掘

北首岭遗址原本是敦仁堡村的农田，因为处于村北的高处而被当地村民称为"北首岭"。1952年，宝鸡市私立新中初级中学（后更名为宝鸡市第一中学、龙泉中学，现已迁址）计划搬至北首岭，于次年麦收后开始基础建设。在基础建设过程中，工人们不断发现陶片、陶器和人类骨骼等遗存，

北首岭历史照片

引起了省内外文物专家的注意。随后，文物工作者开展详细调查，确认这里是一处保存较好、内涵丰富的新石器时代村落遗址。

1958年8月，宝鸡市第一中学历史教师李培基建议对该遗址进行发掘。这个建议被转达到相关部门。1958—1978年，中国科学院考古研究所（1977年改属中国社会科学院）、西北大学等单位对北首岭遗址进行了较大规模的发掘。

遗址的发掘分为六区，编号为Ⅰ、Ⅱ、Ⅲ、Ⅳ、Ⅴ、Ⅵ，共开探方178个，探方大多数是5米×5米，方向均为正南正北，发掘工作分两个阶段进行：

第一阶段是1958年8月—1960年12月。发掘工作先后进行了5次，发掘面积共4500平方米。为了保护遗迹和弄清遗址建筑群的关系，此阶段清理至房址就停止下挖，大多数探方发掘深度仅1—1.5米，未挖及生土。

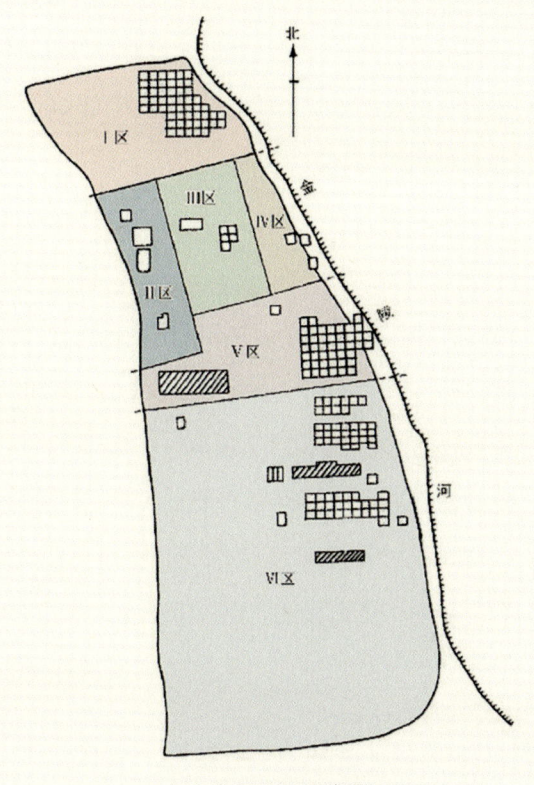

考古发掘分区示意图

第二阶段是1977年10月—1978年6月。发掘工作先后进行了2次，发掘面积227平方米。此阶段发掘的目的是进一步弄清遗址的平面布局和地层关系，进一步了解仰韶文化早期遗存的面貌。大部分探方都挖到了生土。共发掘古墓葬451座、房屋遗址50座、灰坑75个、窑址4座、排水沟2道、灶炕2个；发现生产工具、生活用具及装饰品等6000余件。此外，1991—2005年，陆续在龙泉中学教学楼、实验楼附近进行了钻探清理，发现新石器时代仰韶文化墓葬14座、唐代墓葬3座、年代介于汉唐之间的墓葬5座，出土文物66件。

北首岭遗址的考古研究

据发掘成果，北首岭遗址的仰韶文化堆积可分为三层，三层文化堆积一脉相承，具有明显的连续性，分别代表北首岭仰韶文化的早、中、晚三个发展时期，时间跨度长达1500余年。下层年代距今7100—6900年，为仰韶文化早期遗存；中层年代距今6800—6100年，为仰韶文化中期遗存（属于半坡类型）；上层年代距今6000—5600年，为仰韶文化晚期遗存。

北首岭遗址仰韶文化堆积上、中、下三层各有特点，以陶器区别最为显著。下层陶器里，彩陶极其罕见，器形种类较少，不少陶器胎体较薄，纹饰比较简单；中层陶器以红陶为主，彩陶数量大增，器形种类显著增多，制陶技术提高，陶器呈色一致，火候较高；上层陶器仍以红陶为主，彩陶数量减少，许多陶器胎体较厚，器形较大。

居住遗址

北首岭遗址的仰韶文化堆积，厚处可达4米以上。有些地方数层居住遗址叠压在一起，聚落形制具有相当规模，早、中、晚三期的聚落布局有沿用也有变化，说明仰韶先民在此生活状态比较稳定。聚落布局清晰、明确，由居住区和公共墓地组成，居住区和公共墓地彼此独立。居住区在地势高的北部，主要由中心广场和住宅组成，住宅围绕中心广场而建，并且朝向中心广场，灰坑、窑等设施分布在住宅附近。公共墓地在南部，地势相对较低，且与居住区有一定距离。

遗址内共发现50座房址，主要分布在Ⅰ区、Ⅱ区和Ⅴ区。房屋比较密集，叠压和打破关系较多，即使是同一层的房屋，也有不少存在叠压打破关系，有的则是利用原有房基略加扩建而形成的新屋。房屋均为半地穴式，门道均为窄长的通道，凸出于屋外，灶坑设在门道附近。墙与居住面多抹有料姜石浆和草拌泥。面积最大的是编号为77F3的房址，达88.26平方米，最小的只有8.7平方米，一般在12—30平方米。绝大多数房址呈方形或长方形，只有一座为圆形。方形房址中，有的墙壁拐角处呈直角，有的则为弧形。

中心广场南北长100米，东西宽60米，路土经过人工加工，其中含有料姜石、红烧的碎土块，路面还有被烧红的痕迹。广场中心东侧有多个不规则的柱洞，并且发现了大量被烧烤过的动物骨骼。可以推

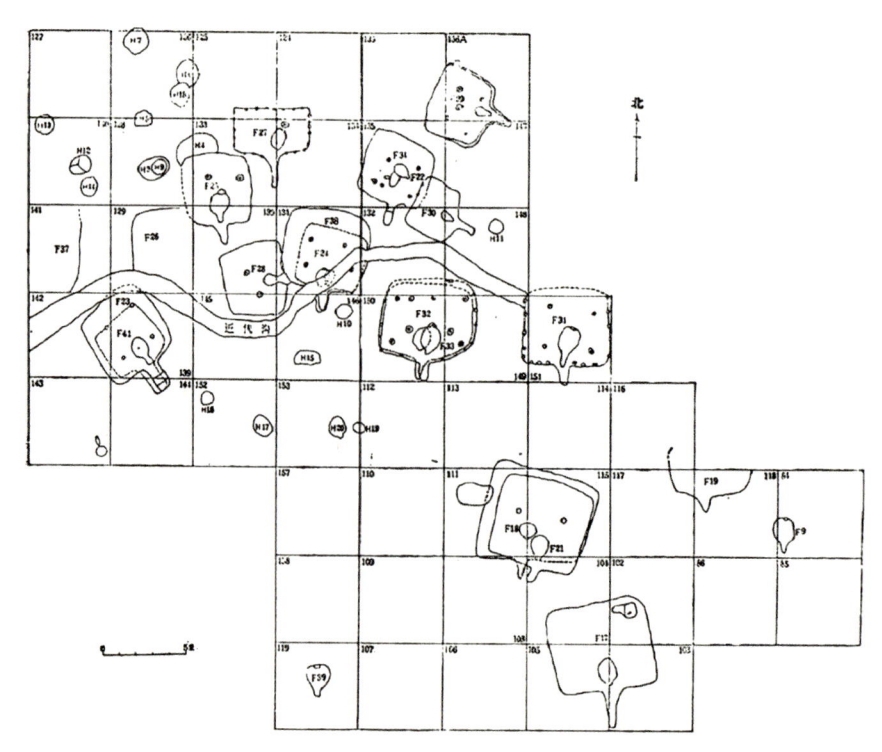

Ⅰ区发掘示意图

测，中心广场对于北首岭人有着重要的意义，北首岭人会在这里举行集会、祭祀、设宴、庆典等活动。

遗址共发现75个灰坑，遍布于各区，其中以Ⅰ区和Ⅱ区最多，Ⅴ区最少。灰坑形状有袋形、直筒形、锅底形、方形、长方形、椭圆形、不规则形等多种。大小不一，口径从0.5米到3.4米不等。多数灰坑口径1—2米，深1—1.5米。灰坑的填土多为灰土，一般土质松软，包含有较多的木炭末、红烧土碎块、灰烬等，出土遗物也比较多。个别的早期灰坑填土比较硬实，出土遗物较少。

与先民们生活相关的遗迹还有陶窑、水沟、路土等。烧制陶器的窑一共发现4座，其中Ⅱ区2座，Ⅴ区1座，Ⅵ区1座，保存情况一般，有的很难看出原貌。水沟共发现2道，都是在中期偏早的时期建造。在Ⅲ区多处发现了仰韶时期的四层路土，其南北长100米，东西宽60米。这些遗迹是北首岭先民们在此生活多年而留下的。

遗物

北首岭遗址仰韶文化居住区共发现3443件遗物，可分为生活用具、生产工具、装饰品及其他器物。

生活用具方面，出土的完整陶器及可复原陶器166件，陶片10余万片。陶质以细泥红陶和粗砂红陶为主。细泥红陶多用以制作钵、碗、盆、瓶、壶、盂、器座、器盖等，粗砂红陶多用以制作罐、瓮、甑等。陶器颜色一般比较纯正，少数有呈色不纯的情况；纹饰以绳纹和素面抹光为主，此外还有弦纹、附加堆纹、指甲纹、划纹、藤纹、植物碎屑纹和绘彩等；制法以手制为主，有手捏和泥条盘筑法两种，少数器物的局部经过轮修。居住遗址地层出土的陶器皿绝大多数为实用品，只有很少一部分器形甚小，制作简单、草率，可能是玩具或祭祀用品。

除陶制容器外，居住遗址中还发现石、骨、陶等质地的生活用具424件，其中石器36件，骨器366件，陶器22件。用于缝制衣服和穿制物件的骨针、骨梭和骨锥约占总数的75%。用于粮食加工的碾谷盘、碾谷棒和石杵约占10%。用于纺线的陶纺轮约占5%。其余还有刮削器和骨匕，数量甚少。

居住遗址中发现的生产工具共951件。用于制作生产工具的工具有磨石和陶锉，约占生产工具的52%。用于农业和日常生产生活的工具有石斧、石铲、石凿、石刀、敲砸器、骨铲及陶刀等，约占35%。用于渔业和狩猎的工具有石网坠、角矛和骨镞，约占10%。其余还有用于研磨颜料的研磨盘、研磨棒，用于制作陶器的模具等。

发现的装饰品共150件。其中，头饰和项饰有束发用的骨笄石饰、蚌饰、骨珠、牙饰、榧螺等，腕饰有陶环。其他器物尚有环状器、石球、陶球、圆陶片、骨管、人像、颜料锭等。

墓葬

北首岭遗址共发现 451 座墓葬，主要分布在第Ⅳ区和第Ⅵ区。第Ⅳ区的墓葬总计 39 座，分布密集，应是公共墓地。第Ⅵ区的墓葬有 400 余座，数量最多，分布在南北约 100 米、东西约 80 米的较大面积内。两区东部均为断崖，估计已有相当一部分墓葬随着断崖的崩塌而毁掉。

北首岭的墓葬可分为土坑墓和瓮棺墓两种，大部分属于土坑墓。这些土坑墓埋葬的主要是成年人，80% 都朝向西北。墓穴以长方形竖穴式为多，也有梯形、方形或者接近方形的。墓穴的大小根据墓葬中的人数以及墓葬主人体型的不同而不同。在土坑墓中，有随葬品的占大多数，随葬品以陶制生活器皿为主，也有磨石、骨镞、石球、蚌壳、骨珠等物品。每个墓中随葬品的数量不同，多的有十几件，少的仅有一件。瓮棺墓埋葬的绝大多数是儿童，基本与土坑墓交错在一起，分布没有规律。

北首岭遗址的价值

北首岭遗址是关中地区继西安半坡遗址后发现的又一处重要的仰韶文化聚落遗址，充分体现了仰韶文化的发展序列，尤其是北首岭遗址下层类型的发现，为研究我国仰韶文化的起源提供了重要的实物资料。

北首岭遗址完善的村落布局，大量的房址、灰坑、墓葬等遗迹，多样的埋葬现象及大量的随葬品，真实全面地体现了当时的物质生产、生活方式、思想观念、风俗习惯和社会风尚，对研究探讨关中地区仰韶时期人类社会经济形态、生产生活方式具有重要的价值，为研究新石器时代的聚落布局、建筑技术和社会生活提供了珍贵的实物资料。

在科学技术方面，北首岭遗址的房屋遗迹，立体展现了当时科学的建筑结构与技术水平。出土的三足器、尖底瓶等器物，形制科学，使用方便，表明当时人们就已经初步掌握了力学等科学原理。

北首岭遗址出土的彩陶，器形独特，线条简洁洗练，纹饰画面精美，具有浓郁的装饰效果和美感。彩陶器皿上的刻划符号补充了我国关于原始文字的历史记载，为汉字起源的研究提供了重要资料。图案绘制所用工具与颜料，为原始绘画史的科学研究提供了不可多得的资料。北首岭彩陶充分显示，当时我国仰韶文化的造型艺术和原始绘画水平已达到了一定的高度，从侧面反映了北首岭聚落当时繁荣兴盛的现实生活。

遗址博物馆的设立与遗址保护

北首岭遗址从发掘之后就受到相关部门的高度重视。1986 年，宝鸡市成立北首岭文物管理所，后更名为宝鸡北首岭遗址陈列馆。2011 年 12 月，宝鸡北首岭遗址陈列馆正式更名为宝鸡北首岭博

北首岭遗址鸟瞰图

物馆，成为现代人了解北首岭遗址、体验新石器时代文化的综合场所。2019年，博物馆完成了相关的征地工作，龙泉中学整体迁移，北首岭文化遗址公园的规划建设进入正轨。目前，外围崖体保护等工作也已基本完成。

宝鸡北首岭博物馆为北首岭遗址创造了一个良好的保护展示环境，真实、完整地保存和延续了北首岭遗址丰富的历史文化信息，为研究华夏文明的演进过程提供了重要资料。经过多年的努力，一个以仰韶文化为主题，以原始村落遗址、遗物为内容，以复原的史前房屋建筑、广场、墓葬为主要景观的博物馆已基本完善。

博物馆主要展示北首岭遗存和宝鸡史前文物，可以分为北首岭遗址展示区和宝鸡史前文物陈列展厅两部分。

遗址展示区位于博物馆的中部、南部，是遗存分布比较集中的区域，主要布置了房屋遗址陈列厅、墓葬遗址陈列厅、地面场景模拟展示等。房屋遗址陈列厅、墓葬遗址陈列厅对那些保存完好的房址、墓葬、灰坑、水沟等集中进行原状展示，结合展板和声光电等手段，对北首岭人的建筑技术、丧葬制度等进行综合阐释。地面场景模拟展示通过地面雕塑模拟北首岭人的生产、生活场景，复原部分

文物陈列展厅内景

房屋。文物陈列展厅位于遗址博物馆的北部，为1991年修建的二层建筑，主要展示先民的生活用具、生产工具和装饰品等遗物。

未来，宝鸡北首岭博物馆将聚焦聚落选址特征，房屋、墓葬等各类遗存的总体布局特征，聚落迁移演变特征等，展示原始聚落文化；以建筑房址、墓葬群、出土文物等代表性遗物展示遗迹遗存的历史信息和价值；以仰韶文化原始环境、先民生活场景复原模拟，展示人类生活的演变过程。

北首岭与公众教育

宝鸡北首岭博物馆是宝鸡市爱国主义教育和科普教育的重要基地。一直以来，博物馆为了更好地发挥教育职能，开展了多方面的公众教育活动探索，利用北首岭遗址得天独厚的文物、文化资源，组织了一系列具有仰韶文化特色、帮助学生认识史前文明的研学实践项目。

目前，博物馆已有钻木取火、原始房屋搭建、神奇的尖底瓶、原始服装秀、植物染色、原始钻孔等13个研学实践项目，2012年至今，已经与学校联合组织游学活动40余次。这些活动全方位、立体式地向广大青少年呈现了7000多年前北首岭先民的劳作场景。学生通过搜集资料、现场探访、互动参与、记录整理、成果展示等环节，深入了解北首岭相关知识，感受仰韶文化的奇妙和魅力。博物馆还计划通过开放参与遗址发掘、讲解考古专业知识等方式，让公众体验考古工作，并将历史文化知识与学校生活、课余生活、发展成长等内容结合，开发研学项目。

下一步，宝鸡北首岭博物馆将大力提升北首岭遗址的保护、展示、利用能力，以北首岭遗址及其背景环境为主体，融合科研、教育、游憩等功能，展示仰韶文化时期文明和自然景观，让观众充分领略、体验聚落遗迹和史前先民生活的历史内涵，塑造具有历史文化意义及在考古遗址保护和展示方面具有示范意义的特定公共空间，打造"仰韶文化的展示窗口"。

（撰稿人：赵辉　袁红　高爽　东卫华　帅海浪）

仰韶文化博物馆

仰韶村遗址位于河南省渑池县北韶山南麓，距县城6千米。当地的老百姓站在村子里仰起头就可以看到韶山，村庄因此得名仰韶村。它北依韶山，东为饮牛河，西为干沟河，南邻刘郭水库，是一块三面环水的半岛式台地，总面积36万平方米，1961年被国务院公布为第一批全国重点文物保护单位。

仰韶文化遗址全景图

1921年10月，瑞典地质学家安特生来到仰韶，绚丽的彩陶在尘封5000多年后重新光耀世间。中国有了第一个以首次发现的典型遗址所在地命名的史前考古学文化——仰韶文化。中国考古学也从仰韶启程，逐步建立起时空框架。

遗址的发掘与研究

仰韶村遗址先后共进行4次发掘。1921年10月的首次发掘由安特生主持，参加人员还有奥地利古生物学家师丹斯基、加拿大人类学家步达生和中国地质学家袁复礼等。共发掘17个遗迹点，出土了陶器、石器、骨器等。发掘队确认这些出土文物是中国远古文化的遗存，并将这支文化命名为"仰韶文化"，因出土的彩陶纹饰具有鲜明特点，又名"彩陶文化"。这次发掘，揭开了中国现代考古学的序幕。

1951年6月，在夏鼐主持下，仰韶村遗址进行了第二次考古发掘。参加发掘的人员还有安志敏、王仲殊、马得志等。这次发掘既出土了仰韶文化陶片，又出土龙山文化陶片，证明仰韶村遗址包含仰韶和龙山两种文化遗存，纠正了第一次发掘时安特生把仰韶村遗址都归入仰韶文化的错误结论。

1980年10月—1981年6月，仰韶村遗址的第三次发掘由河南省文物研究所（河南省文物考古研究院前身）和渑池县文化馆联合进行。这次发掘基本弄清了仰韶村遗址的文化内涵，并根据地层关系和出土器物，将遗址按年代从早到晚分为四期：仰韶文化中期（庙底沟类型）、仰韶文化晚期、龙山文化早期（庙底沟二期文化）和龙山文化晚期（河南龙山文化）。

2020年8月，河南省文物考古研究院联合三门峡市文物考古研究所、渑池县文化广电和旅游

仰韶村第四次考古发掘现场

局启动仰韶村遗址的第四次考古发掘工作。

考古发现遗迹较为丰富,有房址、壕沟、墓葬、灰坑葬、窖穴、灰坑、灰沟、道路、柱洞等;出土陶器、玉器、石器、骨器、象牙制品等一大批文化遗物,包括玉钺、玉环、玉璜等高等级器物。所见遗存年代包含仰韶文化早期、中期、晚期以及龙山文化时期等。另外还发现有青灰色"混凝土"地坪、红褐色涂朱草茎泥墙壁等房屋建筑遗存。多学科研究亦有新发现,如在仰韶晚期和龙山时期土样中检测到丝绸残留信息,在仰韶时期尖底瓶残留物中发现有谷物发酵酒和曲酒等。

仰韶村遗址的第四次发掘,极大地丰富和加深了对仰韶村遗址文化内涵、聚落布局、聚落形态发展演变等方面的认识,对探索豫西地区史前社会文明化具有重要意义。仰韶中期大型房基(120余平方米)、"混凝土"地坪、红褐色涂朱草茎泥墙壁等,为研究仰韶村及豫西地区仰韶文化时期房屋的类别、形制、建造技术等提供新材料。大型人工壕沟的发现,反映出仰韶村遗址防御设施完备、聚落发展繁盛。本次考古发掘入选2020年度国内十大考古新闻、2020年度河南"特别关注考古新发现"。

仰韶村遗址出土的陶器以泥质红陶为主,素面陶器最多,也有相当数量的夹砂红陶和为数不多的泥质灰陶、褐陶。彩陶数量很少,以黑色为主,另出土有少量白衣彩陶涂黑或红彩。陶器均为手制,口沿多经慢轮修整,种类丰富,纹饰多样,富于变化。典型器物有小口尖底瓶、月牙纹彩陶罐、陶瓮、人头形器盖等。一些用于装饰的陶环,有圆形、六角形、齿轮形等多种,别具一格。

仰韶村遗址第四次发掘出土的交错平行线纹彩陶罐

月牙纹彩陶罐1981年出土于仰韶村。器物高11厘米,口径14厘米,呈红褐色,鼓腹平底,表面被打磨光滑,腹部装饰14条月牙纹,在仰韶村出土的陶器纹饰中十分罕见。它的出土,说明先民的审美已经逐步走向成熟,也有人认为,陶罐上的月牙纹表明当时的人们已经初步了解天文知识。

月牙纹彩陶罐

2021年，研究人员对第四次考古发掘出土的八个尖底瓶内的残留物（距今6000—5000年）进行了淀粉粒、植硅体和真菌等方面的多重分析，证明了尖底瓶可以用于发酵粮食酒，获得了古代酿造谷芽酒和曲酒技术的证据。初步的分析结果表明：尖底瓶残留物很可能是以黍、水稻、薏苡、野生小麦族和块根类植物为原料制作的发酵酒，采用发芽谷物和曲发酵两种技术制成。

小口尖底瓶的小口窄颈有利于密封，形成发酵过程中所需的厌氧环境，并防止产酸微生物的繁殖。其锥形底有利于醪液中渣滓（谷壳、酵母等）的沉淀和分离。在发酵过程中，尖底瓶可能与其他类型陶器一起使用，如用于浸泡和糖化谷物的大口瓮、用于将醪液从大口瓮转移到小口尖底瓶的漏斗，以及用于加热醪液的陶灶。

2018年10月，在渑池县西河南仰韶文化遗址的灰坑中，发现了一枚仰韶时期的陶缸残片。这枚残片上留有一枚1.7厘米×2.1厘米的完整清晰的指印，摁制一气呵成，独立完整，无丝毫挪动迹象。随后，考古工作者又陆续在其他区域采集到相同时期相同类型的陶缸残片3枚。经专家对比研究发现：这个按指为印的制陶方式是仰韶文化庙底沟时期普遍使用的制陶技术，距今5000年左右；指印则是一个青年男性陶工用右手大拇指按下的。这枚带指印陶片的出土对研究仰韶时期先民的制陶技术，以及人类遗传与变迁史，都有重要作用。

遗址博物馆的建立

仰韶文化博物馆，是经国家文物局和河南省政府批准兴建的集文物保护、陈列展示和科学研究功能为一体的仰韶文化专题博物馆，现为国家三级博物馆、国家AAAA级旅游

小口尖底瓶

带指印的陶缸残片

景区。博物馆总占地面积3万平方米，建筑面积4700平方米，始建于2009年1月，2011年11月正式免费对外开放。馆舍建筑由清华大学建筑设计研究院领衔设计，建筑外围整体颜色以陶土本色为主，仿佛一座"从黄土地里长出来的博物馆"。博物馆设计布展面积共2300余平方米，馆内设有专题展厅、序言大厅、学术报告厅、冥想空间、"1921—2021百年考古历程雕塑墙"等。

建馆以来，仰韶文化博物馆充分发挥传递、沟通、共享的强大功能，走进英国、罗马尼亚等国进行文化交流，让世界真正了解仰韶文化、中华文化。

仰韶村国家考古遗址公园于2017年12月被国家文物局批准立项，为2020年河南省重点建设项目，规划总面积189.89公顷（约2800亩），重点保护区的文保项目和文物展示项目占地900余亩。遗址公园将仰韶文化博物馆、发掘纪念点、文化层断面、考古展示区等景观串点成线，形成清晰的展示结构，突出展示仰韶村文化遗址考古成果的纪念性、遗址展示的真实性和遗址环境的完整性，着力打造集文化遗产保护、价值阐释、遗存展示、考古纪念、科学研究、科普宣传、休闲观光于一体的景观。

仰韶村国家考古遗址公园

2021年4月，仰韶村国家考古遗址公园被列入文化和旅游部《"十四五"文化和旅游发展规划》。6月底，遗址公园建成并对外开放，11月被列入国家文物局《大遗址保护利用"十四五"专项规划》。

遗址博物馆的展陈与社会服务

博物馆展陈

仰韶文化博物馆展陈大纲以"仰韶和她的时代"为主题，主要展示黄河流域仰韶文化时期出土的珍贵文物。基本陈列分为"考古圣地：国史重建与发现仰韶""文化坐标：仰韶文化的发展历程""黄河儿女：仰韶时代的文明叙事""最早中国：多元走向一体的仰韶文化""世界的仰韶：彩陶之路"五部分，将仰韶文化和中原地区文明化进程研究新成果融入展陈。知识性考古信息系统、游客参与体验系统二者结合，强化了考古知识普及教育功能。

博物馆东侧的"1921—2021百年考古历程雕塑墙"，采用红砂岩材质，雕刻70个对我国百年考古具有重要影响的遗址、人物和重要成果，刻画出中国考古的百年历程。

1921—2021百年考古历程雕塑墙

— 仰韶文化博物馆 —

仰韶文化博物馆展厅

博物馆社会服务

自 2011 年开馆以来，仰韶文化博物馆先后与中国社会科学院共建仰韶文化研究中心，与首都师范大学历史学院共建仰韶文化考古研学基地，与河南省文物考古研究院建立仰韶村遗址工作站暨仰韶文化考古研学基地等。博物馆还长期与各中小学交流协作，举办流动展览、研学课程等，通过多样的互动体验，让馆藏文物近距离呈现在学生面前，真正实现博物馆的校园化、社会化。

同时，博物馆在微信公众号上开设线上漫游系统，通过 VR 虚拟展览，将展品及展示空间的信息数字化，将展品、文字、图片、模型、音频、视频、动画资料上传云端，方便观众参观，打造沉浸式博物馆展览。

2021 年，仰韶文化博物馆配合其他机构成功举办"中国考古百年"系列活动，回顾、梳理和总结仰韶文化发现 100 年来的考古成果，规划、研究未来的发展方向和目标。

一地六千岁，一眼看百年。仰韶村遗址的每一次发掘，不仅是为了更深入地认识仰韶村遗址，也是为了回望中国考古学的初心。未来，仰韶文化博物馆将进一步加强遗产保护，守护历史文脉、传承文化基因，做好仰韶文化的保护利用、活态展示、创新发展，寻根溯源揭示文明脉络，为人民群众提供更多开放共享、底蕴深厚的公共空间。

（撰稿人：赵婷）

河姆渡遗址博物馆

遗址的发现与考古回顾

发现

蜿蜒曲折的姚江边上有一处叫河姆渡的古老渡口。渡口北岸凉亭内至今依然保存着清乾隆五十一年（1786）的《黄墓渡茶亭碑》，说明清末以前河姆渡写作"黄墓渡"。民族学学者认为，黄墓渡被叫作河姆渡是乡音的俗讹，较为可信。根据康熙年间编修的《芦山寺志》记载，早在清朝初年，周围的农民已经将渡口叫作"河姆渡"了。

河姆渡原属浙江省余姚县罗江公社（现属浙江省余姚市）。俗语"破江中，烂罗江"，十分形象地描绘出罗江公社临近姚江、地势低洼、长年积水、洪涝灾害频发的状况，尤其是春夏之交的梅雨季节和夏秋时的台风季节，洪涝灾害更为频繁。因此，各级领导对于关系到农业收成的水利设施十分重视。

河姆渡遗址发掘前景观

1973年6月，罗江公社为提高排涝能力，减轻姚江洪涝之害，决定扩建原位于遗址西侧、紧靠姚江的旧排涝站，改装大功率水泵，需要挖地基深达3米以上。深挖过程中，意外发现数量较多的木头、动物骨骼、陶器碎片等古代遗存。参与挖掘的民工没有文物知识，照挖不误。所幸，当时罗江公社的领导罗春华恰好到工地检查工程进展，民工向他抱怨泥土中混有许多石头、骨头和木头，很难挖。罗春华立即察看，促成了遗址的发现。

　　罗春华是一名土生土长的农村干部，长期从事农村工作，曾在大学短期进修，学习过地质知识。大学的老师告诉他，罗江一带成为陆地的时间还不长，很久以前曾经是海。他看到地下挖出这么多东西，意识到这是重要的古代遗物，又联想起农民在开沟挖土时常常挖出木桩、木材，认为是挖到了一条沉没的海船，便当机立断，叫队长把流散到农民手里的器物集中保管起来，并立即打电话报告县文化馆，请他们速来处理。

　　县文化馆接到报告后，马上派许金耀等到工地察看。许金耀认为这是一处遗存非常丰富、年代相当古老的文化遗址，随即把情况报告给文化馆领导，请求转报浙江省文物管理委员会（简称"省文管会"），同时又向上级汇报，要求暂停施工，保护现场，后经批准，暂缓三天施工。省文管会派正在附近保国寺工作的王士伦先生到工地了解情况。

　　一到工地，王士伦就被丰富的文物遗存惊呆了，他认为这是浙江省内未曾见过的新石器时代遗址，当即携部分器物返回杭州向领导汇报。第四天，浙江省博物馆汪济英先生带领几名工作人员奔赴河姆渡进行抢救性发掘。一个举世瞩目的遗址，就这样在非常偶然的情况下被发现了。

考古发掘

　　考古人员在排涝站施工的地方以及东北和南部先后挖了3个探方，分了2个文化层，上层出土陶片是红色的，下层出土陶片是黑色的。当时杭嘉湖地区发现的陶片，往往红色的时代早，黑色的时代晚，河姆渡遗址却与之完全相反，又出土了大量前所未见的遗存，有进行正式发掘的必要。于是，河姆渡遗址第一次科学的考古发掘，在1973年下半年开始了。

　　第一次发掘选址于原渡头村北的晒谷场，从1973年11月开始至1974年1月结束，共布探沟6条、探方28个，实际发掘面积630平方米。这次发掘把试掘时的2个文化层进一步细分为4个文化层，发现了干栏式建筑和水井等遗迹，出土了具有地域特色的夹炭黑陶器、骨耜等完整器物1600多件，还有大量动植物遗存。发现的大量栽培稻谷和以一排排桩木为基础的干栏式建筑，为同时期其他遗址所不见。这些重大发现，立即在国内外引起轰动，得到学术界的高度关注。

　　河姆渡遗址第一次发掘取得了丰硕成果，对遗址的文化内涵有了初步认识。然而，由于发掘面积较小，也留下了不少疑问，对不少遗物、遗迹现象的解释尚缺乏材料。据此，省文物考古部门开始了河姆渡遗址第二次发掘的相关筹备工作。

1977年10月—1978年1月，在第一次发掘区以北20米的稻田上进行第二次发掘，面积2000平方米。此次发掘验证了第一次发掘划分的地层是正确的，并把第二、三层细分为A、B、C

第二次发掘现场

三小层，第四层又细分出 A、B 两小层，共出土木、石、骨、陶质等各类完整器物 4700 多件，发现零星墓葬 27 座、灰坑 28 个，以及大片木结构干栏式建筑遗迹，初步搞清了房屋建筑演变的一些现象。继续发现大面积的稻谷堆积、大量的动植物遗存，以及芦苇编织物和绳索等。发掘出土陶片 20 多万片，后为 5 万余片编了号，许多木桩在登记绘图后被掩埋保存。

这次发掘，成立了河姆渡遗址发掘领导小组。参加考古发掘的人员除省文管会、浙江省博物馆的专业人员外，还有"浙江省第一届亦工亦农考古培训班"的学员。通过三个多月的学习培训，学员们回到当地后都成了文物工作的业务骨干。发掘过程中，苏秉琦先生、严文明先生、杨鸿勋先生、刘泽纯先生等考古、古建筑、地质方面的专家也到现场分析木结构房屋遗迹和地质情况。

河姆渡遗址建筑遗迹

河姆渡遗址第二次发掘出土的丰富遗存，为重新认知河姆渡文化面貌及各文化层之间的内在联系提供了又一批新鲜资料。其主要成果《浙江河姆渡遗址第二期发掘的主要收获》发表在 1980 年第 5 期《文物》杂志上。发掘简报指出，河姆渡遗址四个文化层是存在紧密联系的四期文化，它们同属于河姆渡文化。

河姆渡文化的研究

随着河姆渡遗址的发现、发掘到河姆渡文化的命名及后续保护利用一系列工作的展开，对河姆渡文化的研究也应运而生。从20世纪70年代开始，河姆渡文化研究循序渐进，可分为四个发展阶段。

初识

第一阶段为20世纪70—80年代，研究主要围绕遗址本身的文化面貌和对遗址性质、分期的探讨。对于第一次发掘揭露出的4个文化层，当时普遍认为，第一、二层出土的器物属于浙北地区之前发现过的崧泽文化和马家浜文化，而第三、四层出土一批形制新奇的肩脊釜、釜支脚和盉形器等黝黑的夹炭陶器，不同于当时任何已知的其他考古学文化。为对河姆渡遗址的性质有明晰的认识，在1976年4月，杭州召开了"河姆渡遗址第一期（次）考古发掘座谈会"，正式提出了"河姆渡文化"，这是在河姆渡文化研究史上具有重大意义的事件，为日后研究的开展奠定了基础。此后，命名也逐渐得到考古学界的普遍认同。

第二次发掘进一步确认了4个文化层的关系，以及不同地层代表的不同阶段文化在内涵上的异同。虽然河姆渡文化的四期说成为主流，但潜在分歧仍然存在，不少学者始终坚持河姆渡遗址第一、二层属于崧泽文化和马家浜文化，聚讼纷纭，有待新的材料出土。

再识

第二阶段为20世纪90年代，是河姆渡文化的深入研究阶段。这一时期经济发展迅速，配合大量基建工程的抢救性发掘遍布各地，属于河姆渡文化的遗址数量急速增多，如宁波慈湖遗址、奉化名山后遗址、象山塔山遗址、慈城小东门遗址、余姚鲻山遗址等。通过各遗址的发掘与河姆渡遗址出土遗存的多学科研究，学者们对河姆渡文化的年代、文化面貌、分期、分布范围、扩散传播方向、与周边史前文化的关系、经济手段（生业模式）和聚落环境的演变等问题的认识持续深化。值得一提的是，这一时期，研究人员围绕河姆渡文化各类稻作农业遗存的研究，发表了大量重要文章，在全球稻作起源与发展过程的研究领域具有领先地位。1994年，河姆渡文化发现20周年学术研讨会召开，进一步推动中国考古界将多学科研究作为重要的工作方向。特别是新石器时代动植物考古学，利用河姆渡遗址出土的动植物遗存，拓展研究内容的广度和深度，获得了前所未有的发展。

深识

第三阶段为21世纪初。随着田螺山遗址的发掘，河姆渡文化研究迎来了多学科合作全面铺开的时代。田螺山遗址近10年的考古发掘，多学科合作渗入发掘、研究的各个方面，例如碳十四年代学研究、古环境研究、植物遗存研究、动物遗存研究、人骨及动物骨骼稳定同位素分析等。以出土材料为研究对象,考古人员和多学科研究专家持续努力,已在河姆渡文化的来源和兴衰演变、干栏式建筑营建技术、稻作农业发展水平等研究方向取得明确进展,已发表中文、英文专题研究文章和论著数十篇(部)。

新识

第四阶段为2013年至今,为河姆渡文化研究的新起点、新突破。2013—2019年,镇海鱼山遗址、奉化下王渡遗址、奉化方桥上王遗址、镇海乌龟山遗址、井头山遗址相继发掘,使整个河姆渡文化研究在时间和空间上得到延展。其中,井头山遗址位于余姚市三七市镇,2013年10月发现,2019年9月—2020年8月,由浙江省文物考古研究所联合宁波市文物考古研究所、河姆渡遗址博物馆进行主动性发掘。发掘出土大量遗物,层层堆积的贝壳蔚为壮观,陶器、石器、骨器、贝器、木器、编织物等有300多件。从目前发现的遗迹、遗物分析,该遗址是浙江省境内发现的首个史前贝丘遗址,也是目前国内该类别遗址里时间最早的一处,距今8300—7800年。从文化层埋藏深度来看,井头山遗址也是已知中国沿海地区最深的一处遗址,深埋5—10米,打破了人们对史前遗址在沿海地区分布状况和埋藏规律的原有认识。不可否认的是,井头山遗址的发现为河姆渡文化溯源研究打开了新的局面。

河姆渡文化的价值

河姆渡文化以其鲜明、独特的历史、艺术、科学、社会价值,广受关注、推崇,进入中小学教科书。

历史价值方面,河姆渡文化是20世纪70年代中国新石器时代研究的一大突破性成果。它打破了中华文明发展史"一元论",证明长江流域同黄河流域一样都是我国远古文明的发源地。如今我国新的考古发现层出不穷,其中不乏年代早于河姆渡者,但这些新发现丝毫不能动摇河姆渡文化在我国远古文明发展史上的重要地位与贡献。

在艺术价值上,河姆渡文化诸遗址出土数量不少且制作精良的艺术作品,类型遍及陶器、骨器、木器、玉石器等,艺术手段多样,内容丰富。河姆渡先民喜爱在陶器上刻划纹饰,也爱用玉石装扮自己,还尝试着用

双鸟朝阳纹象牙蝶形器

象牙制的蝶形器沟通天地神祇……综观史前艺术，河姆渡文化的艺术以其质朴、自然、稚趣独树一帜。

科学价值主要体现在建筑遗存、稻作农业等方面。河姆渡先民的房屋背靠小山，面向湖沼，地势低洼潮湿。为了适应自然环境，防御野兽侵袭，先民们把居住面抬高、架空，发明了干栏式建筑。干栏式建筑自河姆渡先民发明以后一直流行于我国南方的少数民族地区及太平洋沿岸的岛屿上，可见其影响深远。遗址中与建筑遗迹同出的百余件榫卯木构件，制作相当精巧，尤其是截面长宽比例为4：1的榫头，被后世称为"经验截面"，为建筑技术史研究提供了实物资料，也为现代建筑技术的发展提供了参考与借鉴资料。

猪纹方钵

在全球性的农业起源话题上，河姆渡文化的稻作遗存是绕不开的一环。河姆渡文化栽培水稻的发现、丰富的稻作遗存和相关耕种、收割、加工系列工具的发现为我国在世界农业起源问题上发声提供了实证资料，并为稻作起源于长江下游或中下游的学说奠定了科学基础。虽然近些年不断发现比河姆渡遗址年代早的稻作遗存，但河姆渡遗址在稻作农业研究上仍然具有重要地位。

带榫卯木构件

遗址博物馆的设立与遗址保护

河姆渡遗址在两次发掘后，采取回填方式及时保护，1982年公布为全国重点文物保护单位。1986年，为保护遗址，迁移了河姆渡遗址上的43户居民及3家企业，有效地解决了遗址保护中的各种不利因素，同时划定3.5平方千米建设控制地带，恢复植被，使周边视觉范围内保持古朴的环境风貌。

炭化稻谷粒

各级领导也非常重视河姆渡遗址的保护和开发。经过前期大量的调研工作，河姆渡遗址博物馆于1990年9月完成立项选址，并得到国家文物局批复，正式破土动工，1993年5月12日落成开放。

博物馆占地1.6万余平方米，依托河姆渡遗址而建，南面环绕有姚江，隔江是四明山北麓，北面是姚江平原，东面紧靠河姆渡遗址保护范围。建筑由浙江省城乡建筑设计研究院设计，由6幢单体建筑组成，相互间用连廊衔接。建筑结构采用架空基座的"干栏式"形式，以体现河姆渡先民的居住特征。人字形坡屋面上设置5—7组交叉构件，象征着7000多年前卓越的榫卯木作技术。整座建筑造型犹如一只展翅欲飞的大鸟，表现了先民爱鸟、崇鸟的习俗。

随着河姆渡遗址博物馆的开放，人们对遗址文化的热情高涨，但专业程度高、展示单一的文化

河姆渡遗址博物馆

输出形式似乎不再能满足人们想要更形象、多角度了解河姆渡文化的诉求。面对新的形势，博物馆二期遗址现场展示工程投入建设。工程从1995年开始筹备，1997年破土动工，1999年6月22日对外开放，占地2.3万平方米。主要内容为重建2630平方米考古发掘干栏式建筑和木构水井遗迹，复原5幢共1100平方米干栏式建筑，再现河姆渡先民的建筑、制陶、稻谷脱壳、渔猎等场景。至此，文物陈列同遗址现场做了有效的衔接，成为名副其实的遗址博物馆。

2009年7月，浙江省人民政府公布《河姆渡遗址保护规划》，规划总面积约3.9平方千米，以河姆渡遗址地下埋藏和出土遗存及其环境载体为主要保护对象，是河姆渡遗址保护和利用的法律依据。遗址展示区以及原始生态园建设严格依据保持遗址原真性原则，最大限度保持历史真实性、风貌完整性和文化延续性。

遗址博物馆的展览展示、公众教育

为更好地展示和宣传河姆渡文化，2008年7月，博物馆对陈列及周围环境进行提升改造，2009年5月26日重新开放。

改造后的博物馆分为序厅、"沧海桑田"、"日出而作"、"湖畔人家"、"心灵之声"和"河

"沧海桑田"展厅

"日出而作"展厅

姆渡猜想"六个部分，系统全面地展示了远古先民用勤劳和智慧创造出的灿烂河姆渡文化。展陈内容以河姆渡、田螺山等遗址出土的文物为主线，涵盖了宁绍地区东部已发现或发掘的河姆渡文化各重要遗址的遗迹与遗物。展陈形式上把握"突出文物，场景服务文物"的原则，穿插场景复原，借助声光电以及多媒体等高科技平台，利用语音导览系统等辅助手段，全面、生动地展示河姆渡先民所创造的物质和精神方面的巨大成就。

河姆渡遗址博物馆成立后，立足自身优势资源，不断创新工作载体，运用丰富的出土文物开展爱国主义和历史唯物主义教育，致力于用悠久的历史文化感召人，充分发挥了博物馆的社会教育职能。

博物馆通过馆校合作，建立实践基地和举办共建活动，实现馆校良性互动，达到资源共享、共同发展。作为全国爱国主义教育基地和宁波市中小学生社会实践大课堂资源基地，河姆渡遗址博物馆十分注重社会教育活动的开展。通过"河姆渡小传人""七千工坊"等特色教育活动，以广大青少年为主要教育对象，使博物馆真正成为学生的第二课堂。

（撰稿人：陆雪姣）

西安半坡博物馆

"半坡"这个词语，质朴得甚至有些土气，平常得难以让人留下印象。但是，它却在质朴的表象下，掩藏着华丽的本质，在平常的名称里，蕴含着不平常的内涵。之所以这样说，是因为它培育了一代代考古人，是我国考古学事业发展的奠基石和铺路机；它是中国博物馆发展的一座里程碑，是我国文物保护方面的一个典范；它是中国史前文化研究的重要基地，是展示中华史前文明成就的重要窗口。从多个方面看，半坡都可谓是"幸运儿"。

如果要进行最根本的表述，那么，半坡遗址是我国第一个大规模发掘的史前聚落遗址，西安半坡博物馆则是我国第一座史前聚落遗址博物馆。

众说纷纭的发现　影响深远的发掘

每一座遗址博物馆，都有发现遗址、发掘遗址的过程。通常，一个曾经消失又被发现的古代遗址，会有比较明确的发现时间、发现人、发现情形（如考古调查、基建施工、整地取土等）的记录。但是，半坡遗址的发现却有多种说法。

半坡遗址位于西安市东郊，因所在地属于半坡村而得名。它的发掘报告《西安半坡——原始氏族公社聚落遗址》的记载是："（半坡）遗址是1953年春首先由西北文物清理队发现的。同年9月，中国科学院考古研究所陕西省调查发掘团进行了较深入的调查。"这也是人们通常采用的说法。但是后来，关于半坡遗址究竟是何人、于何时、在何种情形下发现，陆续出现了其他说法。连同《西安半坡》所述，竟有10种之多，有的说法互相比较接近，有的则相去甚远。截至目前，还无法给出确切的结论。

半坡遗址的发掘，可谓影响深远：第一，半坡遗址的发掘经历了3个阶段。其中主要的第一阶段，始于1954年，终于1957年。其间，共进行了5次大规模发掘，发掘面积约一万平方米。这是我国第一次对一个史前时期聚落遗址进行大面积发掘，为后来众多古代遗址的大规模发掘，起到引领、示范的作用。第二，半坡遗址的发掘和研究在中国史前考古学上可谓承前启后、继往开来，具有多项开创性意义，包括：确立了仰韶文化半坡类型，成为新石器时代考古学文化区、系、类型研究的开端；开创了我国聚落考古学和环境考古学研究的先河；半坡遗址发掘报告，开创了我国史前考古发掘报告编写的基本模式。第三，半坡遗址的发掘，为我国培养了众多考古学家。新中国成立不久,文物考古工作的基础和力量都十分薄弱。当时的中国科学院考古研究所利用这个机会,连续举办考古工作人员训练班等。前后共有约 200 人参加了半坡遗址的发掘工作,其中包括参加第三次发掘的北京大学考古专业的学生。

关于半坡遗址的发掘,还有两点值得特别说明:

其一是在第三次发掘过程中,发掘人员应北京大学学生的建议,举办了一个小型展览,边发掘边展出。展览办了不到一个月,参观者累计达数十万人次,产生了巨大的社会影响,从而间接促成了西安半坡博物馆的建立。

其二是 2002—2005 年在新保护大厅建设过程中,为了避免施工对遗址造成破坏,博物馆在慎重考虑、精心设计的基础上,对展示了 40 多年的遗址进行保护性回填,施工结束之后再次发掘,使其重新面世。这在遗址类博物馆中尚属首次。

对发掘的遗迹进行绘图

发掘期间举办的小型展览,有民众(中间持尖底瓶坐者)捐赠发现的文物

丰富的文化遗存　非凡的文化价值

半坡遗址处于一个小型的"两河流域"内。它的西侧和东北方不远处分别是浐河和灞河,东南方不远处则是著名的白鹿原,南面遥望秦岭。这里依山傍水,气候温润,地势开阔,交通便利,水土宜人,动植物群落茂盛。半坡人利用这种天时地利,占得了文明发展的先机。

半坡聚落环壕内壕局部

　　1954—1957年对半坡遗址的5次发掘，收获十分丰富。发现的遗迹包括有聚落防御性质的环壕，以及各种房屋46座、窖穴200多座、陶窑6座、墓葬250多座。后来的发掘中又发现了祭祀遗迹数处。同时，出土的石器、陶器、骨器等遗物有上万件之多，可分为生产工具、生活器具、装饰品、随葬品等。

　　考古发掘和研究证明，半坡遗址是距今6800—6300年、占地面积约5万平方米、保存较好的一处新石器时代仰韶文化半坡类型（或称半坡文化）聚落遗址。当时的聚落已经有了比较明确的区划，包含居住区、制陶区和墓葬区，或称为生活区、生产区、墓葬区，用两重环壕进行划分，居住区在外壕以内，制陶区、墓葬区在外壕以外。在居住区的中央，是一座面积达160平方米的大型半地穴式方形房屋——1号大房屋。在1号大房屋以北的已发掘范围，分布着40余座中小型房屋。这些房屋在结构上分为半地穴式和地面式，形状上则分为方形和圆形。它们似呈向心布局，房门均朝向1号大房屋。在居住区内，还有规律地分布着储藏粮食和物品的窖穴、埋葬夭亡儿童的瓮棺葬、具有原始宗教性质的祭祀场所等遗迹。制陶区位于外壕东北段的外侧，共发现6座陶窑，分为横穴窑和竖穴窑两种。墓葬区位于居住区以北，是成人墓葬的主要分布区域，共有约170座。墓葬区的成人墓葬纵横排列成相当整齐的行列，且有一定规律，如：所有墓葬均没有葬具；墓主人头向绝大多数都是向西的；绝大多数是单人葬，只有两座合葬墓（分别为两男合葬和四女合葬）；葬式绝大多数为仰身直肢葬；有随葬品的墓葬绝大多数都是仰身直肢葬，随葬品主要是陶制生活器具等。

半坡遗址出土的石器、陶器、骨器等遗物有上万件之多，其中最受关注的当数陶器。半坡遗址的彩陶相当发达，出土了数量众多的彩陶器，其纹饰可分为几何纹、动植物纹和人面纹三种，尤以人面鱼纹最为精彩，引人遐思。关于人面鱼纹的含义，先后有20多种不同的认识。

出土陶器中，尖底瓶的独特造型十分引人注目。关于它的用途，传统观点认为是河中取水的水器，而新的研究则认为，它可能是半坡先民酿酒或储酒的器具。

半坡遗址还发现了带刻划符号的陶器113件，上面的刻划符号有27种。对它的性质，学界有较大争议。有人认为它是一种"记号"，有人认为是"具有文字性质的符号"，还有人认为它就是当时的"文字"，甚至把某些符号和后来具体的字母、数字乃至文字进行对应。

此外，用指甲纹、锥刺纹等进行装饰，或者带有绳纹、布纹、席纹（均为纺织物、编织物的印痕）的陶器，稚拙的陶塑，早期利用蒸汽的器物——陶甑，反映半坡人数学知识的陶片，数量可观的装饰品陶环等，也都透露着当时物质文化和精神文化的点滴。

除了以上遗迹和遗物，半坡遗址还发现了一些粟（谷子）和菜籽的朽壳、植物孢粉、种子，

人面鱼纹彩陶盆

尖底瓶

"半坡姑娘"雕塑

以及动物骨骼、甲壳等。这些发现一方面表明半坡遗址6000多年前的周边环境比较温暖湿润，动植物资源丰富，另一方面表明当时人们已经种植了谷子、蔬菜等作物，并且驯养了猪和狗等家畜。

半坡遗址的发掘，为人们揭开了一处当时还鲜为人知的史前遗址的神秘面纱，揭示了新石器时代仰韶文化母系氏族聚落的社会组织、生产生活、经济形态、婚姻形态、风俗习惯、文化艺术等丰富的文化内涵。因其丰富的遗存，以及对于中国文物、考古学事业发展和史前人类社会史研究的重要性，半坡遗址于1961年被国务院公布为第一批全国重点文物保护单位。

顺应国家发展的需要　具有超前实践的价值

建立一座博物馆，将半坡遗址保护起来、展示出来的想法，是北京大学学生最早提出的。这个想法首先得到考古队队长石兴邦的赞同，继而得到相关领导的支持。建立博物馆的申请很快获得批准。从筹备建馆，到1958年4月1日西安半坡博物馆建成、开放，只用了短短两年时间。

西安半坡博物馆占地约107亩，坐东向西，总体呈不规则形状，参观区则为左右大体对称的四合院形式。进入具有仿古色彩的博物馆大门，沿着中间大路前行，迎面是一座圆形水池，水池的中央有一尊隽秀的大理石雕塑——"半坡姑娘"。水池的两侧,是对称分布的四座灰墙碧瓦、带有强烈传统风格的展厅;再往后,是一组宽阔的台阶;拾阶而上,顶部是一座规模宏大、颇具现代感的圆拱形建筑——半坡遗址保护大厅。整个博物馆呈现出一幅碧草与雕塑彼此映衬、绿树与建筑相互交错的和谐画面。

  遗址保护大厅采用大跨度拱形结构,占地面积巨大,内部高大宽敞。博物馆采用大厅覆盖的方式,对发掘的古遗址进行保护和展示,既属创举,又见显效,成为遗址博物馆的典范,具有特别的意义。对此,著名博物馆学者苏东海先生曾评价道,当(20世纪)60年代西方博物馆界还在争论遗址能不能进入博物馆行列时,当1962年12月联合国教科文组织在巴黎通过的《关于景观和遗址的风貌与特性的建议》中刚开始提出建议,对遗址和景观"应考虑建立专门博物馆"的时候,甚至相关国际组织在1978年将博物馆和历史遗址等人为地割裂开来的时候,西安半坡博物馆早已把博物馆建筑矗立在遗址之上了。苏东海先生认为,此举开创了把博物馆与遗址环境融为一体之先河,具有世界范围内的开拓意义和超前实践的价值。

半坡遗址保护大厅

半坡博物馆建成开放 60 多年以来，始终作为西安地区乃至全国一座重要的博物馆，受到社会各界的关注。迄今为止，慕名前来的观众已有约 3000 万人次。半坡博物馆获得了一系列荣誉和称号，包括首批 100 个全国爱国主义教育示范基地之一（1997）、首批国家一级博物馆（2008），国家 AAAA 级旅游景区等。

朴实无华的展览展示　形式多样的公众教育

半坡博物馆的基本陈列包括两部分，一部分是位于遗址保护大厅内的半坡遗址陈列，另一部分是半坡遗址出土文物展。两个部分形式不同，内容互补，共同完成了对半坡遗址及其所代表的仰韶文化半坡类型（或称半坡文化）的展示与阐释。

半坡遗址陈列

新的半坡遗址保护大厅于 2006 年建成开放，面积约 4470 平方米，其中约 2000 平方米为遗址本体。半坡遗址陈列的展品分为三类：一类是原址、原状展示的遗迹，一类是套箱后搬迁到保护大厅内展示的遗迹，还有一类是各种辅助展品。

原址、原状展示的遗迹包括大小环壕、房屋、陶窑、窖穴、灶坑、圈栏（一说是门卫房）、柱洞、祭祀遗迹和墓葬（含瓮棺葬）等各种遗迹，以及与之相关的遗物。这些遗迹和遗物共同构成了半坡博物馆最大也是最重要的展品——半坡遗址本体。半坡聚落的总体布局、重要设施，以及先民们生产、生活、信仰、观念等方面的信息，都可以从这些遗迹中解读。

套箱后搬迁到保护大厅内展示的遗迹包括成人墓葬、灶坑和柱洞遗迹。这些遗迹可以近距离参观，加上简短的说明和明晰的配图，便于观众对遥远时期的房屋和墓葬进行深入细致的了解。

陈列还运用了沙盘、模型、雕塑、视频等辅助展品。其中，复原半坡先民生活环境、反映归葬仪式和房屋建造过程的视频，以及表现陶器制造和房屋建造过程的组塑，富有创意，深受观众好评。

半坡遗址出土文物展

半坡遗址出土文物展的展厅面积为 1100 多平方米，空间结构分为四个部分：序厅、西展厅、东展厅以及半景画。各部分既主题鲜明，风格各异，又遥相呼应，和谐统一。序厅部分以高度概括的手法，点明半坡文化的主要元素——新石器时代、母系氏族、彩陶和鱼纹。西展厅主要展示半坡人所处的环境、生产劳动和生活方式。东展厅主要表现装饰品、陶器、彩陶艺术，以及刻划符号、人面鱼纹未解之谜等半坡人精神层面的深刻内涵。半景画位于东西展厅的连接处，通过把绘画、模型、雕塑、标本等实物场景与声光电模仿的虚拟场景相结合，具象、直观地呈现半坡人生活中

半坡遗址出土文物展中的半景画

的采集、狩猎、捕鱼、建筑、集会等内容。

为观众提供高质量的讲解服务，打造高素质的讲解员队伍，是西安半坡博物馆多年来的优良传统。博物馆有多位讲解员获得了全国、全省讲解大赛一等奖和"十佳讲解员"的殊荣，并产生了多位知名讲解专家。

西安半坡博物馆近些年在拓展教育领域、强化教育功能方面进行了一系列探索和实践，策划实施了馆外教育项目"原始部落快乐行""探秘半坡""新石器学堂""陶醉六千年"和馆内教育项目"史前工场"等。这些项目以半坡文化为主线，通过互动对话、小品表演、角色扮演、原始服装秀等形式，让每一位参与者亲身实践，进行颇具趣味性的学习和体验活动。截至目前，已成功开展数百场活动，赢得了家长和小朋友们的热烈反响，也获得不少荣誉。博物馆的教育项目于2014年成功入选首届"中国博物馆教育项目示范案例"，并荣获"2015—2017年度中国博物馆青少年教育课程优秀案例推介展示活动·十佳教学设计"、2018年"全国博物馆教育课程设计评选十佳优秀案例"、"2015—2019年度博物馆研学课程及线路推介活动"之"最佳课程""最佳线路"等奖项。2017年，西安半坡博物馆被教育部评为第一批"全国中小学生研学实践教育基地"。

由于在讲解和博物馆教育方面良好的工作基础，中国博物馆协会将西安培训中心（原全国讲解员培训基地）设在这里。培训中心目前已逐渐形成国内领先的讲解员培训理念和方法，举办 120 多期全国性讲解员培训班，来自全国 1000 多座博物馆的 5000 多名讲解员在这里接受了系统的专业培训。

中国博物馆协会西安培训中心（原全国讲解员培训基地）

当年的半坡文化，处于文明进步的中途；今天的半坡博物馆，处于事业发展的中途。文明无止境，事业有高峰。半坡，仅及其半，欲达高峰，尚待攀登。

（撰稿人：马雨林）

马家浜文化博物馆

遗址的发现与考古回顾

马家浜遗址位于嘉兴市经济技术开发区西南部，因紧靠马家浜村（现已搬迁）而得名。长江下游环太湖地区新石器时代考古学文化之一马家浜文化，即以马家浜为典型遗址命名。遗址三面环水，南为马家浜，北临九里港，西面是坟屋浜，处在三河交叉的平原地带。遗址上原有高墩，因人为取土，现与周边地势无明显落差，地表海拔在2.2—3米之间。遗址西南距国界桥1千米，相传此桥为春秋时期吴、越两国的国界线，因此得名。

马家浜遗址地理位置图

1959年3月，农闲中的马家浜村民积极响应政府号召，开展冬季积肥运动，在挖取到大量兽骨的同时，还不断挖到一些与兽骨混在一起的陶器、玉器、石器和骨器等。浙江省文物管理委员会闻讯，立即组织杭州大学历史系、杭州师范学院历史系等6家单位成立考古队赶赴现场，对遗址进行了抢救性发掘。这就是马家浜遗址的第一次考古发掘，共发掘面积213平方米，发现新石器时代墓葬30座、房屋遗迹1处。

2009年，因马家浜遗址保护规划论证和马家浜考古遗址公园建设的需要，根据国家文物局批复，由浙江省文物考古研究所、嘉兴博物馆组成的考古队对遗址进行了第二次考古发掘，发掘面积约300平方米，在遗址西北部揭示了一处马家浜文化墓地，共80座墓葬，为认识这一时期的葬制和葬俗提供了丰富的材料。同

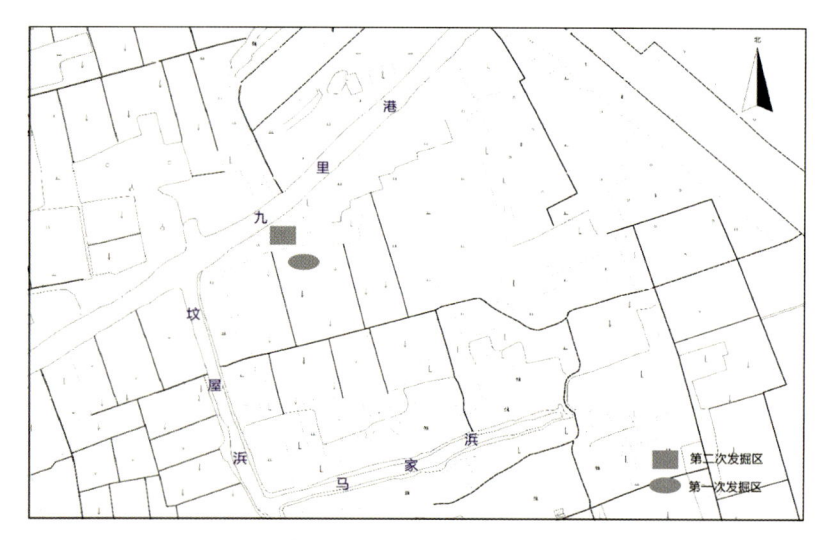

1959年、2009年两次发掘区位置图

时，本次发掘初步探明了遗址南面存在的稻作农耕遗迹分布区范围。这次发掘以及相关多学科的专题研究，获得了大量具有科学性的资料，丰富了人们对马家浜遗址聚落形态、年代发展以及文化内涵的认识。

遗址的研究与文化价值

1959年马家浜遗址的发掘，是嘉兴地区新石器时代遗址的第一次正式发掘，开启了嘉兴地区以田野考古为基础的新石器时代考古学研究。之后，以马家浜为典型遗址命名的马家浜文化，揭开了环太湖流域人类历史的序幕，发展并形成了马家浜文化—崧泽文化—良渚文化三者连续发展、一脉相承的新石器时代考古学文化序列，被称为"江南文化之源"。

经过历年的勘探及发掘，我们对马家浜遗址的年代、文化内涵、聚落形态结构基本上有了清晰的认识。遗址东西长约150米，南北宽约100米，面积约1.5万平方米，遗址年代距今约6300年，处于马家浜文化晚期阶段。遗址北部为居住区和墓葬区，南部为稻作农耕区。

马家浜遗址两次发掘最大的收获是110座墓葬的发现，这批墓葬为研究马家浜文化的葬制与葬俗提供了丰富的考古资料。

马家浜遗址墓葬形制多为长方形竖穴土坑墓。大部分为单人一次葬。墓坑多为南北向，葬式大多为俯身葬，也有侧身葬、仰身直肢葬，人骨头向以北向为主。随葬品以陶器为主，数量很少或没有。随葬的陶器多数为打碎后埋入，并分散放置在墓葬的不同位置，特别是陶豆，几乎都是打碎后放置。

个别墓葬有将某类陶器覆盖在头部、将块状红烧土压在腿部的现象。有的墓葬中有意识地随葬成组的鹿科动物掌骨、跖骨，随葬时尚带皮肉，可能具有特殊意义。还发现有木质葬具，分为单层和上下两层两种形态结构。

通过分析研究马家浜遗址第二次发掘出土的人骨遗骸，我们发现遗址中马家浜人的平均预期寿命在30岁左右。男性平均身高约164厘米，女性平均身高约153厘米。通过对遗址M28出土的颅骨进行三维容貌复原，发现该颅骨呈现出非常显著的蒙古人种特征。

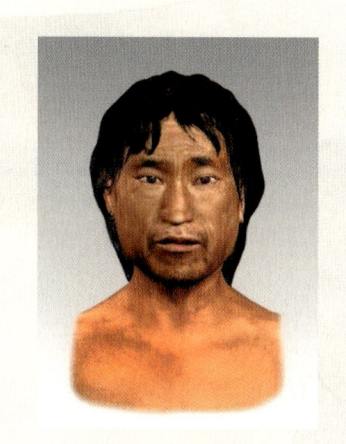

马家浜人复原像

稻作是马家浜文化最主要的特征之一。稻田是稻作生产活动的主要对象，包含丰富的稻作生产信息，能够全面反映生产力发展状况。在马家浜遗址中发现有稻作农耕遗迹。古稻田位于遗址居住区东南侧，呈月牙状分布，面积约1.5万平方米（约22亩）。田面平整，耕作厚度均一，不同于以往苏州草鞋山、绰墩等遗址发现的利用自然地形开垦的古稻田，可能在开垦过程中经过人为的平整修筑。

马家浜文化时期，环太湖流域地势低平，水网密集；气候温润，雨量充沛；动物种类多样，植物果实丰富。优良的自然气候与稳定的地理环境，为马家浜先民提供了从事社会生产与生活的有利条件。那时，马家浜人择水边高地筑屋而居，身穿葛、苎麻织成或兽皮制就的衣服，佩戴玉、骨饰物，采集渔猎，植稻驯养，日出而作，日落而息。

随着农业生产渐趋发展，马家浜文化时期的原始手工技艺，诸如石器、陶器、骨器、牙器、木器等的制作技术，以及纺织、编织技术，得到迅速提高。

马家浜文化的陶器为手制，多采用泥条盘筑法成型，烧成温度通常在800℃—850℃。质地有夹砂、夹蚌、夹炭和泥质四种，以夹砂红褐陶和泥质红陶为主，夹炭陶为在黏土中有意识地掺入稻壳碎屑，泥质

马家浜遗址出土陶豆

陶多外红里黑或表红胎黑，器表常有红色陶衣。陶釜、鼎、豆、罐、盆、盘、钵、盉和鬶是马家浜先民日常使用的有代表性的炊煮器和饮食器。

马家浜文化时期的石器，普遍采用磨制技术，许多石器制作十分精致。其中，石钺最早采用了管钻钻孔方法。利用动物骨、角和牙等制作的工具，无论造型还是细部雕刻，都达到了相当的高度。

环太湖地区是学术界公认的中国史前玉文化发展序列最为完整、玉器工艺最为精湛与辉煌的区域之一。马家浜文化是环太湖地区最早使用玉器的文化。玉作工艺更是一直延续到良渚文化时期。马家浜文化玉器种类有玦、璜、管、坠等。

马家浜遗址的发现与发掘，是长江下游环太湖地区新石器时代考古的一次重要突破，证明了长江下游环太湖地区新石器时代考古学文化具有悠久的历史渊源和鲜明的地域特色，揭示了长江下游环太湖地区史前文化在全国的重要地位，为研究我国文明起源提供了宝贵的考古资料。发现马家浜遗址后，考古工作者经过多年探索，已发现具有马家浜文化特征的新石器时代遗址 100 余处，分布在包括浙北、苏南及上海在内的整个环太湖流域。这些遗址的发现标志着一种进步发达的史前文化的生命力、影响力和辐射力，并代表着当地文化的主流，为该地区奠定了丰富、独特的物质文化和精神文化基础。

马家浜遗址出土玉玦

遗址保护与博物馆的设立

1981 年，马家浜遗址被公布为嘉兴市文物保护单位；1989 年，被公布为浙江省文物保护单位；2001 年，被公布为全国重点文物保护单位。

随着城市化推进，为加强古文化遗址保护，更好地弘扬和展示马家浜文化，2003 年，嘉兴市人民政府就开始着手规划建设马家浜考古遗址公园。2009 年，国家文物局批复同意《嘉兴马家浜遗址保护规划》，马家浜考古遗址公园正式规划建设。2013 年，马家浜考古遗址公园被列为浙江省第一批省级考古遗址公园，2017 年入选第三批国家考古遗址公园立项名单。根据《嘉兴马家浜遗址保护规划》，马家浜考古遗址公园分为三大功能区：马家浜文化博物馆区、遗址发掘现场展示区、文化休闲服务区。

2017 年 5 月，马家浜文化博物馆动工兴建，博物馆占地面积约 23 亩，建筑面积约 8000 平方米，

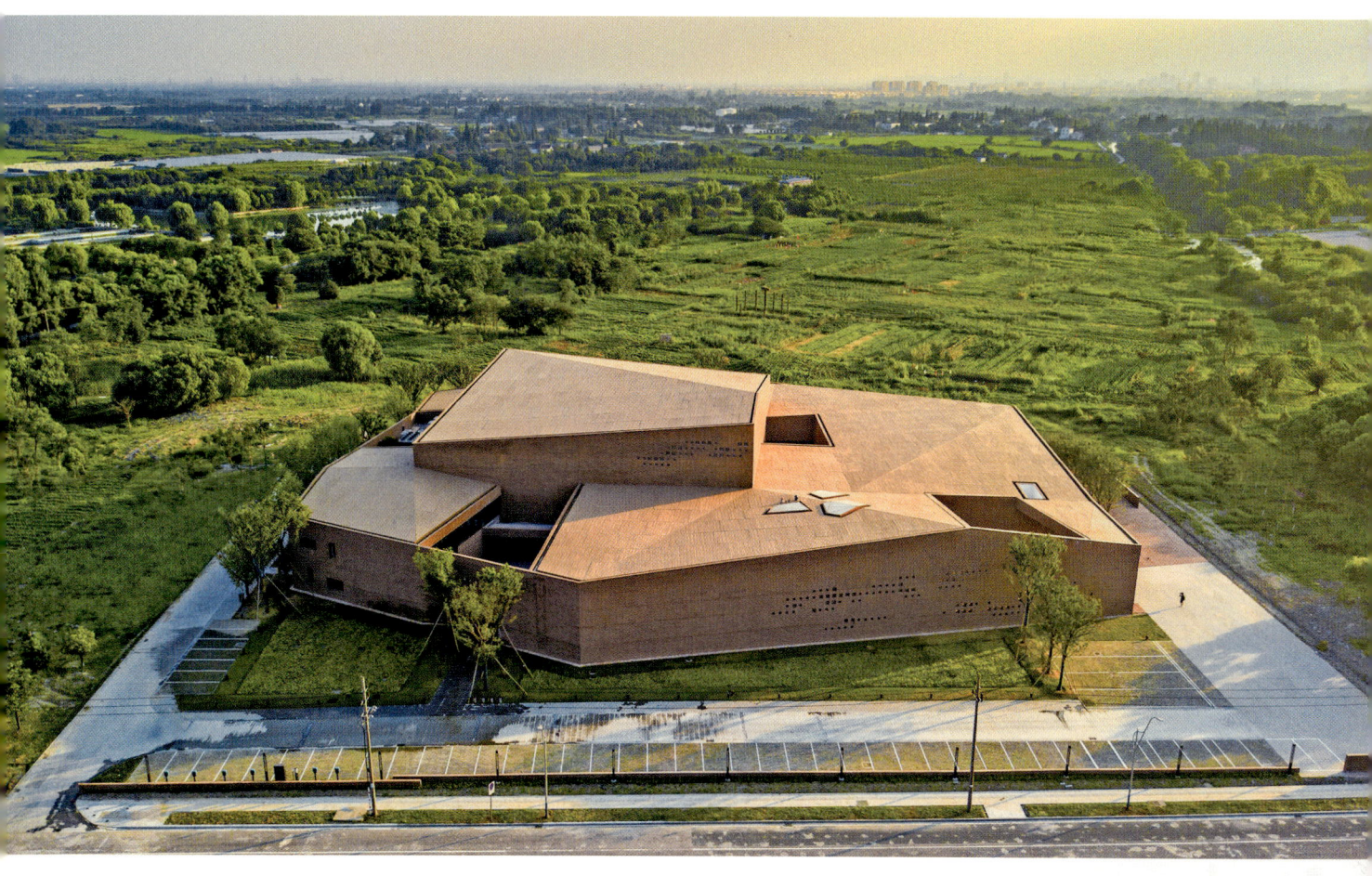

马家浜文化博物馆鸟瞰图

2019年7月竣工，2020年5月18日正式对外开放。马家浜文化博物馆以"国内一流、国际影响"为建馆目标，是一座以马家浜遗址为依托的考古遗址博物馆，也是一座以环太湖地区马家浜文化为主题的考古学文化博物馆。

博物馆建筑的设计提取了原始聚落的居住图景和江南房院格局，通过聚落和院落的重组演绎，与遥远的文明建立起跨时空的默契。在设计上充分考虑建筑与遗址的紧密呼应，外墙颜色采用陶土色的清水混凝土，馆内同时保留大片原生旷野和水系资源，整个建筑以一种低调的姿态隐匿于

博物馆外墙设计

— 155 —

马家浜文化博物馆

自然环境当中。在朝向遗址的方向，设计了一面玻璃幕墙，通过这面全景打开的视窗，观众可以直接远望遗址，建立起与遗址的对话。这一设计拉近了博物馆与遗址、观众与遗址的距离，充分体现了建筑对遗址的尊重。

2021年6月，遗址发掘现场展示区、文化休闲服务区相继建成，马家浜考古遗址公园正式对外开放。

博物馆的展览展示与公众教育

马家浜文化博物馆设有主题展厅、临展厅、公共服务区、库房、报告厅、资料室、会议室等功能区域。其中，"江南文化之源"基本陈列面积1800平方米，主要展示马家浜遗址两次考古发掘的出土文物。陈列分为"花开江南""在水一方""生生不已""薪火相传"四个单元，在内容设计上以点带面，从马家浜遗址的发现切入，面向整个马家浜文化，根据考古发现及研究成果真实再现先民的生产生活、精神信仰，全面反映了环太湖地区新石器时代马家浜文化的分布范围、文化内涵、地理环境以及文化交流等内容，将马家浜遗址置于马家浜文化当中，以"小遗址"带动"大文化"，让公众在了解马家浜遗址的同时，感受马家浜文化在新石器时代考古学文化中的地位。

"江南文化之源"主题展的序厅部分，形式上采用了环绕式浮雕的设计，内容上选取马家浜文

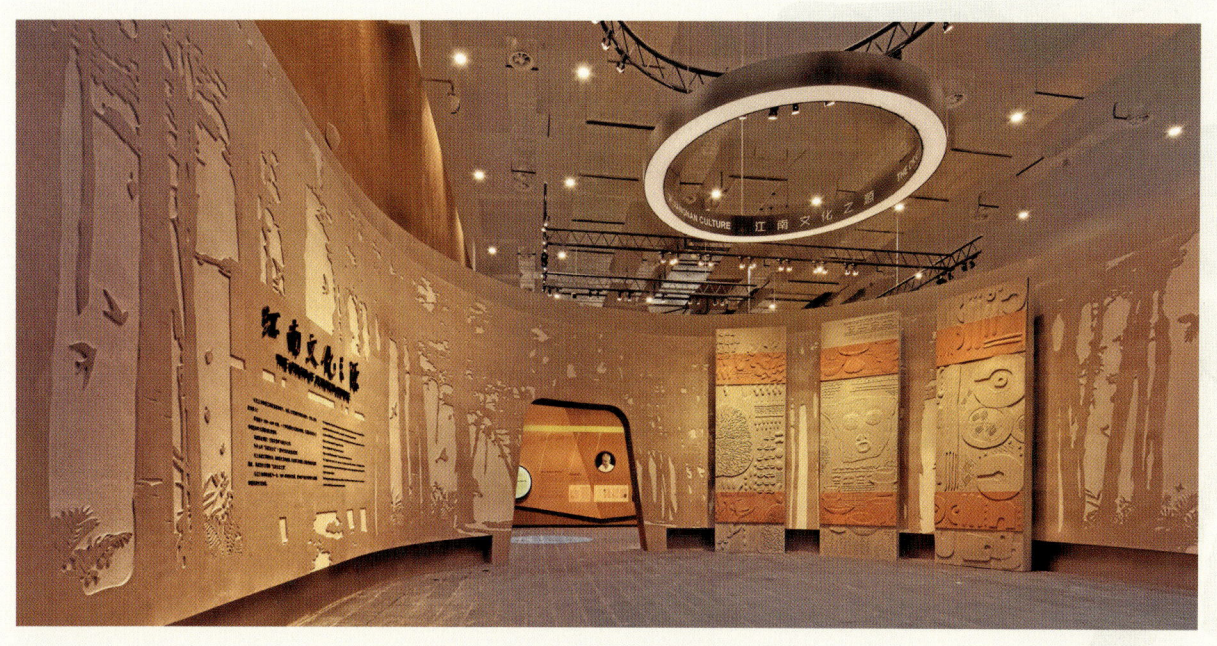

"江南文化之源"基本陈列序厅

化中具有代表性的元素，如陶豆、玉玦、兽面陶器耳、象牙梳、水稻等，将"远古与当下""遥远与周遭"相融合，使观众不由自主走进马家浜文化，犹如身临其境。

第一单元"花开江南"，从马家浜遗址的发现开始，回顾了1959年、2009年两次考古发掘经历，详细阐述了马家浜文化的命名过程。

第二单元"在水一方"，通过"马家浜人""生业形态""气候环境""巧手精技""灵魂不死"五个小的单元，生动再现了马家浜文化时期的生态场景。

第三单元"生生不已"，本单元主要介绍了马家浜文化分布范围、地方类型、与周边考古学文化的交流以及文化传承等内容。

第四单元"薪火相传"，以大事记的形式叙述了1959年以来，各有关部门和单位以及嘉兴人民在马家浜遗址保护、马家浜文化宣传介绍方面做出的重要贡献。

马家浜文化博物馆的临展厅面积约为800平方米。对外开放以来，博物馆先后引进了"远古回声——半坡遗址和半坡文化展""辽河畔史前文明之花——沈阳新乐遗址""洮河遗韵——临洮5000年历史文物展""红山玉韵——敖汉史前文物精品展"等众多展览，使观众在了解马家浜文化的同时，也可以感受国内其他地区史前文化的风貌，在各地史前文化"碰撞"之中，产生"奇思妙想"。

虽然马家浜文化博物馆开馆不久，但公众教育方面的工作却早已展开。1999年4月，"纪念马家浜遗址考古发掘40周年座谈会"在嘉兴召开，嘉兴博物馆推出"马家浜考古标本展"。2004年4月，召开马家浜文化学术研讨会，纪念马家浜遗址发现45周年，同时出版《马家浜文化》一书。2009年12月，为纪念马家浜遗址发现50周年，中国社会科学院考古研究所、浙江省文物局、嘉兴市人民政府在嘉兴共同举办"马家浜文化国际学术研讨会"。同时，嘉兴博物馆推出"马家浜文化出土文物联展"。2019年，马家浜遗址考古发掘报告《马家浜》正式出版。

2020年5月18日开馆当日，马家浜文化博物馆进行了云直播，使观众足不出户便可在线上跟随专业的讲解员一同参观博物馆，探秘"江南文化之源"。

科技的发展扩展了观众与博物馆互动的方式，使人们有更便捷的手段拍摄、记录、分享自己与博物馆的相遇。2021年5月18日，在开馆一周年之际，我们特别举办了"博物馆日拍博物馆"的主题活动，希望借此活动，让博物馆走进更多人的生活，让更多人分享自己与博物馆的美好。

2021年7月31日，我们举办了"马家浜文化穿越之旅"主题活动，通过"钻木取火""房屋搭建""量体裁衣"等环节，让小朋友们真实体验史前人类的生活。

两三年光阴不长，七千年时光不短，相信随着我们的努力，越来越多的观众会走进马家浜文化博物馆，马家浜文化也会走进每个观众心中。

（撰稿人：耿杨）

福建省昙石山遗址博物馆

遗址的发现与考古回顾

昙石山遗址位于福建省东部沿海,地处福州市闽侯县甘蔗街道昙石村西北侧的小山上,紧邻闽侯县城,东距福州市区约20千米。1954年1月,闽侯县第七区恒心乡昙石村(今甘蔗街道昙石村)的村民在这里修筑防洪堤坝时,不经意间挖出了许多样式古旧而奇特的陶器、石器、骨器,以及堆积很厚的白色贝壳。得知消息后,福建省文化局马上向上级部门汇报了该遗址的发现情况。然而,当时福建省的考古力量还十分薄弱,不足以独立开展相关考古发掘工作,所以,福建省文物管理委员会向当时的华东文物工作队(隶属华东文化部,队部设在南京博物院)请求援助。1954年4月,华东文物工作队派尹焕章、宋伯胤二人来到闽侯县。

两位考古专家经过仔细勘察,一致认为该遗址包含遗物复杂,是一处重要的新石器时代晚期文化遗存,有进行深入发掘的必要,并将其命名为"昙石山遗址"。经过与相关领导商洽,最终决定试掘两条探沟,随后开始积极组建闽侯县昙石山遗址发掘工作组。最终,工作组由华东文物工作队3人及福建省文物管理委员会文物组全体同志共12人组成。在此期间,厦门大学人类博物馆林惠祥教授也来到发掘现场参观并协助开展相关调查工作。虽然这次考古发掘时间才8天,发掘面积只有30多平方米,但出土各类文物总数却达到2600多件,为后来昙石山遗址更大规模的发掘积累了丰富而宝贵的经验。

第一次考古发掘(1954年4月)

此后,考古工作者分别在1959年12月、1960年3月、1960年7月、1963年9月、1964年9月—1965年8月、1974年10—12月进行了面积不等的考古发掘工作。

上述7次考古发掘,发掘总面积仅880平方米,但获得的考古资料已经反映了该遗址丰富的文化内涵和较鲜明的海洋文化特色,从而为福建省确立了第一个考古学文化——昙石山文化。

为推进昙石山文化的深入研究，经国家文物局批准，福建博物院承担了对该遗址的第 8 次考古发掘。这次发掘始于 1996 年 11 月初，1997 年 6 月全面完成田野工作。2004 年 2 月、2009 年 5 月，为配合博物馆基础建设，对昙石山遗址又进行了 2 次面积不等的发掘。

1954—2009 年的 10 次考古发掘，累计发掘面积达 2000 余平方米，先后发现了壕沟、灰坑、祭祀坑、陶窑、灶、柱洞等大批生产和生活遗迹，还发现了 80 多座墓葬，出土了包括石器、骨器、角器、牙器、贝器、陶器、玉器和原始瓷器在内的种类丰富、数量可观的文化遗物。福建文明的历史由 3000 余年跨越到了 5000 余年，先前不为人知的"闽族文化"也被逐步揭开。2001 年，昙石山遗址被国务院核定公布为第五批全国重点文物保护单位。

馆区全貌

遗址的研究与文化价值

经过几次考古发掘，专家们初步判断昙石山遗址在地层叠压关系上大体可分为上、中、下三层。其中，上层为晚期堆积，扰乱较为严重，时代很难界定；中、下层应该为早期原始堆积，时代为新石器时代晚期，距今四五千年。1963年，考古学界将昙石山遗址中、下层出土的以几何印纹硬陶为代表的福建地区新石器时代文化遗存，命名为"昙石山文化"。1996年开展的第8次考古发掘，厘清了昙石山遗址的年代关系。根据昙石山遗址的地层堆积、叠压情况以及出土的遗迹和遗物特点，结合考古地层学原理并通过科技手段进行考古年代测定后，专家认为，该遗址至少可以划分为4期文化，发展阶段和文化性质各不相同：第一期距今5500—5000年，是人类最早在此处活动的时间；第二期距今5000—4300年，是昙石山文化中最重要、出土文物最为丰富的核心一期；第三期距今4300—3500年；第四期距今3500—2700年。遗址的第一、二期文化相当于我国北方的仰韶文化时期，第三期相当于北方的龙山文化时期，第四期则相当于商周时期。由此可见，昙石山遗址以新石器时代文化遗存为主，兼有青铜时代文化遗存，前后持续时间达2500多年，其距今年代下限已接近正史中记载的闽越国时期。昙石山遗址的发掘与研究为福建史前文化树立了一个标尺。

昙石山文化是福建省第一个被确认的考古学文化，也是我国东南沿海最早被命名的考古学文化之一，堪称先秦时期闽台两岸海洋文化的源头。它集中分布于闽江下游流域，延及东部沿海地区，并连接海峡两岸。考古学家苏秉琦先生曾经形象地把中华文明多元起源的现象比喻为满天星斗，昙石山文化就是崛起于东南沿海的一颗明星。相关研究发现，昙石山遗址还是南岛语族的重要起源地之一。

从福建考古史角度来说，昙石山遗址发掘开启了新中国福建考古的第一篇章。该遗址是福建史前遗址中发掘面积最大、成果最丰硕的遗址之一。昙石山遗址也是福建考古界具有纪念意义的一个地方。福建的几代考古工作者在此锻炼和成长，并逐渐成为栋梁之材。

福建省昙石山遗址博物馆历来十分重视与昙石山文化相关的学术研究工作，2014年开始，提出"跳出遗址探文化"的发展思路，以课题研究来培养和锻炼人才，围绕昙石山文化，深入开展调查与研究。独立完成了"闽江下游流域史前遗址调查与研究"课题，前后历时6年，涉及10个县（市）、区，完整覆盖了整个闽江下游流域及中游的古田溪流域。新发现了151处遗址点，并对5处濒临破坏的遗址进行了考古勘探或抢救性发掘，基本摸清了该区域史前文化遗址的分布情况，填补了长期存在的学术空白，也为今后开展更深入的研究提供了重要依据。出版学术成果《闽江下游流域史前遗址调查与研究》，这是福建文物考古界出版的第二部流域考古调查专题报告。在"庆祝中华人民共和国成立 70 周年福建文博系列成果评审推介活动"中，荣获"福建文物考古博物馆科研成果奖"一等奖。

遗址博物馆的设立与遗址保护

1998 年，福建省昙石山遗址博物馆成立，这是福建省第一个依托史前遗址建立的博物馆。2001 年博物馆落成，占地 9.5 亩，建筑面积约 4000 平方米。2004 年，"昙石山遗址保护和博物馆建设"被列为福建省重点建设项目，2008 年博物馆新馆主体落成并对外开放，2010 年遗址厅改扩建完成并对外开放。

目前，福建省昙石山遗址博物馆占地 108 亩，建筑面积 7060 平方米，为国家二级博物馆，承担着昙石山遗址及昙石山文化的保护、研究、宣传展示职能。

为全面保存并延续遗址及其赋存环境的历史信息与价值，昙石山遗址博物馆在设计和建设过程中，以"补山"为整体构思理念，将博物馆建成东西走向的长条形。主体建筑选址于遗址的一般保

遗址厅

护区内，沿绝对保护区控制线与遗址山体形成对接。大多数建筑的外露屋面和墙体则覆以绿色植被，从而与遗址保护区形成互补态势，以此恢复和修补遗址南部原来已被破坏的山体形状，从而最大程度降低对遗址及其周围环境的干预破坏。

昙石山遗址地处东南沿海地区，常年温暖多雨，属于典型的潮湿环境下的土遗址。这类遗址的保护问题长期以来都是国内外文物保护界的难题，近年来，昙石山遗址也先后出现了很多病害，其中主要有土体开裂、表面风化、脱落，多种霉菌、地衣、苔藓等微生物滋生以及局部垮塌等。尤其是遗址的局部开裂和垮塌问题，将直接导致历史信息的破坏和丢失，影响遗址的观瞻效果，降低遗址展示应有的社会价值。与此同时，遗址区局部地势低洼处还伴有间歇性渗水现象。

2007年以来，为落实《福建省闽侯县昙石山遗址保护规划》中关于遗址本体及骨质文物保护的专项内容，使昙石山遗址的文物保护与利用有序发展，福建省昙石山遗址博物馆委托专业机构对遗址本体进行了保护专项勘察和具体方案设计工作，主要包括遗址边坡加固保护、遗址本体修复保护、遗址本体加固保护、遗址内骨质文物保护、遗址微生物治理、制定长期养护及环境监控方案等。2010年改扩建后的遗址展示厅，对昙石山遗址考古发掘现场，采用直接加盖钢筋混凝土结构的全封闭保护展示建筑，地面上则用特殊玻璃围合封闭起来，启用全天候24小时恒温恒湿设备，通过保持遗址发掘现场温湿度的状态，延缓遗址的风化。2012年10月，昙石山遗址本体保护项目工程正式启动。2014年6月，昙石山遗址本体保护工作全面完成。2015年8月，昙石山遗址本体保护项目工程顺利通过验收。

2018年自主开展的"畅游遗址——昙石山遗址虚拟展示及互动传播"项目，运用数字化技术，探索遗址保护展示。项目主要开展了三项工作：

（一）数据采集。获取完整的昙石山遗址及文物高精度三维及影像数据，实现了博物馆所属遗址、出土文物的数字化保存。完成昙石山遗址展示厅1050平方米遗址三维扫描及数字拍摄。完成遗址出土及馆藏部分重要文物共计370件的三维扫描及数字拍摄。

（二）虚拟复原。完成1050平方米遗址三维重建及370件文物三维重建，以较少数据量实现了大范围遗址的VR真实复原。存档数据用途多样，可用于遗址本体监测、VR体验、三维打印等。

（三）展示传播。通过VR系统的虚拟讲解，让观众随时随地可以参观体验，解决遗址不可移动的问题，让遗址"活"起来。完成遗址畅游VR多人交互系统及遗址畅游VR导览系统，获评福建省"文博科技创意传播成果一等奖"。系统通过VR技术制作高真实度遗址复原场景，让观

数据采集

众不受地域限制，畅游昙石山遗址。解决了遗址类博物馆无法移动展示的困扰，为遗址展示带来新的应用体验。

2019年，昙石山考古遗址公园被列入福建省第一批省级考古遗址公园。

遗址博物馆的展览展示、公众教育

福建省昙石山遗址博物馆集文物保护、陈列展览、科考探秘、娱乐休闲等功能于一体，现有1个基本陈列展厅、1个遗址展示厅和1个临时展厅。基本陈列展厅面积1460平方米，2008年新馆落成时，以考古研究成果为基础推出"海峡文明之根——昙石山文化陈列"。2020年，基本陈列展厅全面提升改造，2021年元旦推出新的基本陈列"海风山骨——昙石山文化陈列"，分为"闽在海中""向海而兴""食在海边""浮海远洋"四个部分，以半个多世纪以来考古发掘出土的昙石山文化遗物为展品，展出文物330余件，运用多种展示手段，生动再现了5000多年前昙石山人生产、生活的场景，展示了昙石山文化在中国新石器时代文化中的地位，及其对福建闽越文化的重要意义，揭示了昙石山人的社会形态、昙石山文化的源流及闽台新石器时代文化的紧密联系。

遗址展示厅面积1050平方米，依托考古发掘现场的保护棚修建而成，展示1996—1997年考古发掘保留下来的现场面貌，通过地下遗迹的直观展示，让观众感受遗址特殊的文化氛围，使那些

基本陈列序厅

临时展厅

难以理解的考古专业知识变得简单直观、通俗易懂。

  临时展厅面积700平方米，主要作为举办馆际交流展览的场所。2014年以来，福建省昙石山遗址博物馆先后从国内各博物馆引进展览40余个，还自主策划了一系列专题展览。2018年开始，博物馆推出"海风山骨——福建昙石山遗址与昙石山文化特展"，在全国各地博物馆交流展出。

  在公众教育方面，博物馆通过实行馆区、园区全员免费开放，降低参观门槛，真正实现"文化遗产，人人共享"，另一方面重视做好青少年第二课堂和爱国主义教育基地建设工作。2012年以来，博物馆相继探索出了多种适合自身特点的公众活动，充分发挥社会教育职能。"我们的节日"围绕传统节日，每年至少开展5场以上的主题活动；围绕"5·18"国际博物馆日、文化和自然遗产日策划"考古探奇""历史印记""描纹寻史"等特色活动；"穿越五千年，梦回昙石山"系列活动，通过精心设计的环节体验昙石山人的衣食住行等，受到家长和孩子们的一致好评。

针对国内遗址类博物馆普遍存在的"过于专业化""观赏性不足"等难题，博物馆在总结学习国内外其他同类博物馆成功案例的基础上，增设观众互动、冬令营、研学体验等项目，既普及了文化知识，又提升了知名度。

冬令营活动

2020年，面对新冠疫情，博物馆及时应对，丰富办展方式，开拓线上渠道。通过官方网站、微信公众号以及其他社会媒介，持续推送"品鉴昙博"文物故事系列、文物战"疫"海报、知识云梳理、云观展等推文、视频，满足了疫情期间大众的文化需求。

（撰稿人：董平）

良渚
博物院
LIANGZHU MUSEUM

良渚博物院

遗址的发现与考古回顾

良渚遗址位于浙江省杭州市余杭区瓶窑镇和良渚街道，是实证中华五千多年文明史的圣地，是人类共同的不可多得的宝贵财富。以良渚遗址命名的良渚文化，年代距今5300—4300年，是中国长江下游环太湖流域一支重要的考古学文化，也是中国当时最为显赫发达的考古学文化之一。良渚古城是良渚遗址的核心，也是整个良渚文化区域的权力和信仰中心，是目前已发现的中国乃至世界上，距今五千多年同时拥有城墙和水利系统的规模最大、保存最好的都邑遗址，标志着良渚文化已进入早期国家阶段。

良渚遗址的发现

1936年，杭州市在古荡一带建设公墓时发现了石器。当年5月31日，吴越史地研究会总干事卫聚贤会同西湖博物馆（浙江省博物馆前身）试掘了古荡遗址。在古荡遗址采集和试掘的石器共10余件，基本反映了良渚文化的石器种类。古荡遗址的试掘对这一区域尤其是良渚地区的考古工作产生了直接的推动作用，一些有识之士开始意识到，在江南可能存在着一种非常久远的文化遗存。施昕更、何天行两位先生对良渚地区的考古调查发掘工作正是受到古荡遗址试掘的影响。

施昕更（1912-1939）

浙江余杭人，原浙江省立西湖博物馆职员。1936年在杭县（今余杭）良渚镇发现一批以黑陶为特征的史前遗存；1938年出版《良渚——杭县第二区黑陶文化遗址初步报告》，是良渚文化研究史上的第一部考古发掘报告。

良渚文化发现人施昕更

施昕更是余杭良渚人，他作为西湖博物馆的工作人员参加了古荡遗址的试掘工作，并注意到出土的石器与他的家乡良渚一带常见的石器类似。1936年7月和11月，他两次赴良渚考察，不仅了解了石器分布的大致轮廓，还在棋盘坟附近发现了与山东城子崖相似的黑陶遗物。由董聿茂主持的西湖博物馆对施昕更的这些发现十分重视，随即申请了发掘执照。1936年12月1—10日、26—30日，1937年3月8—20日，施昕更先后三次代表西湖博物馆对棋盘坟、横圩里等6处遗址进行了调查发掘，获得大批陶器和石器，并在这期间调查发现了以良渚为中心的12处遗址，这是良渚遗址第一次科学的考古发掘工作。施昕更完整记录了考古调查发掘过程，并整理研究了出土文物，出版了《良渚——杭县第二区黑陶文化遗址初步报告》一书。施昕更为良渚遗址的发现和研究做出了开创性的贡献，是探索良渚文化和良渚文明的先驱。

与施昕更同时代的人中，还有一位叫何天行。他也多次到良渚一带考察，在良渚荀山、长明桥一带采集了不少石器和陶器。他认为良渚出土的器物具有独特的文化含义，完成了《杭县良渚镇之石器与黑陶》一书，尤其对一件椭圆黑陶刻纹盘进行了重点讨论，该书采用中英文对照的形式出版发行，也是较早将良渚文化介绍到海外的一本专著。

良渚遗址的发现还引起了当时中国著名考古学家之一梁思永的高度关注。梁思永是梁启超的儿子，曾在美国哈佛大学攻读考古学和人类学，回国后主持了河南安阳殷墟等遗址的发掘，后来担任中国科学院院士、中国科学院考古研究所副所长。1939年，梁思永发表《龙山文化——中国文明的史前时期之一》，指出良渚遗址"显示出不可忽视的确定的地域差异"。但又认为良渚发现的黑陶与山东的龙山文化黑陶相似，属于黄河流域龙山文化的大范畴。他的认识虽然有一定的时代局限性，但良渚的考古新发现，却由此被纳入全国考古发现研究的视野和层次。

良渚文化的命名

20世纪50年代，考古学家在江浙沪等地开展了一系列考古发掘，出土了大量具有浓郁地方特色的器物。人们开始认识到，杭州湾地区以良渚遗址为代表的远古文化具有独特的内涵和明确的个性。这些发现也引起了著名考古学家夏鼐的注意。夏鼐是浙江温州人，清华大学毕业，曾获伦敦大学埃及考古学博士学位。后来任中国科学院考古研究所所长、中国考古学会理事长、中国社会科学院副院长等职。1959年12月26日，他在长江流域规划办公室文物考古队队长会议上正式提出"良渚文化"的名称，这一名称很快被学术界接受且沿用至今。但受到传统史学观的影响，他依旧认为良渚文化是"受了龙山文化影响的一种晚期文化"。

良渚玉器的确认

1973年，江苏吴县草鞋山遗址清理了一座同时出土有良渚文化玉器和陶器的高等级墓葬，其中玉器种类多样，包括琮、璧、钺等，另外出土了鼎、豆、壶等陶器。草鞋山遗址的发掘第一次从地层学上证明琮、璧、钺等玉器是良渚文化的遗物。1977年，吴县张陵山遗址的发掘，再一次印证了这一事实。草鞋山遗址、张陵山遗址的发掘，使曾经被误认为是周汉时期的琮、璧等玉器，终于归入了它应属于的文化年代范畴。

遗址的研究与文化价值

良渚遗址的研究历程

80多年来，良渚遗址的考古研究经历了从"遗址点"到"遗址群"，再到"都邑"考古研究的认识过程。

"遗址点"考古研究阶段

1936年，西湖博物馆的施昕更首次发掘良渚遗址，成为良渚文化考古和浙江史前考古的发端。之后，1955年发掘了朱村兜遗址，1963年发掘了苏家村遗址，但两个遗址规模都很小。直到20世纪70年代末，对良渚遗址的认识一直没有显著进展。

1979年，浙江省文物考古所正式成立。1981年发掘了吴家埠遗址，发现了马家浜、崧泽和良渚文化的堆积与墓葬，并在当地建立了工作站，从此，良渚一带才有了长期稳定的考古工作。1981年底至1982年初，对良渚一带进行了专项调查，共发现遗址20余处，对良渚遗址的认识有所深入。

"遗址群"考古研究阶段

1986年，在良渚遗址发现50周年会议上，王明达提出了"良渚遗址群"的概念。1986年，浙江省第一次在反山遗址发现了良渚文化的高等级墓地，出土了数以千计的精美玉器，1987年又在瑶山遗址发现了良渚贵族墓地，并第一次发现了良渚文化的祭坛，这些发现显示出了良渚遗址的重要性及其在整个良渚文化中的地位。1991年，发现了与瑶山类似的汇观山良渚祭坛和墓地，良渚祭坛的功能和性质得到进一步揭示。1987年及1992—1993年，通过对反山附近莫角山遗址的发掘，人们认识到这个面积30多万平方米、相对高度10余米的大型土台，是良渚文化的大型宫殿基址。如此规模宏大的建筑基址，以及与反山、瑶山大量精美玉器的联系，反映了这里应是良渚文化的中心。

从20世纪80年代末到90年代，良渚一带的考古工作几乎没有中断，先后发掘了庙前、梅园里、卢村、姚家墩、塘山、葛家村等一系列遗址。1994年，良渚遗址因其在中华文明起源阶段无与伦比的重要价值和保存的完整性，被国家文物局列入《中国世界文化遗产预备名单》。1996年，良渚遗址（群）被列入第四批全国重点文物保护单位。2001年，浙江省人民政府批准设立了杭州良渚遗址管理区，区域面积242平方千米，成立了正区级的遗址保护专门机构，加强了良渚遗址的保护管理力度。2001年，杭州市人大审议通过了《杭州市良渚遗址保护管理条例》，使良渚遗址保护有了专门的针对性法规。

"都邑"考古研究阶段

2006—2007年,经过两年的钻探发掘,考古人员发现并确认,以莫角山为中心的良渚古城总面积约300万平方米。这一推论将以往发现的130多个遗址点,有机地组合为一个整体,为研究良渚遗址的功能布局与社会发展进程提供了全新的角度和视野,开启了良渚文化研究的新起点,也为良渚遗址的保护和规划提供了科学有力的依据。

2009—2016年,以外围水利系统结构的完整揭示为标志,良渚考古的视野不断扩大,观察范围以100平方千米为中心,拓展到整个杭州盆地乃至整个太湖流域,多学科研究的深度和区域也逐步扩大。良渚遗址的申遗进入实施阶段,范围扩展到整个水利系统。

2019年7月6日,良渚古城遗址被列入《世界遗产名录》,标志着中华五千多年文明史得到了世界范围的普遍认可。2019年底,国家文物局正式批复了"考古中国——从崧泽到良渚:长江下游区域文明模式研究(2020—2025)"大课题,同时,"中华文明探源工程第五阶段(2019—2022年)"也正式启动,良渚古城遗址是这两项国家级大课题的重要组成部分。今后的良渚考古研究工作,将在这些国家级大课题的指引下,进一步创新研究思路,深化研究内涵,为后申遗时代良渚遗址保护研究工作提供强大的学术支撑。

良渚古城遗址公园风貌(摄影:贾昌杰)

良渚遗址的文化价值

良渚遗址是实证中华五千多年文明史的圣地，国家文物局于 2010 年将其列入我国首批国家考古遗址公园。

良渚文化的内涵

良渚文化有发达的稻作农业。这一时期，农业生产工具呈现多样化和专业化，已普遍使用犁耕；水稻生产规模大，仅在茅山遗址就发现了总面积达 5.5 万平方米的稻田；粮食产量较高，在莫角山南边池中寺台地发现的一处仓储区就有近 40 万斤的炭化稻谷。

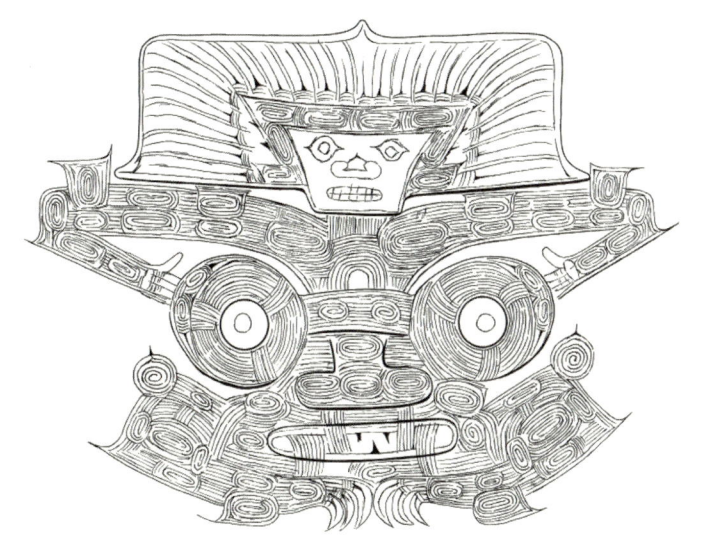

良渚文化神人兽面纹

良渚文化有门类齐全的手工业，包括玉石制作、制陶、漆木作、竹器编织、丝麻纺织等，技艺上也都达到较高水平。尤其是以琮、璧、钺为代表的玉器，其品质、数量、体量、种类以及雕琢工艺都达到了中国史前治玉水平的高峰，形成了玉礼制度，影响深远。良渚社会有明显的分层。在良渚古城遗址内，考古工作者既发现了反山、瑶山、汇观山等王陵级别的墓地，文家山、后杨村、姜家山等贵族墓地，也在卞家山、庙前等处发现了平民墓地，这些发现形象地说明当时社会已被分裂为无权者与有权者、贫困者和富有者，社会阶层高度分化。良渚文化有强大的社会组织能力。据考古学家推算，良渚古城总土石方量超过 1005 万立方米，古城外围水坝工程总土方量超过 288 万立方米。如此浩大的工程不是原始社会阶段那种血缘组织做得了的，需要高度集权、精心规划、统筹组织、长期营建才能完成，这是良渚社会进入文明阶段的重要标志。良渚文化有统一的精神信仰。神人兽面纹遍布良渚文化分布区，并且形象统一、形态稳定，是良渚玉器图案的母题，也是良渚先民共同尊奉的神祇，标志着当时社会有着高度一致的精神信仰。良渚文化有具备原始文字特征的刻划符号。在良渚遗址出土文物上发现的刻划符号已经超过 600 个，有专家认为这些刻划符号已经处于原始符号发展的高级阶段，具备了文字特有的表意功能。

良渚古城的特征

从目前的考古研究成果来看，良渚古城呈现出四个方面的特征：一是规模宏大。良渚古城由宫殿区（约 40 万平方米）、内城（约 300 万平方米）、外城（约 630 万平方米）呈向心式三重布局组成，古城外围还分布着体量巨大的水利系统，有考古学家将良渚古城称为"中华第一城"。二是

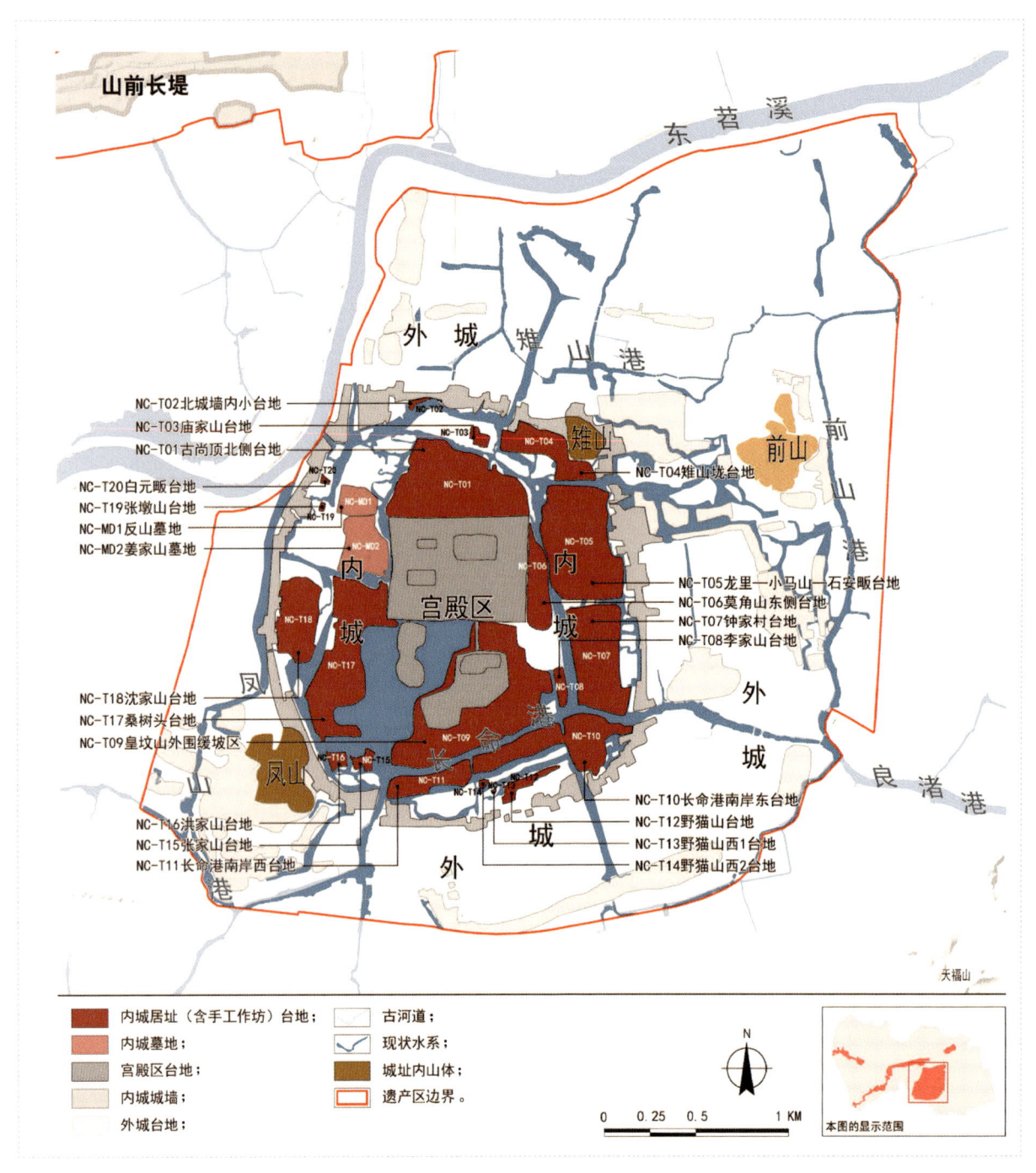

良渚古城遗址城址区结构图

功能齐全。仅在古城内城就发现有宫殿区、王陵区、仓储区和作坊区的考古遗迹，显示出城市文明的明显特征。三是规划合理。整个古城系统的布局与山形水势充分契合，所展现的"水城"规划格局与营造技术，尽显良渚先民杰出的规划理念。四是影响深远。良渚古城的布局，与中国后世都城"宫城、皇城、郭城"的三重结构体系类似，体现了社会等级的"秩序"建设，凸显了权力中心的象征意义，是中国乃至东亚地区早期城市规划的典范。

遗址博物馆的设立与遗址保护

良渚博物院的建立

良渚博物院位于浙江省杭州市余杭区，是一座集收藏、研究、展示和宣传良渚文化功能为一体的考古遗址博物馆。2005年3月破土动工，2008年9月29日对外开放。2017年8月，根据良渚文化最新考古成果，良渚博物院启动基本陈列改造升级，于2018年6月重新对外开放。基本陈列"良渚文化——实证中华五千年文明"和"良渚遗址是实证中华五千年文明史的圣地"先后两次

良渚博物院外景

良渚博物院内景

良渚博物院"玉魂国魄"展厅（摄影：贾昌杰）

良渚博物院展陈中的三维打印技术运用　　　　　　良渚博物院院藏玉琮

入选全国博物馆十大陈列展览精品。

　　良渚博物院占地面积约4万平方米，场馆建筑面积约1万平方米，由英国著名建筑设计师戴卫·奇普菲尔德设计，以"一把玉锥散落地面"为设计理念，由不完全平行的四个长条形建筑组成，被誉为"收藏珍宝的盒子"。建筑非常简洁，突破了具象形态的束缚，体现了艺术与自然、历史与现代的和谐融合。

　　良渚博物院展厅面积约4000平方米，分3个常规展厅和1个临时展厅。常规展览以良渚遗址是实证中华五千多年文明史的圣地为主题。展览依托"水乡泽国""文明圣地""玉魂国魄"3个展厅，全面、立体、真实地展示了良渚遗址和良渚文化的考古成果、遗产价值，体现了良渚文明在中华文明"多元一体"历史发展进程中的重要地位和独特贡献。重点展示良渚文化玉器、石器、陶器和漆木器等各类珍贵文物。展览合理运用先进的展示方法和科技手段，融入数字化展示、大型油画、场景复原、三维打印等，加强观展体验的多样性，实现传播与展陈方式的多元化。

良渚遗址保护专项规划

良渚遗址的保护

一直以来，各级政府高度重视良渚遗址的保护管理，遗产地利益相关者也积极支持和充分参与遗址的保护实践，为良渚遗址的有效保护创造了良好条件。

建立专门的管理机构

将良渚遗址列入全国重点文物保护单位，在国家层面确立了良渚遗址特殊和重要的地位。在遵循国家和地方相关遗产保护法律法规的基础上，设立了专门的保护管理机构——杭州良渚遗址管理区管理委员会，在更高层级上、更大范围内，统一协调遗址保护与社会发展事宜。

制定专项的保护法律

半个多世纪以来，良渚遗址的保护管理严格遵循国内外遗产保护的相关宪章公约及法律法规，同时结合实际颁布了良渚遗址的地方保护法规——《杭州市良渚遗址保护管理条例》，对良渚遗址保护做出了更详细、更具体、更有针对性的规定。

编制专业的保护规划

编制并公布实施《良渚遗址保护总体规划（2008—2025）》《良渚古城遗址保护管理规划（2017—2035）》《良渚古城外围水利工程遗址保护范围和建设控制地带划定方案》，划定了良渚遗址的保护区划，明确了遗址保护管理的各项规定、措施及实施计划。

开展科学的环境整治和遗产监测

对占压在遗址本体上的、有可能危及遗址安全和历史环境风貌的建筑物、构筑物进行有序迁移，尽最大努力保障良渚遗址的完整性。根据良渚遗址的价值内涵、环境特征，通过宕口复绿、水系清理等环境整治措施，有效净化、修复良渚遗址的历史风貌。成立杭州良渚古城遗址世界遗产监测管理中心，开展遗址的日常监测、定期监测和反应性监测，动态掌握遗产保护状况，实现遗址的预防性保护。

形成全社会广泛参与良渚遗址保护的氛围

注重遗产保护的公众参与，在全国率先建立了大遗址保护补偿机制，每年安排专项资金，用于补偿良渚遗址保护区内的村社和企事业单位因文物保护而产生的权益损失。补偿经费主要用于促进社会民生事业的发展，有效增强了当地群众文物保护的参与感和获得感。现在，"保护良渚遗址，传承中华文明"已逐渐成为当地群众的普遍共识和行为自觉。

遗址博物馆的展览展示、公众教育

良渚博物院作为展示中华优秀传统文化的重要窗口和展现杭州"独特韵味别样精彩世界名城"的重要阵地，围绕良渚遗址保护利用的工作大局，以传承历史文脉为己任，在文化展示、宣传教育、学术研究上发挥了重要作用，取得了一定成效。

筑牢学术根基

坚持把学术研究作为讲好中华文明良渚故事的重要前提，以良渚学的学科体系、学术专著建设为抓手，深度挖掘良渚文化的价值内涵，通过课题转化推动良渚学的纵深发展，为更好地保护、管理、利用良渚遗址提供坚实的学术支撑。先后出版良渚文化相关学术专著数十册，其中《良渚丛书》获得了首届中国考古学大会公共考古奖（金镈奖）提名奖。在良渚古城遗址成功申遗后，及时组织专家学者总结梳理良渚申遗过程中的经验做法，撰写并发表涵盖保护管理、遗产展示的各类学术论文，为中国大遗址的科学保护提供了可借鉴、可复制的良渚案例。此外，积极探索互联网时代下的学术成果呈现方式，充分整合良渚文化学术研究资源和已研发的良渚文化数字作品资源，编撰出版关于良渚文化的融媒体普及读本，并邀请知名人士为融媒体专著代言或提供内容导读，在全社会有力地宣传了良渚文化。同时，还将良渚学的学术成果转化作为工作重心，编写出版系列儿童科普绘本，为良渚文化在少年幼儿群体的扎根传播奠定基础。绘本《良良的世界》入选联合国教科文组织亚太遗产中心的全球世界遗产教育创新优秀推荐案例。

做优精品展览

坚持把展览作为展示良渚文化的重要载体。在良渚古城遗址申遗成功、中华人民共和国成立70周年之际，成功牵手故宫博物院，联合9个省市、17家文博单位在故宫博物院举办了"良渚与古代中国——玉器显示的五千年文明"展，推广传播良渚遗址的遗产价值、追溯中华文明的历史渊源、构筑中华文明的标识体系、坚定中华民族的文化自信，具有特殊的历史意义、政治意义和当代价值。同时，在2019年第二届中国国际进口博览会上布展良渚展项，在2021年中国国际服务贸易交易会上亮相良渚文化主题展，积极利用国家重要战略平台设展宣传推介良渚文化。良渚博物院建院至今，共向国内外文博机构推出良渚文化专题展览35个，引进其他文化专题展览31个，极大地促进了各地区文化的交流合作和文明的互通共融。

试水跨界融合

坚持开门办院理念，全力推动良渚博物院跨界、多元、包容发展，全面提升良渚文化的社会影响力和美誉度。融合良渚元素设计制造的"良渚君琮"行李箱，作为中国代表团专用行李箱亮相东京奥运会，彰显了中华民族深厚的文化底蕴。近年来，博物院还联手昆曲、琵琶、古琴等领域的知名艺术家打造"良雅集中秋音乐会"，联合中国文物学会、国内知名学者和艺人制作中国首档互动式探访体验遗产地真人秀节目"遗产里的中国——万里走单骑"第1集良渚篇等，有效拓展了良渚文化的推广空间。

放大数字先发优势，强化数字赋能效应。博物院在国内文博行业率先牵手各大媒体与互联网平台，联合中国国家博物馆、敦煌研究院、布达拉宫等知名博物馆和世界文化遗产地，广泛开展"云春游""云直播""云展览"等活动数十场次，累计吸引上亿观众足不出户近距离欣赏良渚文化。推动数字博物馆建设迭代升级，在前期良渚文化数字作品研发的基础上，加强展厅重要展项新技术的运用，联合知名公司在全球率先研发试用集语音导览和视频画面导览于一体的增强现实智慧导览系统，既推动了良渚博物院的数智转型，又丰富了良渚文化的产品供给，最大限度地满足了社会公众的文化需求。

"良渚与古代中国——玉器显示的五千年文明"
在故宫展出（摄影：贾昌杰）

提升宣传服务

创新文化传播矩阵，大胆探索新媒体时代博物馆

良渚博物院志愿者服务社

文化传播模式。近年来，良渚博物院在既有的官网、官微基础上，又在喜马拉雅、抖音、哔哩哔哩等网站、社交软件上相继开设宣传平台，累计播出良渚博物院编辑制作的音频、视频、信息近千条，形成良渚文化新媒体综合宣传体系。

聚焦重要时间节点，举办推出特色社教活动近百场次，拓展丰富了博物馆发展内涵，提高了良渚博物院的社会认知度。2010年，良渚博物院志愿者服务社成立，吸纳了在校大学生、在职职工、退休人员、良渚遗址周边村社干部党员和中小学小志愿者等热爱良渚文化的社会各界人士。十几年来，良渚文化志愿者为保护良渚遗址、宣传良渚文化、传播良渚文明提供了专业、热情的志愿服务。该队伍累计注册志愿者500多人次，为慕名前来参观的观众提供专业的讲解、导览、咨询、宣讲和社会教育等服务。这支志愿者团队先后获得中国文博志愿者界的最高荣誉"中国博物馆十佳志愿者之星"、浙江省优秀志愿服务集体、杭州市优秀志愿服务集体、余杭区十佳志愿者服务组织等多项荣誉。

当前，良渚博物院已成为全面展示古代中国与现代中国的文化高地，作为展示宣传中华优秀传统文化的重要窗口。良渚博物院将继续扎实推进后申遗时代的良渚文化保护、研究、传承、利用工作，认真思考考古遗址博物馆的转型发展之路，在讲述良渚文化、中国故事方面，将持续加大探索实践的步伐，让具有五千多年文明史的良渚遗址和良渚文化，真正走进现代人的生活。

（撰稿人：周苏）

郑州市大河村遗址博物馆

遗址的发现与考古回顾

大河村遗址地处豫西嵩山与豫东平原接壤地带，地势平坦低洼，距古代的圃田泽较近。遗址位于郑州市东北郊的一块漫坡土岗上，南距郑州市区6千米，北距黄河7.5千米，附近分布着西山遗址、青台遗址、秦王寨遗址和双槐树遗址等众多仰韶文化时期的聚落。

1964年秋，当地农民在遗址西半部发现1座唐墓，并将出土遗物铜镜等交给文物部门。郑州市博物馆立即派人到现场调查，发现地面上散布着大量的红烧土、陶片、石器、骨器和蚌器等遗物，初步判断这里是一处包含仰韶文化遗存的新石器时代遗址。

1972年春，郑州市博物馆派人复查，发现遗址的东半部最高处因平整土地被破坏，被平去0.8—1.2米。刚平整过的地面上，散落遗物更为丰富，其中最引人注目的是大量红烧土块，多数红烧土块上有清晰的木柱、横木和芦苇痕迹，还有丰富的白衣彩陶片，这在同类遗址中较为罕见。于是，博物馆及时向上级文物部门汇报，经批准于同年10月间进行试掘。

大河村遗址风貌

大河村遗址的发掘工作大体可分为两个阶段，先后进行了30次考古发掘。

第一阶段为1972年10月—1987年11月，历时15年。两次系统的文物钻探初步探明了遗址的分布范围、主要遗迹的分布情况和文化层的堆积厚度。在此基础上，考古工作者根据地形、地貌和耕地边界将遗址划分为五区，共进行了21次科学考古发掘，揭露面积约5000平方米。这21次发掘中，有15次发掘是出于掌握遗址地层情况和文化内涵、为后续发掘做准备、寻找陶窑等目的。另外6次发掘的目的，则是配合郑州文物保护员培训班学员实习、配合各类基建工程等。

第二阶段从2010年3月开始至今，为配合博物馆场馆升级改造（遗迹厅的建设、展示以及消防水池区域建设）和大河村国家考古遗址公园建设，进行了9次考古发掘，发掘总面积约为5860平方米。

两个阶段的考古发掘确定了遗址的分布范围。遗址平面近椭圆形，东西长790米，南北宽670米，面积约53万平方米，是一个由环壕、城墙、制陶区、墓葬区、居住区（包括房址、广场、窖穴等）共同组成的完整的史前聚落遗址。出土的遗迹和器物丰富，包括房基57座、灰坑509座、墓葬406座、壕沟2条，以及陶、石、骨、蚌、角、玉质地的珍贵文物3000余件，器物种类齐全，保存较好，为再现大河村先民的生产生活面貌奠定了基础。

根据地层堆积，遗址的文化分期已经科学地建立起来。大河村遗址的年代为距今6800—3500年，经仰韶文化、龙山文化、二里头文化至商文化，前后延续约3300年。

遗址的研究与文化价值

大河村遗址分布范围广，面积大，堆积厚，保存好，延续时间长，出土遗迹遗物类型齐全，内涵丰富，是黄河流域著名的新石器时代遗址。20余年的考古发掘，已揭露面积1万余平方米，尽管相比53万平方米的遗址面积只是冰山一角，却已取得丰硕的成果。大河村遗址在我国新石器时代考古学研究领域具有重要的学术地位，为探讨我国原始社会至奴隶社会的历史提供了十分重要的实物资料。

丰富的历史价值

大河村遗址的文化层堆积厚达12.5米，仰韶文化、龙山文化、二里头文化和商文化基本在同一位置持续发展下来，这是其他古代遗址所不及的。其中的仰韶文化遗存，可细分为7期，每期都有单独地层和各具特征的文化面貌，而且每期之间都有明显的一脉相承的发展演变关系，环环相扣，序列完整，包含了仰韶文化产生、发展和消亡的全过程，为郑州乃至豫中地区仰韶文化的发展序列、分期及类型的划分，找到了可靠的参考标准和尺度，这在全国的史前遗址中极为珍贵。

大河村遗址仰韶文化遗存中，部分器物拥有豫中地区其他遗址文化因素，或体现出山东大汶口文化、湖北屈家岭文化等外来因素。这对研究郑州地区早期历史及地区间文化交流具有重要价值。遗址中仰韶文化的第三、四期遗存，在河南，特别是豫中地区仰韶文化同类型遗址中具有很强的代表性和独特性，是仰韶文化类型学研究中一个独立的地方类型"大河村类型"，具有极高的研究价值。

大河村遗址的发掘和整理研究，为郑州地区远古文化发展提供了较为完整的缩影，也为研究中华文明起源提供了重要资料。

珍贵的科学价值

大河村遗址中出土的彩陶数量极多，对研究彩陶的发展及演变规律价值重大。在彩陶图案中，大量的太阳纹、月亮纹、日晕纹、星座纹等天文图案，反映了大河村先民已经充分注意到人与自然的关系，是我国目前已知最早的天文学实物资料，比殷商时代甲骨文中的天文资料还早2000年左右，对研究我国古代天文学和历法的产生具有十分重要的科学价值。

大河村遗址出土的仰韶文化第三期陶器，制法已开始出现轮制，并有较高的工艺水平，对研究仰韶陶器制作工艺具有实证价值。少数彩陶器物上有近似"锔补"的工艺痕迹，将我国陶瓷锔补技

太阳纹彩陶片　　　　　　　　　　　　　太阳纹彩陶纹饰复原图

艺出现的历史大大提前。

遗址中的史前居住基址F1—F4，保存十分完好，为中国古代建筑史研究提供了罕见的实物资料。仰韶文化晚期城墙采用土坯和版筑相结合的建筑方法，是仰韶文化时期建筑技术的代表。

多彩的艺术价值

大河村遗址的精美彩陶，色彩绚丽，图案丰富，在仰韶文化中独树一帜。彩陶双连壶、白衣彩陶钵等造型独特，为中国古代彩陶艺术中的珍宝。双连壶巧妙利用连通器原理，将两个一模一样的陶壶连为一体，中间有椭圆形小口相通，现已成为我国仰韶文化的代表性器物。白衣彩陶盆则以器体硕大、造型典雅、花纹繁缛著称。

彩陶纹饰多集中在器物的腹部，以白色打底，黑彩或棕彩绘图，构图严谨，笔画清晰有力，体现了远古先民的绘画水平，具有很高的艺术造诣。

彩陶双联壶　　　　　　　　　白衣彩陶钵

白衣彩陶盆　　　　　　　　　植物纹陶碗

另外，大河村遗址出土的各种装饰品，如骨簪、陶环、玉器等，反映了先民对美学的整体理解，体现出他们在精神文化上的追求。

从艺术本体的角度出发，大河村先民制作的原始彩陶和各种装饰品，虽然技法还比较稚拙粗率，却无处不流露出人们淳朴的审美和纯真的精神世界。他们的艺术创造，是人类童蒙阶段的艺术创造，是接近人性本源的艺术创造。

深厚的社会文化价值

作为一个历经3000多年的史前聚落，大河村遗址拥有完整的农业发展生态，成熟的陶器、石器、骨器和玉器等手工产业，完善的居住区、活动广场和墓葬区等聚落布局，并发展出了较为进步的生活习俗、文化信仰和朴素的美学追求。其突出的历史价值、科学价值和艺术价值是郑州地区史前文明高度发展的见证，并在夏商时期一脉相承地延续下来，促进了中原地区文明的整体发展。

大河村遗址所体现出来的郑州地区多种文化、遗址间的交流，以及上升到黄河流域与长江流域文化交流的现象，是我国史前时期多元文化沟通的历史见证。

仰韶文化房基

遗址博物馆的设立与遗址保护

从考古发掘阶段起，大河村遗址便开始了保护历程。随着1972年正式发掘及大量文物的出土，1973年春，大河村遗址对外开放的序幕徐徐拉开。为了更好地保护遗址及进行展示，人们在发掘后的房基（F1—F9）原址修建保护房，对房基本体进行保护。一般来说，每年冬季都会在保护房的门窗上吊挂棉帘保温，特别寒冷时在室内生火增温，防止墙体冻裂；夏秋季适度开窗，通风换气，防止因保护房内湿度过大导致青苔生长。

1984年，大河村遗址保护管理所成立，建成了800平方米的文物陈列室，以遗址出土文物为基础，布置了大河村遗址文物陈列，新建了展现大河村先民生活场景的"模拟村"。1986年，郑州市大河村遗址博物馆建成并正式对外开放。河南省人民政府将大河村遗址公布为河南第二批省级文物保护单位，划定了保护范围，竖立了文物保护标志、界桩。

1995年，原址展示的房基（F1—F9）风化酥碱现象已比较严重，博物馆邀请省内专家制定房基保护方案。1996年，省市文物主管部门组织专家论证保护方案，根据方案对房基实施了阻断水工程，为保护房增设排风设备，开设通风口，每天坚持开窗通风排湿，又全面修缮仰韶文化房基保护建筑，增设"仰韶文化房基辅助陈列"，并治理博物馆内的环境，修筑了从国道到博物馆的专用道路。2001年6月，大河村遗址被国务院公布为第五批全国重点文物保护单位。

2004年9月，河南省人民政府对遗址保护范围及建设控制地带进行了调整，原遗址重点保护区和一般保护区合并，统称遗址保护区，划定了建设控制地带。2009年5月，启动博物馆改造工程，建设博物馆新馆和新的仰韶文化房基保护展厅，新馆于2016年正式对外开放。2017年10月，开展大河村遗址仰韶文化房基保护加固工程，工程于2019年顺利结束。2019年9月，大河村遗址被国家文物局列入第三批国家考古遗址公园立项名

郑州市大河村遗址博物馆

单。2020年7月，大河村国家考古遗址公园建设项目正式启动，遗址公园将于2022年底建成并对外开放。

遗址博物馆的展览展示、公众教育

郑州市大河村遗址博物馆致力于搭建史前文化公众考古平台，以公众考古展览、公众考古教育、公众考古活动、公众考古传播等方式，力求全方位、多角度展示中国新石器时代中晚期大河村先民创造的灿烂远古文化。

在公众考古展览方面，博物馆紧扣遗址内出土文物种类及特点，确定基本陈列主题——"星空下的村落"。展览分为序厅、"千年古村"、"五彩家园"、"筑起辉煌"、"追梦星空"、"大河长虹"六个章节，通过文物展示、场景复原及模拟、视频演示、VR技术、全息投影技术、互动体感游戏相结合的形式，生动形象地诠释大河村的文化风貌。风格多样的临时展览多以考古及文化遗产保护为主题。博物馆还融合多种不同文化表现形式，多次将考古及文化遗产保护漫画展送进校园和其他文博单位，宣传文化遗产保护知识，提高公众文化遗产保护意识，取得良好口碑。疫情期间的线上"云观展"，在避免人群聚集的同时，满足了人民群众的精神文化需求。

在公众考古教育方面，一是坚持做好博物馆全年免费开放及相关服务工作。在展厅入口处放置指示牌、展览宣传页等，工作人员及志愿者引导观众有序参观。每天上午十点、下午三点由专职讲解员进行免费讲解，积极接受观众参观反馈、根据讲解需要不断完善讲解词内容，另有二维码导览、语音导览等。

二是加强研学课程的研发，开展馆校共建工作。根据中小学及大专院校学生所学知识及所处年龄段身心特点设计相关研学活动，编写研学课程教材。目前，馆方已推出探秘之旅、制陶绘彩、考古发掘、植物锤染、钻木取火，以及"屋从哪里来——古代房屋搭建""织织为知之——原始编织纺织"等研学活动、课程，在增强体验性的同时加强课程知识性的融会

研学活动——考古发掘

贯通，帮助学生深刻理解大河村遗址的文化内涵。

公众考古活动方面，每年年初提前做好重要节点及专题活动的规划，把握国际古遗址日、国际博物馆日、文化和自然遗产日等重要节点，开展形式多样的公众考古活动，活动受众涵盖不同群体，类型多样，知识性与趣味性兼具，受到广泛好评。

研学活动——陶器制作

公众考古传播方面，一是组织馆内人员编写出版科普读物、漫画小册子等，多角度、多渠道弘扬优秀传统文化。二是做好文化宣传工作，充分利用线上、线下媒体资源，合作举办访谈节目、在线直播活动等，改变参观博物馆的传统方式。博物馆工作人员在直播、讲解等过程中，抖包袱、踩热点、讲金句，激发观众特别是年轻观众对遗址及文物的兴趣，让沉睡千年的"冰冷"文物焕发出新的活力，在"互联网+"平台上展现蓬勃生机。三是通过与第三方合作授权等形式，探索博物馆文创产品开发新思路，提炼大河村文化相关元素，设计出兼具观赏性、实用性、艺术性的文创产品，让观众把文化记忆带回家。

（撰稿人：杨盼明　张胜芳）

牛河梁遗址博物馆

牛河梁是位于辽宁省朝阳市下辖建平县、凌源市交界处的一座山梁，因牤牛河源出山梁东麓而得名。1981年，考古工作者在牛河梁南部山梁发现了一座红山文化时期的墓葬，后在其周边更大范围内发现了多处红山文化遗址，遂将这些遗址以"牛河梁"冠之，通称为牛河梁遗址。

　　牛河梁遗址属于新石器时代晚期红山文化。红山文化是我国新石器时代一支重要的考古学文化，因首先发现于内蒙古自治区赤峰市红山后遗址而得名，年代距今6500—5000年，其遗址广泛地分布于长城内外、燕山南北，主要集中在老哈河和大凌河流域，目前已发现聚落、墓葬、祭祀、陶窑等各类遗址1000多处。尤为重要的是，以牛河梁遗址为代表的红山文化晚期"坛、庙、冢"大规模宗教礼仪性建筑群和以"龙、凤、人"为主要题材的玉器的发现，表明这是一处红山文化时期的宗教圣地和祭祀中心，证明了早在距今5000多年前的红山文化晚期，这里已经产生了基于原始公社又凌驾于原始公社之上的高一级组织形式，步入了原始文明的古国阶段。

牛河梁遗址全景图

遗址初现　探赜索隐

　　牛河梁遗址最早的田野调查工作，应该追溯到1942年，时任凌源中学教员的佟柱臣先生在牛河梁附近采集到了彩陶片，并在老乡家中见到了后来被称为勾云形玉佩的玉器。佟先生于1943年在《建国教育》上发表了《牛河梁彩陶遗址》，但当时并未引起考古界重视。

直到 1981 年，文物普查工作在建平县进行，郭大顺先生在普查培训班上讲解了红山文化玉器的特点和典型器形，强调了红山文化遗址的重要性。参加此次培训的原富山乡文化站站长赵文彦立刻想起，自己在马家沟见过一件玉"笔筒"，很像郭先生讲的红山文化玉器，便在课间休息时将这一情况反映给了郭先生。得知这一情况的郭大顺，与赵文彦和原建平县文物管理所所长李殿福骑自行车赶到了富山乡马家沟生产队队长马龙图家。一进屋，郭先生便见到了那件所谓的玉"笔筒"，认出这是红山文化玉器的典型器物马蹄状玉箍（玉斜口筒形器）。随后，一行人通过在老乡中的调查，又征集到一件双联玉璧。

郭先生几人顺藤摸瓜，来到了发现这些文物的牛河梁山岗上，随后清理出一座墓葬。这一天为 1981 年 4 月 8 日，后确定为牛河梁遗址的发现时间。这个遗址点后来编号为牛河梁遗址第二地点，这座墓为第二地点一号冢 1 号墓。

1981 年征集的玉斜口筒形器、双联玉璧

1983 年 7 月 29 日，在朝阳召开的燕山南北长城地带考古专题座谈会上，苏秉琦先生根据东山嘴遗址等考古发现，鼓励辽宁的考古专家在喀左、凌源、建平交界处下更大功夫，并预言，这一地区还会有更重大的发现。国庆节后，考古专家开始对牛河梁遗址第二地点试掘，并继续在周边山岗寻找新的遗址点。10 月中旬，在牛河梁第一道山梁处的山岗附近，考古专家发现了陶土，陶塑耳、鼻子等，随后清理出一座主室、左右侧室、北室、南三室连为一体的多室布局的房址，这便是牛河梁女神庙遗址。1983 年 11 月 2 日，女神庙遗址试掘现场突然一阵骚动。原来在西侧室露出一个完整的女性头像——"红山女神"。

1985 年，时任中国考古学会理事长苏秉琦先生在兴城会议上做"辽西古文化古城古国"学术报告，认为牛河梁红山文化时期，中国已进入古国阶段，中华文明初露曙光。他说："红山文化坛、庙、冢，中华文明一象征。"1986 年 8 月 6 日《人民画报》第 8 期，用 7 个版面，以《中华五千年文明的曙光》为大标题，介绍了牛河梁遗址及出土的珍贵文物。9 月下旬，中国考古学会第六次年会在沈阳召开，会后，顾铁符、宿白、安志敏、石兴邦、邹衡等 100 多位考古专家于 9 月 27 日到牛河梁遗址现场考察。这次考察使得考古界达成共识，即牛河梁遗址为中华文明的形成提供了有力佐证。

1988年，牛河梁遗址被评为全国重点文物保护单位。此后一直到2003年，牛河梁遗址的田野考古发掘工作才基本告一段落，但牛河梁遗址的田野调查、考古研究工作并未停止。截至目前，在牛河梁遗址82.51平方千米的保护区及临界地区已发现并编号的遗址点有48处，其中重点遗址16处。

2004年，牛河梁遗址第十六地点被评为2003年度全国十大考古新发现。2012年，牛河梁遗址与赤峰红山后遗址、魏家窝铺遗址一起列入《中国世界文化遗产预备名单》。

2020年，国家文物局批准中国社会科学院考古研究所和辽宁省文物考古研究院组成联合考古队。联合考古队结合"十四五"规划和国家文物局"考古中国"重大项目申报书，提出以牛河梁遗址为核心的红山文化发掘与研究规划总体设想，重启牛河梁遗址的考古发掘，开启了牛河梁遗址考古工作的新征程。

女神头像

史前圣地　文明实证

从1981年牛河梁遗址发现至今，经过多年的调查、发掘与研究，依据现有考古资料来看，牛河梁遗址属于距今5500—5000年的红山文化晚期，是一处规模宏大的祭祀礼仪性建筑群。它的发现，证明了早在5000多年前，红山文化晚期的社会形态就已经发展到原始文明的古国阶段。为中华民族五千年文明史提供了有力物证，对中国上古时代的社会发展史、传统文化史、思想史、宗教史、建筑史、美术史的研究都产生重大影响。正如苏秉琦先生的观点，红山文化坛、庙、冢三种遗址的发现，代表了我国北方地区史前文化发展的最高水平。从这里我们看到了中华五千年文明的曙光。

五千年前的祭坛

祭坛是古代用来祭祀神灵、祈求庇佑的特有建筑，反映了人类最初对自然的认知水平。在古代，祭天、祭地、祭人是国家大事，祭祀活动涵盖了国家的政治活动和民众的精神生活。牛河梁遗址发现有两种祭坛，一种是牛河梁遗址第二地点的三层圆祭坛，它是古人从"扫地而祭焉""封土为坛"

牛河梁遗址第二地点三层圆祭坛

牛河梁遗址第五地点方形祭坛

牛河梁遗址第一地点女神庙遗址

演化到"祭昊天于圜丘"的实证。另一种是牛河梁遗址第五地点的方形祭坛。两种祭坛同出，与《周礼》记载的圆坛祭天、方坛祭地相吻合，反映了红山先民的宇宙观，承载和传递了红山先民的精神信仰，对后世国家祭祀体系产生了深远影响。

五千年前的宗庙

女神庙平面布局分为两个部分。主体建筑在北，由主、侧、前、后室相连组成，是一种多室组合尚未完全分离的建筑群体，附属建筑位于主体建筑南部，为单室建筑，形成一主一次、主次分明、左右对称、前后呼应、结构复杂的建筑格局。其规模和等级都远超同时期一般居住址的单间、双间甚至多间房屋。这符合《礼记·曲礼下》所记"君子将营宫室，宗庙为先，厩库为次，居室为后"，以及《尔雅·释宫》所记"室有东西厢曰庙"的说法。据此，考古专家认为，女神庙已开创后世殿堂和宗庙布局的先河，堪称中国"宗庙之始"。

五千年前的王陵

中国古人把隆起的坟包称为"冢"，因此考古学家把用石块堆砌起来的红山文

牛河梁遗址第二地点二号冢中心大墓

化墓葬形式称之为"积石冢"。牛河梁的积石冢可能是中国5000年前的王陵。积石冢均建在高度适中的岗丘顶部，冢体顶部封石，周围竖置成排陶筒形器，一冢多墓，唯玉为葬。冢内墓葬分为中心大墓、台阶式墓、其他砌石墓三个等级，充分反映了红山文化时期的等级制度。中心大墓的主人，级别最高，颇具王者风范，是神权和王权的化身。

中华民族的共祖

女神雕像从旧石器时代晚期起在欧亚大陆各地广泛出现。女神像象征着生育，象征着大地，作为一个群体和民族生命力、延续力的体现而受到原始先民的广泛崇拜，但在中国却从未发现过。因此，牛河梁女神头像的出现被中国考古界誉为"海内孤本"，其含义不同寻常。她是红山先民由自然崇拜、图腾崇拜，进入祖先崇拜阶段的考古实证，是中华五千年文明的有力佐证。1989年，苏秉琦给北京科学电影制片厂"中华文明曙光"系列片拍摄组的信在《中国文物报》上发表，苏秉琦先生在信中指出，牛河梁女神像是模拟真人塑造，"她"是红山人的女祖，也就是中华民族的"共祖"。

以玉载礼的开端

玉器被红山先民视为自然造化之精髓、天地灵气之结聚，在祭祀活动中，玉器成为通天地、礼四方、祀鬼神的社稷重器。牛河梁遗址规模宏大的积石冢群，目前仅发掘4处，已经出土玉器183件，加上在附近采集的玉器13件，总计196件。这些玉器多以龙、凤、人为主题，题材多样，造型生动，精美绝伦。同时，这些玉器不但随墓葬的规格变化组合，且集中体现"唯玉为葬"的特点，凸显红山先民已把玉作为具有祭祀礼仪功能的专用器物，反映出这一时期人们对玉无比崇高的信仰。"以玉载礼"的新风尚，对后世产生以玉为礼的观念和制度，形成以玉为信、以玉为美的传统文化，都具有深远影响。

玉凤、玉人、玉龙

中华文明的实证

红山文化遗址展示出红山文化独特的生业状态、聚落形态、社会生活、精神崇拜、祭祀和墓葬习俗，揭示出中华文明起源阶段多元文化传统和区域文化之间的交流与联系。牛河梁遗址作为红山文化的政治中心，其恢宏的气势、庞大的规模、巧妙的规划、精心的布局、复杂的"坛庙冢"建筑、丰富的随葬器物，鲜明地展现出红山文化祭祀和墓葬中心的最高形制，集中地反映出社会发展的成就。

瑰丽遗产　永续传承

2008年，为更好地保护牛河梁遗址，国家文物局和辽宁省人民政府以牛河梁遗址保护核心区8平方千米为依托，正式启动了牛河梁国家考古遗址公园的建设。项目分为文物保护、基础设施和环境治理三部分。文物保护项目包括建成两座遗址保护展示馆，即女神庙遗址保护展示馆、祭坛和积石冢遗址保护展示馆；对第二、三、五、十三、十六地点等已发掘遗址实施文物本体保护展示工程；对16个重点遗址和博物馆建设安全防范系统。基础设施项目包括建成一座博物馆和管理研究中心，

牛河梁国家考古遗址公园全景图

同时开展配套基础设施工程建设；对穿越牛河梁遗址核心保护区的 101 国道实施改线，总长 8.5 千米，在此过程中对 77 户居民进行搬迁和异地安置。环境治理项目包括建平、凌源两县市投入环境治理资金，对保护范围内所有企业进行搬迁；8 平方千米核心区内历史遗留废弃矿坑回填和植被恢复。

2009 年，牛河梁遗址博物馆成立。2014 年，牛河梁国家考古遗址公园正式向社会开放，成为辽宁省唯一一座国家考古遗址公园。

牛河梁国家考古遗址公园建成开放后，又陆续完成原有展馆的陈列布展提升改造工程，第二地点铁路涵桥、红山文化研究中心、游客服务中心等建设工程，新修建景区观光路、停车场、排水系统、景区绿化、供水工程等，以及完成牛河梁遗址安防（二期）工程建设，实现遗址区 48 处红山文化遗址 24 小时全天候监控，确保遗址的本体安全。诸多项目的建成，为遗址的研究、保护、利用提供了重要的基础，也为牛河梁遗址的永续传承提供了有力的保障。

展示风采　增强自信

自 2014 年开放以来，牛河梁国家考古遗址公园累计接待游客近 25 万人次，成为集考古遗址保护与展示于一体、人文与自然和谐共生的景观，成为与公众分享考古科研成果，进行爱国主义教育、科普教育的重要基地，成为研学游、文化游的极佳目的地。

做好陈列布展，展示中华文明圣地风采

牛河梁遗址博物馆（牛河梁国家考古遗址公园）位于辽宁省朝阳市建平县红山街道张福店村，对外开放 2.4 平方千米，共 4 座展馆，展览面积近 13 520 平方米。

牛河梁遗址博物馆综合馆是牛河梁国家考古遗址公园的重要组成部分，于 2011 年 3 月动工建设，2012 年 9 月建成试运行，展览面积近 3500 平方米，设计理念为"历史长河·璞玉"。

综合馆集文物收藏保护、学术研究和社会教育多种功能于一体，结合现代展示技术手段，集中展示牛河梁遗址考古发掘的成果。博物馆设有"文明圣地"主题展览，分为"红山古国""古国技艺""人文始祖""祈福圣坛""古国王陵""玉礼开端""玉魂国魄"七个单元，生动再现了红山先民时期的生态环境、建筑形态、生产生活、丧葬习俗、宗教祭祀等，是了解红山文化和中华文明起源的重要窗口。

第一地点（女神庙）保护展示馆于 2009 年 5 月动工，年底竣工。工程建筑面积 2100 平方米，设计理念为"悬浮的玉匣"。馆内设有"宗庙之始"主题展览，分为"母祖惊世""筑庙崇祖""相关遗迹""宗庙追踪"四个单元，系统地介绍了女神庙的考古价值和重要意义。

第二地点（祭坛、积石冢）保护展示馆于2009年动工，2012年竣工。工程建筑面积7200平方米，主体为可逆钢结构形式，外挂氧化铜装饰板，设计理念为"变形的玉猪龙"。馆内分为"古国王陵"主题展览和"漫说考古"辅助展览两部分，介绍了牛河梁坛、冢遗址的价值和意义。

牛河梁—红山文化展示中心内设"纪念苏秉琦先生展"，纪念新中国考古学主要奠基人、考古学"中国学派"的倡导者、北京大学考古专业主要创办人之一苏秉琦先生，感谢他对牛河梁遗址发掘保护工作的关心支持，纪念他为中国考古事业做出的突出贡献。纪念馆展览面积近720平方米，分为"志于学""圆梦路""红山情""赤子心"四个部分，展出200余件与苏秉琦先生有关的手稿、书籍、家具等，回顾了他近60年的考古路以及在考古领域的巨大成绩。

开展社会教育，增强中华民族文化自信

牛河梁遗址博物馆长期通过多种方式积极开展公众教育活动，包括：搭建公众教育基地，为广大公众提供社会实践和爱国主义教育校外实践的场所；开展文化惠民活动，在国际博物馆日、中国文化和自然遗产日开展庆祝活动，在端午、中秋等传统佳节举办惠民活动，在牛河梁红山文化节、《红山文化玉器》特种邮票首发式等特殊节点举办文化宣传活动；开展文化宣讲活动，利用流动博物馆，积极走进学校、社区、企事业单位等；开展网络宣传活动，利用"学习强国"、微信公众号等网络平台开展线上展览，推出"大美牛河梁"系列短片22期、"一分钟走近牛河梁"系列短片42期。

红山文化宣讲活动

2021年，是牛河梁遗址发现30周年，中国考古学诞生100周年。回顾牛河梁遗址从发现初始至今的这一路，可谓筚路蓝缕，披荆斩棘。牛河梁遗址考古获得的成绩，离不开几代中国考古人的埋头苦干，离不开中国考古事业的蓬勃发展，离不开相关部门的支持与帮助。遗址保护与利用的工作，任重而路远，牛河梁遗址博物馆将继续利用牛河梁遗址的深厚文化内涵，宣传悠久灿烂的中华文明，增强民众的民族自豪感和文化自信。

（撰稿人：王轩龙）

青海柳湾彩陶博物馆

柳湾遗址位于青海省海东市乐都区高庙镇柳湾村，由已发掘的墓群和保存完好且尚未发掘的生活遗址等组成。墓群位于柳湾村北的旱台，东起大堂沟西坡沿，西为柳湾沙沟东坡沿，北为大顶制高点，南到大峡直渠，墓葬分布在不规则的自然形成的台地上，整个地形北高南低。墓群的发掘点在北纬36°27.14′，东经102°33.85′，海拔为1977米。遗址保护范围东至柳湾沙沟，南至湟水北岸的第二坪台前沿，西至柳湾村庄道路，北至大峡直渠，其发掘点在遗址北端，为北纬36°26.78′，东经102°33.65′，其南北为700米，东西400米，面积为28万平方米。

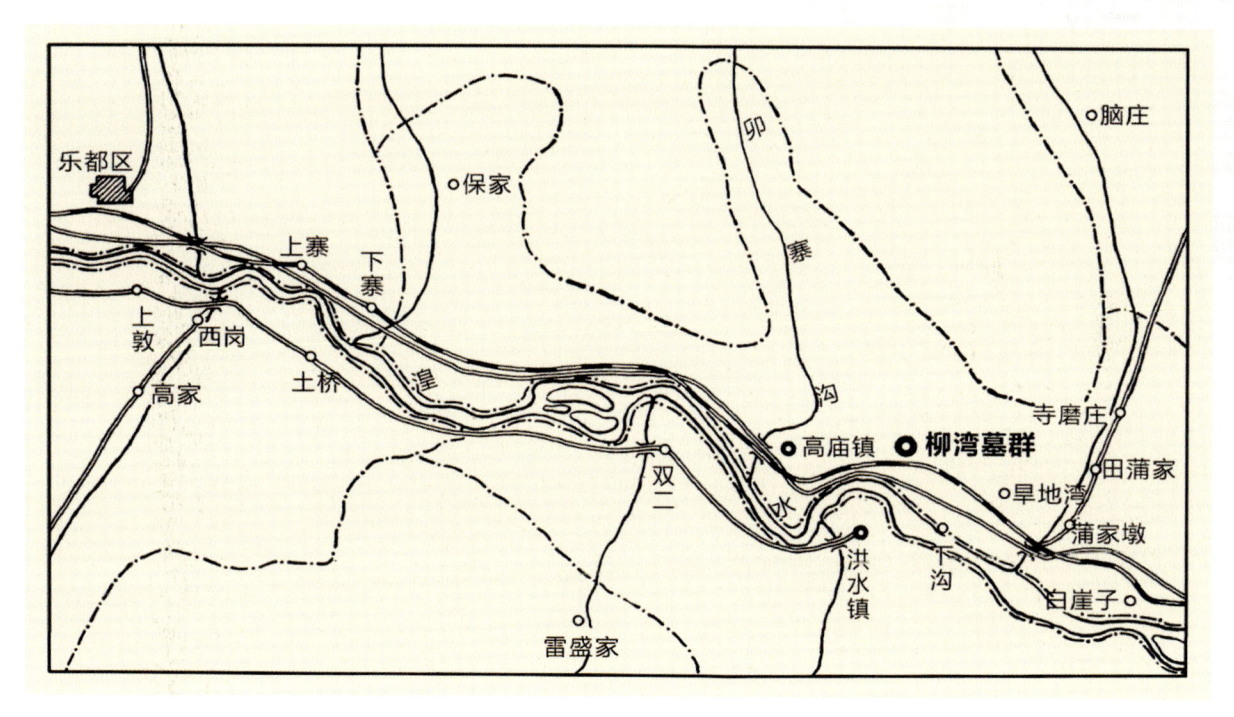

柳湾遗址地形图

遗址的发现与考古回顾

1974年春，柳湾当地的村民在平地造田、挖渠引水时，发现了大量陶器，被老百姓称为"半不漏"。非常巧合的是，一支巡回医疗队当时正在柳湾村里巡诊。医疗队成员得知此消息，判断这些陶器是十分珍贵的文物，当即报告当时的青海省考古队。考古队马上派人来到柳湾村，对出土文物地点进行了详细调查，并向柳湾村民征集了百余件出土彩陶，其中，一件裸体人像彩陶壶引起了考古队极大的兴趣和关注。他们随即向青海省文化局转告柳湾出土文物情况，并送去了当地出土的陶罐、石器等实物标本。省文化局得知后对此极为重视，当即写书面材料上报，并建议对柳湾墓群进行正式发掘。不久，国家文物事业管理局和中国科学院考古研究所审批同意发掘。

柳湾的发掘工作由青海省文物管理处考古队与中国科学院考古研究所青海队共同负责，先后参与发掘工作的有青海省考古队、中国科学院考古研究所（1977年改属中国社会科学院）、北京大学、西北大学、甘肃省博物馆等单位。

1974年7月，发掘工作正式开始，黄河上游最大的一处原始社会氏族公共墓群由此揭开了神秘的面纱。考古工作者首先选择墓地中区第二、三坪台开始发掘，这里主要是马家窑文化马厂类型墓葬，间有部分齐家文化墓葬。随后，发掘工作逐步扩展到墓地东区第一坪台，这里以马家窑文化半山类型墓葬为主。田野工作持续到11月底，共发掘了墓葬211座。1975年春继续发掘，并把发掘工作扩大到第四至第七坪台，至年底共发掘353座墓葬。

两年内发掘的564座墓葬，有马家窑文化半山类型25座、马厂类型453座，齐家文化85座，

柳湾墓群全景图

辛店文化1座，出土遗物万余件。发掘的主要收获曾写成《青海乐都柳湾原始社会墓葬第一次发掘的初步收获》一文，发表于《文物》1976年第1期。

1977年的发掘工作重点在中区、西区，主要是发掘马家窑文化与齐家文化墓葬。为了解这里的辛店文化墓葬情况，也发掘了几座辛店文化墓葬。这一年共发掘了377座墓葬，其中，马家窑文化半山类型8座、马厂类型264座，齐家文化101座，辛店文化4座。

考古发掘现场

1978年主要在中、西区的北部进行发掘，同时对墓地未发掘部分继续进行钻探，以便全面了解柳湾墓地不同文化类型墓葬的分布情况。这一年共发掘墓葬58座，其中，马家窑文化马厂类型

陶器发掘场景

42座，齐家文化16座。

1979年，集中力量全面整理柳湾墓地已发掘的墓葬资料，并开始编写发掘报告。同时，在柳湾墓地继续进行小规模的发掘工作。

1974—1980年的科学发掘，总发掘面积约112 500平方米。7个自然台地上，从东向西，第一台地主要分布着马家窑文化半山类型墓葬，第二、三、四、五、六台地以马家窑文化马厂类型墓葬为主，第七台地上主要是齐家文化墓葬。7个台地总计发掘了1000多座墓葬，出土陶器1.7万余件，还有其他各类文物，总计近4万件。

柳湾遗址发掘的重要性与学术价值主要体现在：

第一，全面揭露、初步搞清了马家窑文化半山类型、马厂类型以及齐家文化与辛店文化墓葬的分布规律，使我们对典型墓地的情况有了比较全面的认识。

第二，加深了对马家窑文化半山与马厂类型文化内涵的认识，使我们有条件对当时的埋葬制度、经济生活、社会性质等问题进行探讨。

第三，柳湾的齐家文化与甘肃永靖大何庄、秦魏家的齐家文化不同，有其特点。柳湾的齐家文化既包含齐家文化的基本因素，又含有马家窑文化马厂类型的某些成分。因此，柳湾遗址的发现为不同地区齐家文化的分析研究提供了新颖的资料，同时对研究马家窑文化与齐家文化的关系也具有重要的意义。

第四，发现了一批辛店文化墓葬，为研究该文化的性质、葬俗等问题增添了一些新资料。

第五，为研究我国私有制的产生与阶级的起源等问题，提供了一批新的较好的实物例证。

柳湾遗址延续时间长（从距今4600年延续至距今3600年左右），一个遗址内发现的文化类型多，保存状态完整，出土陶器数量巨大，为研究甘青地区原始文化的内涵提供了极有价值的资料。

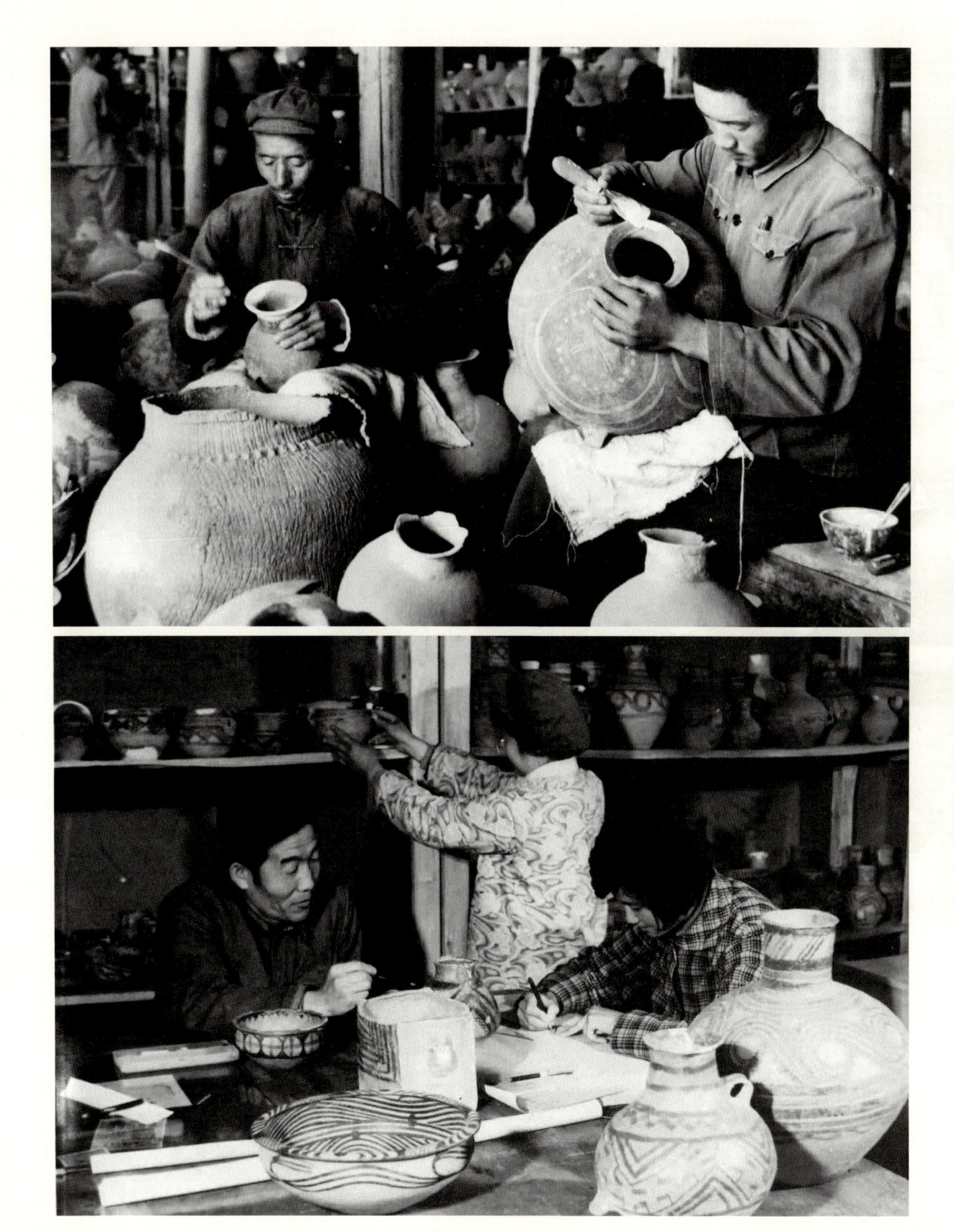

彩陶出土后场景

青海柳湾彩陶博物馆

彩陶博物馆的建立

1980年，为了发掘和保护柳湾墓地，在柳湾遗址设立了青海省考古队柳湾工作站，并开始筹建博物馆馆舍。1985年，工作站更名为青海省彩陶研究中心，1986年11月完成了"柳湾墓地"基本陈列，一些精品彩陶正式与观众见面。2000年4月，开始修建新馆。

2001年7月，中国青海柳湾彩陶博物馆正式成立，2003年底完成了新馆基本陈列的布展工作。2004年4月28日，博物馆对外开放，成为我国最大的省级专题性彩陶博物馆，先后荣获全国爱国主义教育示范基地、全国社会科学普及教育基地、青海省首批研学实践教育基地等称号。2018年，博物馆被国家文物局和中国博物馆协会评为国家二级博物馆。2018年12月25日，博物馆成建制移交海东市人民政府管辖，中国青海柳湾彩陶博物馆更名为青海柳湾彩陶博物馆。

遗址的保护

1974—1980年的发掘之后，1000余座已发掘的墓葬全部回填，土地退还给当地村民继续耕种。当地政府成立了文物管理所，专门对遗址进行保护。2006年6月，柳湾遗址被国务院公布为第六批全国重点文物保护单位。

2014—2017年，青海柳湾彩陶博物馆举办两次研讨会，邀请全国文博专家对彩陶保护、遗址保护利用建言献策，打造河湟文化"大柳湾"概念，规划以展示青海历史文化、河湟文化为主的柳湾国家考古遗址公园，对柳湾遗址的未来发展起到了积极作用。

目前对柳湾遗址保护的具体措施，一是防止人畜随意进入，沿遗址区设保护围栏，并设入侵警报系统。在北山制高点安装监视探头，防止盗墓行为。在彩陶博物馆设立安全监控中心，实施24小时监控，在区内问题多发易发部位和易损害部位安排专职巡查人员。二是修建各项保护工程。在遗址西侧沙沟和东侧大趟沟经洪水冲刷形成的切坡地段，实施护坡工程，护坡满足国家工程规范要求，使用当地块石、河卵石砌筑。此外利用挡土墙、疏导水流、覆盖植被等多种手段，防止水土流失。三是柳湾遗址、博物馆景区升级改造。遗址整体绿化，种植不同颜色的树木区分文化类型，在参观廊道引入清洁水源，灌溉树木及景观。四是建设遗址保护棚，在参观的基础上修建模拟考古体验中心，充分调动观众的积极性，主动参与文物保护与传播交流。五是将遗址与考古联系起来，墓群在考古发掘后进行回填，部分有价值的墓葬，保护后可进行展示。

未来，青海柳湾彩陶博物馆计划以柳湾彩陶遗址的保护和合理利用为抓手，以东墓区作为遗址保护区，进行遗址保护和文化传承。在墓群遗址入口西侧建设彩陶考古体验馆和遗址复原展示馆，做到遗址保护和利用并重，在保护中利用，在利用中开发，从而更好地达到保护的目的。

博物馆的展览展示

青海柳湾彩陶博物馆的基本陈列"江河源人类史前文明——青海柳湾彩陶展"于2019年5月1日正式对外开放。基本陈列共分三个单元，展出文物700多件，从柳湾先民的埋葬制度、丰富的物质生活及充实的精神世界等角度，全方位展示柳湾彩陶文化的魅力。

第一单元"墓群墓葬"的最大特色为墓葬复原。复原展示充分利用现有场地，突出重点，坑位、棺木、骨架都以原墓葬的照片为依据，力求真实，运用灯光达到比较理想的展览效果，使观众更深入地了解柳湾先民的埋葬制度。

第二单元"经济社会"利用遗址出土的生产生活用具和场景模拟的手段，生动还原了柳湾先民的衣、食、住，以及制陶和狩猎等场景，让观众直观感知柳湾先民达到的文明高度。

第三单元"彩陶集萃"是馆内最大的一个文物展厅，展出文物按照年代先后顺序排列，展示了柳湾遗址发现的几种文化类型彩陶的经典器形、纹饰等，让观众领略柳湾彩陶文化的独特魅力。

展厅内景

柳湾先民生产生活场景模拟展示图

博物馆的公共教育

完善手段,增强观众的博物馆意识

博物馆的免费开放,提高了人民群众享受公共文化成果的热情,也给展品保护和公共服务带来新的课题。我们在2019年新基本陈列开放伊始,就采集观众数据,对观众构成和行为数据进行比对性研究,在改善观众参观体验的同时,探索大流量观众的控制、疏导与管理,也为有针对性地开展博物馆公共教育提供了条件。

为了培养观众的良好参观习惯,博物馆每年抽调职工作为"文明参观督导员",在馆内开展以"参观文明,文明参观"为主题的服务活动,引导观众文明参观。

完善内容,培养观众学习思考和研究能力

教育是博物馆服务社会的重要职能。博物馆以陈列展览为主要阵地,通过多种手段向公众提供文化服务。柳湾彩陶博物馆十分重视数字技术在博物馆教育中的应用,组织专业人员研发基于数字化保护技术的导览方式。2021年,依托新媒体手段、为观众提供文化增值服务的"数字化"展示平台建成。广大观众在数字彩陶制作活动中，体验了历史场景还原并参与制作。数字展示与活动，初步解决了大量文物无法展示的困境，同时让"活"起来的文物带领观众穿越时空，深入体验历史，了解历史，让历史文化遗产与科技融合。

完善机制，培育资源融合与重组模式

对青少年观众的教育，除了开发利用自身资源外，还应以开放的姿态与其他教育资源特别是学校教育资源进行融合。这种融合不是简单的"1+1=2"，而是基于各自特长之上的优势互补。近年来，青海柳湾彩陶博物馆不断深化馆校合作，讲好河湟故事，坚持开放办馆理念，与各中小学及大中专院校开展馆校共建活动。"我是小小讲解员"培训及义务讲解服务活动，不仅为讲解团队注入了新的活力，开启了讲解服务工作的新篇章，也标志着志愿者队伍正式成立。今后，我们将会继续加强与学校、师生的合作，充分实现馆校融合发展，推动文化传播交流。

河湟荟萃，文化源远流长，千年的文明在这里绽放，彩陶的魅力在这里呈现，崭新的博物馆正在用她宽广的胸怀迎接八方来客，期待他们发现她的美，感受千年陶韵，感知远古文明。

（撰稿人：赵永桂　王小莉）

东莞蚝岗遗址博物馆

蚝岗贝丘遗址的发现与考古回顾

遗址调查、发掘情况

蚝岗贝丘遗址位于东莞市南城区胜和社区蚝岗,是一处高出周围田地约 10 米、面积 1 万多平方米的小岗丘,西距东江支流约 2 千米,于 20 世纪 80 年代广东省文物普查时发现。1990 年 11 月,广东省文物考古研究所(现为广东省文物考古研究院)和东莞市博物馆联合对遗址进行调查,确认其为一处新石器时代贝丘遗址。1997 年 6 月,中国社会科学院考古研究所和广东省文物考古研究所从环境考古学和动物考古学的角度再次调查了遗址。

2003 年 4—7 月,广东省文物考古研究所和东莞市博物馆联合组成东莞南城蚝岗贝丘遗址发掘队,对该遗址进行科学的考古钻探和发掘。

蚝岗贝丘遗址发掘现场

遗址介绍

蚝岗贝丘遗址的年代比较单纯，主要是新石器晚期的遗存，绝对年代在距今5000—4500年。文化堆积自东北向西南倾斜，共可分为6层。

第1、2两层为现代层和扰乱层，第3—6层为新石器时代文化层，最厚处（南部）约2米。第3层为密实贝壳层，夹少量褐色泥土，贝壳多完整而纯净，出土陶釜、陶盘、器座以及较多的尖状石器等。第4层为黑灰色贝壳堆积层，贝壳间杂少量黑灰色碳泥，所含陶器器形与第3层无明显区别，多见交错细绳纹，并见少量刻划短线纹等。第5层为褐红色蚝壳层，有少量褐红色黏土，贝壳个体较大，个体间结合紧密并夹杂较多鱼骨。该层开始出现彩陶。陶器有夹砂陶和泥质红陶，部分泥质红陶保留褐红色彩绘。夹砂陶器壁多较厚，尤其是口沿部分，与第3、4层所出同类器物判然有别。纹饰以绳纹为主，但较粗，多不交错，也有少量的刻划纹和锯齿纹。第6层为褐红色亚黏土，杂有少量蚝壳和石英砂，只见夹砂绳纹陶和彩陶。陶片普遍较碎，火候较低。第6层以下为风化紫砂岩。

第5、6层所出彩陶，与珠江三角洲其他地区的新石器时代遗址所出彩陶有一定区别，但共性更多，如上彩的器物多是圈足盘，器物组合都是圈足盘、釜、罐、钵、器座等。

遗址出土文物除陶器外，还有石器、骨器、蚌器等。纹饰流行细绳纹、刻划纹和镂孔。石器数量较大，以用于开蚝的尖状器和砸击器最多。骨器有骨铲、骨锥、骨针等。蚌器有穿孔蚌壳等。从出土的渔猎工具、堆积如山的蚝壳、大量的鱼骨可看出，当时人们的生计方式主要为捕捞海洋贝类和鱼类，尚未经营农业，但可能采集野生稻、野果，挖掘植物块茎或与其他群体交换食物。

遗址中发现的遗迹有：红烧土活动面一处，在T0304保存相对较好，T0305、T0404、T0405中只有零星分布，残存面积共约50平方米；房子一处，方形单间，面积约10平方米；灰坑一个；排水沟一条。此外，遗址中还发现两座墓葬，均为单人直肢葬，其中M1尚保留一具完整的人类遗骸，较为难得。

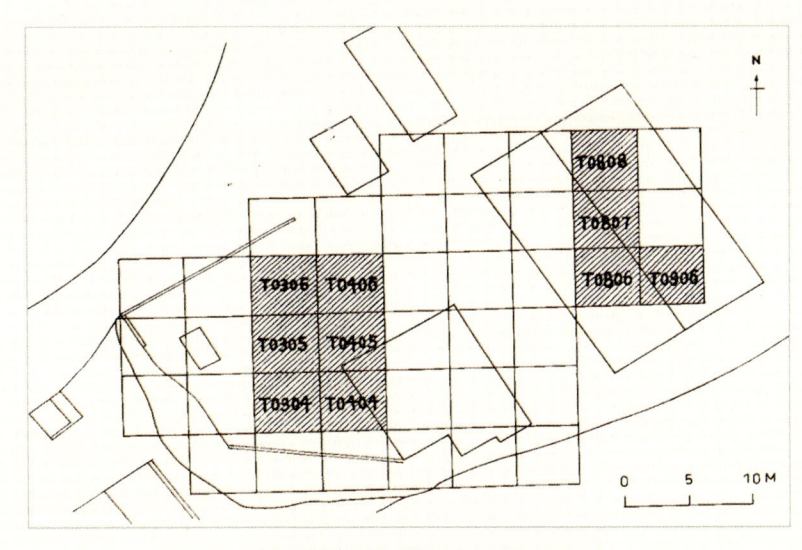

蚝岗贝丘遗址探方分布平面图

遗址可分为两期。一期以第5、6层及第5层下的房子（F1）、灰坑（H7）、排水沟（G1）为代表，陶器以泥质红陶（彩陶）为主，次为夹砂黑褐陶，器形有圈足盘、带耳罐、夹砂釜、罐、器座等。石器有尖状器、砸击器、磨盘、磨棒、网坠、梯形锛和斧等。二期以第3、4层为代表，陶器以夹砂褐陶为主，有少量泥质灰陶和磨光黑陶，火候较高。器形有折沿釜、侈口鼓腹圜底小罐、钵、圈足盘和器座等，不见彩陶。石器种类基本不变，但最晚阶段新出现双肩石锛和石斧，数量较少。初步估计一期的年代在距今5000多年，二期年代稍晚，距今约4500年。

蚝岗贝丘遗址是广东为数不多的出土彩陶的贝丘遗址，填补了距今5000—4500年这一时段文化序列的缺环，对构建广东东江流域的史前文化序列具有重要意义。保存完整的古人类遗骸，为研究珠江三角洲史前人类体质提供了重要资料。

遗址的研究与文化价值

蚝岗贝丘遗址发掘后，学者们对遗址的年代、分期，以及遗址出土器物的形制与组合、遗址中体现的远古人类生活方式等，展开了一系列探讨，取得了丰硕的成果。

蚝岗贝丘遗址对于研究珠江三角洲彩陶文化具有重要价值。广东省目前发现贝丘遗址几十处，其中出土彩陶的只有高要蚬壳洲、增城金兰寺、东莞万福庵和蚝岗四处，而金兰寺和万福庵都已被破坏殆尽。蚝岗贝丘遗址作为广东省出土彩陶且保存较好、年代较早的两个贝丘遗址之一，出土遗物丰富，保留有灰坑、房屋柱洞、墙基槽、排水沟等遗迹，对于研究广东特别是珠江三角洲地区彩陶文化的发展具有重要价值。

蚝岗贝丘遗址出土的彩陶片

在蚝岗贝丘遗址发掘之前，学界一般认为珠江三角洲彩陶遗存的年代在距今5000—6000年。而蚝岗贝丘遗址二期的年代为距今约4500年，拓展了珠江三角洲彩陶存在的年代下限。

蚝岗贝丘遗址是研究史前采集渔猎经济的典型遗存。蚝岗贝丘遗址处于珠江三大支流之一的东江之滨，直至清代早期还位于海岸线边缘。遗址出土了众多的蚝壳、鱼骨等食物遗存，以及尖状器、砸击器、石拍、网坠、石锛、石斧等渔猎工具，为研究南方滨海地区史前采集渔猎经济提供了重要的实物资料。

蚝岗贝丘遗址是判定广东省同类遗存年代关系的重要标尺。遗址的新石器时代地层大部分保存较好，特别是出土彩陶的地层完好无损，在广东省内罕见。文化堆积层位关系清楚，对于判定珠江三角洲乃至华南地区同类遗址的年代关系，提供了可信的相对年代标尺。

蚝岗贝丘遗址出土的史前人类遗骸是研究华南地区人类体质发展的重要实物。遗址出土了两具新石器时代晚期的人类遗骸，其中一具男性遗骸保存十分完好，甚至牙齿齐全，经测定，遗骸年代距今5000年左右，身高1.64—1.66米，年龄40—45岁，头骨具有明显蒙古人种特征。

蚝岗人骨骼出土情况

蚝岗贝丘遗址是广东目前发现年代最早的人类聚落遗存，被考古学家麦英豪誉为"珠三角第一村"和"东莞历史文化的基石"。

东莞蚝岗遗址博物馆的设立与遗址保护

东莞蚝岗遗址博物馆的设立

东莞蚝岗遗址博物馆于2003年考古发掘后在原址上兴建，2007年6月建成并免费对外开放，成为国内首座史前贝丘遗址博物馆、广东省首座建于原址上的史前遗址博物馆。先后被授予东莞市爱国主义教育基地、东莞市历史人文传承基地、东莞市未成年人素质拓展基地等荣誉称号。2020年12月，东莞蚝岗遗址博物馆被评为国家三级博物馆。

博物馆占地面积4645平方米，建筑面积2400平方米，分

东莞蚝岗遗址博物馆外观

— 215 —

为展馆、办公楼和园林景观三部分。博物馆的建筑设计以红砂岩的红色和蚝壳的白色为主色调，独特新颖，美观大方。

蚝岗贝丘遗址的保护

蚝岗贝丘遗址是遗址保护展示的典范。遗址现存面积约600平方米，出于对遗址的长久保护和后续研究考虑，只发掘了272平方米，其中真正发掘到生土层的只有72平方米。其余遗址部分仍原地保护或做回填处理。东莞市人民政府在原址上建成博物馆，采取发掘现场复原与展览结合的方式，充分显示了文化遗产保护的魅力。

博物馆负责对遗址进行管理保护，并根据贝丘遗址的特性与相关科研单位进行合作，依据《中华人民共和国文物保护法》和文物保护原则，在专业文物保护科研单位的指导下对蚝岗遗址已发掘部分进行加固、除苔、防潮等工作。对未发掘部分以维持遗址原状为主，适当进行加固、防水等处理，以便将来再研究时有一定的资料保障。

遗址未发掘部分给蚝岗贝丘遗址的可持续研究和利用提供了依托。随着相关研究的开展，这部分未发掘遗址的重要性将日益凸显。当然，现阶段的遗址保护工作也至关重要，我们将结合实际情况，科学合理地保护和利用好这一重要文化遗产。

遗址博物馆的展览展示、公众教育

展览展示

东莞蚝岗遗址博物馆的基本陈列"远古渔村"，由时光隧道、遗址展厅、出土器物展厅和"三江流域彩陶文化"展厅组成，将考古发掘现场与出土文物、图片和场景复原等展示手段相结合，真实生动地再现了遗址发掘过程和5000多年前蚝岗人的生活情景。同时汇聚珠江、长江和黄河三大流域的彩陶，集中展现中国多姿多彩的彩陶文化。

时光隧道两侧的玻璃墙内展示的是蚝岗遗址的文化地层堆积。6个显示屏滚动播放蚝岗贝丘遗址从发掘、保护到博物馆建成时的情景。通道尽头展示蚝岗人复原头像。

遗址展厅展示蚝岗遗址从古到今的位置变迁、考古发掘现场等状况。通过遗址本身以及相关的文字、图片、多媒体等，向观众展示了蚝岗遗址上的遗迹、遗物和蚝岗人出土情况。

出土器物展厅展示蚝岗贝丘遗址出土的石器、陶器、骨器、蚌器等，复原蚝岗人居住的房屋和生活场景：他们以贝类等海洋生物为主要食物，以树皮等为衣物原料，使用的陶器以彩陶器为特色……利用各种展示手段，向观众呈现出史前蚝岗人的衣食住行和生活演进。

博物馆展厅内景

"三江流域彩陶文化"展厅

"三江流域彩陶文化"展厅，以具体文物来表现新石器时期珠江、长江、黄河流域的彩陶文化信息。通过整体陈列，显示出各流域彩陶文化的发展情况，突出各流域彩陶特点，也表现出文化发展的多元性。

公众教育

东莞蚝岗遗址博物馆的公众教育区域有互动展厅和陶艺体验室。互动展厅内设模拟考古探方、趣味问答仪器、拍照仪器等多媒体设备。专人授课，让中小学生动手体验"考古"、修复"文物"、设计陶器图案等，加深他们对展览的印象和认识，增强博物馆的科普性和趣味性。

陶艺体验室内有拉坯机等制陶工具。"小小陶艺工匠"等社教课程通俗易懂地讲述了陶器的历史发展与制作工艺。孩子们可以亲手制陶，加深对陶器的兴趣和认识。

陶艺体验室

此外，博物馆还定期邀请专家为广大市民免费举办各种类型的文化讲座，传播文化知识，让市民真正感受到博物馆在东莞文化新城建设中的重要地位。根据遗址展示内容制作的"蚝叔讲古"系列科普展览，形象生动地将遗址内容以故事形式展示出来，加深观众对本土文化的认识。

通过各级领导的重视和支持，全馆工作人员的不懈努力，东莞蚝岗遗址博物馆将不断完善自我，在东莞市打造文化名城、推动经济社会全面发展等工作中积极发挥推动作用。博物馆还将把青少年的历史文化培养作为博物馆公共教育的重要部分，努力做到保护好遗址、传承好文化。

（撰稿人：詹惠波）

三星堆博物馆

遗址发现与考古回顾

三星堆遗址位于四川省德阳市广汉市，发现于20世纪20年代末，是迄今我国西南地区发现的分布范围最广、延续时间最长、文化内涵最丰富的古文化遗址，文化堆积距今约4500—2800年，面积达12平方千米。其核心区域面积约3.6平方千米，为古蜀国都城遗址，年代约当商代。1986年，三星堆一号、二号"祭祀坑"出土青铜立人像、青铜神树、青铜面具、金面罩、金杖、象牙等上千件珍贵文物，其年代为商代晚期（距今3250—3100年）。"沉睡三千年，一醒惊天下"，三星堆遗址揭示出一种独特的青铜文化，被认为是20世纪最伟大的考古发现之一。

三星堆，特指遗址内的三个黄土堆，它与北面犹如一弯新月的月亮湾，隔着古老的马牧河南北相望，"三星伴月"由此得名，并在很早以前就成为一处著名的人文景观。考古发掘证实，这三个土堆实际上是一道连绵起伏的城墙。

三星堆城墙

1929年，一名农民在广汉三星堆月亮湾台地掏沟时，发现一坑400余件精美的玉石器。一时间，"广汉玉器"声名鹊起，持续90多年的三星堆考古就此拉开了大幕。

　　1934年，华西协合大学博物馆馆长美籍教授葛维汉和副馆长林名均等人，在1929年玉石器坑出土地点附近进行了三星堆历史上的首次考古发掘，发掘面积百余平方米，出土、采集了600余件玉石器和陶器。这次被郭沫若称为"华西科学考古的先锋队"的发掘研究工作，对三星堆玉石器坑及其附近遗存的出土情形、地层、时代、性质做了初步的探讨，提出这批遗存的时代上限为新石器时代晚期，下限为周代初期，并认识到"古代西蜀曾与华中、华北有过文化接触"（郭沫若语）。1946年，时任华西协合大学博物馆馆长郑德坤（后任教英国剑桥大学）在以博物馆专刊名义出版的《四川古代文化史》中辟有专章论述"广汉文化"，使广汉文化见诸于世。

　　20世纪五六十年代，四川省文物管理委员会、四川省博物馆等文博单位与四川大学历史系考古专业师生一道，在三星堆遗址进行多次调查和小规模试掘，发现月亮湾地点和三星堆地点都有古文化遗存，出土、采集到一批玉石器、青铜器、骨器和陶器标本，进一步弄清了遗址的分布范围和文化内涵。1956年，为配合宝成铁路和川陕公路的修扩建，四川省文物管理委员会对位于沿线的三星堆遗址进行了初次调查，将遗址的南、北两部分分别命名为"三星堆遗址"和"横梁子遗址"。1961年，四川大学历史系考古教研组再次开展考古调查，初步明确遗址为蜀文化遗址，并将之前分别命名的"三星堆遗址"和"横梁子遗址"视为同一个遗址。1963年，著名考古学家冯汉骥先生选定三星堆遗址为四川大学考古专业首届学生考古发掘实习的地点，发掘面积约150平方米，并根据出土文物，提出了"月亮湾文化"的命名。

　　1980—2010年，四川省文物管理委员会、四川省文物考古研究所、四川省博物馆、四川大学等单位在三星堆遗址进行了持续性的考古调查、勘探和发掘工作，正式命名了三星堆遗址和三星堆文化。三十年间，几代考古工作者分别在三星堆遗址7个发掘区进行了14次正式发掘，发掘面积近9000平方米，基本弄清了遗址的分布范围、年代序列、文化内涵和城址规模，发现了一号坑、二号坑、大型居住区和遗址早期公共墓地，取得了一系列重大成果。1988年三星堆遗址由国务院公布为全国重点文物保护单位。

　　根据国家文物局批复的《三星堆遗址2011—2015年度考古工作规划》以及2017—2018年度的三星堆遗址考古工作计划，四川省文物考古研究院和三星堆博物馆在三星堆遗址展开了大规模的考古勘探和相应的试掘工作，并在三星堆遗址外围进行大范围考古调查，获得了以下几项重大突破。一是确认青关山台地为"宫殿"性质的最高等级建筑区。二是相继发现了5段城墙，城址布局和营建、

三星堆一号祭祀坑 　　　　　　　　　　　　　三星堆二号祭祀坑

二号坑出土青铜纵目面具场景

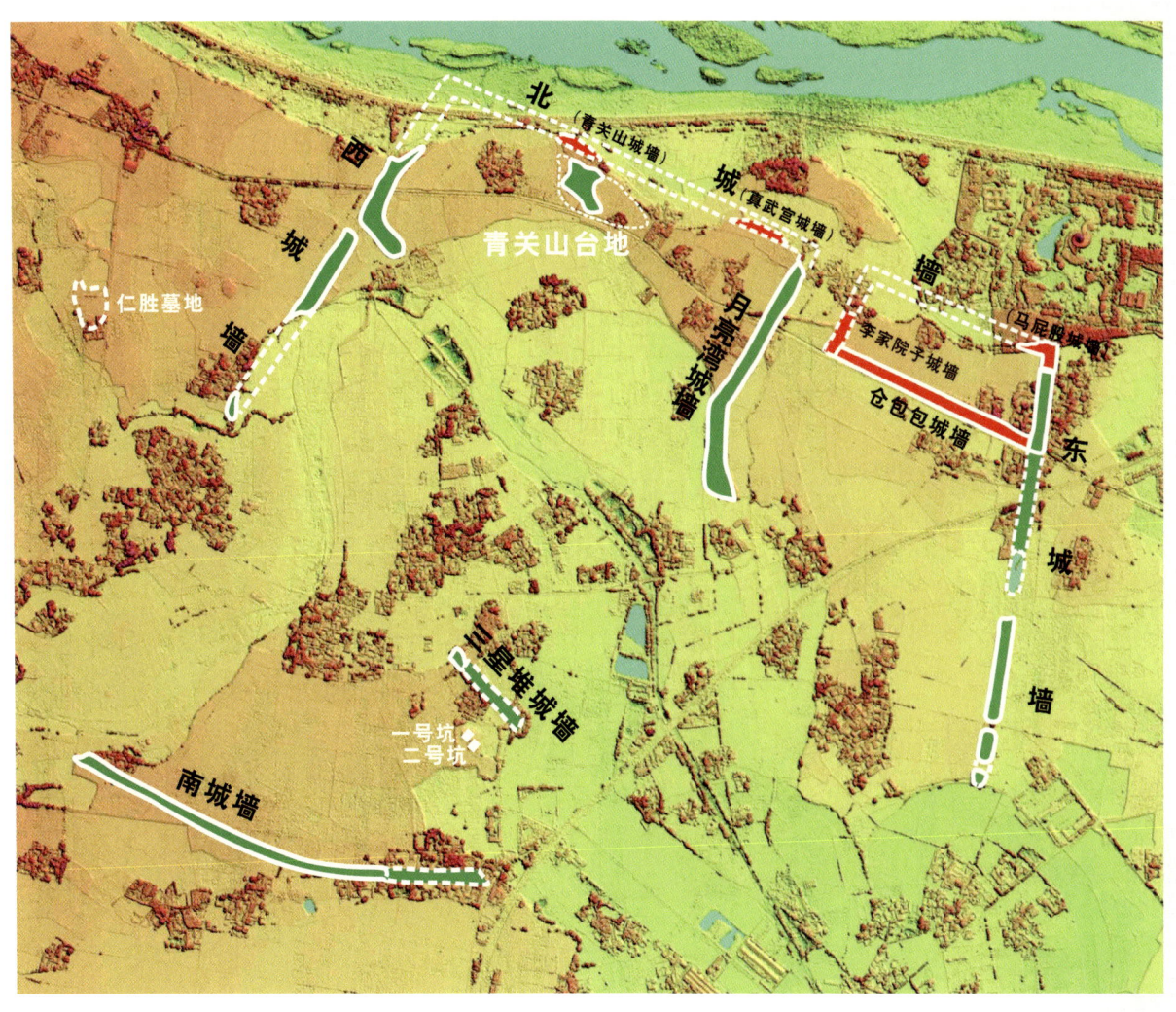

三星堆古城平面图

演变过程逐渐明晰。真武宫城墙、青关山城墙、西城墙拐角段，与1999年发现的月亮湾城墙，在三星堆遗址的西北部合围出一座小城——月亮湾小城，即三星堆城址的内城。通过对仓包包城墙、马屁股城墙和李家院子城墙的相继发掘，在月亮湾小城的东侧确认了一座新的小城——仓包包小城。三是完善了遗址的分期和年代序列，三星堆一期（新石器时代晚期）和四期（后祭祀坑时代）文化遗存得到极大丰富和重新认识。四是在三星堆遗址上游发现一大批商周遗址，对三星堆遗址鸭子河上游的区域聚落形态有了初步了解。

2019年，在国家文物局"考古中国"重大项目与四川省组织实施的"古蜀文明保护传承工程"的支持下，三星堆遗址的全面勘探和重点发掘再次启动。

2019年12月—2020年5月，三星堆新发现6座"祭祀坑"。现已出土金面具、顶尊跪坐人像、铜方尊、神树纹玉琮等各类重要文物2000余件，还检测到丝绸残留物。本次发掘秉持"课题预设，保护同步，多学科融合，多团队合作"的工作理念，由四川省文物考古研究院联合国内40家科研机构、高校和科技公司，共同开展6座"祭祀坑"的考古发掘。这些新发现不仅展示了古蜀文明的独特性、创造性，以及同国内其他古文明的紧密联系，更彰显了古蜀文明作为中华文明组成部分的重要地位，为研究中华文明"多元一体"的起源发展提供了典型实证。

遗址研究与文化价值

三星堆遗址的研究与考古工作相辅相成，同步推进，在多年的研究历程中，取得了以下丰硕成果。

（一）遗址分期编年体系基本建立。

根据1980—1981年的发掘资料，首次将三星堆遗址分为四期。之后陈显丹和孙华等人相继撰文对三星堆遗址进行分期，虽然不同学者的分期结论有所不同，但将遗址分为四期基本形成共识。四川省文物考古研究院雷雨在编辑《广汉三星堆——1980~2000年考古发掘报告》过程中将遗址分期进一步细化为四期13段，三星堆遗址的分期编年体系基本建立。

（二）三星堆遗址聚落格局初步显现。

经过数十次科学的考古发掘及系统调查工作，基本摸清了三星堆古城城内、城外遗存分布和保存状况，确认了东、南、西、北夯土城墙，以及高等级宫殿基址、祭祀坑、公共墓地等重要遗迹点。三星堆遗址三重城圈格局初步明确。城外则以鸭子河流域的小型遗址为主要遗存。

（三）遗址所属考古学文化、源流，及其与其他地区文化交流等大致厘清。

北京大学孙华先生首次将遗址分别归属为三期考古学文化：边堆山文化、三星堆文化和十二桥文化。此后虽然有不同观点，但仅限于三种考古学文化的命名问题。如关于遗址第一期遗存所属考古学文化有边堆山文化、宝墩文化、三星堆一期文化等不同意见，关于遗址第四期有属十二桥文化、三星堆文化、三星堆四期文化等分歧。

一直以来，学界关于三星堆遗址所属考古学文化的源流和延续的观点相对统一，均认为一期、二至三期、四期所属考古学文化前后相继，是同属一个文化序列的不同阶段或不同考古学文化，三者具有继承和发展的关系。三星堆一期遗存所属考古学文化的来源主要有川西北山地和长江中游地区两种说法。2009年在什邡桂圆桥遗址发现的早于三星堆一期的遗存为解决这一学术问题提供了新的资料，发掘者将其命名为"桂圆桥文化"。

研究表明，三星堆遗址在各个时期与盆地之外的考古学文化有着较为密切的交流：一期时与良渚文化、石家河文化等在城墙筑造方法、陶器制作、玉器形制等方面有很多相似之处；二期、三期时与中原地区的夏、商文化在陶器种类、形制，铜器器形、纹饰，以及玉器特征等方面较为相近；四期时与关中地区在陶器形制等方面往来密切，在越南也发现有与三星堆遗址相似的玉石器，或表明二者之间有着较为密切的联系。

（四）城址北部的聚落结构及城墙营建过程大体明确。

经过"十二五"以来的考古工作和研究，三星堆城址北部的聚落结构和城墙营建过程已大致明确。三星堆城址是"一大多小"的格局，"一大"即由东城墙、南城墙、西城墙、北城墙（青关山城墙、真武宫城墙和马屁股城墙组成）合围而成的外城圈。"多小"指位于外城圈内的多座小城。目前已经在城址北部确认了"月亮湾小城"和"仓包包小城"，前者由月亮湾城墙、真武宫城墙、青关山城墙、西城墙北段及其南端东转部分城墙合围而成，后者由仓包包城墙、李家院子城墙、马屁股城墙和东城墙北段合围组成。外城圈和两座小城共用北城墙。由于月亮城墙南段为补筑，马牧河南侧还有三星堆城墙，因此三星堆遗址的大城南部可能还存在其他小城。就目前成果来看，三星堆城址并非一次性营建而成，而是经历了至少三个阶段。

（五）祭祀坑及其出土各类铜、玉石、金器等的年代、形制、纹饰和性质基本清楚。

三星堆祭祀坑研究成果颇丰，大致包括以下几个方面：（1）祭祀坑本身的年代、性质；（2）铜器的形制、纹饰、铸造工艺以及在宗教、祭祀上的用途和寓意；（3）玉器尤其是玉璋的形制、用途、纹饰解读；（4）金器的用途、纹饰解读；（5）各类器物所反映的古蜀国历史、民族情况等。关于两个祭祀坑的年代有殷墟一期、商末周初、西周早期乃至更晚等不同观点，祭祀坑的性质有祭祀坑、亡国宝器坑、墓葬坑等多种看法。而2020年新发现的四号坑，测年结果为距今3148—2966年，属商代晚期。

祭祀坑内出土器物从形制上可分为两大类：其一为具有明显本地风格的器物，如铜面具、头像、神树、立人像，金杖、金面具等；其二为源于中原风格并加以改进的器物，如铜器中的尊、罍、戈等，玉器中的璋等。

（六）其他方面。

诸如铜器成分、金器成分、象牙结构、玉石器矿物成分等科技考古，以及三星堆遗址的保护展示等方面都取得了一些成果。

三星堆博物馆鸟瞰图

总之,通过多年的各项考古工作和研究,三星堆遗址所展现出的古蜀文明内涵、面貌已较为清晰,也使学界对古蜀国的历史变迁、社会构成等形成了一定的认识。

博物馆设立与遗址保护

三星堆博物馆坐落于三星堆遗址东北角,1997年正式对外开放。馆区占地1000亩,展馆面积1.2万平方米,集中收藏和展示三星堆遗址及遗址内一号、二号商代祭祀坑出土的青铜器、玉石器、金器、陶器、骨器等数千件珍贵文物。三星堆文物是宝贵的人类文化遗产,在中国浩如烟海、蔚为壮观的文物群体中,是最具历史、科学、文化、艺术价值和最富观赏性的文物群体之一。在这批古蜀秘宝中,有许多光怪陆离、奇异诡谲的青铜造型,包括通高260.8厘米的青铜立人像、宽138厘米的青铜纵目面具,以及高达396厘米的青铜神树,堪称独一无二的旷世神品。此外,以流光溢彩的金杖为代表的金器,以满饰图案的边璋为代表的玉石器,亦多为前所未见的稀世珍品。

博物馆主体建筑外形追求与地貌、史迹及文物造型艺术相结合的神韵,融原始意味和现代气息为一体。馆外环境布局巧妙,匠心独具,园内绿草如茵,湖光岛影,充分体现了博物馆"馆园结合"之特色。

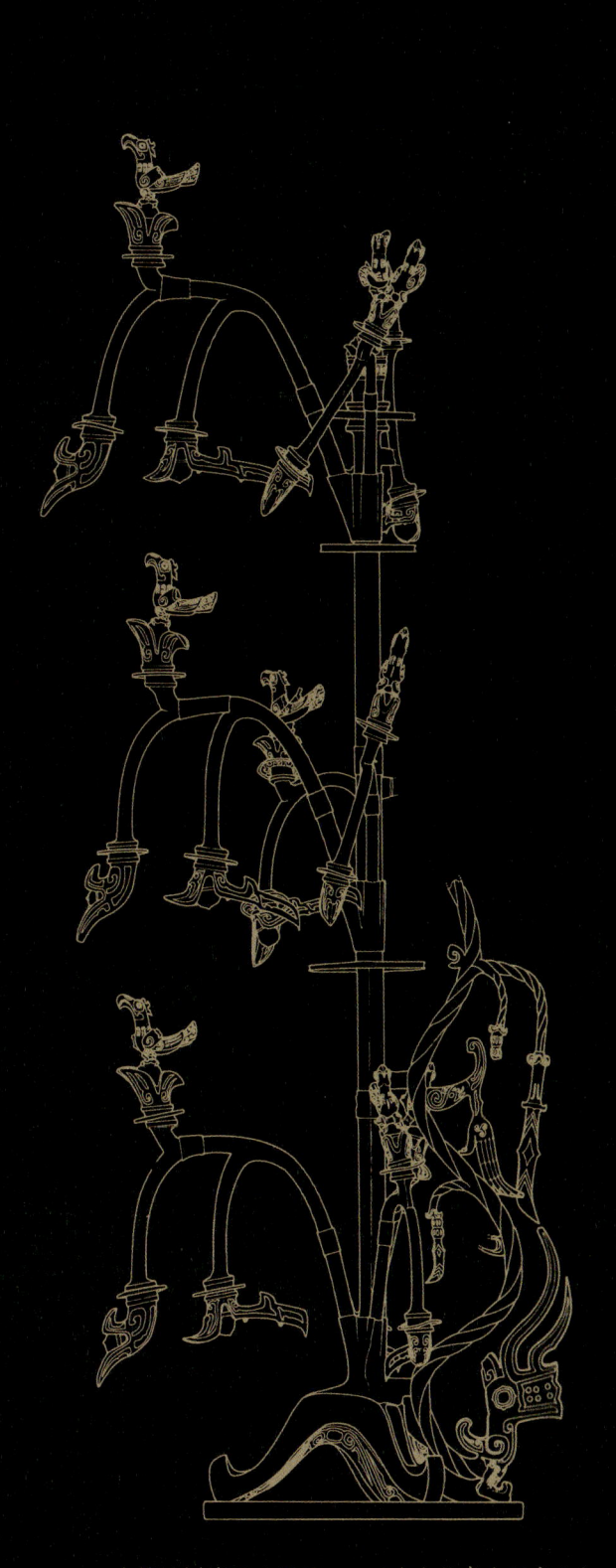

青铜神树线图（供图：四川省文物考古研究院）

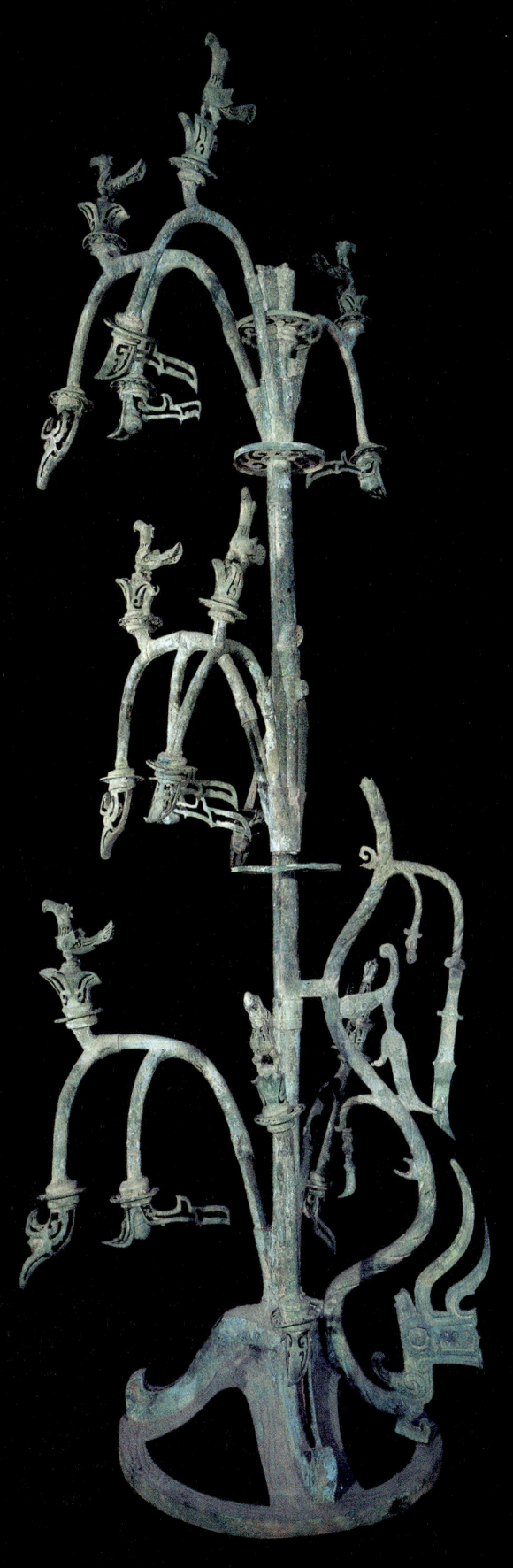

青铜神树（供图：四川省文物考古研究院）

三星堆博物馆开馆以来，先后接待了国内外游客3000多万人次，取得了良好的社会效益和经济效益。历任党和国家领导人前来参观并给予高度评价。

自2002年起，三星堆遗址管理机构按照"保护为主，抢救第一，合理利用，加强管理"的文物工作方针，公布了三星堆遗址保护范围，颁布《三星堆遗址保护管理办法》，依法对遗址进行保护管理；编制《三星堆遗址保护规划》和《三星堆遗址保护展示方案》，为指导遗址保护利用提供了基本依据；对古城墙、月亮湾城墙剖面、祭祀坑、三星堆城墙等重要遗迹本体进行科学展示；稳步实施环境整治项目，修建防洪大堤，疏浚河道，拆除砖瓦厂，迁移电力线路，搬迁了液化气站等企事业单位和部分村民，对城墙等重要遗存地和展示点的文保用地实行退耕保护。2021年9月1日，《四川省三星堆遗址保护条例》正式施行，为三星堆遗址保护管理提供法治保障。

三星堆遗址已入选《中国世界文化遗产预备名单》，按照世界遗产保护遗存本体及其相关历史环境的真实性、完整性的原则，坚持展示的科学性，保证环境的和谐性。依据现有考古成果，突出

三星堆城墙及祭祀区发掘大棚与1980年考古探方复原展示

展示三星堆遗址古城的总体格局和空间规模。目前以古城墙为主线，分西、中、南三大展示区，分别展示西城墙及城壕、月亮湾城墙及城墙剖面、三星堆残堆、祭祀坑等重要遗迹。

三星堆博物馆新馆建设已经启动，预计于2023年底完成陈列布展并正式对外开放。新馆位于三星堆博物馆园区内，占地面积66亩，建筑面积是现有场馆建筑面积的5倍，展陈面积为现有展陈的3倍。新馆除展示三星堆博物馆一号、二号祭祀坑文物外，还将全面陈列展示新一轮重大考古发现的文物。新馆将具备智慧博物馆的功能，突破藏品展陈的时空限制，丰富藏品的展陈方式，扩展展陈内容，提升与观众的互动，打造一个将文物、遗迹和智慧城市融于一体的三星堆博物馆智能生态系统，让观众更加深入地体验古蜀国所创造的灿烂文明。同时，新馆也将彰显三星堆文明的国际影响力，成为体现三星堆国际形象的标志性文化建筑。

三星堆新馆设计效果图

展览展示与公众教育

三星堆博物馆基本陈列为"古城古国古蜀文化",展示三星堆遗址及一号、二号大型商代祭祀坑出土的各类独具古蜀文化特色的珍贵文物,荣获首届(1997年度)全国博物馆十大陈列展览精品。陈列旨在勾勒三星堆文化的起承转合,彰显三星堆文明的辉煌成就,诠释重要文物包含的历史、文化、艺术价值,展现古蜀社会生活画卷,反映古蜀与中原、长江中下游文明交往互动之史实,揭示三星堆实证中华文明多元一体起源的极为重要的学术价值和遗产价值。

自2001年以来,三星堆博物馆基本陈列历经多次扩展、改造提升,在与时俱进中坚持和深化陈列的"科普化"与"艺术化"双美并举的陈列理念,形成了具有自身特色的陈列体系。三星堆博物馆"古城古国古蜀文化"陈列由综合馆(第一展馆)与青铜馆(第二展馆)两大展馆组成。

综合馆展示分题为"三星伴月——灿烂的古蜀文明",展出陶、金、玉石、青铜等各类三星堆文物,陈列主题定位为:纵向贯通和横向展开,清晰勾勒古蜀史发展脉络,全面介绍三星堆王城与重要遗迹,集中反映三星堆古蜀国在各个领域取得的辉煌成就,重在展示古蜀社会物质生活。共设一厅(序厅)四个单元,分别为第一单元"雄踞西南——三星堆古城古国",第二单元"以玉通神——三星堆玉器",第三单元"烈火熔金——三星堆冶炼",第四单元"通天神树——古蜀智慧与精神的象征"。展陈面积约4000平方米,展出各类文物约350件(套)。

青铜馆展示分题为"人神共舞——神秘的青铜王国",陈列主题定位为:全面系统地展示三星堆阵势雄浑、威赫森严的青铜雕像群及一批造型神秘诡谲的青铜神品,反映古蜀先民的精神世界,旨在揭示以三星堆文明为代表的古蜀文明是中华文明的重要组成部分,实证中华文明多元一体的起源和发展特征。共设一厅(序厅)五展区,分别为第一展区"肃肃神宫"、第二展区"众神之国"、第三展区"奇绝秘宝"、第四展区"心路历程"与第五展区"千古之谜"。展陈面积约4000平方米,展出文物107件(套)。

金杖
(供图:四川省文物考古研究院)

青铜馆陈列铜人头像（摄影：张艳）

    三星堆博物馆基本陈列的综合馆、青铜馆形式设计与时俱进。两馆陈列艺术设计考究，通过连续递进的场景组合，营构出动静相生的展线节奏与奇幻莫测的内容意象，有力地揭示了三星堆文物的深刻内涵，集中反映了三星堆文明的辉煌灿烂。

    截至2021年，经过近十次调整、改造、提升，青铜馆、综合馆基本陈列的科普化、艺术化特点愈加明显，三星堆博物馆的陈列体系日臻完善。

    三星堆博物馆作为国家一级博物馆、四川省爱国主义教育基地、科普教育基地和全国中小学生研学实践教育基地，充分发挥三星堆独特的文化资源优势，结合国际博物馆日、文化和自然遗产日、寒暑假等重要节点，开展了丰富多彩的科普宣传和教育活动。

    一是定期开展三星堆文化·校园文化"双进"常规教育活动。博物馆先后到成都、德阳、绵阳等地多所大专院校和中小学宣讲，举办三星堆文化专题讲座，开展制作文物拓片、面具饼干等教育

青少年教育中心

活动。此外,还在企业、社区、乡镇推广三星堆文化,举办流动展览及各种体验活动,让三星堆文化来到群众身边。二是利用寒暑假及文博节日举办"三星堆小小讲解员""少儿考古夏令营""国宝小达人研学班""小小国宝守护人"等特色教育活动。2018年"三星堆国宝小达人"活动,获得中央电视台《朝闻天下》《新闻联播》等节目报道。三是研发"探秘三星堆"特色教育体验活动15项,内容涵盖趣味考古、玉石器加工制作、文物修复、青铜铸造、文物拓片制作、文物饼干制作、文物版画等。四是编写《畅游三星堆》《趣问三星堆》《三星堆发现发掘故事绘本》《解说三星堆》等科普读物和研学手册。其中,与教育部门联合编写的科普读物《畅游三星堆》《趣问三星堆》,荣获德阳市第十一次哲学社会科学研究成果展示活动二级成果奖,并被评为2020年度四川省十佳文博科普读物。五是研发"三星堆VR精灵导览""三星堆考古记""古蜀人的黑科技""奇奇怪怪青铜器",以及以"眼睛崇拜""鸟崇拜""树崇拜"为主题的"历史+科学"等跨学科线上线下研学课程。其中,"吉金铸史——古代青铜器铸造体验课程"获2019年度四川省十佳文博教育案例。六是青少年教育中心投入使用。该中心围绕"三星堆玩国"主题,分为动画区、趣味考古体验区、阅览区、科普知识区、手工活动区及小舞台等区域,建筑面积约1000平方米,可同时容纳100多名学生。

(撰稿人:雷雨 冉宏林 董静 吴维羲)

城子崖遗址博物馆

城子崖遗址位于济南市章丘区龙山街道，总面积为23万平方米，遗址自下而上分别为龙山文化、岳石文化和周代（主要为春秋时期）的地层。城子崖遗址的发掘，在中国考古学史上具有开创意义，为中国史前考古的发展打下了重要基础。遗址揭示出来的龙山文化，对于认识和研究中国新石器时代文化起了巨大的推动作用。

1961年，城子崖遗址被国务院公布为第一批全国重点文物保护单位。1991年，城子崖考古新成果荣获1990年度全国十大考古新发现、"七五"期间全国十大考古新发现。

遗址的发现与考古回顾

城子崖遗址的发现与第一阶段发掘

1928年3月24日，考古学家吴金鼎等人来到龙山。他们计划前往东平陵城考察，需要跨过武源河。

武源河东岸有一条大沟，两壁峭立，沟口上的宽阔台地，就是当地人俗称的城子崖。走在沟底，两壁土层中隐约露出大片灰土和部分陶片，在阳光的照耀下，延续数米的古文化层清晰可见，引起了吴金鼎的注意。虽然此行为东平陵城而来，不便在沟底长时间停留，但这个现象始终萦绕在吴金鼎心中。

此后，1928—1929年，吴金鼎六赴龙山，全面调查了城子崖遗址，为日后的正式发掘做了大量准备。1930年11月，城子崖遗址的第一次发掘正式开始。

城子崖遗址的第一阶段发掘共有两次。第一次为1930年11—12月，以李济为总负责人；第二次为1931年10月，由梁思永主持。两次发掘面积近2000平方米。第一阶段发掘最有特点的出土遗物是黑陶，与西北地区的彩陶呈现出截然不同的面貌，代表着一种新的考古学文化。由于首次发现的遗址位于龙山镇，学界将这种文化命名为龙山文化。

城子崖遗址的第二阶段发掘

第二阶段发掘在1990—1993年进行，由张学海主持。这一阶段发掘的主要任务是确认城墙的年代，因此在四面城墙上开了7条探沟，在西墙北段城址的内外两侧和南墙中段外侧布了2个发掘区，还在遗址西南部寻找和再次清理了1931年发掘的C1—C4探沟，总共发掘面积1000余平方米。

城子崖遗址1990—1993年发掘现场

勘探和发掘查明，60年前第一阶段发掘时发掘到的疑似黑陶期城墙应属岳石文化时期，在岳石文化城墙之下新发现龙山文化城墙，明确了城子崖遗址保存有龙山文化、岳石文化和周代三个时期的城墙遗迹，破解了城子崖城墙的年代之谜。实际上，城子崖遗址是由龙山文化城址、岳石文化城址和周代三期城址重叠而成。

最重要的发现是岳石文化城址。除了相关遗迹外，岳石文化的版筑城墙也格外引人注目。岳石文化城墙是在龙山文化城墙基础上内收修筑的，平面形状与龙山文化时期城墙基本一致，城址面积相对缩小，约17万平方米。相隔60年、两个阶段的发掘，证明城子崖遗址是中国古代东方的中心之一。

城子崖遗址1990—1993年的这次发掘，

张学海在发掘现场介绍发掘情况

于1994年荣获国家文物局颁发的首届优秀田野考古奖二等奖（一等奖空缺）。

城子崖遗址的第三阶段发掘

为配合"中华文明探源工程"课题研究和国家考古遗址公园建设，2013年秋开始，山东省文物考古研究所联合北京大学考古文博学院，将20世纪30年代的纵中探沟复掘。为保存学术史的珍贵印记，这次复掘对探沟东壁进行复刮观察，西壁不动并留下10厘米附土保护。为了贯通整个剖面，还把20世纪30年代没有开挖的第22—27、40—41两段探沟挖开，由于当时的探沟南端止于城墙内侧，没有到南城墙，所以这次发掘将探沟向北延伸了20米。

探沟复掘提供了很多当年没有分辨出来或者分辨不甚清楚的信息。结合20世纪90年代的发掘可知，遗址边缘存在多道城墙，中心部位有大范围淤土堆积，面积可达万余平方米。解剖地层发现，这片淤土堆积历经龙山文化、岳石文化、周代三个时期，应该是遗址中心部位的一片洼地，有积水的时候形成淤土堆积，积水干了就会有古人活动。

遗址整体文化堆积可分为三期：

第一期为龙山文化时期，在遗址边缘修筑了城墙。城墙为夯筑，但外侧城壕完全被岳石文化城墙破坏。文化堆积主要集中于城内北半部，发现有墓葬、灰坑、窖穴、房基垫土和基槽柱洞、井、沟等，在接近中部洼地的位置还发现一条人工壕沟。城址北部有一块约3万平方米的封闭空间，是龙山文化堆积最为丰富的区域。

第二期为岳石文化时期，遗址外围发现两道城圈，其中外侧城圈经历反复修缮，打破龙山文化城墙和城壕。内侧城圈位于龙山城墙内侧，与外侧城圈相隔约10米，但城墙本身的建筑更加高大、规整。

第三期为周代，文化堆积以春秋时期最为丰富。北部灰坑很多，向南发现大型方坑和小型夯土基址，中部是洼地，南部发现很长的石砌墙基。

2014—2015年，对城子崖遗址台地及台地南缘中段南城门位置进行了小面积发掘，并对南部断崖剖面进行全面清理。

这次发掘首次于遗址南部明确发现

岳石文化晚期祭祀坑

了龙山文化城墙遗迹。根据清理岳石文化晚期城墙所获资料，基本确定了岳石文化晚期城址南城门的具体位置，弄清了岳石文化晚期城垣基槽的基本结构及后期修葺情况。

2016—2017年的发掘，重点复掘20世纪30年代的5条探沟，解剖了城子崖西城墙及壕沟，发掘了城子崖岳石文化晚期城址北城门。2018—2019年，考古人员对城子崖岳石文化晚期北城门又进行重点发掘，通过对比上一年度的发掘区域，比较完整地揭露了北城门遗迹。

北城门遗迹位于城子崖遗址北部，被两段相对独立的隔墙分隔出3个相邻的豁口，豁口应为当时开设门道的位置，分为北偏门、中门、南偏门。隔墙附近还发现了警卫性质的门塾建筑遗迹。北偏门又被夯土基坑等分为3个门道，即北门道、中门道、南门道，每个门道宽约7.5米。

遗址的研究与文化价值

城子崖遗址是由中国考古学家独自发现、独立组织发掘的遗址，是完全由中国人主持进行发掘的第一个史前城址。第一阶段的发掘采用一套科学的记录方法，带有明确的学术目的。这次发掘不仅为中国文明起源问题的探讨找到了一个新方向，也为田野考古工作提供了可以遵循的范例。

城子崖遗址的第一阶段发掘，揭示出一个当时尚未被世人所知的考古学文化——龙山文化，对认识中国新石器时代的考古学文化面貌有重大推动作用。

第二阶段的发掘表明，城子崖龙山文化城址具有早期城市的雏形，说明当时它已经成为一个权力、经济、文化的中心，已具备早期方国特征。城子崖岳石文化城址的发现，填补了我国城市考古的空白，也为研究中国文明的起源、中国城市发展及当时各考古学文化之间的关系提供了重要材料。

在前人工作的基础上，第三阶段的发掘重新梳理了各期城址的范围及结构特征，为分析研究龙山、岳石城址更迭及城址防御模式演变提供了非常难得的材料。城子崖是目前岳石文化唯一能确定大型城址存在的遗址，早晚两期城址的确定，更加突出了城子崖遗址在岳石文化阶段的重要性，特别是岳石晚期"一门三道"城门结构的出现，是社会结构分化后礼仪制度在城址结构上的政治表现，为研究岳石文化社会结构、组织形式及礼制发展提供了新的视角。

遗址博物馆的设立与遗址保护

城子崖遗址博物馆的设立

城子崖遗址博物馆于1994年建馆，总占地面积3万平方米，主体建筑面积4000平方米，设计独特，远眺似一组古建城堡，俯瞰如一只展翅欲飞的玄鸟。城子崖遗址博物馆的建成，在龙山文

城子崖遗址博物馆

化宣传、龙山文化研究、城子崖遗址和出土文物的保护、章丘古文化宣传等方面起了非常大的作用。龙山文化也成了章丘的一张名片。

博物馆于2012年开始进行改造提升，2013年完工。2014年底，城子崖国家考古遗址公园一期工程开工，2015年8月竣工。一期工程对博物馆周边环境、游客服务中心、中心广场、园内道路、进园门口、西城墙遗迹保护建筑进行了建设。一期工程完成后，博物馆周边环境大大改观，观众数量大幅增加。

2021年，章丘区有关部门持续推进城子崖国家考古遗址公园建设，深化博物馆数字化建设。数字化的博物馆用场景动画还原历史真实，用视频故事探寻历史脉络，在讲解互动中实现智能与历史的碰撞。

城子崖遗址的保护

1961年，城子崖遗址被国务院公布为第一批全国重点文物保护单位；2008年被国家文物局列为"十一五"期间全国重点保护的100处大遗址之一。

2010年底，城子崖遗址保护总体规划编制工作启动，由西北大学文化遗产保护规划中心编制总体规划。2013年6月，《城子崖遗址保护总体规划》通过国家文物局专家评审。

2013年，博物馆展开遗址公园申报相关工作，编制《城子崖国家考古遗址公园规划》及相关考古工作计划、文物影响评估报告等，上报国家文物局。12月，城子崖国家考古遗址公园入选第二批国家考古遗址公园立项名单。

城子崖国家考古遗址公园鸟瞰图

遗址公园规划总面积约132万平方米，包括遗址展示区、博物馆展示区、管理服务区、预留区、滨河遗址风貌区、陶艺展示区、考古体验中心、农耕区等。2017年12月，城子崖国家考古遗址公园正式挂牌。

城子崖国家考古遗址公园积极开展文物保护工作，在规划总体保护的基础上，根据遗迹本体保护需要和遗址公园建设需要，策划多个保护专项工程。如城子崖遗址西城垣展厅内城垣遗迹本体保护工程、城子崖遗址北区城垣遗迹本体保护工程、城子崖遗址南区城垣遗迹（一期）本体保护工程等。下一步准备启动城子崖遗址北城门及北城垣的保护性展示工程。

为对出土文物进行有效保护，2013年，博物馆将303件文物委托山东博物馆进行修复保护。2020年起草了焦家遗址200件移交文物的修复方案，将组织相关修复保护工作。

遗址博物馆的展览展示、公众教育

展览展示

城子崖遗址博物馆按照"考古圣地、文明之星"的主旨布展，展览面积3000平方米，由序厅、"龙山破晓"、"文明之星"、"考古圣地"、"济南寻根"五部分组成。主要展示了后李（西河）文化、北辛文化、大汶口文化、龙山文化、岳石文化时期的遗迹遗物以及汉代济南郡（国）都城东平陵故城遗址出土的文物。突出展示了城子崖遗址在20世纪30年代和90年代发掘的重大成果。展厅以全新的设计理念、先进的多媒体展示技术重现历史，让观众获得更丰富的观展体验。

展厅中的智能设备

公众教育

作为山东省首批爱国主义教育基地的城子崖遗址博物馆,始终把博物馆社会教育工作作为重点。博物馆非常重视馆校合作,针对青少年群体推出"第二课堂",让孩子们到博物馆学习;联合大专院校,建立"学校—博物馆—社会"的网络;利用周末、寒暑假等,开办各种讲座、青少年教育系列活动。

2018年以来,博物馆重点打造了"城子崖研学"社会教育品牌,使城子崖遗址国家考古遗址公园、城子崖遗址博物馆成为重要的研学基地。2019年初推出的"史前工场"是省内首家大型史前社会研学、教育、体验公益项目。

城子崖遗址博物馆的社会教育活动,以城子崖深厚的文化底蕴为依托,全方位、立体式地向广大观众呈现了4000多年前先民的生活画卷。陶艺制作、植物拓染、石器磨制、原始农耕体验等一系列活动,让青少年在体验中找到乐趣,感受文化的魅力。

城子崖遗址自发现以来,走过了将近一个世纪,其价值越来越得到人们的重视。随着时代的发展,城子崖必将迎来文物保护、科学研究和社会价值的多重实现。

(撰稿人:李明通)

民和县喇家遗址博物馆

喇家遗址位于青海省海东市民和县官亭镇喇家村，地处黄河上游的官亭盆地，坐落于黄河北岸的二级阶地上，面积约72万平方米，是以青铜时代早期齐家文化大型聚落为主，兼有马家窑文化、辛店文化、汉晋遗存等不同文化内涵的聚落遗址。遗址发现了齐家文化的聚落居址、环壕、广场、祭坛等重要遗迹，出土了大量的石器、陶器、玉器、骨器和其他各类遗物千余件，保留有史前地震和黄河大洪水或山洪等多重灾难遗迹，真实地再现了4000年前一个人类聚落的灾变场景，是极为难得的史前灾难遗址，被称为"东方庞贝"。

喇家遗址入选2001年度全国十大考古新发现，2002年被国务院公布为全国重点文物保护单位，2005年被国家文物局确定为"十一五"期间100处重要保护的大遗址，2010年被列入国家"十二五"规划期间国家大遗址保护名录，2013年被国务院批准立项为国家考古遗址公园。

喇家遗址的发现与考古

1981年青海省文物考古研究所在调查中首次发现该遗址。1998年10月2日，中国社会科学院考古研究所对该遗址进行了调查，征集到石刀2件、马厂类型彩陶壶1件、齐家文化素陶罐4件。

1999年6月23日—7月7日，中国社会科学院考古研究所与青海省文物考古研究所、民和

民和县喇家遗址博物馆

县博物馆共同对该遗址和官亭盆地的16处古文化遗址进行了调查和钻探，为后续的发掘工作提供了可靠的资料。

1999年，探明喇家遗址是一处超过20万平方米的大型聚落，把原来分为3块的遗址，整合为一个以齐家文化为主的大遗址。试掘发现了宽大壕沟、玉器以及房址里出玉器的现象，掌握了埋藏和堆积情况。

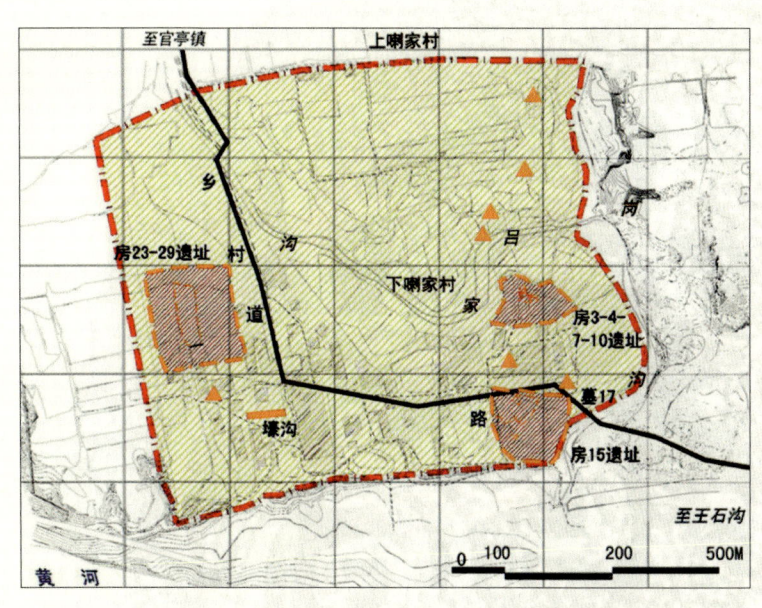

2000年，在遗址东区台地发现了F3、F4、F7等房址，并在房址内发现了人骨遗骸和灾难遗迹，首次揭露了史前灾变现场；在F4北边又发现了一段壕沟，证实喇家遗址是一处拥有宽大环壕的聚落；发现零星墓葬。出土了一批包括大量玉器和大石磬的重要遗物。考古发掘和环境考古同步进行，最先发现了黄河大洪水沉积物红土堆积，确认洪水灾害。普遍采集了人骨DNA样品，用最新科技手段进行分析鉴定。

喇家遗址遗迹分布

2001年，在遗址东南台地发现广场遗迹、杀祭坑、埋葬坑等祭祀现象，再现远古人类的祭祀仪式活动场所；发现F10人骨遗骸，清理出房址堆积的先后地层关系；发现保存较高墙体的窑洞建筑F15，证实了窑洞式建筑结构是喇家遗址房屋的主要建筑形式，发现房址里的壁炉，判定为烤炉；发现多处地震遗迹（地裂缝、地面起伏、塌陷和砂管、砂脉、喷砂等）现象，推定地震灾害；在广场硬面下探掘到壕沟样态的堆积地层，说明遗址聚落结构有早晚的变化。地层关系还表明，喇家遗址灾难发生的顺序是地震在先，洪水在后，两者一起导致了这个史前聚落的毁灭。

2002年，在小广场范围扩大发掘，揭露更大面积的硬面，发现特殊地面建筑，其中F20是拥有12个柱洞的特殊房址，F21是拥有9个柱洞的干栏式建筑；注意到广场北边的土台遗迹和祭祀性墓葬，又发现了广场硬面下的多个墓葬；发现面条、大型玉刀等遗物。同时，环境考古调查继续向纵深开展，发现遗址周围大范围地震遗迹现象，初步测算烈度和震级。

2003年，继续追踪土台遗迹，清理出部分土台硬面，明了土台的缓坡覆斗形制、人工堆筑方式及特殊加工形式，发现土台顶上的高规格墓葬，初步认定这是广场上的祭坛。

喇家遗址 4 号房址内的灾难现场

喇家遗址 V 区小广场地面上的地震遗迹

2004年，在遗址西区进行发掘，继续发现了窑洞式建筑和灾难现象以及因灾难而埋藏在房址（F23）里的人骨遗骸，发现灾难遗迹的地层先后关系和堆积特征，确定了与东区相同的埋藏现象、堆积年代及遗址毁弃时间和原因。进一步证明和检验了喇家遗址的灾难因素与灾难堆积地层关系，了解了西区的埋藏情况、文化遗存、文化现象、灾难现象，尤其是地层层位关系，为下一步扩大发掘和深入全面认识喇家遗址与探索齐家文化社会发展和社会结构提供了新资料和新思考。

2005年，对喇家遗址北区进行发掘，发现了辛店文化的堆积和墓群，发现辛店文化与齐家文化的连续地层关系，之间隔了洪水时期的洪积层（即红土堆积）。发现的辛店文化墓葬主要是土坑偏洞二次葬，人骨扰乱不全，随葬器物很少且残破。在西区发现了新的建筑格局，以及可能是旱作耕地的线索。

2006年，在遗址北区继续小范围的考古发掘，试探该区域的埋藏情况。同时开展对于史前旱作农业耕地的尝试性清理，发现了一些现象，并采样进行科技方法的测试。

2007年，在原有发掘范围内，发现了堆积更深的地层，发现了连续的不同时期的较完整地层，采集了丰富的测年样本，进行年代测定。在遗址北区发现了喇家遗址早期的居住遗存（房址）和人类活动遗存（活动面、灰坑窖穴等），发掘出一批祭祀性质的儿童墓葬，发现了地震灾难事件及其发生前夕的遗存和地层，发现大裂缝、大量喷砂以及砂脉，还有灾难形成的堆积物，随后还有灾难堆积的再生堆积层，然后是辛店文化的堆积层。发现早期房址打破红土堆积的现象，提示了喇家遗址红土堆积的来源可能比原先所知道的要复杂，给研究带来新的课题。

2014年，在遗址西区揭露出喇家遗址第一座陶窑，为研究齐家文化陶器烧造技术增添了重要资料，同时结合出土的陶拍来看，喇家遗址出土的部分齐家文化陶器应为当地生产制造。3座房址共用一处门前场地，此现象为喇家遗址首次发现，丰富了关于喇家遗址房址结构的认识，同时大面积集中分布的房址更为探索齐家文化的聚落形态及社会结构提供了难得的线索。房址F52内的窖穴中出土了5件灼痕排列有序的卜骨，对了解齐家文化先民的宗教活动及精神生活具有重要的意义。在4号保护棚内新揭露的两座墓葬，皆随葬多件齐家文化玉料，与青海乐都柳湾，甘肃永靖秦魏家、大河庄等墓地内的墓葬随葬品存在较大差别，如何认识这些葬于居址内的墓主人身份以及喇家遗址的丧葬习俗是今后需要探讨的新课题。

2015年，在Ⅷ3区新发现了齐家文化时期的一些灾变迹象，不但有地震导致的剧烈地表形变，而且有较厚的洪水堆积。同时，最新揭露的层位关系表明，地震与洪水的发生状况可能比已有的认识更为复杂，这为深入研究喇家遗址齐家文化聚落的最终废弃过程提供了特别重要的新线索。通过再次发掘，人们对环壕的宽度及环壕内的各层堆积状况、成因及废弃过程有了深入了解。通过对不同地点的发掘，并结合往年的发掘情况，考古工作者不仅对齐家文化时期的聚落布局有了新认识，而且发现每个地点的文化内涵有所不同。这进一步提示我们，遗址很可能存在一定的功能分区。从以往的发掘情况来看，辛店文化遗存主要集中分布于上喇家村，在下喇家村仅发现个别灰坑。可喜的是，此次在Ⅷ3区的两个探方中集中发现了10余个形制比较规整的灰坑，以及辛店文化时期的地层堆积。多数灰坑的性质应为窖穴，个别灰坑则不排除是祭祀遗迹的可能，表明辛店文化先民在下喇家村也曾有过较为重要的活动。除此之外，汉代遗存也是极为重要的发现。喇家遗址首次揭露如此丰富的汉代遗存，为我们了解喇家遗址的汉代聚落形态提供了重要信息。特别值得一提的是，汉代遗迹保留了大量的工具痕迹，这是极为难得的考古发现。

2016年的考古工作表明，环壕是喇家遗址这一重要的区域核心聚落的重要组成部分，对西侧壕沟的发掘，确认了遗址西侧存在人工壕沟，并进一步明确了遗址的西界。F62南壁发现疑似壁画，由红、黑、白三色组成，由于保存较差，无法辨识具体图像。F63是2016年发掘的比较重要的一处房址，可分为早晚两期，晚期房址是在早期房址废弃后，二次利用扩建而成。早期房址发现壁炉、壁龛、壁灯、灶、器座坑等重要遗迹现象，其中，壁炉结构清晰，烟道完整，有助于了解当时壁炉的建造方式和用途。晚期房址发现完整的陶仓、陶盉、双耳尊形器、玉钺等珍贵器物，为喇家遗址增添了新的文化内涵。

2018—2019年，发掘区域主要位于Ⅴ2区高压电缆管道、Ⅷ1区南缘台地、Ⅷ3区环路、Ⅷ1区道路护坡4个地点，共发现遗迹140余处，其中房址7座、墓葬1座、祭祀坑1座、大型冲沟1条、石堆2处、灰沟2条、灰坑130余座。通过发掘，基本摸清了马家窑文化的分布范围，进一步了解了齐家文化早期和辛店文化早期遗存面貌，发现了序列完整、反映灾难事件的沙层堆积，揭露了祭祀坑和大型冲沟等重要遗存现象，从层位上明确了地震裂缝的年代。上述发现，不论对厘清喇家遗址先秦时期各文化阶段聚落整体布局和区域性特点，还是对探究喇家遗址各阶段生业模式和废弃过程，都有着重要意义。

遗址的研究与文化价值

喇家遗址的发现，特别是发现并经过科学论证的我国第一处史前灾难遗址，以及祭祀广场、祭台、房屋、壁炉等聚落遗迹，为探讨史前社会发展状况和史前人地关系，尤其是发生灾变的极端关系，提供了一个重要考古实例。其科学意义涉及动物考古、植物考古及其他多个学科如分子生物学等，远远超出考古学范畴,对人们认识洪水灾害、地震灾害、气候变化、环境变化,以及防灾减灾等方面,有着重大价值。

喇家遗址作为齐家文化晚期中心聚落,在喇家黄河二级台地上生存、繁衍近1000年,属于典型的"叠置"型遗址,包含了马家窑文化、齐家文化、辛店文化等文化遗迹,反映了人类聚落发展的稳定性。喇家遗址存在马家窑文化、齐家文化、辛店文化、卡约文化和汉以后时期遗存,遗址存续时间长。各时期遗存的分布区域、范围大小明显有异,显示出发展演变迹象。马家窑文化遗存主要位于遗址东区南部;延续了300多年的齐家文化时期是喇家遗址发展最为兴盛的一个阶段,在诸区域有着广泛分布,且包含许多新现象、新内容,在考古学中具有特别重要的学术意义;辛店文化遗存少量分布于遗址北区和东区;汉以后时期遗存多见于遗址西区、北区和南区。

喇家遗址出土的文物,反映了当时的手工业发展水平及社会发展状况,丰富了对齐家文化面貌的认识。窑洞式建筑的确认,对研究黄土地带史前聚落形态类型、窑洞式建筑的发展历史及中国古代建筑起源与发展,都具有重要价值。

遗址博物馆的设立与遗址保护

2012年3月16日,民和县喇家遗址博物馆设立。2013年,青海省人民省政府批准公布《喇家遗址保护总体规划》。民和回族土族自治县人大常委会依据《中华人民共和国文物保护法》等有关法律法规,制定了《民和回族土族自治县喇家遗址保护管理条例》。2015年5月8日,省十二届人大常委会第十九次会议审查批准《民和回族土族自治县喇家遗址保护管理条例》,于2015年8月1日起施行。

喇家遗址一号保护展示馆于2006年9月建成,位于喇家遗址东南部,建筑面积为537.36平方米。民和县喇家遗址博物馆于2018年5月建设完工,总用地面积20 092平方米,总建筑面积7591平方米,保护展示设施7350平方米。

主题展览全方位呈现喇家遗址

民和县喇家遗址博物馆整体建筑将青海高原黄土肌理与远古黄河洪暴元素结合,作为创意理念,形成具有浓厚地方文化特色的建筑,恢宏壮观。博物馆的主题展览"大爱无疆——先祖农耕文明展",集中展示了遗址内出土及征集的文物珍品260余件,凸显出黄河上游古代先民艰苦经营的沧桑历程。

主题展览分为四个部分:序厅通过图片、视频等资料介绍远古官亭及喇家遗址考古时序等相关

主题展览序厅

主题展览展厅

喇家遗址1号保护展示馆

内容;"末日灾难"通过对遗址灾难场景及生活场景的还原,集中展示4000年前喇家遗址光辉灿烂的文明史、灾难悲情的现象及灾难来临之际人类人性的真实呈现;"传世瑰宝"集中展示喇家遗址出土及征集的玉器、骨器、石器、陶器等文物珍品,4D影厅还原灾难遗址场景。四部分有机关联,达到全方位传播效果。

喇家遗址1号保护展示馆分为两间展厅,陈列喇家遗址的四座遭遇灾难的房址遗存。室内,慈母以身护子的惊悚一幕冲击着人们的眼球,23具姿态各异的人骨遗骸折射出4000年前的黄河悲歌。房址F4中有男女老少14具人骨,以小孩居多,还有两名女性,呈现出各种非正常死亡姿态。房址F3平面呈椭圆形。门前场地有一个灰坑,是放垃圾用的,可见4000多年前,先民们就已经有了保护环境的意识,房址内有两具人骨。房址F7为圆形房址,内有四具人骨,其中三具人骨保存完整,另一具人骨破坏严重,只留下一条腿骨。F7中有一个小孩头朝南,匍匐在地,一条地震大裂缝将小孩手臂撕裂,分置于裂缝两侧。房址F10中有两具人骨,两人同时奔向门道,最终因房顶垮塌被压倒在地。

2002年11月22日,青海省文物考古研究所蔡林海老师在房址F20内发掘出一个橘红色倒扣的陶碗,其内圆台状沉积物顶部有面条状遗存。经鉴定,这碗面距今约4000年,是目前所知世界上最早的面条,学术界将其称为"中华第一碗面"或"史前第一面"。面条的大量成分是粟,还有少量的黍。面条能够保存至今,也极为偶然,先是地震将陶碗倒扣在地面上,然后,接踵而至的

洪水将泥土填在碗内，相当于我们现在使用的真空打包袋，起到了隔绝面条与空气的作用，保护了面条。更让人惊讶的是，在陶碗的泥土里发现了肉和调料的成分。这一发现将面条的历史向前推进了2000多年，是我们人类文明史上光辉灿烂的一页，也是喇家遗址走向世界的一大亮点。

喇家遗址还出土一块石磬，长96厘米，宽61厘米，厚4厘米，用深色页岩制成，两面及四周边缘经过细致修琢，上端对钻穿孔，可系挂。

"史前第一面"

石质权杖头为琢磨而成，通体磨制光滑，类似梨形，上大下小，中有用来安装权杖的圆孔，直径约7.6厘米，厚约3.6厘米，中间穿孔直径约0.85厘米。

喇家遗址较多房址中发现壁炉。壁炉依墙壁或墙角横向掏挖而建，多使用石板将炉体隔成上下两部分，石板上表面较平整，为使用空间，个别壁炉石板上放置陶器，石板下为炉膛，积满烟炱。

石磬 　　　　　权杖头

F27内的壁炉遗迹

民和县喇家遗址博物馆通过优质的展览、科学的保护技术、扎实的研究成果、丰富的教育活动，打造有温度的博物馆，已逐渐成为促进科研、文化教育的重要场所，荣获青海省爱国主义教育基地、民和县研学基地等省市县级荣誉称号。博物馆将继续有效发挥文化遗产保护利用在经济社会发展中的重要作用，将喇家遗址打造成青海历史文化的"金名片"。

（撰稿人：柳英发）

成都金沙遗址博物馆

成都金沙遗址博物馆（简称"金沙遗址博物馆"）位于四川省成都市区西部，是在商周金沙遗址原址上建立的专题博物馆，旨在保护、研究、展示和传播古蜀文明和金沙文化。金沙遗址博物馆现为全国重点文物保护单位、国家一级博物馆、首批国家考古遗址公园、国家AAAA级旅游景区、2020年全国最具创新力博物馆。

遗址发现与考古回顾

　　2001年2月8日下午，在现代化机械的轰鸣声中，一个封存了3000多年的地下宝库在四川省成都市金沙村悄然打开，无数的金器、铜器、玉器、石器、象牙等珍贵文物破土而出，数量之多、器物之美让世人惊叹。考古人员仅在机械挖掘出来的泥土中便清理出文物1400余件。随即，成都文物考古研究所（2017年6月更名为成都文物考古研究院）在此区域先后进行了三次考古发掘，发掘面积5895平方米，确认这是一处面积近1.5万平方米的古蜀王国专用祭祀区。祭祀区平面形

祭祀区 L8 遗物堆积

状大致为西北—东南向的长方形人工土台，目前已发现 65 个祭祀遗存，出土文物数量巨大，种类丰富，部分文物选料考究，工艺精湛，造型奇特，等级高贵，包含关于古代信仰的神秘信息。

为配合城市基本建设，成都文物考古研究院在遗址周边 100 多个地点开展大规模的勘探和抢救性发掘工作，发掘面积达 20 余万平方米，发现各类重要遗迹 3000 余个，包括大型建筑基址区（宫殿区）、一般居住区、祭祀区、墓地等。而早在 1995 年底，在摸底河北岸黄忠村一带发现的大量商周时期文化遗存与上述遗存也同属一个遗址。考古工作者根据考古学对遗址命名的基本原则，将这一区域包括黄忠村在内的商周时期遗址统一命名为"金沙遗址"。

金沙遗址兰苑地点考古发掘现场

在考古发掘过程中，野外考古、室内整理、保护与研究同步进行，工作人员借助动物考古、植物考古、体质人类学考古、环境考古、空间考古、文物保护等大量新兴科技考古手段与方法，尽最大可能提取遗址信息，注重文物发掘与保护并重，二者"无缝连接"，实现文物保护的及时有效性。

2001年12月，金沙遗址获评2001年度全国十大考古新发现，并被誉为"21世纪初中国第一个重大考古发现"；2006年5月，国务院公布金沙遗址为第六批全国重点文物保护单位；2006年12月，金沙遗址与三星堆遗址、古蜀船棺合葬墓一同被列入《中国世界文化遗产预备名单》。

遗址研究与文化价值

经过数年的勘探发掘与研究，基本确定金沙遗址的分布面积在5平方千米以上，北过蜀汉路，东临同和路与青羊大道，西至三环路外侧，南接清江中路和西路，也就是分布在以前的金沙村、黄忠村、龙咀村、红色村、郎家村等自然村的范围内。遗址内存在大型建筑基址区、一般居住区、祭祀区、墓地等几大功能分区，祭祀区位于遗址以东，紧靠北面的一条古河道，面积约1.5万平方米，是一处长期使用的滨河祭祀场所；出土金器、铜器、玉器、石器、象牙器、漆器等珍贵文物6000余件，还有数以万计的陶片、数以吨计的象牙以及数以千计的野猪獠牙和鹿角等。大型建筑基址区位于祭祀区以北，共10座建筑，呈倒品字形排列，南北长约130米，东西宽约90米，建筑面积超过1万平方米，规模大、等级高、布局有序、结构严谨，与金沙遗址同时期中小型建筑居址判然有别，应属金沙"王都"最高统治者使用留存的重要遗迹区——宫殿遗址区。二者之间还发现一处用砾石和红烧土铺成的较为平整的活动面，面积约1万平方米，推测其可能是一处大型广场遗迹。除此之外，宫殿遗址区和祭祀区周围还广泛分布着集中的陶窑、4个大型墓地和多处平民居住区。

20世纪80年代以来，考古工作者陆续在金沙遗址东南面的抚琴小区、十二桥、方池街、君平街、指挥街、盐道街、岷山饭店、岷江小区等地，发现和发掘了数十处商周遗址，绵延十余千米，被称为"十二桥遗址群"。金沙遗址与这些同时期遗址共同构筑起商周时期成都平原的考古学文化面貌。其中，金沙遗址面积最大、出土文物级别最高，因而成为十二桥遗址群的中心遗址。

目前可以确认，金沙遗址主体文化遗存的时代约在商代晚期至西周时期，极有可能是三星堆文化衰落后在成都平原兴起的又一政治、经济、文化中心，是古蜀国的都邑所在，也是中国先秦时期最重要的遗址之一。其发现将成都城市史提前了近1000年，对古蜀文明及中华文明起源、发展的研究有着重大意义，具有重要的历史、社会、科学、艺术价值。

可以说，金沙遗址复活了一段失落的历史，再现了古代蜀国的辉煌，并串联起成都平原先秦时期宝墩文化—三星堆文化—金沙·十二桥文化—晚期蜀文化的考古学文化序列,填补了古蜀历史的空白,与成都平原的史前城址群、三星堆遗址、战国船棺墓葬共同构建起古蜀文明发展演进的四个阶段,极大地拓展了古蜀文化的内涵与外延,特别是为破解三星堆文明突然消亡之谜找到了有力证据,也共同证明了成都平原是长江上游文明起源的中心,是华夏文明重要的有机组成部分,为中华文明起源"多元一体"学说的确立提供了重要佐证。

博物馆设立与遗址保护

原址建立的博物馆

金沙遗址的发现与发掘受到各级政府的高度重视。为保护、研究、展示金沙遗址及古蜀文明,2001年底,成都市政府便开始组织全国文物保护、考古发掘、城市规划方面的专家对金沙遗址的保护进行了论证。2002年,根据论证会意见,迅速划定了遗址的保护范围和建设控制地带,并建立健全了政府主导、各方配合的遗址保护格局。2003年,成都市政府划定以祭祀区为核心的456亩土地为金沙遗址文物保护区,并批准筹建金沙遗址博物馆。同年,开始进行遗址的文物保护总体

建成后的金沙遗址博物馆

规划和可行性报告研究，并严格规定了遗址周边建筑的高度及色彩协调等问题。2004—2005 年，金沙遗址博物馆的建设方案得到了国家文物局和有关专家的充分认可，成都市政府、财政部、国家文物局先后划拨专项资金，支持金沙遗址博物馆的建设。2007 年 4 月 16 日，金沙遗址博物馆正式对外开放，一座占地面积 456 亩，总建筑面积约 4.1 万平方米，由遗迹馆、陈列馆、文物保护与修复中心、文化交流中心、游客中心及园林区等部分组成的城市新地标在成都市区的西北部崛起。

遗址保护

金沙遗址是第六批全国重点文物保护单位，保护范围与遗址博物馆面积基本一致。金沙遗址博物馆作为金沙遗址的管理和使用单位，一直积极开展文物保护利用工作，切实加大文物的保护与监测力度，加强文物的合理利用，实现了具有遗址博物馆特色的文物保护利用方式，也取得了一些成绩。

土遗址保护

金沙遗址祭祀区是目前中国保存最完整，延续时间最长，祭祀遗迹、遗物最丰富的遗存之一。考古发掘之初，为保护遗址本体，同时保证考古发掘工作的正常进行，在金沙遗址祭祀区修建了临时保护大棚。2004 年，又在临时大棚的基础上修建遗迹馆。遗迹馆为全钢架建筑，对金沙遗址核心保护区实施整体保护。

金沙遗址博物馆一贯注重土遗址本体的日常保养维护工作，坚持日常巡查和专项巡查相结合，做好巡查记录，发现问题及时汇报、及时解决，确保土遗址及裸露文物处于可控的安全范围之内。此外，博物馆还联合成都文物考古研究院在土遗址内开展裂隙修补和本体加固处理，每年进行半裸露骨角质文物、乌木等文物或标本的日常保养。通过对骨角质文物病害现场会诊、实验室检测、病害评估、现场试验、现场保护、后续巡查、记录与评估等一系列工作，改善了此类文物的保存状态，延缓了其衰老周期。对于遗址受地下水影响引起的病害，博物馆采取局部降水的方式，暂时缓解了地下水的影响。

裂隙修补现场

遗址及文物监测

监测作为遗产保护的重要手段，可以及时发现和处理遗址保护中出现的问题，实现对遗址最迅速和最低限度的干预。为及时发现和处理金沙遗址核心保护区土遗址出现的问题，博物馆搭建了"遗迹馆动态信息监测及预警系统"，在遗迹馆土遗址内布设了部分温湿度、紫外线强度、土壤含水率、文物本体信息采集、震动等监测设备，在遗址内和遗迹馆外安装了水位监测装置，同时还定期开展遗迹馆污染气体采样工作，为今后土遗址本体保护和环境改善提供了科学依据。建立的"金沙遗址土遗址保护与监测实验室"可以开展土体加固实验、骨角质文物养护实验等工作。

作为馆藏文物预防性保护的试点单位之一，金沙遗址博物馆目前已经开展了两期预防性保护工程，建立了"馆藏文物预防性保护监测平台"，对文物保存环境进行实时监测。通过分析监测数据，提出改造方案，实施一系列改造项目，提升了文物及其存放环境的预防性保护能力。

数字化保护

金沙遗址博物馆不断利用新兴技术，加强对遗址的数字化保护。比如，基于智能感知技术和无损检测技术，针对博物馆遗址本体健康状态及影响因素进行全面量化分析；综合应用图像和点云数字化采集加工技术，获取文物、遗址的高清图片和三维数据模型，形成金沙遗址数字资源库；通过智能数据挖掘和分析处理技术，以可视化的形式，推动文物保护数据的充分利用。

至今，已完成祭祀区核心区域 7886 平方米的三维数据采集及建模，完成金沙遗址博物馆的 360°VR 全景采集、正射影像及航拍数据采集，采集了 59 件馆藏文物的三维数据，完成 2976 件

祭祀区核心保护区三维影像图

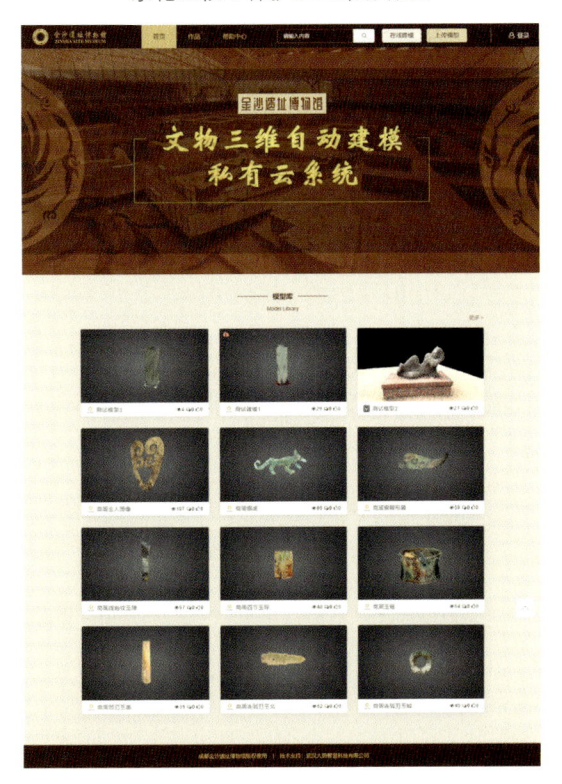

文物三维自动建模私有云系统

（套）文物的高清图片拍摄，建立了一套"文物三维自动建模私有云系统"，实现对文物三维数据的处理、管理、存储及展示。丰富的数字化保护手段大幅提升了遗址保护水平，为文物的研究和展示提供了基础资料。

此外，针对金沙遗址已发掘出土的金器、铜器、玉石器、陶器、漆木器及象牙等上万件文物，金沙遗址博物馆每年按照文物保存状况制订修复计划，目前已经对部分金器、铜器、玉石器、陶器进行了修复，对提取出土的象牙进行了硅胶灌封保护。

展览展示与公众教育

为更好地保护、传承、传播古蜀文明，金沙遗址博物馆将基本陈列的总体设计思想定位为：再现历史，展示文化，紧紧围绕金沙遗址、古蜀金沙文化的鲜明主题，全面展示考古发掘与研究的阶段性成果，充分体现遗址博物馆的特点，把文物保护与陈列展示紧密结合，把原状展示与虚拟展示有机融合，使其既有坚实的学术支撑，同时又能让普通观众看得明白。贯彻"以人为本"和"休闲化"的现代博物馆展陈理念，利用遗迹馆和陈列馆，把考古发掘现场的原状展示、出土遗迹遗物的室内展示与室外配套的文化景观延伸展示相结合，引领观众来发现、认识金沙遗址。同时，不断开展内容丰富、形式灵活的社会教育活动，吸引青少年群体走进考古遗址，触摸历史，感知文化。

基本陈列

基本陈列"走进金沙"由遗迹馆和陈列馆两部分组成，展陈面积约1万平方米，展线长度1200余米，展出文物2000余件，引领观众穿越历史的迷雾，走进神秘的金沙王国。2009年11月，"走进金沙"被评为第八届（2007—2008年度）全国博物馆十大陈列展览精品。

遗迹馆

遗迹馆内是金沙遗址大型祭祀场所的发掘地，也是目前中国保存最为完整的商周时期大型祭祀遗迹场所。原状展示的发掘现场、大型树根遗迹等既保持了历史遗存本体的完整性与真实性，也为走进金沙遗址的观众带来了视觉上的震撼。在这里，观众一方面可以实地感受3000年前古蜀王国祭祀活动的宏大气派；另一方面又能身临其境，近距离观看考古发掘现场，了解考古发掘的工作原理。

陈列馆

陈列馆设有"远古家园""王都剪影""天地不绝""千载遗珍""解读金沙"五个展厅，精选2000余件金沙遗址出土的重要遗物及部分重要遗迹，以生动通俗的叙事性文字进行引导，巧妙运用各种展陈手段，从生态环境、建筑形态、生产生活、丧葬习俗、宗教祭祀及文化背景等方面再

"太阳神鸟"金饰

十节玉琮 　　　　四节玉琮

铜立人

金面具

金冠带

现古蜀金沙王国辉煌的历史。

特色临展

近年来，金沙遗址博物馆一直坚持以学术为支撑，以古蜀文明为核心，以成果转化为导向，逐渐形成了极具金沙特色的系列原创展览，涵盖重要考古发现、文物专题、世界文明、艺术金沙、古蜀文明等。

重要考古发现系列

结合考古遗址博物馆特色，金沙遗址博物馆首创"考古科普"阐释新方式，通过对考古故事进行重构，结合卡通、漫画、探秘等方式，宣传国内重要考古发现及其保护成果，实现考古成果向公共文化产品转化的良好传播效益。

文物专题系列

玉器、金器、象牙等是金沙遗址博物馆重要的藏品类型。博物馆依托馆藏文物特色，积极联合国内多家文博单位，着力打造了多个集学术性、观赏性、互动性于一体的文物专题系列大展。

世界文明系列

金沙遗址博物馆从2015年开始引进境外展览，拓展国际化的视野，将古蜀文明置于世界文明的整体格局之中，先后与意大利、加拿大、

"霸：迷失千年的古国"展览现场

"金玉琅琅——清代宫廷仪典与生活"展览现场

"永恒之城——古罗马的辉煌"展览现场

美国、法国等国的十余家博物馆合作，推出多个重磅特展。

艺术金沙系列

金沙遗址博物馆先后推出"纸的对话——丹麦@金沙""诗意金沙——古蜀文化主题诗歌作品展"等艺术金沙系列特展。展览集众智汇众力，广泛吸纳社会、学校资源，拉近了考古遗址与公众的距离，增强了展览与当代生活、艺术的关联。

古蜀文明系列

从2004年开始，以三星堆、金沙为主题的古蜀文明文物精品展已在国内外巡展60余场，成为四川省对外文化交流与宣传展示的一张名片。2018年始，金沙遗址博物馆又联合省内多家文博机构共同策划"三星堆：人与神的世界——四川古蜀文明特展"，再次踏上古蜀文明国际传播的新征程。

"诗意金沙——古蜀文化主题诗歌作品展"展览现场

"三星堆：人与神的世界——四川古蜀文明特展"展览现场

专题社教

作为全国中小学生研学实践基地、四川省爱国主义教育基地，金沙遗址博物馆通过优化社教课程、建立研学基地、馆校合作、树立品牌等方式，为广大青少年提供优质的教育服务。平均每年开展社教课程及研学实践活动160余场，创编学习资料3类，定制活动教具数十件，现场活动参与上万人次。研发的"触摸金沙·感知金沙·体验金沙"课程荣获中国博物馆青少年教育课程"优秀教学设计"奖，打造的"金沙文化进校园"品牌项目已走进数百座院校。成都市金沙小学内设立的"金沙迷你博物馆"，首开国内馆校双方共建校内"迷你博物馆"的先河，让"博物馆空间"进驻校园，充分发挥了文物资源以史育人的优势作用。

"金沙迷你博物馆"现场

每年，上百万观众走进金沙遗址博物馆，数十万学生免费参观，使这里成为成都最重要的文化窗口之一，成为成都乃至四川的城市文化会客厅。未来，金沙遗址博物馆将继续秉持"让更多人走进金沙，让金沙走向世界"的理念，向更多观众展现中华传统优秀文化，致力于珍贵文化遗产的保护与传承。

（撰稿人：郑漫丽　田湘萍　杜卓然　袁梦）

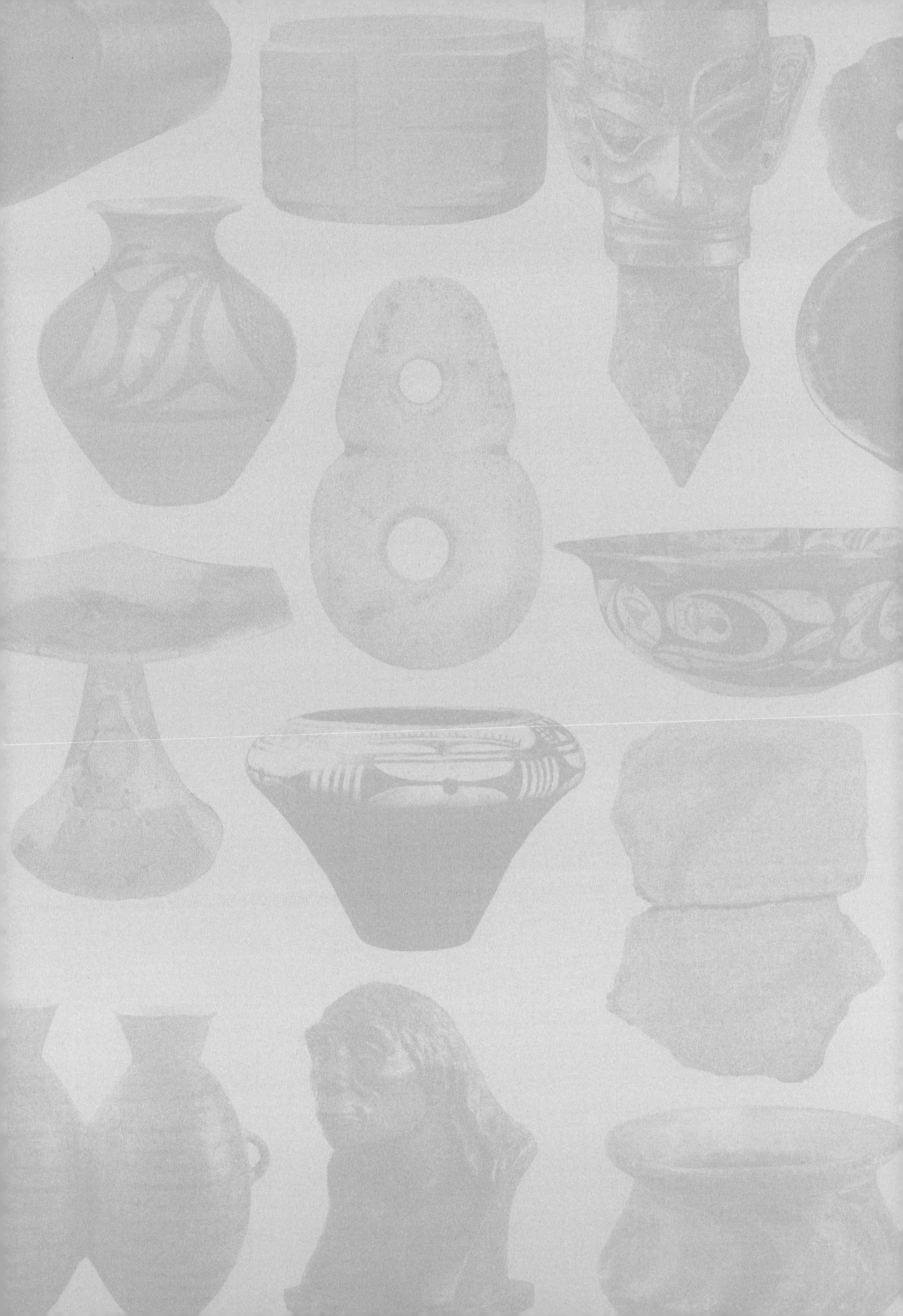

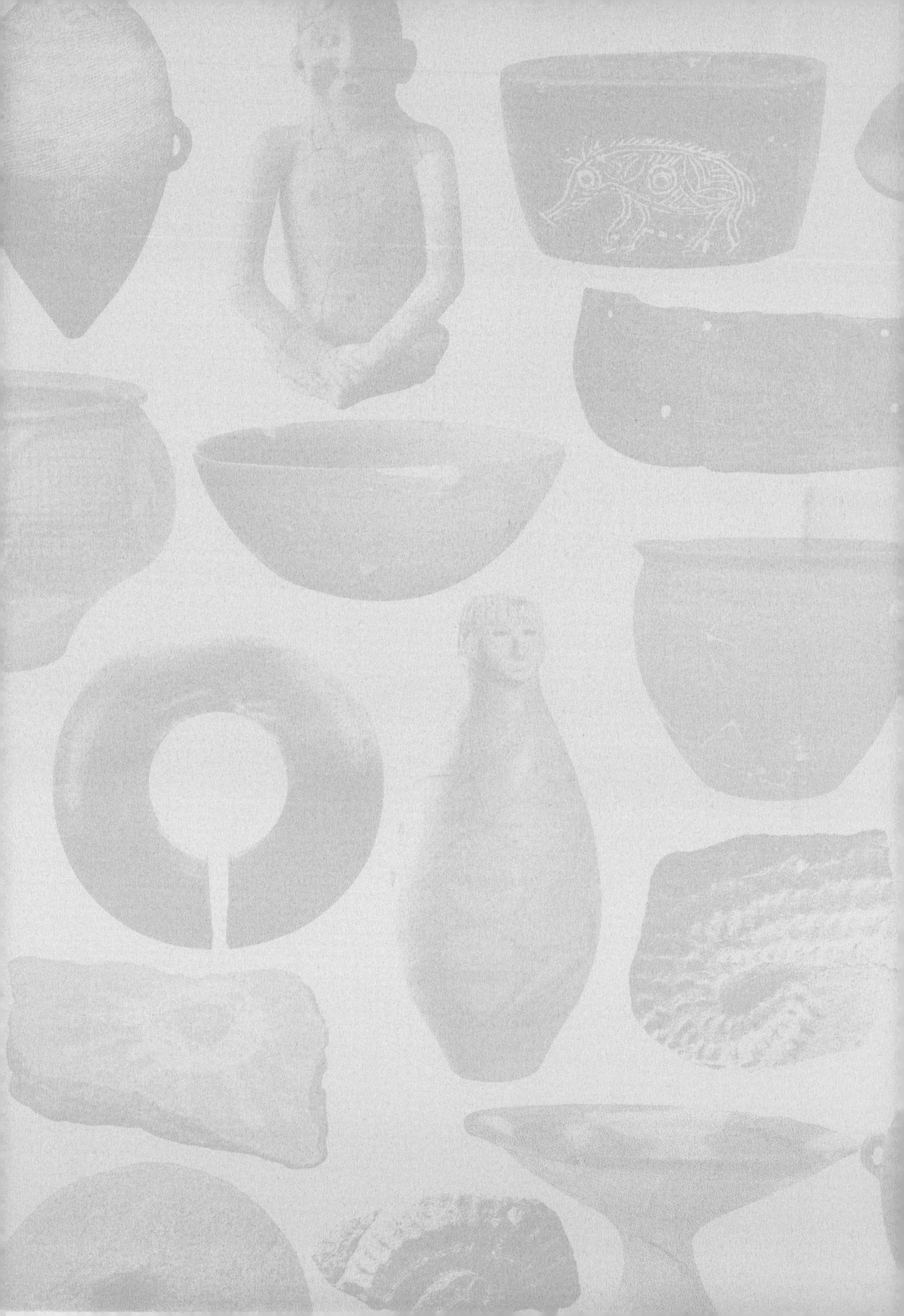

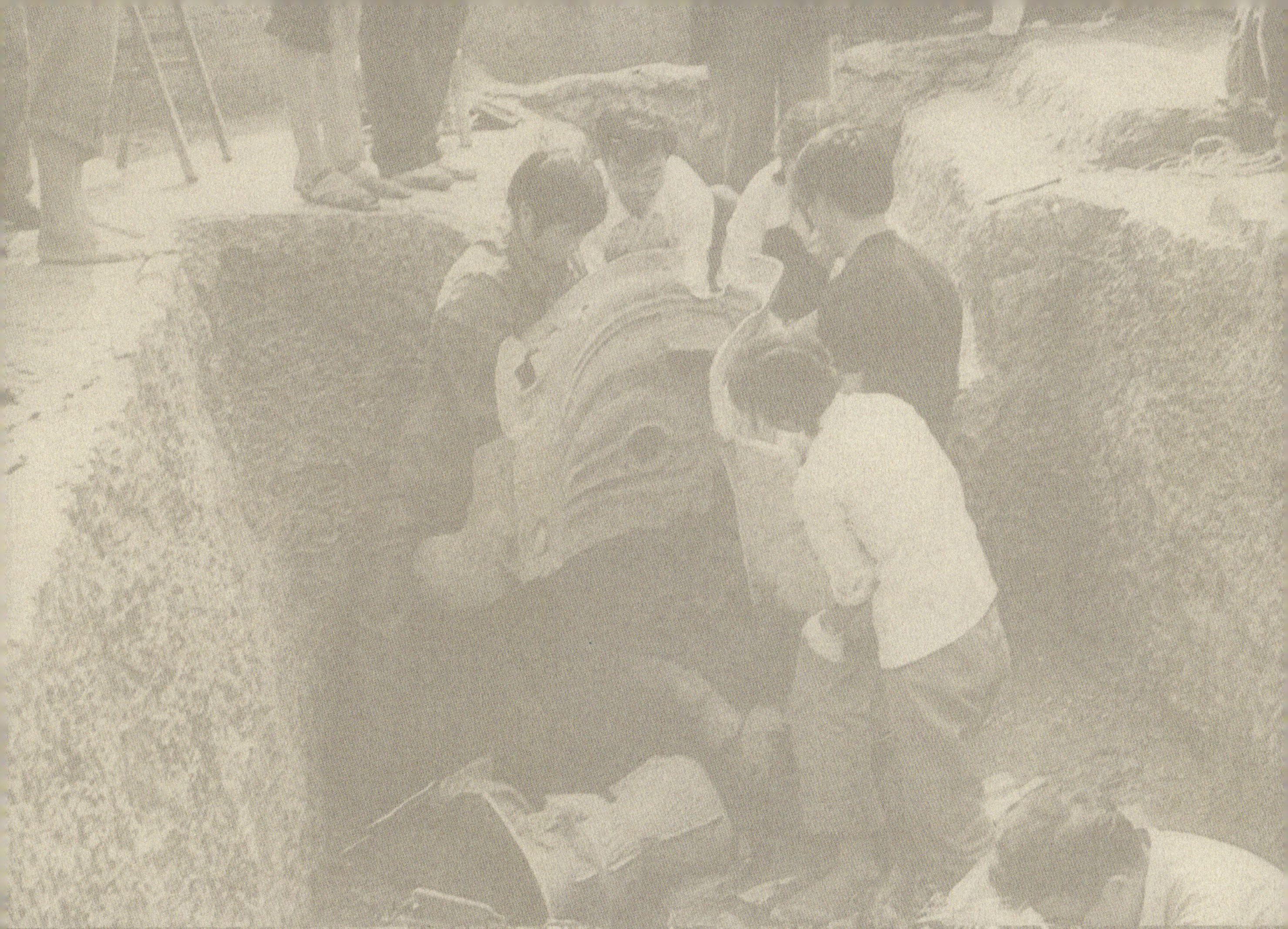
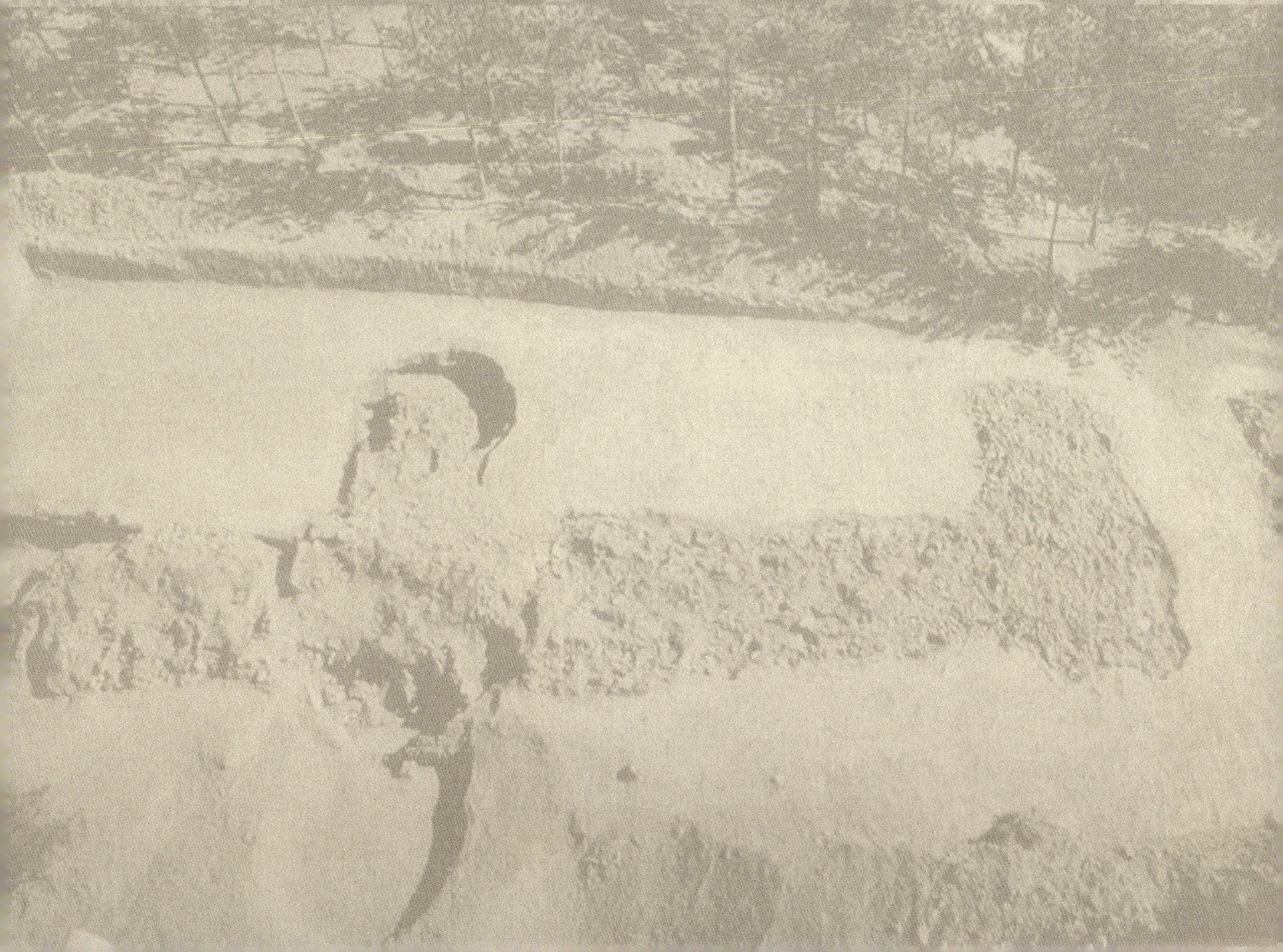

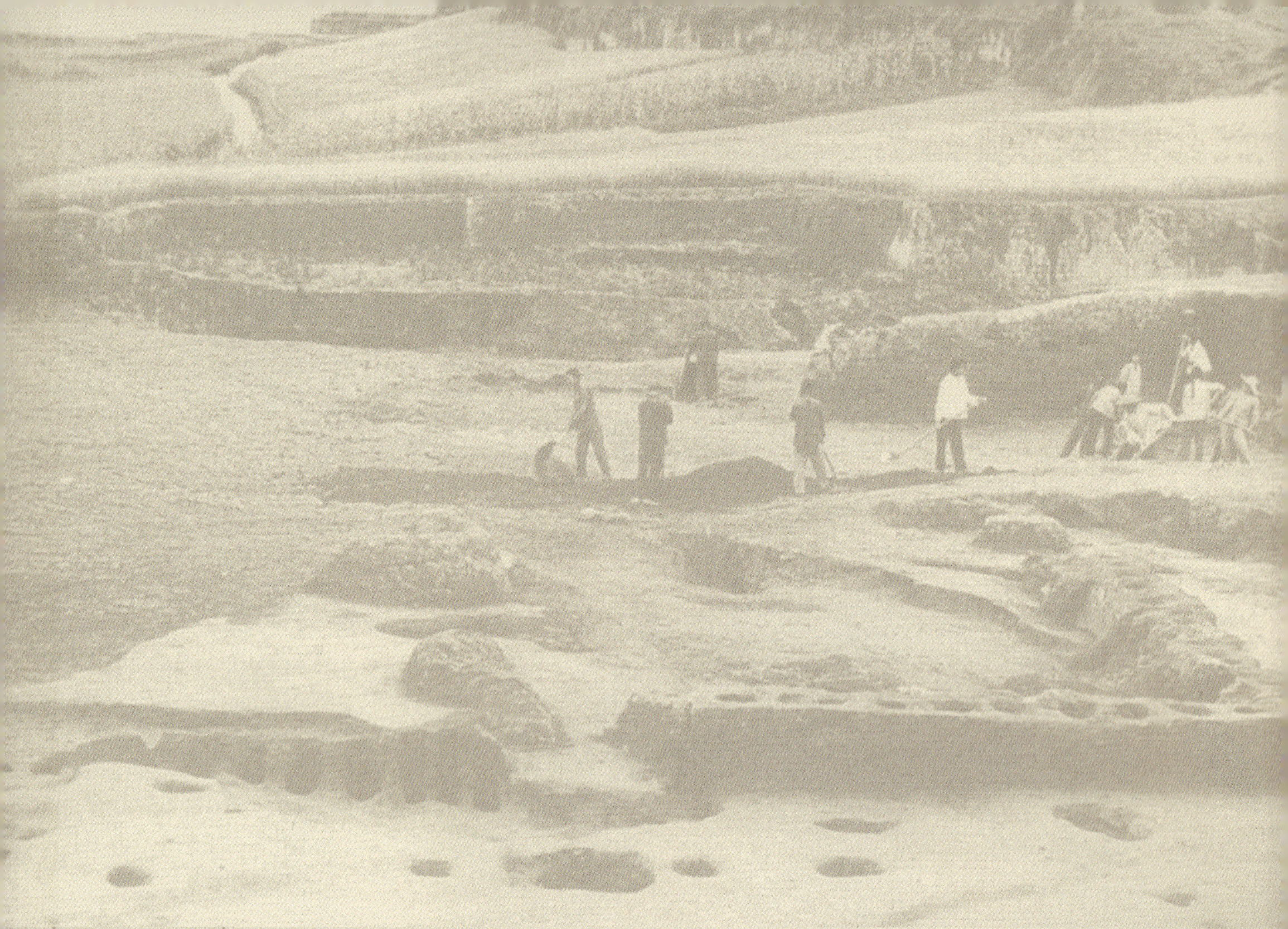

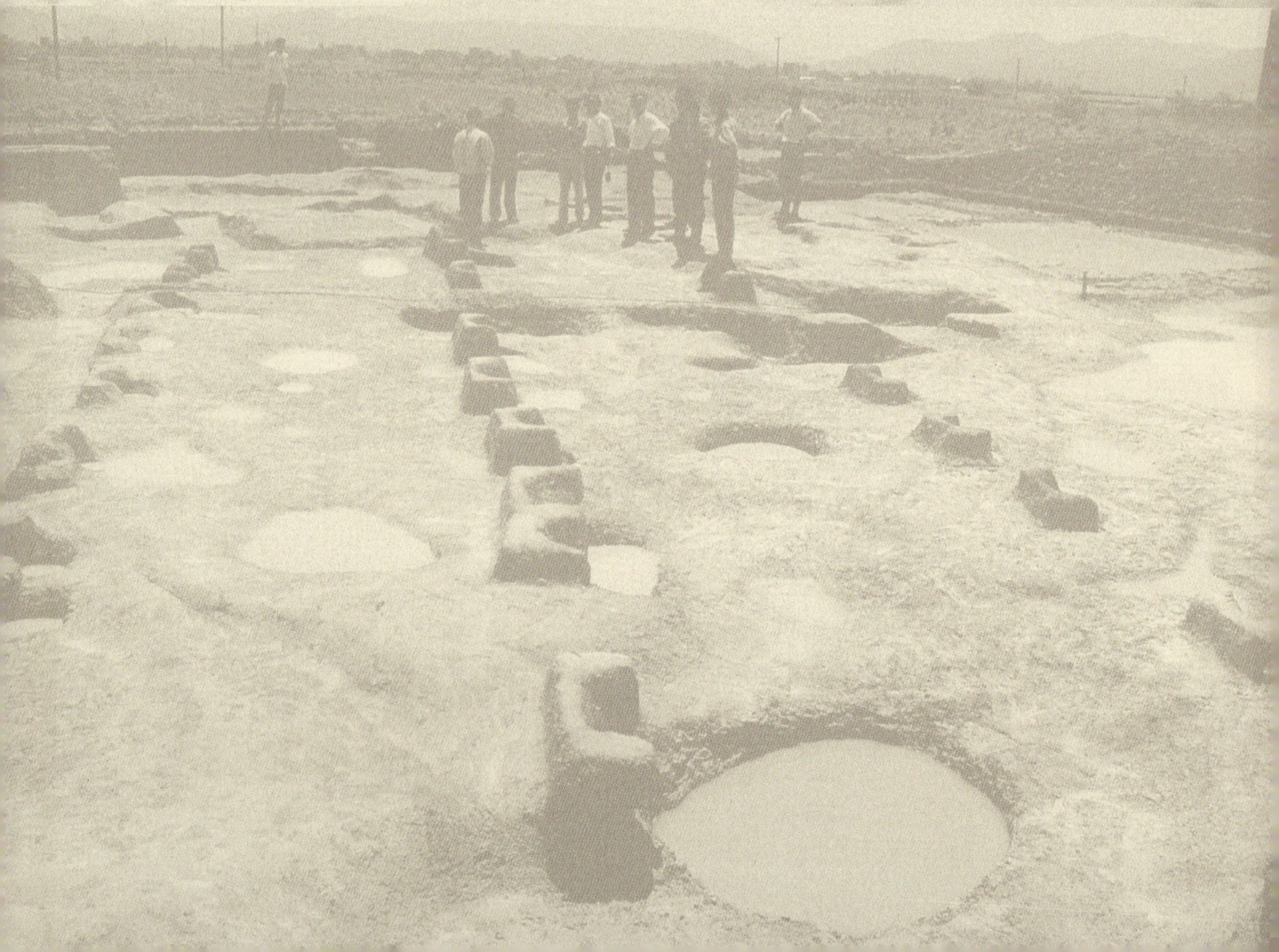

中国博物馆协会 编

中国考古遗址博物馆

历史时期遗址博物馆

卷

江苏凤凰文艺出版社
JIANGSU PHOENIX LITERATURE AND ART PUBLISHING

图书在版编目（CIP）数据

中国考古遗址博物馆 . 历史时期遗址博物馆 / 中国博物馆协会编 . —南京：江苏凤凰文艺出版社，2022.8
ISBN 978-7-5594-6681-5

Ⅰ . ①中… Ⅱ . ①中… Ⅲ . ①遗址博物馆—介绍—中国 Ⅳ . ① G268.3

中国版本图书馆 CIP 数据核字（2022）第 045934 号

中国考古遗址博物馆 . 历史时期遗址博物馆
中国博物馆协会　编

出 版 人	张在健
策划编辑	张　遇
责任编辑	费明燕　胡雪琪
装帧设计	焦莽莽
图片提供	本书编委会（另有说明者除外）
责任印制	刘　巍
出版发行	江苏凤凰文艺出版社
	南京市中央路 165 号，邮编：210009
网　　址	http://www.jswenyi.com
印　　刷	南京爱德印刷有限公司
开　　本	889 毫米 ×1194 毫米　1/16
印　　张	21.5
字　　数	365 千字
版　　次	2022 年 8 月第 1 版
印　　次	2022 年 8 月第 1 次印刷
书　　号	ISBN 978-7-5594-6681-5
定　　价	518.00 元（全二册）

江苏凤凰文艺版图书凡印刷、装订错误，可向出版社调换，联系电话 025-83280257

《中国考古遗址博物馆》编委会

主　任　　刘曙光

副主任　　李　岗　　吴　健

编　委　　（《史前遗址博物馆》卷，以姓氏笔画为序）

王轩龙	王居中	田彦国	阳　引	戎云宝	朱章义
李井岩	吴孝斌	吴海红	张希玲	张宗国	张国萍
武秀兰	姚小强	赵　辉	赵元杰	赵志雄	胡继忠
崔　强	梁慧娟	董　平	曾　阳	蒋远金	董翠平
楼　卫					

编　委　　（《历史时期遗址博物馆》卷，以姓氏笔画为序）

丁　伟	万　琳	王东林	王原茵	王　彬	王银安
王　琳	吉　桃	吕劲松	任新来	李民涌	李举纲
李　宾	杨邦德	杨志国	何　俊	辛军民	张永伟
张茂林	陈建平	范丽君	周东征	周意群	赵学锋
段洪黎	葛明宇	董朝辉	景宏伟	曾超群	蔡　梅
魏乾涛					

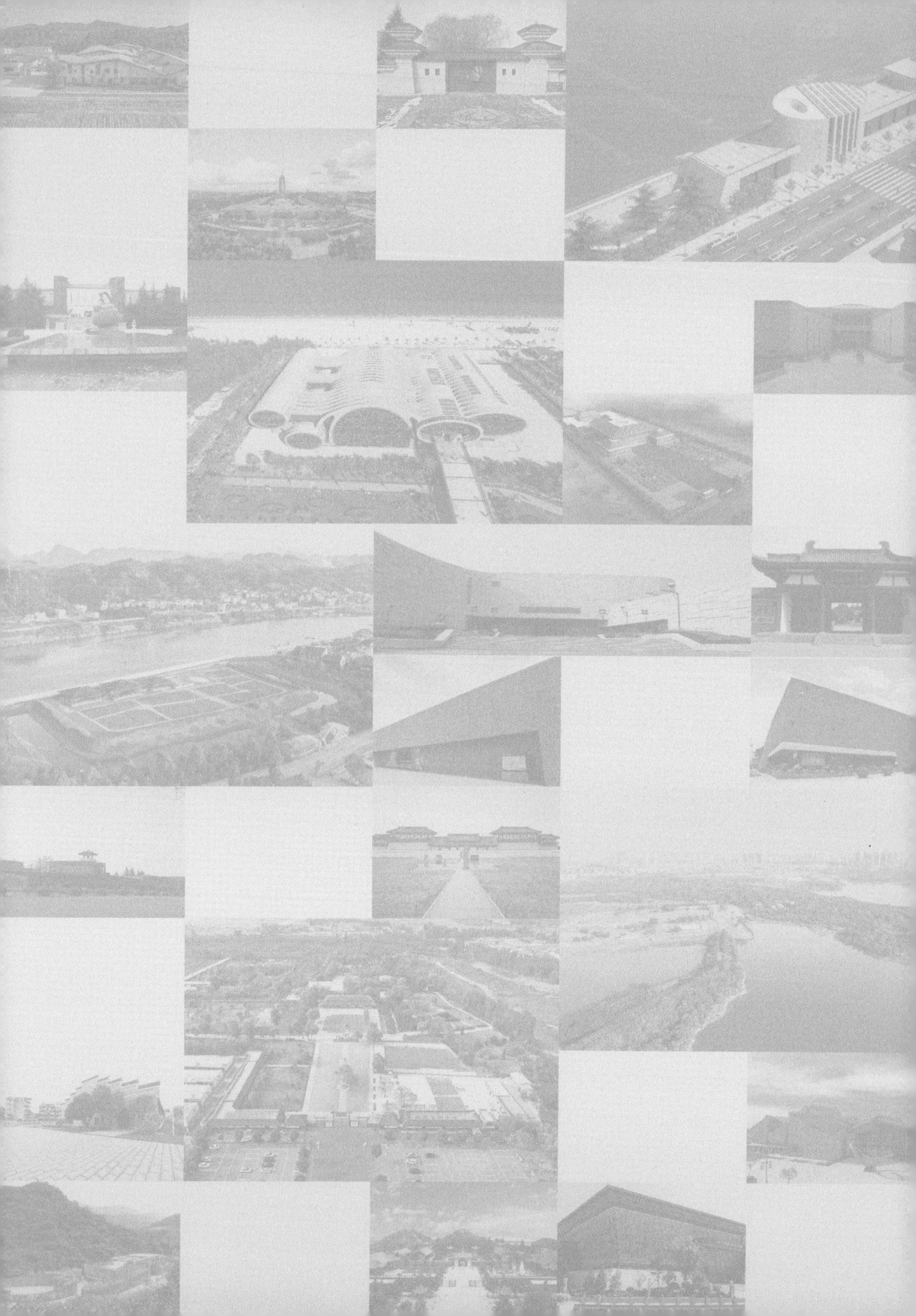

《历史时期遗址博物馆》卷

主　编　　李　岗
副主编　　王原茵　　张卫星

总统稿　　孔利宁
编　辑　　孔利宁　　李　兴　　周瑞婷　　裴梦斐　　李　琳　　李潭漪

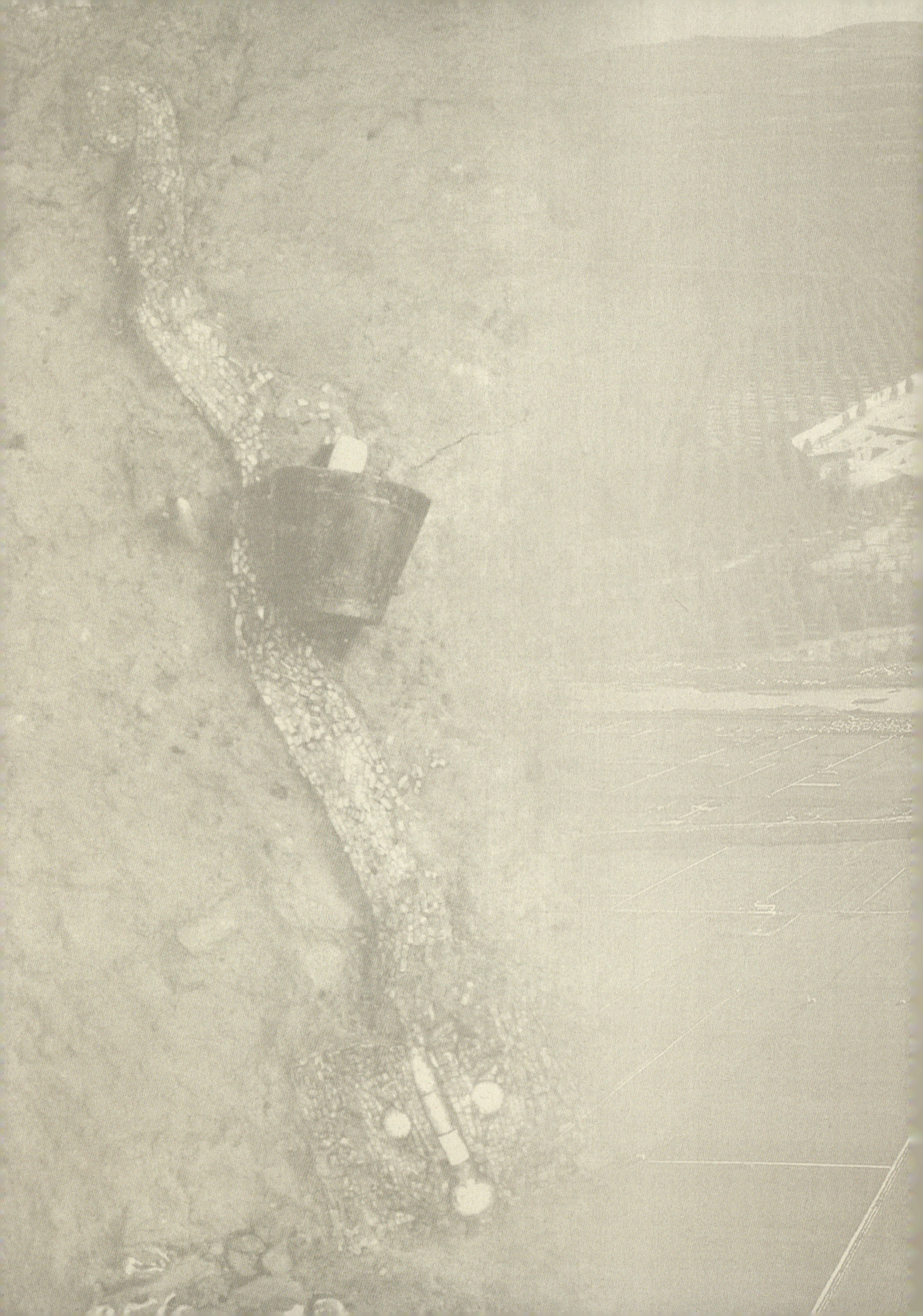

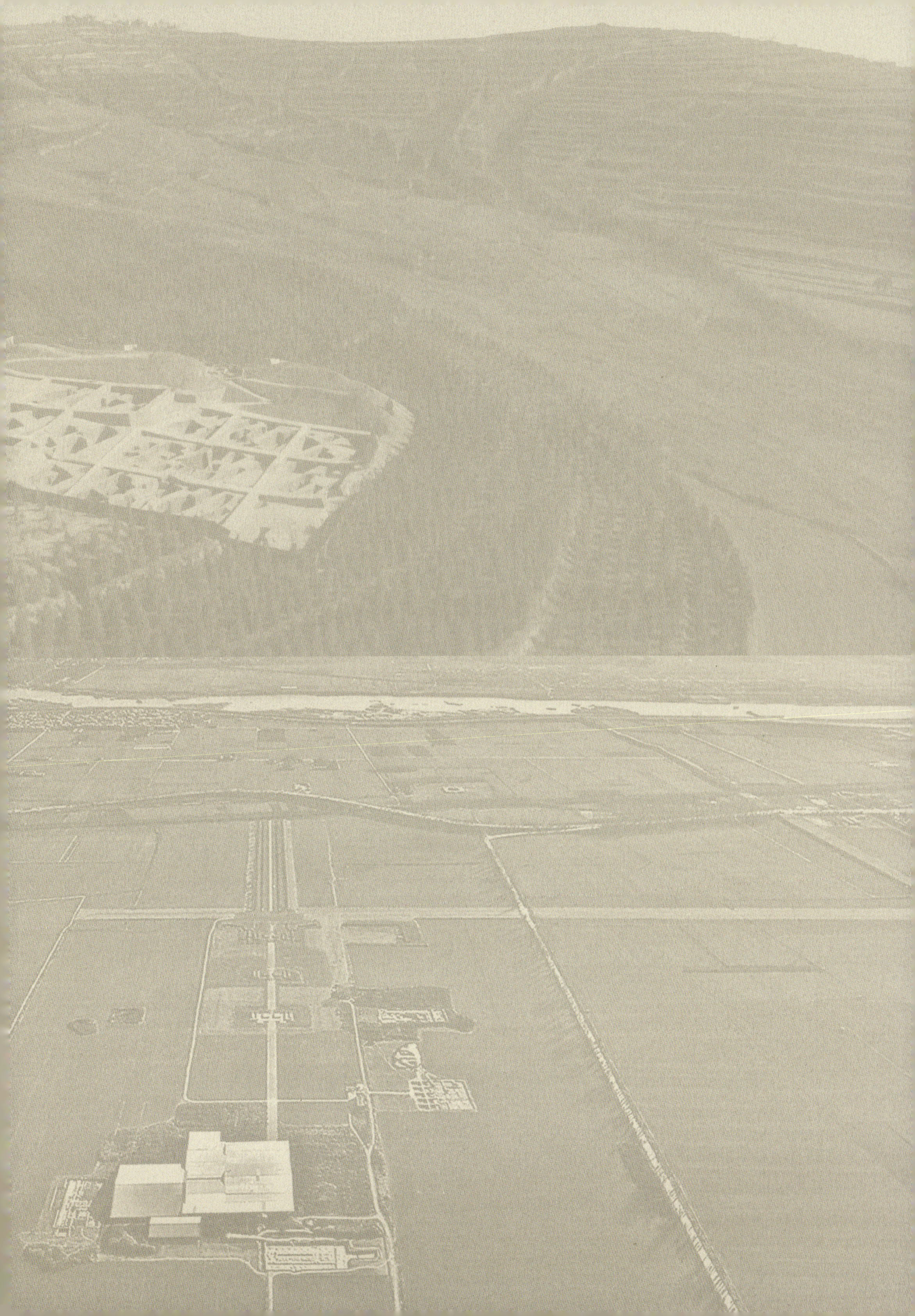

目　录

序 001

史前遗址博物馆

周口店遗址博物馆 008
南京直立人化石遗址博物馆 016
柳州白莲洞洞穴科学博物馆 026
浦江县上山遗址博物馆 039
桂林甑皮岩遗址博物馆 051
大地湾博物馆 061
阜新查海遗址博物馆 071
敖汉博物馆 081
跨湖桥遗址博物馆 090
沈阳新乐遗址博物馆 100
宝鸡北首岭博物馆 111
仰韶文化博物馆 120
河姆渡遗址博物馆 129
西安半坡博物馆 140
马家浜文化博物馆 150
福建省昙石山遗址博物馆 159
良渚博物院 168
郑州市大河村遗址博物馆 181

牛河梁遗址博物馆 190

青海柳湾彩陶博物馆 200

东莞蚝岗遗址博物馆 211

三星堆博物馆 219

城子崖遗址博物馆 233

民和县喇家遗址博物馆 241

成都金沙遗址博物馆 252

历史时期遗址博物馆

二里头夏都遗址博物馆 266

盘龙城遗址博物院 276

殷墟博物馆 285

铜绿山古铜矿遗址博物馆 297

虢国博物馆 308

晋国博物馆 317

梁带村芮国遗址博物馆 326

宝鸡先秦陵园博物馆 339

安吉古城遗址博物馆 350

秦始皇帝陵博物院 358

里耶秦简博物馆 373

南越王博物院 381

汉景帝阳陵博物院 395

茂陵博物馆 406

目 录

徐州汉兵马俑博物馆 415

南昌汉代海昏侯国遗址博物馆 424

大葆台西汉墓博物馆 435

汉魏洛阳城遗址博物馆 444

大明宫遗址博物馆 458

乾陵博物馆 468

法门寺博物馆 478

西安大唐西市博物馆 490

渤海上京遗址博物馆 501

重庆白鹤梁水下博物馆 512

耀州窑博物馆 522

磁州窑博物馆 534

景德镇民窑博物馆 542

南京大报恩寺遗址博物馆 550

明十三陵博物馆 559

海龙屯遗址博物馆 570

广东海上丝绸之路博物馆 584

后　记 595

二里头夏都遗址博物馆

二里头夏都遗址博物馆（简称"二里头遗址博物馆"）位于河南省洛阳市偃师区，是依托二里头遗址建立的大型考古遗址博物馆，系统展示了二里头遗址自1959年发现以来的考古发掘研究成果。博物馆于2019年10月建成开放，成为河洛大地上一处新的文化地标。

二里头遗址考古六十年

1959年，为解决困扰学术界已久的中国古史问题，70多岁高龄的考古学家徐旭生先生亲自带队来到豫西晋南地区进行田野调查。机缘巧合下，他发现了此后享誉中外的二里头遗址，从而揭开了实质性探索夏文化的序幕。二里头遗址的发掘工作至今已持续62年，累计发掘面积达4万余平方米，发掘面积尚不足2%。遗址地处洛阳盆地东部，东西最长约2400米，南北最宽约1900米，现存面积约3平方千米。遗址上最为丰富的文化遗存属二里头文化，其年代依照最新测年数据共分为四期，一期的年代为公元前1750—前1680年，二期为公元前1680—前1610年，三期为公元前1610—前1560年，四期为公元前1560—前1520年。

1959—1979年这二十年的考古工作是二里头遗址发掘的第一阶段。考古队通过多处钻探、发掘等方式，对遗址进行了初步了解。清理了1号、2号大型宫殿建筑基址、房址、道路、墓葬、铸铜作坊和陶窑、制骨作坊等遗迹。出土多件青铜容器、青铜兵器、大型玉器、漆器、绿松石器，

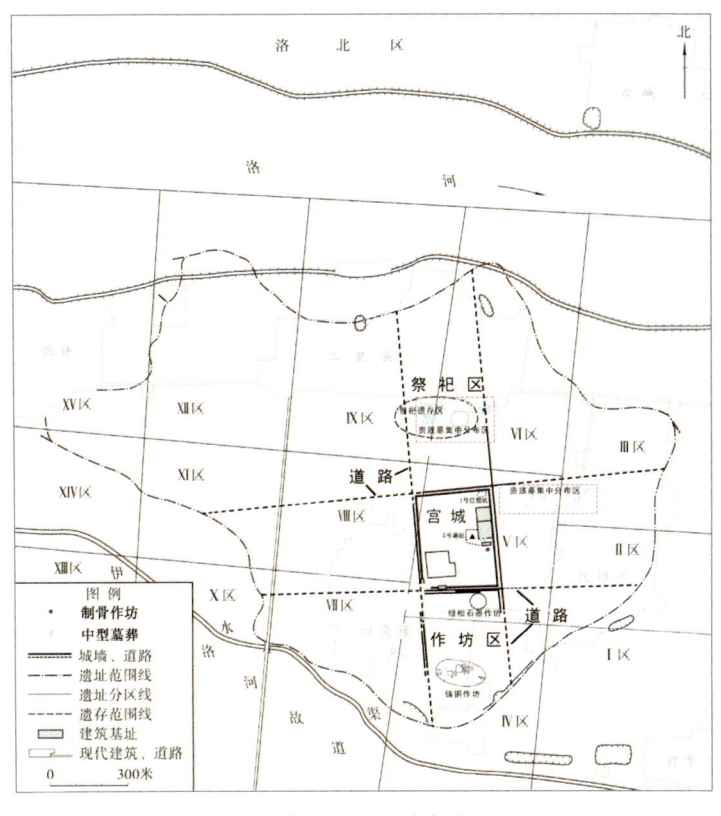

二里头中心区重要遗存分布图

采集到一批重要的铜器和玉器。考古队对1号、2号大型建筑基址的全面揭露，从考古学上初步把握了二里头遗址与都邑相称的遗存性质，初步形成了将二里头文化划分为四期的分期方案，确立了二里头遗址二里头文化遗存的可靠时间框架，为进行其他方面研究奠定了基础，为其他遗址建立时代框架提供了参照。这个阶段，发表1篇考古调查简报、7篇考古发掘简报、1篇关于所征集重要文物的介绍资料。

1980—1999年是二里头遗址考古发掘的第二阶段。考古队对二里头文化分期进行细化，每期均可细分为早、晚两段，为在更精细的时间刻度上深入研究二里头文化的其他方面奠定了基础，更新了对遗址范围的认识，确认了铸铜作坊的位置，新发现制骨作坊、祭祀遗存和一小批中小型房址、中小型墓葬，出土青铜礼器、玉器、漆器、白陶器、绿松石器、海贝等奢侈品或远程输入品，进一步显示了二里头遗址作为都邑而非一般聚落的文化内涵。这个阶段，出版1部图录，发表7篇考古简报和13则考古简讯。

1999—2019年是二里头遗址考古发掘的第三阶段。在总结上一阶段田野工作收获的基础上，本阶段田野工作以探索二里头遗址的聚落形态为主要目标，对遗址开展新一轮的大规模钻探，对二里头遗址的现存范围及成因、遗址的宏观布局及聚落的历时性变化等有了前所未有的认识。宫城城垣、井字形道路网络、围垣作坊区、大型夯土建筑基址群、贵族墓葬、绿松石龙形器等重要遗存的发现与发掘，进一步强化了该遗址在

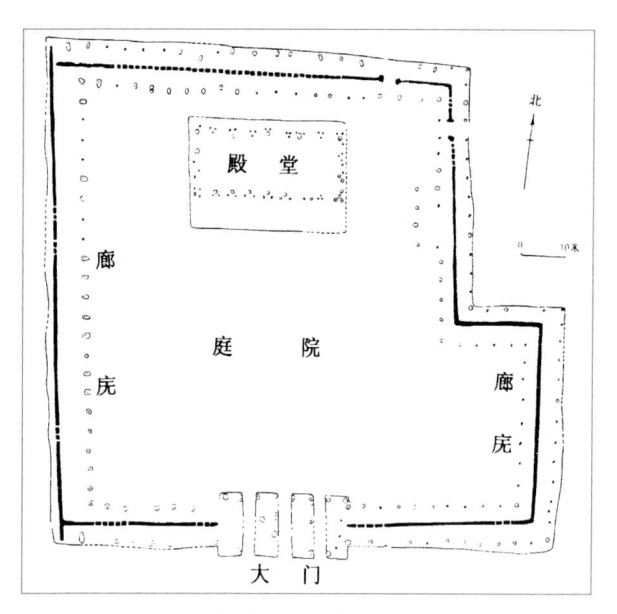

二里头遗址1号宫殿示意图

二里头遗址发现的目前中国已知最早的双轮车辙

中国早期国家与文明研究中的重要地位。这个阶段，发表22篇考古简讯、7篇考古简报，1999年出版考古报告《偃师二里头——1959年~1978年考古发掘报告》一部，2014年出版五卷本考古报告《二里头——1999~2006》一部。

2020年以来，考古队主要对二里头遗址的边界、中心区道路、墙垣和居址进行发掘，对跨建于宫城西墙南段的8号基址进行了系统发掘，确认了8号基址应为宫城西墙南段具有门道性质的夯土建筑，是1号宫殿基址的重要组成部分。发现了井字形道路的西南路口、宫城西墙南段、南墙西段、作坊区围垣西北角、宫殿区以西区域围垣的东南角。

随着工作范围的进一步扩大，发现井字形道路延伸范围更大，宫殿区南北两侧的东西向道路向东、向西延伸，自宫西路向西延伸的长度均超过400米，道路两侧多发现与宫城南北墙成一直线或平行、宽度接近的墙垣；在宫殿区西侧大路以西发现了与宫殿区西侧大路、宫殿区东侧大路平行的南北向道路，相邻的两条南北向道路间距离大致接近。

目前，考古队正与二里头夏都遗址博物馆合作清理高规格墓葬一座，现已清理出大型绿松石器、漆器、骨器、陶器等。该墓葬的形制、等级和随葬品，还有待进一步的研究。

二里头遗址大观

1959年至今，二里头遗址的田野考古发掘历经60余年，获得了举世瞩目的学术成果。二里头都邑布局严整、规模宏大，在其中心区域发现呈井字形的4条道路，即二里头都邑的主干道，构成了二里头都邑功能分区的重要界限，形成了"九宫格"的格局。中心区为宫城及大型宫室建筑群，其南面和北面分别是围垣作坊区和祭祀区，贵族聚居区、官营手工业围垣作坊区和一般居住活动区层层包围并拱卫中心区，体现出华夏第一王都特有的气派。

二里头遗址是经考古学与历史文献学考证的最早王朝——夏朝的都城遗存，是同时期规模最大的都城遗址，被誉为"最早的中国"。二里头遗址对研究华夏文明的渊源、国家的兴起、城市的起源、王都建设、王宫定制等重大问题都有着巨大价值。二里头遗址确立的各种制度开启了夏商周三代文明制度的先河，在"夏商周断代工程"中有着极高的文化站位，对提升民族文化自信心和激发爱国主义情怀起着重要作用。以二里头遗址为代表的二里头文化，是中华文明总进程的核心与引领者，是中国乃至东亚地区最早的"核心文化"。二里头文化与周边其他文化亦多有交流，这支高度发达的青铜文化，以其博大的胸怀，兼收并蓄，汇集了中华大地早期文明的精粹，最终实现王朝文明的辉煌。这一过程中，华夏国家完成了由多元向一体的转型，"中国"的雏形得以形成。

博物馆建立与遗址保护

2016年3月,二里头遗址博物馆建设工作被列入国家"十三五"规划纲要中的"重大文化建设项目"。2017年6月7日,李克强总理就二里头遗址保护和二里头遗址博物馆建设做出重要批示。2017年6月11日,二里头夏都遗址博物馆举行奠基仪式,在奠基仪式上,国家文物局局长刘玉珠全文宣读了总理批示。总理在批示中强调:"希望进一步加强大遗址和文物保护工作,认真做好二里头遗址科学规划和馆藏设施建设,依托现代科技和信息技术,更好发挥博物馆的典藏、保护、研究、教育等功能,让珍贵的文化遗产世代传承,以更好弘扬中华民族优秀传统文化,促进社会进步和文明发展。"2019年10月19日,二里头夏都遗址博物馆建成开放。

二里头夏都遗址博物馆位于二里头遗址区域外南300米处,总占地面积约246亩,总建筑面积近3.2万平方米。博物馆建筑总体设计以二里头台地为意象,建筑天际线中央高起并逐渐融合于大地,象征中国最早王朝威仪四方的气象。从空中俯瞰,整座博物馆似一把"古钥匙",象征着二

二里头夏都遗址博物馆夜景

里头遗址是开启中华文明的钥匙。博物馆的外立面主要采用做旧紫铜和夯土墙，从远处看，就像一座破土而出的铜城，内部公共区域也随处可见夯土墙设计。铜和夯土这两种材料与二里头遗址有着密不可分的联系，铜和夯土的结合，代表着历史遗迹与文明的延续，使观众仿佛置身于最早的夏都。

2017年12月，二里头考古遗址公园被列入第三批国家考古遗址公园建设立项名单，遗址公园占地1045.8亩，位于二里头遗址核心区原址之上、二里头夏都遗址博物馆北侧。遗址公园主要包括二里头遗址祭祀区、宫城区和作坊区，设计上主要采用遗迹本体回填、遗迹之上模拟复原的形式。夯土台基和宫殿廊庑支柱等复原遗迹主要采用混凝土，遗迹之间以道路和木栈道相连，其余地区使用草坪和树木覆盖。这种设计方式不仅可以保护遗址本身，还可以在局部地区继续进行考古发掘。目前遗址公园已复原展示的有1号宫殿、2号宫殿、宫城城墙四角、铸铜作坊、绿松石作坊、祭祀遗址、井字形道路、伊洛河故道等。

在二里头遗址的保护工作上，河南省、洛阳市等各级政府充分承担属地管理责任，出台了相

二里头考古遗址公园航拍图

应的法律法规。1988 年，二里头遗址被国务院公布为第三批全国重点文物保护单位。1994 年、2002 年，偃师市人民政府（现洛阳市偃师区人民政府）先后发布了《关于进一步加强二里头文化遗址、汉魏故城遗址和尸乡沟商城保护的通知》和《关于切实保护二里头遗址的紧急通知》。2009 年，河南省人大常委会颁布了《洛阳市偃师二里头遗址和尸乡沟商城遗址保护条例》。2020 年，二里头遗址申遗前期工作正式启动。相信随着二里头遗址考古发掘工作的不断深入，二里头遗址会有更多的重要发现问世，中华文明又将翻开崭新的一页。

华夏第一王都——二里头夏都遗址博物馆基本陈列

二里头夏都遗址博物馆基本陈列以突出"华夏第一王都"的宏伟气势为核心设计理念，展陈方式以遗址出土实物展示为主，充分融合互动展项和数字化展项，多点布局影视、音乐及互动游戏，使观众在了解夏代历史、二里头遗址的同时，获得沉浸式体验带来的乐趣。基本陈列充分利用博物馆建筑空间，追求多样性表现，采用了总体展线固定、局部自由开放的展览逻辑。在视觉传达中，注重对二里头遗址代表色彩的表现，使用了大量夯土黄、铜紫色、水泥灰等，既突出了展厅的现代风格，又不失历史感。

"华夏第一王都——二里头夏都遗址博物馆基本陈列"分为"序章"和"第一王朝""赫赫夏都""世纪探索"三个主体部分。"序章"的整个展厅，除一块总序言板外无文字说明，以"光辉肇始、王朝开端"作为整体设计思路。展厅主材质选用较为厚重的大理石，石面以抽象雕刻手法罗列二里头遗址重要遗迹及遗物，尾部饰以网格纹铜鼎，展现了二里头遗址作为中华文明总进程核心与引领者的地位。展厅顶部装饰抽象化的耒，象征以农业立国的王朝国家。同时，充分把握听觉传播特点，使用具有王都气象的钟吕之声作为背景音。雕塑、天顶和音乐三者结合，为观众营造出一种具有强烈仪式感的庄重氛围。

"第一王朝"部分主要揭示夏王朝建立、兴盛、衰落、中兴到灭亡的重要节点，全面展现夏王朝作为中国历史上第一个奴隶制王朝的首创地位。由于夏王朝历史过于久远，且存在时

"序章"展厅内景

间、都邑、疆域等都有一定争议，因此在叙事理念上，博物馆采用了比较科学的"二重证据法"，使用大量传世典籍与考古出土文物相互印证，证实了夏王朝的存在以及二里头的夏都地位。

"赫赫夏都"是基本陈列的核心部分，以二里头文化遗存和遗迹为主体，全面展示夏王朝中晚期都城的王朝礼仪、祭祀战争、定都优势、宫室建筑、生业百态、吸收辐射等内容。以城市考古和聚落考古为知识背景，充分运用包括文物、展板、沙盘、模型、音乐、视频、互动游戏、数字化展厅等在内的多种展示手段，使观众对二里头遗址及其时代特征产生全面而深刻的认知。

"世纪探索"部分主要是对百年来夏文化探索历程的一次总结，着重介绍了以顾颉刚、徐旭生、夏鼐、赵芝荃、邹衡、安金槐等为代表的古史学家、考古学家的生平事迹，以及他们为夏文化研究探索做出的重要贡献，同时概括性地介绍展示了"夏商周断代工程"和"中华文明探源工程"两大国家工程。

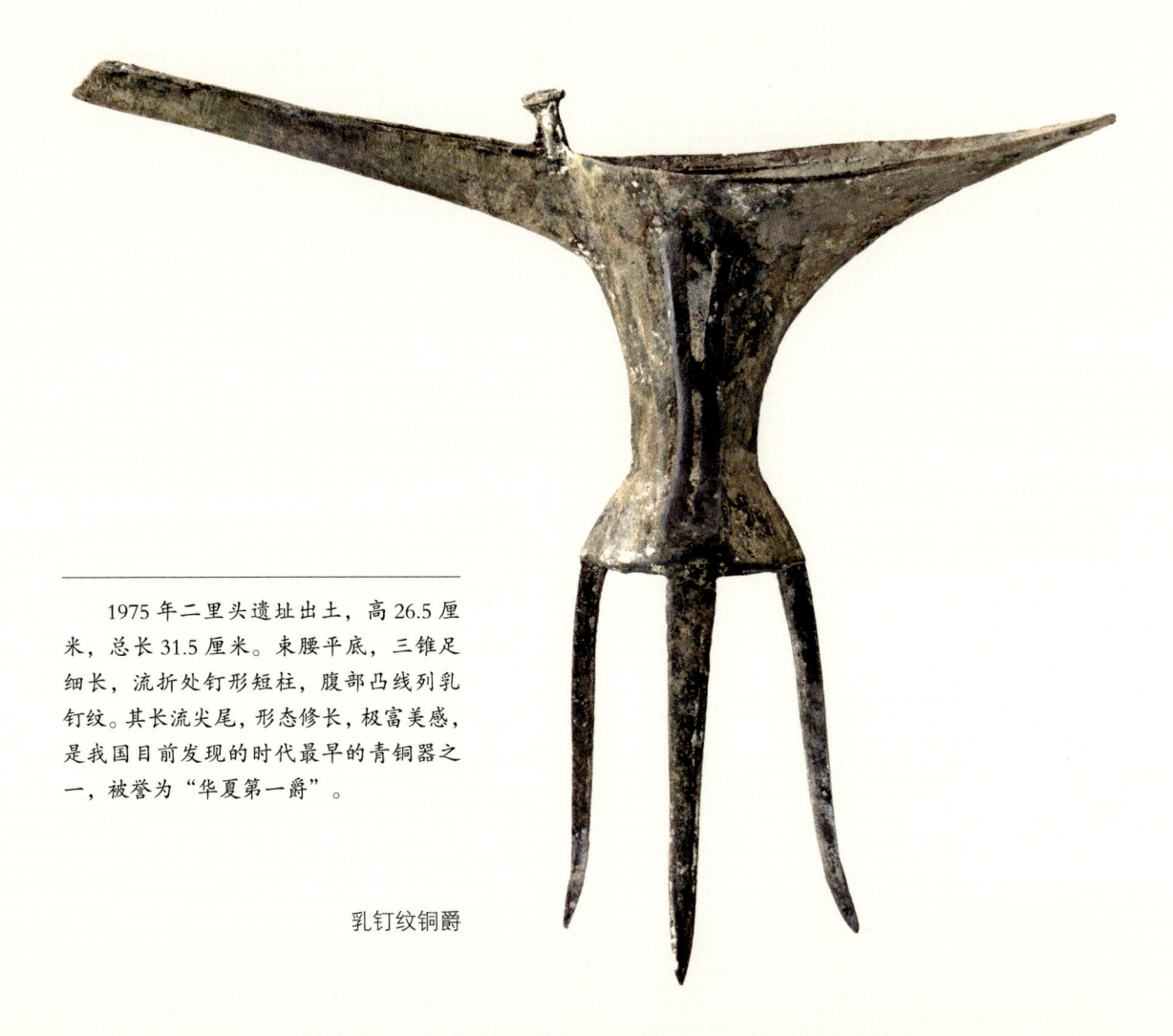

1975年二里头遗址出土，高26.5厘米，总长31.5厘米。束腰平底，三锥足细长，流折处钉形短柱，腹部凸线列乳钉纹。其长流尖尾，形态修长，极富美感，是我国目前发现的时代最早的青铜器之一，被誉为"华夏第一爵"。

乳钉纹铜爵

"华夏第一王都——二里头夏都遗址博物馆基本陈列"先后获评第十七届（2019年度）全国博物馆十大陈列展览精品和2019年度河南省优秀陈列展览。

建成开放以来，二里头夏都遗址博物馆先后举办了"鼎盛中华——中国鼎文化特展""璋显中国——中华牙璋文物特展""洛阳纱厂路西汉大墓考古成果展""长河溯源——中原夏商周三代礼乐文物展""河湟史前文明——青海柳湾彩陶艺术展""巍巍如天——陶寺遗址考古成果精华展"等优秀临展，这些展览不仅是对博物馆职能的有益补充，同时也大大提高了展陈内容的多样性和博物馆的社会知名度。

以公众教育打造夏文化传播链条

为公众服务是现代博物馆的重要职能，是连接博物馆与社会的桥梁。为提升观众的参观体验，博物馆公众教育从讲解接待、直播与新媒体宣传、社教活动、研学活动、人才队伍建设等方面全方位、多角度开展。

二里头遗址被誉为最早的中国，备受公众青睐，博物馆开放至今，已累计接待观众突破300万人次。博物馆提供专职中英文讲解、志愿讲解、电子导览讲解；提供前台咨询服务，帮助游客办理租借轮椅、童车手续，提供免费寄存服务；设置留言簿，调查观众满意度；开展形式多样的社教、研学活动；举办古都论坛、夏文化学术研讨会，开设"二里头大讲堂"，

绿松石龙形器

2002年二里头遗址出土，龙身长64.5厘米，中部最宽处4厘米。龙头置于由绿松石片粘嵌而成的近梯形托座上，共由2000余片绿松石组合而成，每片绿松石的直径在0.2—0.9厘米之间，厚度为0.1厘米。绿松石原应粘嵌在某种有机物上，现已腐朽。距绿松石龙尾端3.6厘米处，有一绿松石条形饰。绿松石龙形器用工之巨、制作之精、体量之大，在中国早期龙形文物中十分罕见。

邀请考古文博领域内的专家、学者授课，普及考古文博知识，激发大众对文化遗产的热爱。

作为河洛文化新地标的二里头夏都遗址博物馆，积极传播河洛文明，助推东方博物馆之都建设，增辉华夏历史文明传承创新区，以彰显中华文化自信。博物馆着力拓展研学教育活动，教学策略上，主要采取探究式和建构主义式，开发研学课程体系，设计研学手册，主要包括《历史回眸——洛阳通史》《赫赫夏都》《华夏第一王都的中国之最》《走进华夏第一王都——二里头遗址》《中华文明总进程核心与引领者》，以及《二里头贵族小夏的一天》系列和《二里头文化》系列等。手工体验活动主要包括陶泥、衍纸画、五谷画、文物填色、文物修复、盲盒考古等。博物馆工作人员科学有序地策划各类研学课程，目前已经形成成熟方案的包括"贵族小洛的一天""拼布绿松石龙""填色识文物"等，以寓教于乐的方式，引导中小学生了解二里头文化、认识夏文化。在馆内，学生可以通过参观、讨论、动手操作，主动参与学习过程并进行独立思考。博物馆还将研学与周边学校教育辐射相结合，组织了"以'夏'之名，薪火相传""夏博文化宣讲团校园行"系列活动，帮助学生更好地了解早期中国文明，提升民族自豪感。

二里头大讲堂

社教、研学活动

中华文明源远流长，随着二里头遗址的不断揭示，夏王朝的面貌将愈加清晰，二里头夏都遗址博物馆也将以更加昂扬向上的姿态积极参与二里头遗址的发掘、保护和利用事业，为不断谱写中华文明篇章贡献力量。

（初稿：梁淑群　赵腾宇　武盛春　杨硕　周鼎凯　刘恒　李云方　统稿：孔利宁）

盘龙城遗址博物院

盘龙城遗址位于湖北省武汉市黄陂区，是长江流域目前已知布局最清楚、遗迹最丰富的一处商代前期城址，距今已有3500年历史，是黄河文明和长江文明共同构成华夏文明的重要历史见证，是武汉城市之根。1988年被国务院公布为全国重点文物保护单位，2021年入选"百年百大考古发现"。

自1954年发现以来，盘龙城遗址的考古工作持续至今，是长江流域考古工作持续时间最长、工作最为系统的遗址之一。经过多年考古，发现了城垣、壕沟、宫殿基址群、贵族墓葬、铸铜手工业作坊等遗迹，展现了遗址极高的社会等级；遗址出土青铜器、陶器、玉器等遗物3000余件，这些文物传递了大量的商代文化信息。盘龙城遗址考古极大推进了人们对长江流域青铜文化的认识，是新中国考古学科发展的一个缩影。

2016年，武汉市盘龙城遗址博物馆筹建处更名为盘龙城遗址博物院，这是湖北文博界第一家博物院，也是武汉市首家考古遗址类博物馆。博物院于2019年9月27日正式开放。

盘龙城遗址鸟瞰图

盘龙城国家考古遗址公园占地面积4.86平方千米。公园核心区及博物院区域由盘龙城遗址博物院负责管理。博物院坐落于公园西部，占地约22万平方米，建筑面积1.63万平方米，建筑采用"半嵌入式"设计，隐匿于树丛中，观众可以站在顶层平台远眺遗址核心区，遗址本体就是最大的展品；遗址公园内各景点以环形道路连接，依次经过小王家嘴、杨家湾北外城垣遗迹、杨家湾北的盘龙湖畔、考古工作站、宫城城垣、小嘴、艾家嘴、江家湾考古体验区与制陶作坊区。人们漫步其间，既可驻足考古现场，亦可体验湖光山色，感受历史文化与自然风景的融合之美。

考古研究，助力遗址保护展示

20世纪五六十年代，在杨家湾、楼子湾等地发现的青铜器等随葬品，与郑州商城同类器有较为一致的形制特征。北京大学和湖北省博物馆在1974年、1976年开展了两次联合发掘，解剖了城墙，明确了城垣修筑年代在二里岗文化时期，同时发现了三处宫殿基址和李家嘴M2等大型高等级墓葬。1975年，在王家嘴发现了二里头文化时期的遗存，在杨家湾岗地发现多座高等级墓葬。进入21世纪后，盘龙城遗址博物院联合多家单位对遗址一般保护区进行勘探，基本弄清了盘龙城遗址外围的遗存分布情况。2015—2017年，对小嘴遗址进行发掘，首次发现早商时期都城地区之外的青铜器生产作坊。2018—2020年，考古队继续开展杨家湾北坡发掘区西侧的发掘工作。

盘龙城遗址发现至今已60余年，随着考古发掘和研究的推进，学术界对遗址的认识也逐渐深入。盘龙城遗址的年代跨度、文化性质现已基本明晰。遗址出土的大量反映高等级人群活动的精美遗物，证实了商王朝时期盘龙城在长江中游地区的突出地位。丰富的遗迹和遗物为认识早、中商时期的物质文化水平，商王朝对南方区域的影响和控制，以及商代的聚落规划、城市布局、丧葬习俗等诸多问题提供了极为重要的材料。

2013年8月30日，盘龙城遗址本体保护展示工程正式开工。根据国家文物局批复的《盘龙城遗址保护展示工程设计方案》，博物院以田野考古作基础，考古研究作引领，专家指导作支撑，凝心聚力作保障，采用现状展示、模拟展示、标识展示，完成了城墙、宫殿区、北护城壕、李家嘴墓葬区保护展示工程和西广场、道路、绿化、水电、公厕、商亭等配套工程。

专家团队的指导是本体保护展示工程的支撑。南方地区土遗址保护和展示难度大，没有现成道路可走，没有固定模式可循。为使保护工程具有一定的权威性，避免反复，博物院聘请胡美洲、陈振裕等专家作为顾问，在方案调整、工程实施、环境治理等方面获得了重要的学术支撑。比如，两位专家多次现场踏勘，分析南北方气候和地质条件的巨大差异，指出城垣不铺设草皮的潜在危害性，

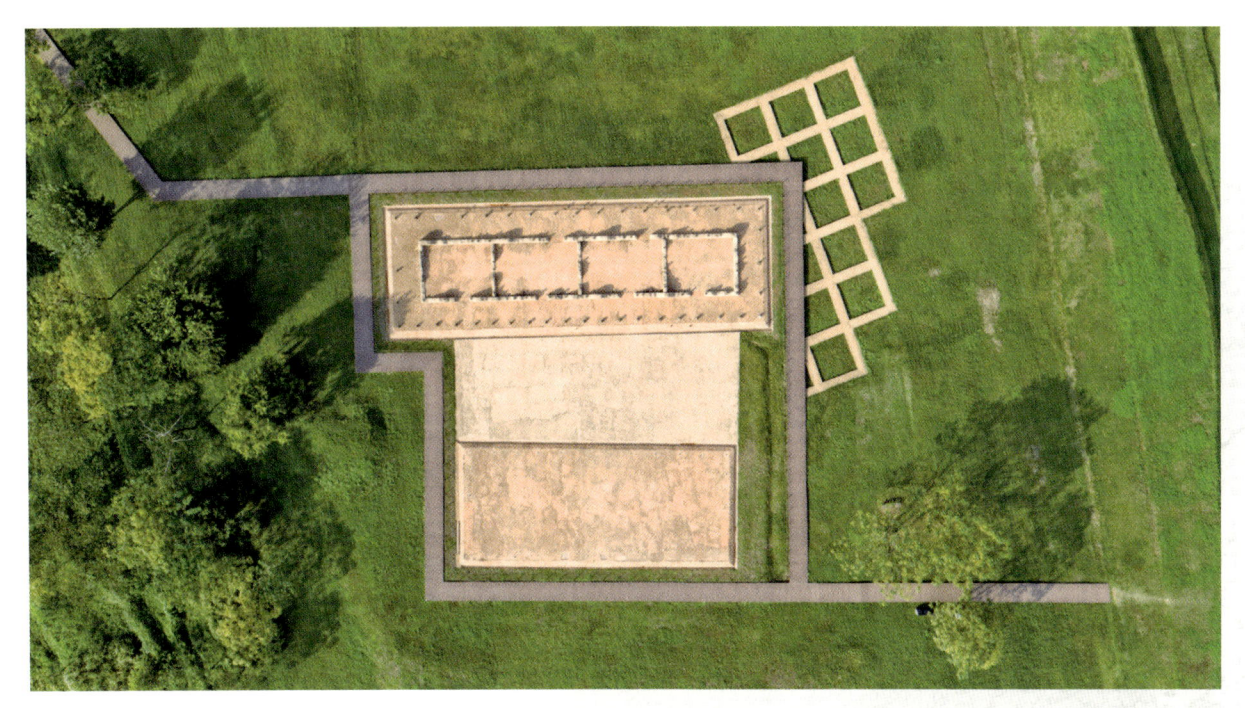

盘龙城遗址本体展示

要求设计单位调整了初期设想。又如，专家们通过比较研究郑州商城和江西吴城的考古发掘资料，确定了盘龙城宫城城垣的展示坡度。此外，博物院还多次邀请主持过盘龙城遗址考古发掘工作的李伯谦先生及刘绪、高崇文先生亲临现场指导，力求更加全面、准确地展示遗址。

本体保护展示工程实施过程中，博物院始终将遗址本体保护放在第一位。坚持遗址的真实性原则，保持原地形地貌。无论城垣、宫殿基址、北城壕、参观道路，还是种树、植草，都只填土不挖土，排水系统全部采用生态沟，顺地势自然排放，尽量减少人工干预，建成自然或近自然的生态绿地；保留大面积次生林，减少对原生态自然景观的扰动；城垣上只清理杂树杂草，保留景观树，使城垣的展示与遗址环境更加和谐。根据展示本体的不同特征，采取有针对性的展示方式，如对城墙表土覆盖夯土并种植草皮展示，对北护城壕采用鹅卵石标识展示，对宫殿区采用原址地表模拟展示，对李家嘴墓葬区采取绿色植物标识展示。这样，既保护了盘龙城遗址本体，而且展示效果直观、展示信息丰富，凸显了盘龙城作为武汉历史之根的文化底蕴。

2016年4月8日，盘龙城遗址本体保护工程顺利通过验收，获得了来自国家文物局信息中心、中国文化遗产研究院、中国社会科学院考古研究所、湖北省文物局等专家学者的高度评价，认为盘龙城遗址公园整体展示效果良好，堪称南方大遗址保护工作的典范。

此外，博物院通过多学科、科技化的工作方式，积极进行对外交流，拓宽研究渠道。近年，盘龙城遗址已经完成地理测绘控制网的建设，2016年开始进行遗址地理信息系统（GIS）的开发，通过机载激光滤波技术完成遗址一般保护区的测绘工作，搭建水上钻探平台，运用多束波探测对盘龙湖水下遗存进行考古勘探。建立盘龙城考古数字化系统，系统整合盘龙城地区考古资料。此外，金相学分析、地磁探测、RTK测量等技术已经广泛应用于盘龙城的考古工作中。

盘龙城遗址博物院一直秉持公开、平等的原则开展国际合作与学术交流。2014年起，陆续有东京大学、哈佛大学、芝加哥大学、加拿大英属哥伦比亚大学的师生前来盘龙城遗址参与合作发掘和研究。2018年，盘龙城遗址博物院与武汉大学、芝加哥大学等共同启动了中美联合考古项目。不同国家的学者来到盘龙城，增强了这里的国际影响力。

近年来，博物院还相继举办了盘龙城与长江文明国际学术研讨会、盘龙城与古代文明比较研究座谈会等多次学术活动并出版论文集，持续扩大盘龙城的影响力，巩固学术研究成果。

展览陈列，体现盘龙城青铜文化

盘龙城遗址博物院的基本陈列为"江汉泱泱　商邑煌煌——盘龙城遗址陈列"，曾获评第十七届（2019年度）全国博物馆十大陈列展览精品。展陈面积3200平方米，展线长度680米。陈列以盘龙城遗址考古发现和研究成果为内容依托，用创新性的展览语言讲述了盘龙城遗址的前世今生。

基本陈列第一部分——"浪淘千古"，由"发现盘龙城""认知盘龙城""寻根大武汉"三个单元组成，详细回顾了盘龙城遗址发现、发掘的历程，以小见大地讲述了中国考古的发展，拉近了

"浪淘千古"展区

"故邑风物"展区

观众与专业知识的距离，充分体现了盘龙城对于武汉、长江文明和华夏文明的意义。

基本陈列第二部分——"故邑风物"，分为"城邑演变""城邑生活""城邑生产""城邑建筑"四个单元，展示了考古学视角下盘龙城遗址的兴衰、变迁与文化面貌，从居民、日常、军事、习俗、艺术、建筑、生产等多个角度，全方位还原盘龙城。通过展示盘龙城遗址出土的大量青铜器以及与铸铜手工业有关的遗迹遗物，让观众认识到早商时期长江流域就已出现高度发达的青铜礼仪文化和复杂的青铜器生产活动。目前所见，在整个长江流域，盘龙城遗址最早成体系、成规模地使用青铜器，成为之后长江流域青铜文化发展的起点，同时证明了长江流域有着与黄河流域一样辉煌灿烂的青铜文化。

基本陈列第三部分——"角立南土"，分为"盘龙城与夏商王朝""文化交融""南土重镇"三个单元，讲述了夏商文化背景下盘龙城的地位和作用，与中原、周边的关系及对后世的影响。盘龙城遗址是长江沿线一座属于中原青铜文化体系的城市聚落，展现了夏商时期中原王朝对长江流域的经略和开发历程，是中华文明多元一体格局发展的有力证据，表明了统一是中国几千年历史发展的主流。

三个展区共展出展品677件（套），大量的青铜器、玉器、印纹硬陶及原始瓷等精美文物，代表了当时青铜文化发展的高超水平。

"角立南土"展区

其中李家嘴M1出土的提梁壶铸造精细、纹饰精美，是早商时期目前所知最早的铜壶，是我国已知最早使用分铸法铸成的青铜礼器，也是盘龙城铜器群中铸造工艺要求最高的器形。除青铜器外，该墓群还出土了较多玉器，体量不一的玉戈、玉柄形器、绿松石镶嵌饰件等彰显了墓主人的身份地位，其中M3出土大玉戈长达94厘米，最厚处不到1厘米，是迄今所见我国最大的玉戈，反映出商代高超的玉器制作技艺。

除李家嘴墓地器物群外，展览中还展出诸多杨家湾墓地器物。杨家湾M11出土器物57件，其中的青铜大圆鼎，高85厘米，是我国商代前期迄今发现最大的青铜圆鼎，进一步说明了盘龙城与中原之间有着密切的联系。杨家湾M17出土的青铜带鋬觚形器，兼具爵口、斝鋬、觚身的特征，器形前所未见，国内仅此一件。同墓出土的绿松石镶金饰件，以绿松石作为兽面纹的主体，金片饰作为目、牙、眉等关键部件，原先的有机质附着物现已腐朽。这是中原文化系统所见最早的成形金器，采用了镶嵌工艺，暗示墓主可能是盘龙城的高级别首领。

绿松石镶金饰件

小嘴M3出土的有领玉璧，直径22厘米，中间领部上下突出，璧身表面饰有9组同心圆纹饰，制作规整，纹饰清晰，是目前所见年代最早、体量最大的有领玉璧，是商王朝制作的代表性玉器。新干大洋洲出土的有领玉璧、三星堆和金沙出土的铜瑗或玉瑗的形制风格与盘龙城的有领玉璧接近，反映了商代中原文化向南的传播与影响，以及长江流域不同地区间的文化交流。

盘龙城遗址博物院基本陈列坚持科学性、识别度、人性化和艺术性相结合，根据展览主题设计重点与亮点。艺术风格独具创意，从展陈空间到平面、色彩、尺度、材料、装置、技术等聚力创新。整体空间色调以黑色为主，跳跃的饱和色用于提示文物和内容要点。大胆应用镜面材质，柔化空间视觉效果。充分利用展厅空间优势，营造整体环境，提炼盘龙城文化符号，增强身临其境之感。展览写实与写意手法交替，把文物置于人物场景之中，既富有意境，又可缓解视觉疲劳。展陈照明突出重点，层次分明，柜内柜外明暗协调。运用多媒体、艺术品、物理互动装置等多种辅助展陈手段，依据主题与展板内容、文物形成有机组合，提升阐释效果和观赏美感。物理互动装置方面，利用三维打印、触摸陶片、VR、拼读滚筒等触发多重感官，增加体验维度，让观众在互动中增长知识。

馆内互动装置

宣教并行，提升文化传播力

盘龙城遗址博物院立足自身特色，面向不同人群开发了丰富多彩的社教活动，进行公共考古科普，传播盘龙城遗址文化。博物院的王牌社教活动为"小小考古人，守护盘龙城"，该系列活动立足于以盘龙城遗址为代表的商代文化，根据展览涉及的盘龙城考古研究史、盘龙城制陶文化及商代先民生活习俗等内容，开发了相关课程和实践内容，通过专家审核评估已投入实践。为了避免模拟考古活动落入"挖土寻宝"的窠臼，院方在遗址公园内规划了互动体验区，按照考古标准设计了5米×5米探方，复刻了考古现场的地层线。课程研发团队制定了"展厅参观—教室授课—探方发掘"流程，教师由考古学硕士担任，严格保证课程质量，做到学有所得、玩有所乐。

博物院也为成年人定制了公共考古活动。2021年创办的"盘龙城论坛"系列讲座，每月一期，邀请到了王仁湘、张昌平、王方等考古界"大咖"，上百人的报告厅常常座无虚席，《长江日报》等地方媒体跟踪报道，俨然已成为武汉地区的品牌讲座。此外，博物院还联合武汉大学考古学系推出"考古领队带您看盘龙城"等活动，得到市民的积极响应。

公共考古活动之外，博物院也利用节假日、国际博物馆日、文化和自然遗产日等，策划"我心映我城""春节摄影大赛""新春送福"等活动。同时，配合不同主题的临展开发"汉字的足迹""神奇动物在哪里""指尖上的吉金"等项目。

经历疫情考验之后，博物院在社教方面更注重线上线下相结合，利用自媒体平台推出"盘龙城线上学堂""龙龙家的宝贝""云游盘龙城"等线上社教，在官网推出数字展厅和遗址区三维展示，另与长江云、武汉电视台等媒体合作推出各类直播活动，线上社教活动参与人次已超百万。

2019年博物院对外开放以来，多家媒体平台对博物院展览、学术研究、社教活动等进行报道，达到了多元传播的效果。博物院微信公众号已运营7年，是观众获取盘龙城遗址信息的重要窗口；官方微博日常更新博物院工作动态、展览活动信息、科普考古知识、介绍馆藏文物等，与粉丝积极互动，答疑解惑，宣传范围广且效果突出；同时利用短视频平台推送纪录片和热点视频等，形成了良好的宣传矩阵。

盘龙城遗址博物院作为武汉市重要文化品牌和集展览陈列、科研教育、遗址保护、休闲娱乐为一体的城市生态文化公园，始终坚持与大数据、云计算、移动通讯、智慧博物院等新概念、新方法相融合，以考古研究成果为背景，以数字技术为基础，以博物院业务需求为引领，以信息化建设为方向，拓宽展览陈列手段，优化教育传播效果，提升游客服务品质。未来的盘龙城遗址博物院将继续致力于城市布局、手工业生产、遗址地理景观变迁等学术问题的研究，通过国际交流与合作，继续提高员工的专业水平，完善展览陈列的学术内容支撑，更加高效地保护遗址本体，充分挖掘考古遗迹的文化内涵，向观众讲好文物背后的故事。

（图片：郭剑　余耀罡　初稿：王颖　统稿：李琳）

殷墟博物馆

殷墟遗址位于中国历史文化名城——河南省安阳市西北郊，横跨洹河南北两岸，总面积约29.47平方千米。殷墟距今已有3300多年的历史，是中国考古学诞生地、甲骨文发祥地，也是中国历史上第一个有文献可考并为甲骨文和考古发掘所证实的商代晚期都城遗址。公元前1300年前后，第二十代商王盘庚由奄（今山东曲阜）迁都于殷（今安阳小屯一带），历经八代十二王，共计250余年，直至公元前1046年武王伐纣、商朝灭亡，这座繁华的商代都城逐渐沦为废墟，后人称之为殷墟。

1961年，殷墟被列为首批全国重点文物保护单位。1987年，为更好地保护和展示殷墟古遗址，在殷墟宫殿宗庙区建成了集遗址保护、生态景观于一体的殷墟博物苑。2001—2006年殷墟申遗期间，安阳市政府对殷墟范围内的环境进行了大规模整治，对殷墟宫殿宗庙遗址和王陵遗址进行了升级改造和扩建，占地面积达到610亩，并与中国社会科学院考古研究所安阳工作站共建殷墟博物馆，充实展示内容。

2001年，殷墟获评中国20世纪100项考古大发现，2006年7月13日，被联合国教科文

殷墟博物馆宫殿区鸟瞰图

殷墟王陵区鸟瞰图

组织列入《世界遗产名录》，成为我国的第33处世界遗产。2017年10月30日，甲骨文入选《世界记忆名录》。

甲骨文是中华文明的基因密码

殷墟甲骨文契刻在经过整治的龟甲和兽骨上，是中国目前已知最早的、成系统的文字。清朝末年，殷墟还是一片农田，小屯村民在这里耕种，经常能从泥土中刨出一些骨片，人们一直把它当作一种可以止血的中药——龙骨，以一斤六文钱的价格卖到药店。直至1899年，金石学家王懿荣先生因病买药，发现中药"龙骨"上有些奇怪的刻划符号，他对古文字考订造诣颇深，经过认真研究，认为这些刻划符号是商代的文字，也就是我国最早的文字——甲骨文。王懿荣先生因此被人们誉为"甲骨文之父"。1900年，八国联军占领北京，王懿荣投井殉国，他的大部分甲骨收藏被后人卖给了《老残游记》的作者刘鹗。刘鹗潜心钻研，著《铁云藏龟》一书，最早将甲骨卜辞公之于世，罗振玉、王国维等人均受其影响。

后来的120多年里，学者们拓展了甲骨学研究的各个分支，他们或考释甲骨文，或总结甲骨占卜的文法文例，或继续探索甲骨文的分期断代，或利用甲骨文材料复原研究殷商历史，虽然学术理路和治学特点各有不同，但都成绩斐然，显示出甲骨学事业的兴旺发达和代有传人的雄厚潜力。

甲骨文的发现，不仅证实了"惟殷先人，有册有典"的记载，为已经消失的商代占卜制度提供了确切的物证，更重要的是，使中国有文字、可证实的历史上溯到3300多年前。

殷墟是中国考古学的摇篮

殷墟被称为中国考古学的摇篮。1928年10月13日，当时的中央研究院历史语言研究所派团对殷墟进行了第一次科学考古发掘，成为殷墟科学考古发掘的肇始。这是中国学术机构第一次独立组织考古发掘，完全由中国学者主持。1928年10月13—30日，由董作宾主持进行了第一次殷墟发掘，到1937年6月，为殷墟发掘第一阶段。十年间，中央研究院历史语言研究所考古组在殷墟共组织了15次发掘。殷墟自发掘第一阶段开始，陆续培养了董作宾、李济、梁思永、石璋如、夏鼐、胡厚宣、郑振香、刘一曼、唐际根等知名考古学家，而且为中国的田野考古发掘确立了一系列技术、方法体系，确定了考古学在中国的发展方向和目标。

殷墟的保护和展示方式是大遗址保护的典范

殷墟遗址根据保护对象的不同特点，采用地下封存，地上原址复原展示、原址加固展示、原址揭露展示、原址地表夯土展示、原址地表植被或沙石标识、建馆对可移动文物进行集中展示等方法，将深埋地下3300多年的土木遗迹直观地展现在公众面前，实现科学保护与有效展示的有机结合，探索出一条适合中国土质遗址文物保护与展示的新途径，得到了国内外专家学者、游客和各级领导的高度评价。2005年，采取市政府投资、中国社会科学院考古研究所提供展品的模式联合建设殷墟博物馆，实施资源共享、互利共赢，被国家文物局称为"安阳模式"。2007年，"安阳殷墟大遗址的保护与展示"项目获得国家文化部"文化创新奖"。殷墟博物馆的"殷墟珍宝展"在第七届（2005—2006年度）全国博物馆十大陈列展览精品评选中荣获"最佳创意奖"。

地下封存，地上抬高模拟展示

殷墟地下遗址发掘后基本采用"原地回埋、地下封存"的方法予以保护。为了提高此类遗址的观赏性，在展示上主要做出了如下探索：

地下封存，地上夯土台阶、柱墙抬高模拟展示

这是殷墟宫殿遗址展示的一种主要形式。对已经发掘完毕和研究清楚的遗迹，将原址掩埋封存，然后在地上提高50厘米左右，在其上对应位置重新复原夯土台阶、木柱桩和与建筑有关的祭

丙组基址

祀坑遗迹，并设立中英文遗址标志说明牌。宫殿区内的甲组、乙组、丙组基址，以及凹字形宫殿基址，均采用此种展示形式。

地下封存，地上抬高祭祀坑模拟展示

在原遗址上垫土覆盖地下的祭祀坑遗迹，适当抬高遗址的土层，在不损害地下遗迹的前提下，复原宫殿区内的宗庙祭祀坑和车马坑遗迹、王陵区殉葬坑。观众透过玻璃罩可以清楚地看到各种祭祀坑里殉人的骨骼和牛、马、羊、犬等兽骨遗存。

地下封存，地上植物或沙石标识展示

对已发掘清楚且近期不计划复原重建的遗址和墓葬，在柱础位置栽植小叶女贞、侧柏等植物并修剪成圆柱形，在墙体和墓葬位置栽植柏树并修剪成墙状，以表示建筑物和墓葬的规模、形式，或直接用草坪和沙石标示夯土遗址的范围、面积和形状，如王陵遗址的12座大墓等。

宫殿区内的宗庙祭祀坑

殷墟王陵大墓

原址原貌原形复原展示

对已经发掘完毕、研究清楚且今后不需重新发掘的遗迹，采取原址原貌原形复原展示，直接再现当年的发掘现场情景，如妇好墓、YH127甲骨窖穴。

异地搬迁保护展示

殷墟宫殿区外考古发掘出土的具有科研、观赏价值的遗物、遗迹，由于原址基建占地或过于零散不宜保护和参观，会采取异地搬迁的方式，即选择合适位置，经钻探下面确无遗迹后，将他处发掘的商代遗迹整体搬迁过来进行保护展示，如展厅的马车和商代道路等遗迹。

妇好墓

殷墟车马坑

殷墟博物馆文物集中展示

殷墟遗址出土的可移动文物在殷墟博物馆集中展示，馆内"殷墟珍宝展"基本陈列分为大邑商展厅、青铜器展厅、玉器展厅、甲骨文展厅、特展厅五个部分。大邑商展厅主要展示商代社会风貌、平民生活用具及部分殉葬用品，反映商代农耕和狩猎的情况；青铜器展厅主要展示殷墟出土礼器，反映商代的王权制度和等级分明的社会结构；玉器展厅和甲骨文展厅的展品最为丰富、精美；特展厅目前正在展出司母戊鼎的高级复制品及部分

殷墟博物馆展厅内景

甲骨文科普长廊　　　　　　　　　　　　　　　　甲骨文碑林

殷墟青铜全形拓。

考古学知识的科普展示

殷墟宫殿宗庙遗址内建有甲骨文科普长廊和碑林，精选甲骨百余片，采用拓片和多种文字释读的方式，普及甲骨文知识。甲骨碑刻的内容涉及殷商社会的方方面面，观众可以通过一块块甲骨碑来感受殷商文化和中华文明。

殷墟基本陈列彰显殷商文化的灿烂与辉煌

殷墟遗址面积约29.47平方千米，自1928年发掘以来，先后发现了宫殿宗庙遗址、王陵遗址、洹北商城、后冈遗址等大量都城建筑遗址和以甲骨文、青铜器为代表的丰富文化遗存，系统地展现了3300年前中国商代晚期辉煌灿烂的青铜文明，确立了殷商社会作为信史的科学地位。

目前，对外展示的部分为宫殿宗庙遗址和王陵遗址。其中宫殿宗庙建筑110余座，成组排列，或为宗庙，或为社坛，已具备中国宫殿建筑"前朝后寝、左祖右社"的规划雏形。王陵遗址是殷商王朝的陵地与祭祀场所，开创了中国帝王陵寝制度的先河，共发掘13座大墓（包括1座未完成大墓）及2000余座殉葬坑和祭祀坑。两个遗址区共有8个基本陈列：其中宫殿宗庙遗址区有5个，分别为"商史镫音——商代历史文明展"、殷代车马坑展示厅、YH127甲骨窖穴展厅、妇好墓展厅、"殷墟珍宝展"；王陵遗址区有3个，分别为王陵墓葬展览馆、M260大墓展厅和殷墟车马坑展厅。

"商史镫音——商代历史文明展"

"商史镫音——商代历史文明展"陈列于乙二十大殿，以殷商历史与文明为主要内容，分五个单元展示商族起源、王朝兴亡、国家与社会、经济与生活、宗教与祭祀等，展览尾厅专门辟有观众互动区，设置了"甲骨文连连看""甲骨文描红""文物配对""甲骨文拼图"等互动游戏，有助于观众丰富参观体验，增进对甲骨文等商代文化元素的了解。

YH127甲骨窖穴展厅

1936年6月12日，中央研究院历史语言研究所考古组在殷墟第13次发掘时，考古队员意外发现了YH127甲骨窖穴，殷墟甲骨出土史的奇迹由此诞生。这个宝藏窖穴共清理出土刻字龟甲17 096片，占殷墟发掘出土甲骨总量的一半以上，在1996年召开的国际图联大会上被专家誉为"世界上最早的图书馆""中国最早的档案库"。窖穴一侧有一具呈蜷曲状的人体骨架，据专家推测，此人应该是当时看管这坑甲骨资料的管理员。

妇好墓展厅

1976年，中国科学院考古研究所发现了著名的妇好墓，这是1928年以来殷墟宫殿宗庙区内最重要的考古发现之一，也是殷墟科学发掘以来发现的唯一保存完整，且能与甲骨文联系并断定年代、墓主人及其身份的商代王室成员墓葬。

妇好墓南北长5.6米，东西宽4米，深7.5米。妇好的庙号为"辛"，商王朝的后人尊称她为"母辛""妣辛"或"后母辛"。墓上建有被甲骨卜辞称为"母辛宗"的享堂。墓室虽不大，但保存完好，有殉人16人，随葬器极为丰富，有1928件，其中青铜器468件、玉器755件、骨器564件，另有6800多枚海贝、红螺。这些随葬器充分反映了商代高度发达的手工业制造水平。

"殷墟珍宝展"

殷墟博物馆的主体建筑营建在地面以下，占地6000平方米，建筑面积3350平方米，展厅面积约2354平方米，外形酷似甲骨文"洹"字，寓意古老的洹河孕育了以甲骨文化为特色的殷商文明，也象征博物馆内的殷商文物永远栖身洹河怀抱。五个展厅共陈列商代文物精品1072件（套），它们充分展现了殷商青铜文明的顶峰。

陶三通

1972年出土于安阳殷墟白家坟，水管每节长42厘米，管外径21.3厘米。出土时三通水管呈T形，南北向的一条保存水管17节，全长7.9米；东西向的一条保存水管11节，全长4.62米。两者交接处有一个三通水管连接，表明当时的地下排水管已形成网络分支。

亚长牛尊

出土于花园庄M54，牛尊呈写实的牛形，保存完好，体态健壮、肥硕。牛抬头前伸，微张口，口内中空。背微下凹，上有长方形口，有铜盖扣合其上。腹部浑圆，四肢粗短。牛身长40厘米，带盖高22.5厘米，腰围52.5厘米，注口长12.9厘米、宽9.1厘米，重7.1千克。

做好殷商文化宣传教育，弘扬中国优秀传统文化

殷墟作为全国爱国主义教育基地、全国中小学生研学实践教育基地，不断完善展览基础设施，打造一流的智慧景区，提升讲解员服务水平，开展殷商文化进校园、进社区等各种形式的宣传活动，发挥殷墟志愿者团队作用，让每个人了解殷商文化，让甲骨文和博物馆中的文物"活起来"。

2007年以来开展的"殷商文化校园行"活动，先后走进中国人民大学等各地50余所学校宣讲，还与100多所大中小学校共建爱国主义教育基地。博物馆研发了"我是小小考古家""字有乐园"等殷墟研学系列主题课程，开展了"'鼠'不尽的奥秘"——殷墟冬令营研学活动和"我是小小考古家"夏令营活动，通过丰富多彩的研学课程，让广大学生更加深入领略殷商文化的魅力。

殷墟志愿者服务队成立于2005年，现有150余名志愿者，每年为数十万名各地观众提供义务讲解、咨询服务，2020年11月19日，被中国博物馆协会志愿者工作委员会评为"牵手历史——第十一届中国博物馆十佳志愿者之星"。

加强学术交流活动，提升自身研究和管理水平

殷墟博物馆高度重视与中国社会科学院考古研究所、安阳师范学院、安阳文联、安阳市考古研究所等单位合作，邀请多位专家学者担任学术顾问，并在殷墟遗址展示、学术著作编写、大遗址保护规划等方面开展广泛合作，取得了一系列研究成果，提高了专业人员素质和整体科研水平。2011年，为整理殷商研究成果、推进殷商文化的研究，殷墟博物馆参与编纂《殷墟文化大典》。该书于2016年出版，荣获第五届中国出版政府奖。

2010年殷墟被评为国家考古遗址公园。殷墟国家考古遗址公园积极探索中国大遗址保护的发展道路，推动中国大遗址保护事业。2016年7月，殷墟世界文化遗产成功申报十周年之际，殷墟国家考古遗址公园承办了国家考古遗址公园联盟第六届联席会议，探讨考古遗址公园建设与民生发展，本次会议形成了《安阳共识》。

新建世界级殷墟遗址博物馆

2019年11月1日，习近平总书记在《致甲骨文发现和研究120周年的贺信》中指出："殷墟甲骨文的重大发现在中华文明乃至人类文明发展史上具有划时代的意义。甲骨文是迄今为止中国发现的年代最早的成熟文字系统，是汉字的源头和中华优秀传统文化的根脉，值得倍加珍视、更好传承发展。"河南省委、省政府领导多次要求加快推进殷墟保护研究利用工作。安阳市委、市政府

殷墟遗址博物馆规划设计图

以建设世界级殷墟遗址博物馆为目标，将其列为"一号工程"并列入2020年市政府工作报告，全面展示殷墟丰富文化内涵，让更多文物保护成果惠及广大人民群众。

殷墟遗址博物馆项目建筑方案由华南理工大学何镜堂院士主持设计，以中华文明的国之重器——鼎为设计意向，通过对"鼎"元素的抽象、演变，四方为形，内含横纵两轴，在洹河之畔破土而出，形成具有殷墟文化内涵和考古学意义的"四方之极"，以及鼎立中华大地之上的文明重器。该项目位于洹河北岸，与殷墟宫殿宗庙区隔水相望，占地面积268亩，建筑规模5.1万平方米，主要包括殷墟考古发掘史展厅、出土遗迹厅、殷商社会生活史展厅、甲骨文厅、玉器厅、青铜器厅及精细考古实验室等。

全新的殷墟遗址博物馆于2020年11月23日开工奠基，预计将于2022年底建成开馆。建成后的殷墟遗址博物馆将集中展示殷墟文明重要价值和殷墟考古发现重要成果，发挥殷墟传承文明、弘扬文化的积极作用，全方位展示辉煌灿烂的殷商文明，力争成为国际先进的考古研究中心、文物展示中心、中华文化国际交流传播平台和文化产业创新平台，成为代表21世纪国内外同类博物馆先进水平的国家文化地标。

（初稿：李文静　统稿：孔利宁）

铜绿山古铜矿遗址博物馆

铜绿山古铜矿遗址位于长江中游南岸的大冶市城区西南约3千米处，遗址规划保护面积5.6平方千米，1973年发现并发掘，是一处以采矿遗址和冶炼遗址为核心的古代矿冶遗址，采掘年代始于商代晚期，经西周、春秋战国延续至汉代。其规模之宏大、采冶时间之早、延续时间之长、冶炼水平之高、生产组织分工与管理之严谨、文化内涵之丰富，在中国乃至世界矿冶史上都是十分罕见的，对研究世界科技史、冶金史和矿冶史等具有突出价值，填补了中国古代冶金史的多项空白，开辟了中国矿冶考古的先河，对研究中国青铜文化起源与发展具有独特性和唯一性。

1982年，铜绿山古铜矿遗址被国务院公布为第二批全国重点文物保护单位。1984年，在Ⅶ号矿体春秋时期采矿遗址上建成博物馆并对外开放，这是我国第一座古矿冶遗址博物馆。新中国考古事业的奠基者、著名考古学家夏鼐为遗址馆题写馆名"铜绿山古铜矿遗址"。1985年，铜绿山古铜矿遗址被评为新中国成立后十大考古新发现，1994年、2012年两次列入《中国世界文化遗产预备名单》，2001年被评为中国20世纪100项考古大发现之一，2005年被国土资源部命名为国家矿山公园（黄石国家矿山公园）。2015年铜绿山四方塘遗址古墓葬区的发现发掘，进一步填补了世界矿冶考古的空白，被评为2015年度全国十大考古新发现。2017年铜绿山第二轮考古新发现获评2017年度国家社会科学基金重点项目，并于2018年被列为国家文物局"考古中国"课题。2018年，铜绿山古铜矿遗址被评定为第二批国家工业遗产，2021年入选"百年百大考古发现"。

铜绿山古铜矿遗址博物馆全貌图

坐落于Ⅶ号矿体的遗址博物馆

夏鼐先生题写的馆名

考古发掘与遗址博物馆建设

铜绿山古铜矿遗址进行过两轮大规模考古，历时近半个世纪，取得了举世瞩目的成果，考古发掘总面积逾1.12万平方米。

第一轮考古发掘为1974年1月—1985年7月，由中国科学院考古研究所（1977年改属中国社会科学院）、湖北省博物馆、黄石市博物馆分别主持并组织，先后发掘清理6处采矿遗址、2处冶炼遗址，发掘古代采矿竖（盲）井231个、平（斜）巷100条、炼炉12座，出土大批采矿以及冶炼工具，发掘总面积4923平方米。

铜绿山矿区发现的古代采矿遗址有两种类型：露天采矿遗址和井下采矿遗址。在铜绿山矿2平方千米的矿区范围内，共有12个矿体，其中10个矿体中均发现古代采矿遗存。共发现有古代露天采场7个，主要分布在Ⅰ、Ⅱ、Ⅳ、Ⅵ、Ⅺ号矿体，露天采矿深度一般为20—30米。井下采矿遗址主要分布在Ⅰ、Ⅱ、Ⅲ、Ⅳ、Ⅴ、Ⅵ、Ⅶ、Ⅷ、Ⅸ、Ⅺ号矿体，最大开采深度达64米，采用了竖井、平巷、盲井、斜井联合开拓技术，成功地解决了井下通风、排水、提升、照明和井巷支护等一系列复杂技术，代表了我国当时铜矿的最高开采水平，是我国古代历史辉煌成就的见证。

从商周到西汉，铜绿山古代矿井支护有这样一个发展过程：竖井支护由单榫单卯到双榫双卯到搭口式；竖井的框架由连环套接到相互穿接到搭接；竖井的架设由间隔方框过渡到密集排列；汉代以后制作工艺与架设方法趋向简单，而抗压能力则越来越强。

冶铜场以鼓风竖炉为中心，周边发现有矿石整粒场、筛分场等辅助遗迹，说明冶炼前进行配矿。春秋时期的鼓风竖炉底多有风沟，炉内温度经检测最高可达1400℃。经对炉体复原研究和现场模拟实验，发现竖炉具有连续加料、排渣和间接排放铜液的功能，一次备足矿料和燃料，可持续冶炼数日。对春秋时期冶炼现场出土的矿石、炉渣、粗铜料进行检测分析后发现，冶炼工艺为"氧化矿—铜"，已掌握"硫化矿—冰铜—铜"工艺，冶炼出的粗铜含铜量为93.32%—93.99%，炉渣平均含铜量为0.7%，这些数据达到或接近现代排放标准。冶炼遗址均有炉渣堆积，有的炉渣堆积厚达3米，推测炉渣总量为40万—50万吨，冶炼粗铜8万—12万吨。

采矿遗址和冶炼遗址出土和采（征）集采冶工具、生活用具、各类标本21 308件（套）。其中，采冶工具分为八大类：（1）探矿选矿工具，有船形木斗、木杵、木臼、木水槽等；（2）采掘工具，有铜斧、铜锛、铜凿、铁斧、铁锤、铁钻、铁耙等；（3）铲装工具，有铜铲、木铲、木锹、木撮瓢等；（4）排水工具，有木瓢、木桶等；（5）提升工具，有木辘轳、木钩、草绳等；（6）装运工具，有竹篓、竹筐、竹筅箕等；（7）照明用具，有竹签、竹筒、陶豆等；（8）冶炼工具，有石锤、石砧及铜斧等。这八类工具共同构成了矿冶业工具的独特发展体系。

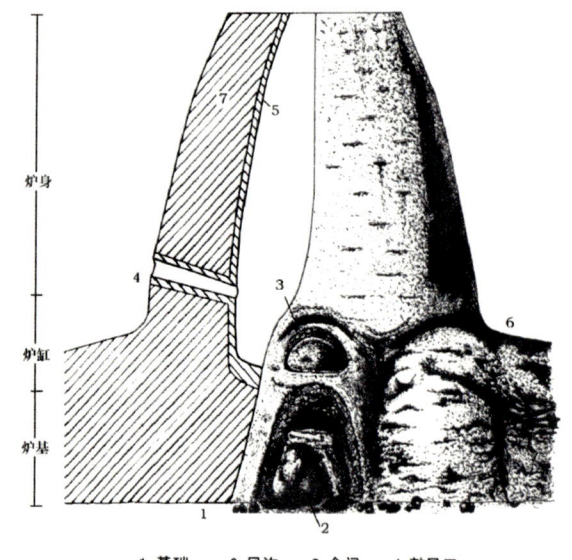

1. 基础　2. 风沟　3. 金门　4. 鼓风口
5. 炉内壁　6. 工作台　7. 炉壁

春秋时期炼铜竖炉复原图

春秋时期最大青铜斧

重达16.3千克，被张忠培先生称为"中华第一斧"。

铜绿山古铜矿遗址的第一轮考古发掘不仅填补了我国矿冶史上铜矿开采冶炼的历史空白，揭开了华夏青铜文化史上关于铜原料产地、铜矿开采、铜金属冶炼的千古之谜，还向世人证明当时的冶炼技术达到了很高水准，居于世界领先地位。青铜业的发展促进了社会进步，也为中国青铜时代在东周时期出现又一高峰注入活力，并且直接影响了中国铁器时代的发展。

第二轮考古发掘为2011—2017年，由湖北省文物考古研究所、大冶市铜绿山古铜矿遗址管委会联合组成多学科考古队，以学术课题探索为导向，对遗址保护区进行调查勘探，重点开展了对岩阴山脚遗址、四方塘遗址、卢家垴遗址的发掘、保护、研究等系列工作，以推进铜绿山国家考古遗址公园暨新馆建设。

2012年，在岩阴山脚遗址揭露出春秋时期洗矿尾矿堆积、选矿场各1处，以及东周时期矿工足印35枚；在卢家垴遗址发掘清理出西汉时期冶炼炉1座。其中，洗矿尾矿堆积场、矿工足印遗迹为首次发现，完善了该地区同时期采矿冶炼的生产链条，展现了当年赤足工人冶铜时"炉火照天地，红星乱紫烟，赧郎明月夜，歌曲动寒川"的场景。2013—2015年，共三次对遗址的冶炼区和墓葬区进行发掘，发现春秋时期冶炼场、宋明时代焙烧炉及从事矿冶活动的劳工墓地，出土大批重要遗物。

2014年11月，在四方塘遗址东部岗地发现一处与Ⅶ号矿体古代采冶密切相关的管理者和生产

铜绿山四方塘遗址墓葬区航拍图

者墓葬区，面积约 4500 平方米。2014—2017 年进行发掘，发掘墓葬 258 座（其中夏代 1 座、商代 2 座、西周 13 座、春秋战国 230 座、清代 12 座），面积 3637 平方米。墓葬出土夏代至战国陶、铜、玉、铜铁矿石、炉壁等随葬品 200 多件。四方塘墓葬区面积之大、墓葬数量之多、随葬品文化特色之丰富、时间跨度之长为中国矿冶考古所罕见，这为研究采冶业群体的身份地位，构建铜绿山地区先秦时期考古学文化框架，提供了弥足珍贵的资料。

四方塘墓葬区考古新发现和铜绿山考古遗存新发现的资料整理与研究，不仅为公众欣赏和参研铜绿山矿冶文明创造了条件，也为推进铜绿山遗址博物馆（新馆）展陈设计与建设提供了支撑。

2013 年 11 月，《铜绿山遗址博物馆选址方案》获国家文物局批复，新馆仍位于铜绿山Ⅶ号矿体遗址上，采用大地景观风格，为坡地建筑，将博物馆的主体建筑以矿道形式，逐层后退融入山体形态之中，南面紧邻铜绿山古铜矿遗址，西面紧靠铜矿露采大坑，东北两侧为规划道路，是铜绿山国家考古遗址公园的核心部分，总建筑面积 1.2 万平方米。目前主体建筑已基本竣工，"青铜源·铜绿山"陈列布展和装修正在紧锣密鼓地推进，预计 2022 年 10 月对外开放。

建成开放后的铜绿山遗址博物馆将记录并展现大冶青铜文化起源、发展、兴盛、成熟、向铜铁过渡的历程，凸显其对当时政治、经济、社会产生的深远影响，将是一座融合中国青铜文化元素和矿冶文化元素的青铜文化博物馆，彰显大冶青铜文化在中国乃至世界的重要地位和作用。

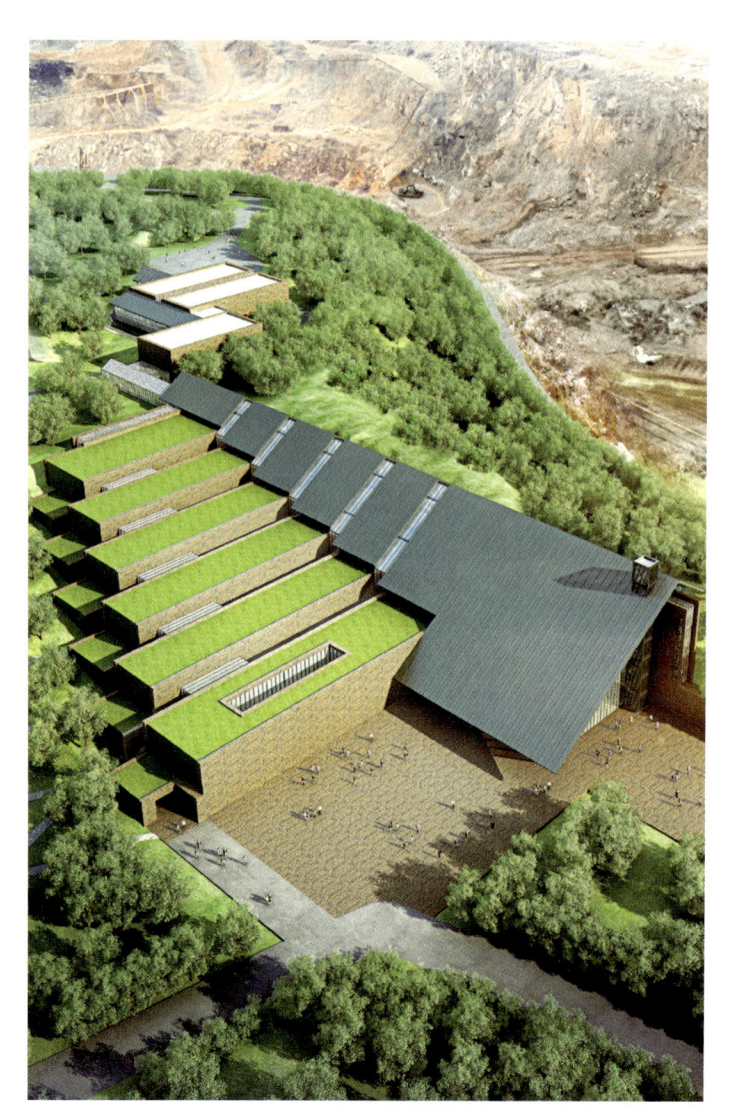

铜绿山遗址博物馆（新馆）设计图

遗址保护与管理工作

为解决古铜矿遗址的保护与推动矿山生产建设，实现保护与生产"双赢"的目标，省、市各级政府和多个主管部门与相关单位对遗址进行了多次调查。1990年7月，国务院要求中国有色金属工业总公司和湖北省人民政府分别组织专家对"搬迁保护"和"原地保护"方案进行论证。1991年8月，《国务院关于湖北省大冶铜绿山古铜矿遗址保护方案的批复》下发，同意原地保护方案，为此后长江三峡大坝建设开展文物大抢救、大保护探索出了一条新路。

2009年11月26日，铜绿山古铜矿遗址管理权正式由黄石市移交给大冶市政府。2010年6月3日，"大冶市铜绿山古铜矿遗址管理处"设立，2011年更名为"大冶市铜绿山古铜矿遗址保护管理委员会"。铜绿山古铜矿遗址管理权下放有利于遗址保护与发展，有利于遗址长治久安，这种"属地管理、分级负责"的管理体制使铜绿山古铜矿遗址保护更加接地气、有活力。管委会保护遗址多措并举，主要反映在以下三个方面：

（一）采用科技手段，拯救遗址文物生命。

实施Ⅶ号矿体1号点保护工程，对1号点古井巷支护进行杀菌、脱水加固保护处理，对1号点外围地段进行整体防渗铺盖、排水沟修复和集水井改造；实施白蚁防治工程，在遗址核心区、一般保护区和周边蚁源区等313亩范围内进行白蚁灭杀；实施Ⅶ号矿体边坡稳定性评价及监测预警工程，利用滑动力监测设备、变形监测观测墩、水准基准点、GNSS位移监测设备、博物馆沉降监测标志、振动监测设备等，对遗址地质情况进行全方位监测；实施Ⅶ号矿体1号点保护棚加固及地质灾害治理工程，对旧馆主体进行修缮、加固，对周边地质灾害进行治理。

（二）依法保护，确保遗址安全。

编制保护规划，公布管理办法，划定保护范围，加大文物保护普法宣传力度；对遗址边坡进行综合治理，消除地质灾害隐患；关停遗址周边小矿山5家、小冶炼厂8家、小选厂12家。

（三）遗址安保常态化管理。

加强安保队伍建设和经费保障，人防、物防、技防相结合，对遗址重点部位进行日巡查，对遗址场馆及周边重要部位进行全天候监控；对遗址保护范围内的违规作业和违建行为予以坚决制止；定期开展消防安全培训，不定期开展遗址文物安全及安全生产隐患大检查活动，对存在的安全隐患及时整改；健全完善突发性、群体性事件预警机制，做到巡防控管到边、到角，掌握情况全面、具体，解决问题及时、迅速。

铜绿山古铜矿遗址国家考古遗址公园片区效果图

国家考古遗址公园建设

为促进大遗址保护与遗产地周边的和谐发展，科学展示、合理利用古铜矿遗址的各类遗存，保证铜绿山古铜矿遗址未来考古工作的顺利开展，同时使公众更好地了解大冶地区的矿冶历史文化，2013年国家文物局批准了铜绿山古铜矿遗址国家考古遗址公园建设项目，总面积约555.7公顷。

近年来，大冶市委、市政府高度重视铜绿山古铜矿遗址的保护和开发利用。新建了专用旅游通道，对旧馆重新整修，并对周边区域进行了绿化。开通高铁站（大冶北站）到古铜矿遗址的专线公交车，新建候车厅和停车场3000平方米。建成鄂东南考古工作站并投入使用。启动生态修复工程，绿化山地500亩，复垦废弃地450亩，栽种行道树6000余棵，建设了铜草花园、青冈栎林、本土植物园，新增绿化面积达到20万平方米。增设一条地学科普旅游路线，制作一批地矿科普标识牌。新建园区内连接路2000米，对接武汉光谷的6号路连接线也已建成，基本实现路网互动。提档升级馆内公厕，新建第三方厕所一个。改造部分线路，满足遗址馆供电需求。硬化遗址馆后门道路，解决大型旅游车不能到达的问题。修建景观亭和观景平台，添置石桌、石凳供游客休憩。筹措经费用于语音讲解设备购置和讲解服装配置，可提供中文、英文、日文等讲解服务。

目前，遗址公园开发建设的前期工作基本完成，各项本体保护工程正有条不紊地展开。相关环

铜草花园（摄影：黄开志）

铜草花是铜矿的指示植物，"牙刷草，花紫红，哪里有它，哪里就有铜"。

境整治工程也在逐步实施，环铜绿山矿露天采坑道路整治及景观节点工程于2021年通过国家文物局审批，被纳入湖北省"十四五"时期文化保护传承利用工程储备项目库。考古工作稳步推进，考古资料整理、出版工作持续进行，机构及管理制度也已建立和不断完善。遗址公园其他必要的基础设施和配套服务设施正在建设当中，以确保2022年国家考古遗址公园顺利挂牌验收。

遗址展示与教育传播

铜绿山古铜矿遗址博物馆坚持收集矿冶类藏品，包括湖北地区、中国各地乃至世界范围内的矿石标本，以及与铜绿山地区冶炼粗铜有关的青铜器等。目前，对外开放的是位于大岩阴山（Ⅶ号矿体）的遗址博物馆，含春秋时期采矿遗址大厅、文物陈列厅、战国至汉代采矿遗址复原区、冶炼馆、矿物标本陈列馆五个常设展览，涵盖古代找矿、采矿、冶炼、生产工具等内容，采用电子书、展柜、展台、展板、雕塑、灯光、地台式景观、触摸屏、多媒体投影、幻影成像、模拟复原区等展示方式。建筑面积6500平方米，其中原址保护展示面积约3000平方米，展览用房约2700平方米，文物库房面积约800平方米。

为弘扬优秀传统文化、传承优秀工业文明，全面阐释大冶作为华夏青铜文明发祥地的厚重历史文化底蕴，铜绿山古铜矿遗址博物馆大力加强全国科普教育基地、省级爱国主义教育示范基地的宣传展示工作，不断充实教育内容，深挖教育内涵，丰富教育活动，强化社会服务，充分释放遗址博物馆的核心文化资源优势和社会教育功能，在讲好"大冶故事"方面取得显著成效。

铜绿山Ⅶ号矿体1号点——春秋时期井下采矿遗址

（一）梳理考古成果，丰富教育内容。

出版我国第一部矿冶考古专题报告《铜绿山古矿冶遗址》，编写《青铜文化与矿冶文化研究》《铜绿山——矿冶考古发现与研究》等学术著作、《图说铜绿山古铜矿》《铜绿山考古印象》等图录，以及《世界文化遗产瑰宝——铜绿山古铜矿》《中国矿冶考古——铜绿山古铜矿遗址记忆》等普及读物。

铜绿山仙人座Ⅰ号矿体24线——战国至汉代古矿井开拓系统复原区

（二）加强文化研究，深挖教育内涵。

依托鄂东南考古工作站、长江流域矿冶考古联盟研究中心、中国青铜文化大冶研究中心、北京大学考古实验实践教学基地等科研平台，深入挖掘遗址的内在价值，为新时代中国特色社会主义文化建设提供精神支撑，讲好中国故事。

（三）创新载体媒介，注重教育成效。

拍摄《中国NO.1——铜绿山古铜矿遗址》《楚国八百年》《解密铜绿山》等宣传片，制作线上直播推介视频，充分展示铜绿山古代采冶文明，让大冶青铜文化走出湖北，走向世界。创作《铜草花》《铜绿山之歌》，利用各大媒体和网络平台宣传报道，唱响铜绿山。策划各类专题展览，如传承青铜文明大型图片展、全国科普教育基地科普知识展、考古发掘成果展等，不仅传播了青铜文明、普及了科学知识，更增强了民众的家国情怀。举办各类主题活动，如"矿咏千年"征文大赛、"铜都大讲堂"文化讲座、"青铜文明·铜草花开"文化周活动等，培育公众文化意识。此外，还在每年的国际博物馆日、文化和自然遗产日举办以"保护传承青铜文化遗产，共建精神家园"为主题的文化宣传活动。

（四）加强馆校联动，强化教育功能。

先后与武汉大学、湖北师范学院、黄石理工学院建立实习实训基地，加强人才培养与交流。依托黄石青少年校外活动实践基地、大冶市中小学科普知识培训基地，与各大旅行社和教育基地等单位合作，组织黄石、大冶及周边地区的中小学生来馆参观。通过礼乐学堂、暑期夏令营、考古探秘、小讲解员实地参访和集体朗诵快闪活动、道德讲堂、研学旅行等方式，引导青少年了解大冶的青铜文明发展史，努力把遗址馆建设成为学习传播科学理论的大众平台和弘扬时代新风的精神家园。

"天地一洪炉，举世无双冶。"铜绿山古铜矿遗址的发现与发掘让世人见证了4000多年前中国青铜文化的鼎盛时期，并以雄辩的事实证明：中国青铜文化是一部独立、完整的历史。从1973年发现到四方塘遗址考古发掘出新成果，从1984年建馆开放到现今国家考古遗址公园建设，从1982年成为第二批全国重点文物保护单位到入选中国20世纪100项考古大发现、"百年百大考古发现"，铜绿山古铜矿遗址在文物保护和文化传承的时代进程中焕发着青铜一般不朽的光辉。

（初稿：肖瑞　统稿：裴梦斐）

虢国博物馆

虢国博物馆是依托国家级重点文物保护单位西周虢国墓地遗址建立的一座专题性遗址博物馆。虢国是西周初期分封的重要姬姓诸侯国，开国之君为周文王的弟弟、武王的叔父虢仲、虢叔。历代虢公多在周王朝担任要职，备受周天子器重，对周王朝的兴起、发展和衰落影响颇深。虢国的原分封地在今宝鸡附近，西周晚期东迁到三门峡一带，建都上阳（今三门峡市李家窑一带），公元前655年被晋国以"假虞灭虢"之计所灭。

虢国墓地的惊世发现

虢国墓地位于三门峡市区北部上村岭，北依黄河，南望崤山，是我国迄今为止发现的唯一一处规模宏大、等级齐全、排列有序、保存完好的西周、春秋时期大型邦国公墓，总面积32.45万平方米。

虢国墓地的发现，重现了湮没2600年的虢国社会文化面貌，填补了西周晚期至春秋早期这段中国考古学上的空白期，为确定虢国的地望和两周之际的研究提供了重要的考古资料和断代标尺。经1956年、

虢国墓地遗址位置

1990年两次大规模发掘和五次钻探，探明各类遗址800余处，已发掘清理250多座墓葬、7座车马坑和3座马坑，出土文物近3万件，包括青铜、玉、铁、金、陶、石、木、骨、贝、麻、丝、皮、草、竹、蚌等多种材质。特别是出土的大量青铜器、玉石器、铁器、金银器和木器，揭示了周代手工业发展的综合水平，为黄河流域手工业历史的研究提供了丰富的实物资料。国君墓中出土的块炼铁和块炼渗碳钢兵器是中原地区最早的人工冶铁制品，这一发现将中国冶铁史的年代大大提前，说明黄河中下游地区可能是中国早期冶铁技术的中心地区。虢季墓、虢仲墓两座国君大墓，分别获评1990年、

1991年全国十大考古新发现。1996年12月，虢国墓地遗址被国务院公布为全国重点文物保护单位，2000年11月被评为20世纪河南十项重大考古新发现，2001年获评中国20世纪100项考古大发现。虢国墓地遗址集中展现了周代虢国在黄河流域演化的历史进程，是黄河流域的重要文化遗存，是中华民族祖先创造的不可再生的文化资源。

1998年，在各级政府的大力支持下，在虢国墓地遗址原址上建设博物馆，2000年10月1日建成并试运营，2001年4月21日正式对外开放。虢国博物馆占地10万平方米，建筑面积7200平方米，展厅面积4000平方米，是一座综合反映虢国墓地遗址考古发掘和研究成果的专题性遗址博物馆。

博物馆建筑以周代战车为造型，居高凭险，停放在绿色的原野上，向世人展示曾经的威武英姿。平台上的大型浮雕墙好似战车的车轼，圆形展厅如一个战车车轮，东侧的车马坑群展厅和西侧的办公楼如车的两厢。巨车一轮，驰骋在黄河与崤山之间。

虢国博物馆

保护研究并重，创新学术成果

虢国博物馆始终坚持文物工作方针，切实保护和利用虢国墓地及其出土文物。2002年，博物馆委托河南省文物考古研究所和敦煌研究院，运用PS溶液渗透加固的方法对车马坑遗址进行了专项修复。2004年，河南省建设厅、河南省文物局联合下发《关于全国重点文物保护单位和省级文物保护单位保护范围和建设控制地带的通知》，划定虢国墓地保护范围和建设控制地带。2019年，三门峡市文物局与中国文物信息咨询中心、北京国文信文物保护有限公司共同制定了《河南省三门峡市虢国墓地文物保护规划（2020—2035）》，已通过国家文物局批准、备案。规划中将遗址保护范围划分为重点保护区和一般保护区，并细化一、二类建设控制地带管理规定，明确建设控制地带内新建建筑高度、体量、密度等具体控制指标，对墓地范围内的遗迹、可移动文物、格局环境、相关遗存环境等其他保护要素也提出了明确规定。

在墓地遗址保护的基础上，根据文物藏品情况制订文物保护工作计划，积极和具有文物修复保护资质的相关单位联系，先后和秦始皇帝陵博物院、河南博物院、河南省文物考古研究院、中国丝绸博物馆等单位合作，制定青铜器、石器、纺织品等文物修复保护方案，使500余件文物及时得到修复保护，文物病害得到及时救治，延长了文物寿命。根据文物保护的需要，又从改善保存条件入手，制定文物预防性保护方案，对文物库房保存条件进行提升，配备规范的柜架囊匣，安装恒温恒湿机组，为文物提供适宜的保存环境。此外，博物馆还结合互联网技术，寻求数字化保护方式，制定珍贵文物数字化保护方案，开始新的文物保护探索。

虢国博物馆还通过课题研究、学术研讨会、文物保护修复技术培训等形式，不断提升科研能力和文物保护水平。课题研究成果涵盖虢国墓地的发现和研究、虢国文化研究、虢史研究等。从2018年开始，博物馆每年参加"两省三地虢文化论坛"研讨会，先后编写出版《虢国墓地出土玉器（一）》《虢国墓地出土青铜器（一）》《周风虢韵——虢国历史文化陈列》等图书，为虢国文化研究和学习交流贡献力量。

基本陈列多元呈现虢国文化

作为周代历史上最重要、最具代表性的诸侯国之一，虢国全面体现了周代社会的传统。虢国文化以早期虢国疆域内姬姓周人文化为主体，吸收当地原生文化、商文化和其他外来文化，相互交融形成一种特色鲜明的地域性文化，具有以人为本、包容和谐，勤劳勇敢、自强不息，匠心精工、开拓创新，忠诚担当、公允正直，崇德守礼、尚文重教等精神内核和中华民族文化特征。虢国墓地遗址出土青铜器数量可观、种类齐全、造型端庄、纹饰精美、做工细致，且多数礼器带铭文，对研究西周时期的政治、经济、文化具有重要作用；出土玉器质地上乘、造型优美、纹饰华丽、工艺精湛，是先秦时期不可多得的艺术珍品；还有铁器、金器、纺织品等，虽数量不多，但也具有较高的历史、科学和艺术价值；聚族而葬的公墓和车马坑遗址为研究西周时期的公墓制度及丧葬文化提供了宝贵的资料。虢文化是周文化的重要组成部分，也是华夏五千年灿烂文化的一部分，深深融入中华民族的血液中。

2017年，博物馆对原有展览"虢国墓地遗址与文物陈列"进行全面提升改造，现有基本陈列"周风虢韵——虢国历史文化陈列"分为"虢旗猎猎""吉金灿灿""美玉灼灼""奇珍熠熠""车马辚辚""古墓秩秩"六个部分，通过展示不同材质的出土文物，挖掘文物的内涵及其背后的故事，讲述虢国灿烂辉煌的历史文化。

"虢旗猎猎"展厅由"胙土命氏、建国封邦""名垂周史、守土护疆""古国觅踪、重见天光"三个单元构成。借助地图、图表、照片、视频演示等方式梳理虢国的历史脉络，展示虢国跌宕起伏的发展演变、赫赫有名的人物和历史故事，以及震惊世界的虢国墓地和上阳城的考古发现，彰显虢国曾经的强大和辉煌。

展厅内景

"吉金灿灿"展厅由"熔经铸史、王侯政治""崇文循礼、钟鼎享祀""尚武谋伐、扬威图势"三个单元构成。通过厚重华丽的青铜器，展示青铜器背后蕴含的政治、外交、军事等方面的文化内涵，体现了虢国的崇文尚武、恪守礼制、国力强盛。

"美玉灼灼"展厅由"六器礼祭、天地四方""君子蹀步、玎玲作响""事死如生、以玉殓葬""理削琢磨、琅琅玱玱"四个单元构成。通过瑰丽璀璨的玉器，展示玉器背后蕴含的宗法、礼仪、丧葬等方面的文化内涵，体现了虢国人的敬天法祖、注重品德、祈望永生等精神追求。

"奇珍熠熠"展厅由"有虞合土、盆甄瓶觥""铜铁更章、人冶始昌""家居善帮、琢骨出坊""九机难纺、绩麻为裳"四个单元构成。通过陶、铁、骨角牙及纺织品等其他材质的器物，展示了虢国精于制造、敢于创新、敢为天下先的文化特质。

"车马辚辚"展厅通过展示相连的三座车马坑遗址，表现了虢国军事力量的强大。展厅周边墙上增加的车马文化图片展，阐释了古代的车马文化。

"古墓秩秩"展厅通过展示虢季墓群的四座墓葬及陪葬马坑，辅以出土文物图片表现虢国的丧葬习俗，从而管窥虢国聚族而葬的埋葬制度和丧葬文化。

展览通过图文展板、大型绘画、场景复原、影音视频等展示手段，将文化知识和现代科技融为一体，增加了展览的知识性、趣味性和观赏性，达到寓教于乐、雅俗共赏的效果。在结构上重新布局，把之前的三个展厅融合为一个大展厅，并对原有楼梯进行拆除移位改造，扩大展厅有效展出

车马坑遗址

空间，使展线更加流畅。文物展出数量和类型大大增加，从原有376件（套）增至583件（套），新增铜铁复合质地、木器、骨角牙、棺饰、纺织品等多种类别文物，重点展示堪称"镇馆之宝"的精美文物，如人龙纹玉璋、六璜连珠组玉佩、麻织短裤等。

车马是两周时期重要的交通运输与作战工具，也是等级、身份的标志之一。虢国墓地遗址出土的车马坑群规模较大，车马按照统一方向纵队排列，有章可循。坑中陪葬有犬骨，推断有可能是我国最早的军犬。整个车马坑群气势恢宏，充分显示了虢国强大的军事实力和在周王朝中的显赫地位，也反映了虢国贵族的豪奢生活。

虢国墓地遗址出土的玉柄铜芯铁剑，由铁质剑身、铜质柄芯和玉质剑柄衔接组合而成。铁质剑身与铜质柄芯两面锻合，铜质柄芯前端作条状与剑身脊部接合，表面镶有条状绿松石片，圆形柄芯下端套入中空的玉柄之内，玉柄由茎、首两部分套接而成，被称为"中华第一剑"。经北京科技大学冶金与材料史研究所检测鉴定，该剑是人工冶铁制品，是以固体还原法锻制而成的块炼渗碳钢，不含镍和钴，其先进性不言而喻。玉柄铜芯铁剑的发现，把中国人工冶铁的历史从春秋早期提前到了西周晚期，向前推进了100多年，意味着黄河中下游地区可能是中国早期冶铁技术的中心地区，

玉柄铜芯铁剑

在中国冶铁史上具有划时代的意义。

迄今考古发现时代最早的麻织服饰也出土于虢国墓地。这套麻织服饰由一件上衣和一件短裤组成，出土时上衣除右侧外部的前襟保存较好外，其他部分残破为数十片，短裤裆部相连，分内外两层，外层为土黄色的粗麻布，内层为红褐色的细麻布。中国丝绸博物馆对麻织品上的红色颜料检测分析，确定其主要成分为Fe_2O_3（氧化铁），推断应是赭石染色的结果，为西周时期使用赭石染色衣物提供了实证。这是考古发现的中原地区时代最早的合裆裤，也是我国年代最为久远的麻织品成衣，对认知当时的服饰及纺织技艺具有重要的研究价值。

麻织合裆裤

西周时期礼制森严，关于用鼎数量有严格的规定。虢国墓地M2009（虢仲墓）出土的虢仲列鼎，七件铜鼎形制、纹样及铭文相同，大小相对依次递减。器身不同部位饰窃曲纹、凤鸟纹、重环纹等不同纹饰，内壁皆铸有铭文二行五字："虢仲作旅鼎"，是西周列鼎制度的实证材料，反映了周代

虢仲列鼎

天子九鼎、诸侯七鼎、大夫五鼎、士三鼎或一鼎的礼制。

　　玉璧作为六器之首，是古代最重要的玉礼器。虢仲墓出土的龙纹白玉璧由上好的和田白玉精制而成，玉质温润细腻，造型规整大气，弧度标准，器身正背面均饰变形龙纹，线条大方流畅，富于动感，为目前所见先秦玉璧中的绝品，说明西周时期虢人已掌握高超的制玉工艺。

龙纹白玉璧

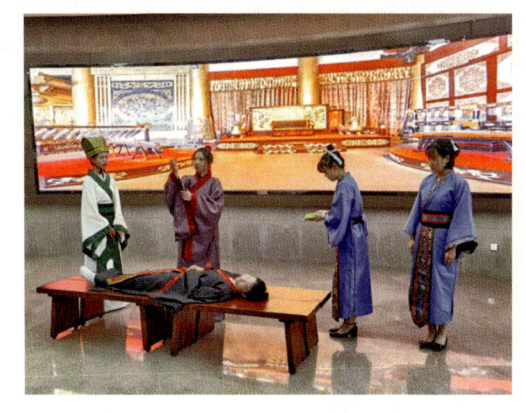

依托馆藏资源，加强虢文化交流

　　除基本陈列外，虢国博物馆也注重策划临时展览，陆续推出"虢国夫人珍宝展""车萃马魂——中国古代车马文化展""虢姜遗珍——虢国墓地被盗文物回归展"等，向观众解读虢国珍宝、古代车马文化及文物保护相关法律法规。为增强文化辐射力和影响力，博物馆还积极推动馆际互动和交流展览，先后有330余件（套）文物参加国内外展览20余次。

虢风剧社

　　虢国博物馆努力探索新路径，发挥教育阵地作用，打造的"崤函少年"社会教育品牌主要面向青少年群体，分为"暑期小小志愿者讲解员""虢学小讲堂进校园""虢国珍宝进校园""虢风剧社"四个系列。其中"虢风剧社"以话剧展演的形式与青少年互动，目前排演了"假途伐虢""起死回生"，后续还将推出"甘棠遗爱""秦赵会盟""紫气东来"等发生在崤函大地的历史故事。除品牌活动外，博物馆还依托中国传统节日和国际博物馆日，开展如"福牛闹元宵、虢博送吉祥""吃寒食、踏青游——博物馆里过清明""粽情虢国""月圆中秋"等社教活动。

　　疫情期间，虢国博物馆结合馆藏文物设计出12幅线上"战疫海报"。其中"羽檄荆楚起，九州同协力，鼎力抗疫""休戚与共，风雨同舟""凤舞九天，祥瑞自来"，分别借用铜鼎、玉戚、玉凤的寓意，传达了博物馆人抗击疫情的坚定信念及美好期许。博物馆还尝试提炼文物元素，设计实用性强的文化产品，如阳燧复制品、青铜小天鹅摆件、青铜笔筒、书签等，让观众把"虢国文化"带回家。

— 315 —

虢国博物馆配合中央电视台拍摄纪录片《消失的猎虎之国》、央视10套科教频道《探索·发现》中"考古中华·河南篇";在微信公众号上开设"云探虢博"系列线上课堂节目,每期选出一件精美文物,用视频、文字、图片等方式,与观众分享馆藏文物、文博知识、三门峡风貌,带领大家一起"云游"博物馆,探秘三门峡虢国文化。

虢国博物馆通过科学的文物保护、扎实的学术研究、优质的陈列展览、丰富的社教活动,积极发挥社会服务职能,讲好虢国故事,延续历史文脉。岁月虽无语,金石犹可言。文物是历史最好的见证,虢国虽远离我们近3000年,但在其短暂的历史发展过程中创造出了浑厚凝重的青铜文化、温润晶莹的玉文化、隆鸣骤驰的车马文化,映射着历史的光辉,展现着民族的风华,启迪我们更加智慧地传承过去、开拓未来。

(初稿:胡云飞　张静　统稿:孔利宁)

晋国博物馆

一部春秋史，半壁晋天下。600年风和雨，晋国由一个"河汾之东，方百里"的偏侯，发展为一个雄踞北方的"超级大国"。它活跃于春秋历史的舞台，纵横捭阖、号令诸侯，对周边诸侯国产生了深远影响，是山西古代历史最辉煌的华彩篇章。

晋国博物馆位于山西省临汾市曲沃县的三张、北赵、曲村和翼城县的天马四个自然村之间。崇山、桥山横亘北部，山峦南麓地面向南倾斜，东西向上呈和缓的波状起伏，南部有滏河自东北向西南流过，曲村—天马遗址的核心区域晋侯墓地就位于其中。晋国博物馆依托晋侯墓地而建，是山西省第一座以晋文化为主题的遗址博物馆，也是宣传、推广晋文化的重要平台。

晋都重现——"曲村—天马遗址"考古回顾

曲村—天马遗址从发现、发掘到认定，经历了半个世纪的风风雨雨，倾注着三代考古人的心血和汗水，承载着他们奋战于田野荒原、殚精竭虑探究晋文化足迹的考古精神。

曲村—天马遗址鸟瞰图

1952年，山西省文管会成立，晋国遗址的调查研究得到重视。1962年，国家文物局专家会同山西省文物工作委员会侯马工作站人员赴晋南考古调查，在翼城县发现曲村—天马遗址（当时称天马遗址），又在曲沃县发现三张古城——战国到汉代的一座古城，仅剩

晋国博物馆

下西南角还高耸于地表，后经考古证明，这也是曲村—天马遗址的一部分。

1963年秋，北京大学历史系组织考古专业本科毕业班学生到山西实习。由山西省文物工作委员会具体指导，分别在曲沃县三张古城北墙西端、天马村西和村北、北赵村西和村东各开一条探沟，这是对曲村—天马遗址的首次发掘。与此同时，还对三张古城进行了钻探，对曲村、北赵和翼城县天马等地进行了调查，初步确定这是一处大范围的、以周代遗存为主要文化内涵的遗址。

为寻找并确认晋国始封地，1979年秋，北京大学历史系考古专业山西实习组在邹衡教授带领下，与山西省文物工作委员会合作，对翼城、曲沃、太原、吕梁地区进行调查，最后确定天马、曲村、北赵和三张之间东西长约3800米、南北宽约2800米的分布范围属同一遗址，1996年被国务院公布为全国重点文物保护单位"曲村—天马遗址"。

1979年的全面调查和试掘工作，使考古人员充分认识到曲村—天马遗址的重要性，因此从次年起，北京大学历史系将考古专业商周组的实习基地固定设在此处，并与山西省考古研究所合作，每隔一年对曲村—天马遗址发掘一次。截至1989年，共进行6次大规模发掘（位于现在的邦墓区），共揭露面积16 506平方米，其中居住址3712平方米、墓地12 794平方米，发现各时期房屋6座、灰坑263个、陶窑9座、灰沟16条、墓葬832座、祭祀坑58座、车马坑14座。1990年北京大学考古系（1983年考古专业从历史系分出后独立建系）暑期培训班又进行了一次大规模发掘。

20世纪80年代，曲村—天马遗址遭到盗掘。经过北京大学邹衡、李伯谦等学者和社会各界关注文物保护的热心人士的努力，国家对遗址盗掘事件高度关注，成立考古队负责抢救性考古发掘工作。

1992—2001年，以北京大学考古系李伯谦教授为队长，山西省考古研究所罗新先生为副队长的联合考古队，在晋侯墓地进行了6次发掘，发现9组19座晋侯及夫人墓葬，出土文物1万多件。

2006年底，晋侯墓地一号车马坑发掘完成，这是现知西周时期最大的车马坑，有车48辆、马约105匹。至此，曲村—天马遗址的大规模发掘结束。

栉风沐雨——晋国博物馆建设历程

晋国博物馆从筹划到正式开馆历时20余年，充满曲折。1992年晋侯墓地发现后，曲沃县委就有建设博物馆的设想。1995年曲沃县文物局成立，开始筹备博物馆建设事宜。1998年，曲沃县人民政府向山西省人民政府递交关于建立晋侯墓地遗址博物馆的报告。2003年，曲沃县文物局提交《曲村—天马遗址晋侯墓地基本情况》的报告，提出依托晋侯墓地建立遗址博物馆的必要性和可行性，并于7月赴京组织召开专家评审会。2008年，依托晋侯墓地建设博物馆的想法得到了国家文物局的高度重视。

2008年9月30日，晋国博物馆项目在山西省发改委正式立项，项目工程占地88.5亩，建筑面积13 066平方米，绿化面积26 993平方米，主要建设内容包括遗址保护厅、出土文物陈列厅、藏品库、技术研究用房及其他配套设施。

2009年8月31日，晋国博物馆正式动工兴建。2013年，博物馆遗址展厅墓葬坑壁加固和仿真泥墙复原工程完成。同时，由山西省考古研究所专家吉琨璋、田建文起草展陈大纲，并完成展板文字校对工作。2014年9月底，完成博物馆文物调拨和展览布置。2014年10月1日，晋国博物馆正式对外开放。

重塑晋魂——曲村—天马遗址的保护

曲村—天马遗址从发现、发掘开始，就一直同盗墓活动和犯罪分子做斗争。20世纪80年代末，随着国家经济的日益发展，一些利欲熏心的人将黑手伸向古遗址、古墓葬，盗墓之风死灰复燃，曲村的古遗址、古墓葬也不例外，尘封数千年的文化瑰宝惨遭浩劫。1987年，曲村邦墓始遭盗掘；1990年，晋侯墓地被盗；1992年，盗墓活动愈演愈烈。为此，北京大学和山西省考古研究所多次向国家文物局和有关部门反映，并获准组成联合考古队，开展抢救性发掘。

晋侯墓地发掘期间，盗墓活动仍十分猖獗，同盗墓分子的斗争也一直在进行。联合考古队在国家和省市有关部门的支持下，在曲沃县委县政府和公安部门的配合下，同犯罪分子进行坚决斗争，最终完成了晋侯墓地的发掘工作。

晋国博物馆对外开放后，曲村—天马遗址和晋侯墓地的保护、开发、利用、宣传工作进入新的阶段。博物馆对晋侯墓地进行了原址复原陈列,将西周贵族墓葬的原貌呈现在观众面前。在邦墓区,曲沃县文物局安装了监控设备,全天候监测曲村—天马遗址,有效保障了遗址安全。

唐风晋韵——晋国博物馆陈列展示

晋国博物馆以晋文化为主线,基本陈列以"唐风晋韵——晋国历史文化及晋侯墓地遗址展"为主题,打造了"华夏故国三千载、风云春秋六百年——晋国历史文化陈列""栉风沐雨览地书、灯火阑珊著华章——曲村—天马遗址发掘纪实展""桥山滏水、泱泱陵寝——晋侯墓地遗址陈列"三个亮点。

"华夏故国三千载、风云春秋六百年——晋国历史文化陈列"选取晋侯墓地出土的大量精品文物,包括青铜器、玉器、陶器等,以文物为纽带,采用以物托史、以史载物的方式,将600余年晋国史划分为五个单元,介绍了桐叶封唐、曲沃代翼、文公称霸、迁都新田、三家分晋等影响中国历史进程的重大事件,为观众拂去岁月的尘埃,向他们展现3000年前宗法王朝的社会风尚、礼仪制度、审美习俗、艺术水准等。

"栉风沐雨览地书、灯火阑珊著华章——曲村—天马遗址发掘纪实展"用实物、图片和场景复原等方式,向观众展示了曲村—天马遗址的发现和发掘过程,讲述三代考古人半个世纪的考古历程,

格公方鼎

出土于晋侯墓地M113,长16.3厘米,宽13.1厘米,高21.4厘米,是一件宗庙礼器,长方形,双立耳,四柱足,器外四角有扉棱,四壁饰浅浮雕兽面纹,器内壁有铭文。

凤鸟纹提梁卣

出土于晋侯墓地M113，通长18厘米，通宽12.4厘米，通高34厘米。它是一件酒器，鼓腹略下垂，矮圈足外撇。半环耳穿连兽首提梁，上饰蝉纹。盖与器颈部饰带状鸟纹一周，云雷纹作地。圈足饰变形夔纹一周，亦有云雷纹地。器底部饰有一组蝉纹。器盖和底部均有铭文。

凤鸟纹盉

出土于晋侯墓地M113，通高21.9厘米，口径13厘米。四柱足，扁状腹，腹饰凤鸟纹。管状直流，环耳鋬，饰有兽首。有盖，盖与器身有链，钮形捉手。盖及口沿有铭文。

晋侯稣鼎

出土于晋侯墓地M8（晋献侯墓）。列鼎，共五件，形制相同，大小相次。器表有范痕迹，外范由三块身范和一块顶范构成。青绿色，浮锈较厚，外有烟炱，磨损轻微。半球形，口微敛，短斜折沿，口下附耳，有双梁与沿相接。肩腹浑圆，圜底，三瘦蹄形足。肩部有两道凸弦纹，间以长短相间的重环纹。器内后壁铸铭文三行13字："晋侯稣作宝尊鼎，其万年永宝用。"《史记·晋世家》索隐引《世本》记载，晋献侯名稣，此组列鼎是晋侯墓地中所出晋侯诸器铭文唯一与史书记载人物对应的。

晋侯㫃簋

出土于晋侯墓地 M8，通宽 44 厘米，通高 38 厘米，口径 25 厘米，腹径 27.3 厘米。盖为隆顶，圈形捉手。器身敞口，束颈，鼓腹，圈足外侈，下连方座。两侧有兽首垂珥耳，双耳浑厚，颇具气势。圈足底部一环，应系当时悬铃之用。盖顶、盖沿、器颈、腹圈足各饰兽目交连纹一周，间饰粗疏的横条沟纹。方座每面三边亦饰兽目交连纹，方座面上四角各饰一个牛角形兽面纹。盖内、器底铸有铭文。

戈父辛盘

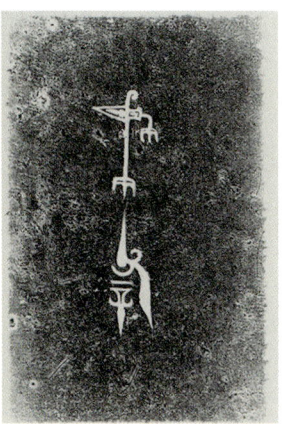

曲沃县曲村邦墓区 M6081 出土，高 11.6 厘米，口径 35.5 厘米。附耳，口下与圈足部皆饰有一周蝉纹，界以连珠纹。器外正中饰浅浮雕饕餮纹，器底铸铭文："戈父辛。"

再现那段艰辛的探索之路。

"桥山滏水、泱泱陵寝——晋侯墓地遗址陈列",其中"桥山滏水"说的是晋国博物馆的地理位置,位于曲沃县境内桥山以南、滏河以北的台地上;"泱泱陵寝"点明了晋国博物馆的性质和本展厅的主要陈列内容。此展陈重点展示了具有代表性的四组晋侯及夫人墓葬和三座陪祀车马坑,其中包括我国目前发现的西周时期陪祀车辆最多、规模最大的一座车马坑。通过多种展示方式,生动再现了两周时期晋国璀璨的礼乐文明。

以上三个展厅,除了设置大量展板用以扩充信息、增强可读性外,每个展示区域还设置了多媒体展示装置,如在历史文化展厅设置电子翻书、触摸屏,植入晋国成语典故、历代国君事迹和战争故事,作为展陈内容的补充;在发掘纪实展长廊设置大屏幕播放器,循环播放遗址概况;在多媒体厅设置大型弧幕投影,播放历史、博物馆的专题片等。

晋穆侯墓葬

陪祀车马坑

弘扬晋风——晋国博物馆宣传教育

晋国博物馆始终牢记自己的宗旨和使命,致力于宣传推广晋文化。自开馆以来,邀请专家举办了数十场学术讲座,主题涵盖晋国历史与文化、晋国姓氏起源与发展、中国文字起源与发展、晋国青铜器纹饰及其文化背景、中国先秦车文化等。通过多方面、多角度、多元化的讲座,为观众奉上一场场精神文化的饕餮盛宴,让观众在讲座中有所得、有所思、有所启发。

晋国博物馆通过多年实践,形成了若干社教品牌活动,如"小小讲解员"公益活动、"放飞春天"

主题教育活动、陶艺DIY亲子体验活动等。为促进学生的全面发展，弘扬晋文化，2017—2019年，晋国博物馆与曲沃中学联合开展了三届"探寻晋之源——青春行"馆校交流活动。2019年至今，晋国博物馆还与曲村中学开展"第二课堂"馆校交流合作，让晋文化走进校园课堂。

疫情期间，晋国博物馆策划推出了"晋榜题名"等线上活动，让观众足不出户就能享受到博物馆打造的文化精品，在轻松愉悦的氛围中获取知识、感受晋文化的魅力。

社会教育活动

（初稿：宋宇鹏　统稿：李兴）

梁带村芮国遗址博物馆

梁带村芮国遗址博物馆位于国家历史文化名城陕西省韩城市梁带村，是依托全国重点文物保护单位梁带村两周遗址及其珍贵文物建立的现代化考古遗址博物馆。博物馆于2018年2月14日正式对外开放，现为国家AAAA级旅游景区。

春秋大墓归属哪国

芮是中国古代两周时期的诸侯国，公元前7世纪，秦灭梁、芮，芮国湮灭于岁月长河之中。芮国的具体史迹只有零星记录，一直缺乏系统记载。2004年10月，梁带村遗址横空出世，为世人探

梁带村遗址公园鸟瞰图

金鞘玉剑

剑身为玉质，剑鞘为金质，上面有镂空的龙纹，是考古界迄今发现的先秦时期仅有的一柄金剑鞘。

秘芮国历史提供了重要信息。通过与史料对照，有关芮国的诸多重大问题迎刃而解。

2006年4月，梁带村遗址入选2005年度全国十大考古新发现，6月被国务院公布为第六批全国重点文物保护单位。2005—2010年的勘探和考古发掘，是我国第一次考古发掘芮国遗存，明确了梁带村遗址是我国两周时期保存最完整的高等级芮国贵族墓地，解决了芮国在该时期的地望问题。此前，陕西省两周时期的墓地发现甚少，梁带村遗址的发现对于研究陕西及黄河沿岸周代的考古学文化、西周晚期至春秋时期的墓葬制度和社会历史等具有重要价值。目前，梁带村遗址发现墓葬1300余座，其中以芮桓公及其夫人的墓葬最引人注目。

梁带村遗址M27出土了带有"内（芮）公"铭文的簋，铭文的发现为锁定墓主人身份和墓地的国别提供了有力证据。根据"芮公"铭文，对照史料，如《史记·秦本纪》索隐载"芮，姬姓……芮国在冯翊临晋"，基本判定这就是历史上因文献记载甚少而被尘封了2700余年的芮国，这里埋葬的"芮公"应该就是芮国的某位国君。与此同时，这座墓一侧的大墓M26出土的鼎、簋和壶上还发现了铸有"仲姜"二字的铭文，根据墓葬的大小及相邻关系，推断M27墓主人应为芮国最鼎盛时期的国君芮桓公。芮桓公墓出土各类文物6000余件，是目前全国同时期出土金器最多的单人墓葬。出土的48件金器，类型多达10余种，尤其是成套的金腰带、金剑鞘、金軏、镶

玉猪龙

玉猪龙是辽河一带红山文化的典型器物,已有5000余年的历史,而芮国墓葬距今不到3000年。玉猪龙为何会出现在2000多年后的黄河之畔?是某次战争的战利品,还是黄河流域、辽河流域早期经济文化交流的产物?

金玉韘等器物,设计水准和铸造工艺一流,堪称稀世奇珍。

梁带村遗址 M26 出土有"仲姜"铭文的五鼎四簋青铜器,保存较为完整的成套玉项饰、玉腕饰和玉踝饰,以及玉猪龙等高等级文物。"仲姜"铭文与《左传·桓公三年》所载"芮伯万之母芮姜恶芮伯之多宠人也,故逐之,出居魏"相关,据此推测"仲姜"很可能是芮桓公的夫人芮姜。

梁带村遗址共出土金器、铁器、青铜器、玉石器、象牙器、漆木器等2万余件(套),包括我国两周时期最早的木俑、青铜錞于、龙形镂空金环、漆木建鼓等,为研究两周时期诸侯国历史、礼乐制度以及社会政治、经济、文化、手工业发展状况等提供了重要资料,尤其为研究芮国历史地理、周代封国制度、器用制度、丧葬制度等提供了可靠的物证。

原址保护下的场馆建设

根据《梁带村遗址总体保护规划》,按照"遗址原址保护展示"的工作思路,韩城市景区管委会于2011年底编制完成《梁带村遗址公园概念性规划》。梁带村遗址公园占地总面积65公顷,将建成集文物保护、科普教育、游览观光、休闲娱乐于一体的现代化遗址公园。梁带村芮国遗址博物馆是梁带村遗址公园一期建设项目,主要建设遗址博物馆和游客服务中心等基础设施,于2013年初启动建设,2018年2月14日正式建成开放。

梁带村芮国遗址博物馆建筑面积约1.7万平方米,外观采用遗址出土文物"镂空方盒"的意象,

梁带村芮国遗址博物馆

展现古芮国文化的神秘和悠远。场馆为三层混凝土框架结构，一层为设备用房、影视厅、临时展厅和专题展厅；二层为报告厅和基本陈列厅，展陈面积约 6000 平方米；三层为文物库房、文保修复室和行政办公区。

保护与科研稳步提升

依据相关法律法规，2006 年陕西省人民政府公布梁带村遗址的保护范围和建设控制地带，为梁带村遗址的保护和管理工作奠定基础。2009 年，编制遗址总体保护规划，为梁带村遗址的保护进一步指明了方向。

2014—2016 年，为保证遗址本体安全，先后实施梁带村遗址区安全技术防范系统工程及梁带村遗址保护区边坡抢险加固工程，有效防止了塬边滑坡、黄土崩塌、坡面泥石流等危害遗址安全现象的发生。2018 年开馆后，加强遗址区保护巡查，严肃查处文物遗址违法违规行为，制定梁带村芮国遗址博物馆遗址保护区巡查制度，进一步提高博物馆的现代化管理水平。

梁带村芮国遗址博物馆于 2019 年 5 月 18 日举办"考古队长话古芮：以梁带村芮国遗址与刘家洼芮国遗址为中心"公众考古学术论坛，首次正式与澄城刘家洼遗址进行了芮国遗址文化对话及交流，不仅让两处芮国遗址的考古及历史文化研究成果惠及公众，更推动了两处遗址今后在遗址保护、文物研究和博物馆领域的深入交流与合作。

多维展示芮国文化

梁带村芮国遗址博物馆展览体系由基本陈列和临时展览组成，展览形式设计以米色和橙色为主色调，体现出墓葬遗址古朴典雅的特色。展线设计合理流畅，采用古铜色镂空隔断营造出空间的神秘感和景深感。

基本陈列"古芮寻微·故国韶光：梁带村遗址与芮国历史文化展"以梁带村芮国墓地考古成果为核心，辅以历史文献记载、两周考古成果和传世铜器铭文，通过六大单元，重现芮国历史文化、再现梁带村考古工作。

"悬念迭起、真相渐白"单元通过展示梁带村遗址的考古发掘过程和成果，还原M19遗迹出土情况，引导观众认识考古发掘工作的复杂性和专业性，展示古梁地墓葬中出现"芮"器的全过程。

"钟鼎齐备、礼乐俨然"单元通过芮桓公、仲姜等人墓葬中出土的青铜礼乐器，再现当时芮国遵循周礼、大行礼乐文化的景象。芮桓公墓出土的七鼎六簋符合诸侯国君的葬制规格。出土青铜编钟8件、石磬10件、漆木建鼓1件、小鼓1件、青铜钲1件和青铜镈于1件，共计22件，是目前国内西周晚期至春秋早期所发现种类最丰富、最完整的敲击乐器组合，应为诸侯国国君使用乐器的标准配置。通过测音，发现这组西周编钟的宫、商、角、徵、羽五音俱全，纠正了西周因灭商而不用"商"音的错误观点。

基本陈列展厅

M19考古发掘现场

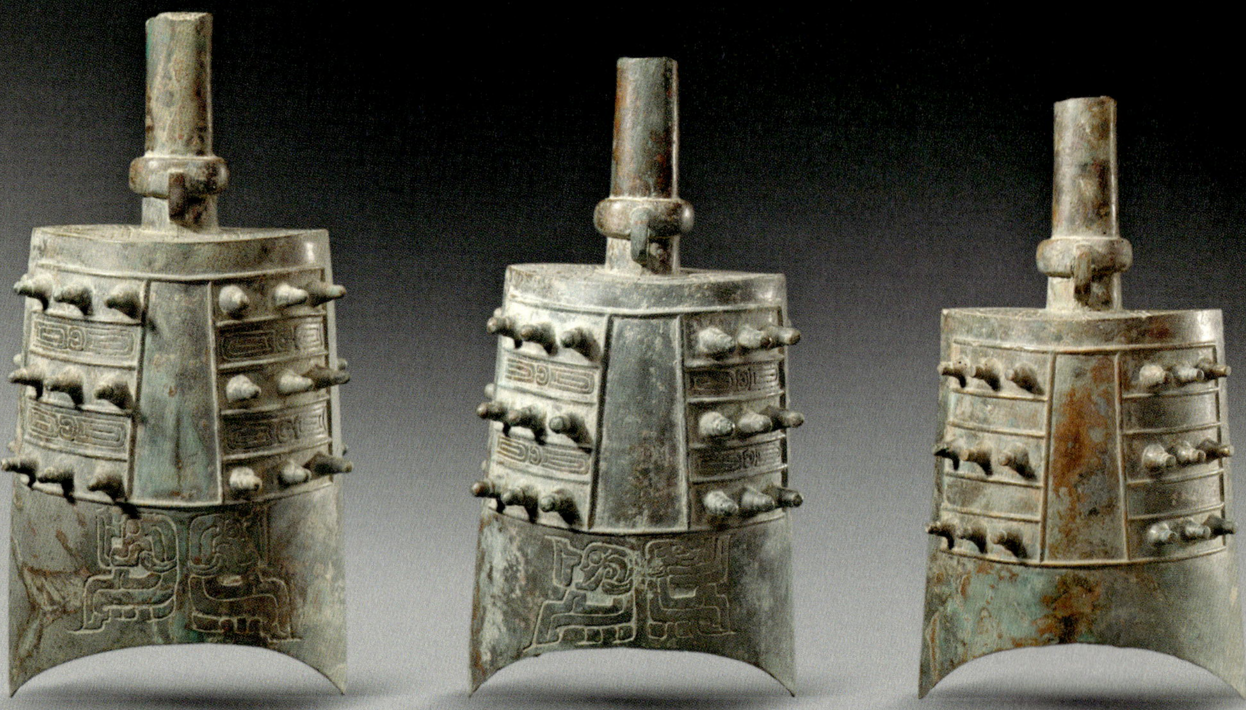

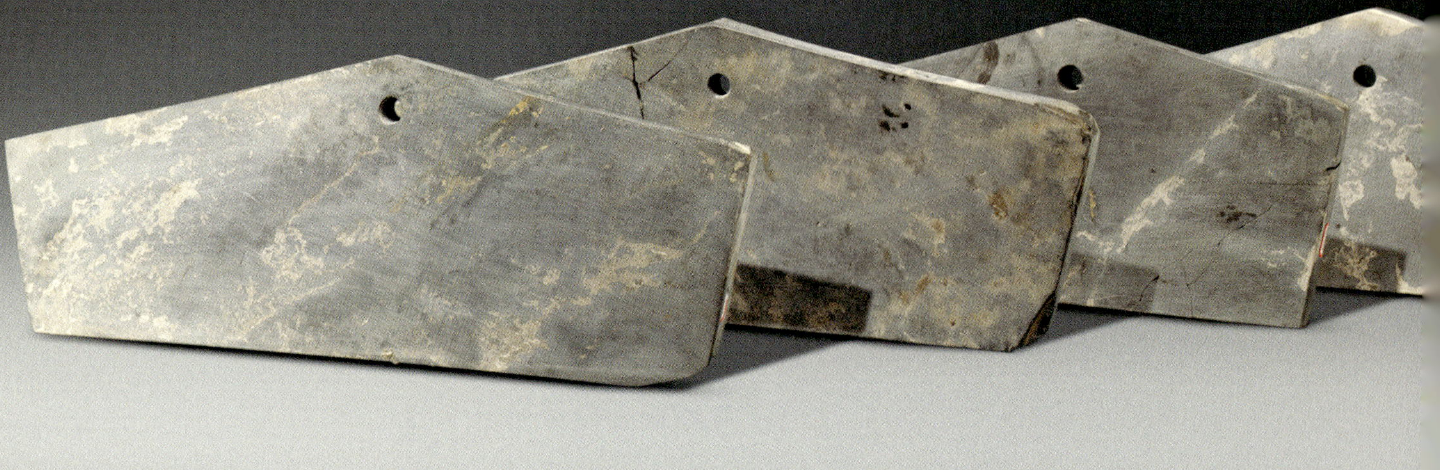

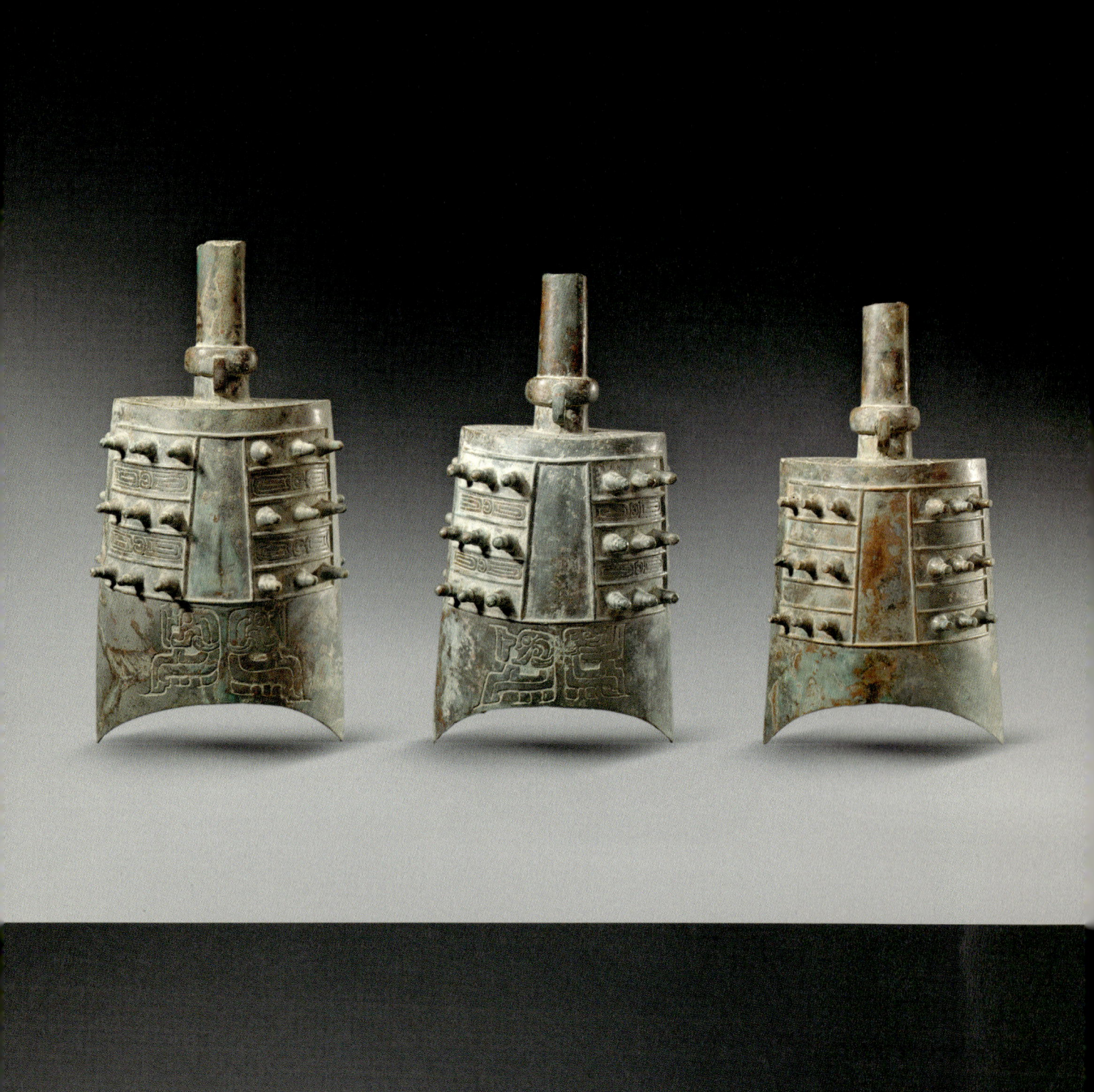

编钟和石磬

"宗族同息、生死相依"单元通过不同等级墓葬间的对比，分析当时芮国的社会结构。贵族和平民虽以血缘为纽带聚族而葬，但陪葬品多寡不一，真实再现了社会的贫富差距。串饰、铜鱼、棺环、铜翣等棺饰遗物和遗迹，以及用模型复原展示的周代棺饰使用情况，很好地阐释了周代贵族丧葬制度中的"饰棺之仪"，丰富了观众对芮人丧礼葬俗的认知。梁带村M502中发现的四件木俑，在西周考古中尚属首次，将我国古代墓葬殉俑的历史上溯至西周时期。木俑发现于墓室四角，其中最高的两件高达1米，用整块木头雕刻出头部与躯体，再以榫卯结构连接单独雕出的手臂及足，并用黑色和红色涂抹出头发、皮肤、衣服和鞋子等，风格鲜明，造型独特。为增强展示的互动性和趣味性，博物馆应用全息成像技术还原了木俑的制作过程，让观众进一步感受西周时期的精湛技艺。

　　"金玉锦绣、芮氏华章"单元以金玉璀璨的芮国遗珍展现芮国风貌的各个侧面，彰显芮国昔日的盛世华年。芮国金器的数量为周代考古发现之最，不仅制作工艺精良，以成组的金器为服饰配件也是迄今仅见，对重新认识中国早期黄金工艺和金器使用制度等具有重要的学术意义。梁带村遗址

木俑全息成像展示

出土的金器，除金肩饰系锤揲而成之外，其他皆为铸造。此外，青铜器的龙纹样式也被普遍借用到金器当中。

梁带村遗址出土了大量造型罕见的精美玉器，不仅大中型墓中有陪葬，在一些小墓中也有零星出土，体现出芮国的好玉之风。出土于M27墓主芮桓公胸腹部的七璜连珠组玉佩不仅体现了墓主人的位高权重，也展示了他的品味非凡。

梁带村遗址出土的青铜器不仅有高贵威仪的庙堂礼器，还有形制各异的兵器、车马器、饮食器和日常劳作的生产工具，数量众多，造型生动，制作精良。青铜的应用渗透到芮国政治、经济、文化、军事等社会生活的各个方面。

"古芮春秋、两周风云"单元重点展示古芮国从始封到东迁的发展历程，为观众呈现兴衰变迁的古芮国历史；而最后一个单元"众说杂陈、悬念犹存"则告诉观众，这方古国虽已揭开面纱，却仍然神秘而悠远。

镂空龙纹金肩饰

七璜连珠组玉佩

― 中国考古遗址博物馆 ―

龙纹钺

兽面纹铜盖尊

― 336 ―

车衡饰

《芮姜传奇》舞台剧

多层次的社会教育建设

梁带村芮国遗址博物馆利用官方微信、微博平台发布文物和活动信息，与中央电视台等权威媒体联合制作《国宝档案：韩城寻古》《消失的古国》等专题纪录片，并根据芮国历史创作了历史舞台剧《芮姜传奇》，多方位地扩大了芮国文化的影响力。

除了常规社教活动之外，博物馆还推出了一些特色项目，如考古体验园项目，利用实景模拟真实考古发掘现场，让学生与历史"零距离接触"，体验科学考古，体会考古工作者的艰辛，引导学生用自己的双手揭开历史的神秘面纱。又如西周礼仪体验项目，涵盖西周芮国场景重现、生活文化体验、西周六艺等内容，着重营造尊师重道、崇文尊礼的传统氛围，让参与者感受中华优秀传统文化的源远流长。

梁带村芮国遗址博物馆秉持"让文物活起来，让文脉传下去"的发展理念，挖掘文物在新时代的价值，举办丰富的线上、线下活动，搭建连接过去、现在与未来的桥梁，稳步提升博物馆社会教育和公共文化服务能力。

（初稿：王龙　统稿：周瑞婷）

宝鸡先秦陵园博物馆

宝鸡先秦陵园博物馆位于陕西省宝鸡市凤翔区南指挥镇南指挥村，前身是2000年成立的我国首个由农民创办的大型遗址性博物馆——秦公一号大墓遗址博物馆。2007年9月，经宝鸡市政府同意改制为国有博物馆。宝鸡先秦陵园博物馆以秦公一号大墓遗址为主要展示内容，同时也是第三批全国重点文物保护单位秦雍城遗址的保护管理机构。

宝鸡先秦陵园博物馆

秦雍城遗址位于陕西省宝鸡市凤翔区境内，秦自德公元年（公元前677年）至孝公十二年（公元前350年）在雍城建都300余年，先后有20位秦君在此执政。秦人在雍城这片神奇的土地上迅速崛起，由一个偏居西陲的附庸小邦，逐渐发展壮大为"春秋五霸""战国七雄"，并从此走上吞并六国的统一之路。雍城是秦人历史上第一个正式建立的都城，也是秦人迈向统一征程的起点，秦人在此前赴后继，开拓创新，政治上日趋成熟，军事上日益强大，文化上日渐繁荣，为最后建立统一的秦王朝奠定了坚实基础。雍城不仅是秦人的政治经济中心，还是祭祀圣地和文化中心。在雍城郊外的三畤塬上，秦人设立了鄜畤、吴阳上畤和吴阳下畤，用于祭祀天帝神灵、决断国家大事，被誉为"中华第一古物"的石鼓就出土于这里。秦迁都咸阳之后，雍城依然保持郊祀中心的地位，许多重要祭祀活动仍在这里举行，包括历史上著名的秦始皇加冕礼。

雍城是秦国历史上定都时间最长的都城，定都雍城时期是秦文化的发展期和成熟期，秦文化的很多重要特质都形成于雍城时期，对中国古代文明产生了深远影响。秦雍城遗址2021年入选"百年百大考古发现"。

八十年考古人鼎力传承，揭开雍城遗址神秘面纱

秦雍城遗址是目前国内保存较好的东周列国都城遗址之一，对其探索始于20世纪30年代，当时徐旭生、苏秉琦、石璋如等先生以小规模考古调查的方式，开始寻找文献记载中的雍城。直至今天，雍城遗址的考古工作已经持续了80余年，已经确定的遗址分布面积约42平方千米，由城址区、秦公陵园区、国人墓葬区三部分构成。

1959年下半年，陕西省考古研究所凤翔发掘队正式成立，开展了对雍城遗址的考古调查和发掘工作，发现了一些建筑材料标本和城墙遗迹。这一时期属于雍城考古的起步期，为后来的大规模考古工作打下了坚实基础。

1974—1986年，雍城遗址考古工作进入全盛期，通过大规模的调查、钻探和发掘，初步摸清了雍城遗址的位置和规模，划分了城址内的三大宫殿区。经过两次勘探，发现了秦公陵园区和国人墓葬区，确定了13座分陵园和18座中字形大墓等重要遗迹，发掘了秦公一号大墓和马家庄宗庙遗址等。这一时期雍城考古工作收获颇多，不仅获得了丰富的考古材料，同时提高了对秦文化的认知程度，推动了秦人早期历史文化的研究和探索。

秦公一号大墓发掘现场

20世纪末至21世纪初，考古人员先后开展了多项较大规模的考古验证与尝试性工作，对城址区、秦公一号陵园、秦公六号陵园进行详细调查与勘探，对秦公一号大墓祭祀坑、孙家南头春秋秦人墓地、孙家南头西汉仓储遗址、雍山血池秦汉祭祀遗址、秦公一号大墓陪葬车马坑进行考古发掘，发现豆腐村战国制陶作坊遗址并进行局部考古发掘。这一时期，学者们对秦雍城城址区的布局有了突破性的认识，基本明确了城市内道路、河流、排水系统、宫殿建筑、聚落、作坊等遗迹的位置，比较全面地掌握了遗址内涵性质和保存现状。1996年对秦公陵园进行了第三次考古勘探，发现由5座大墓和内、中两重兆沟组成的14号陵园。加上之前勘探出的13座分陵园，秦公陵园规模已达14座，成为目前发现的春秋战国时期各诸侯国陵园区面积最大、陵墓数量最多的一处。

　　历经2000余年沧桑巨变，雍城遗址的地面设施已经荡然无存。80多年的考古调查和发掘研究，确定了雍城遗址的大致范围、基本格局以及文化内涵。城址区面积约11平方千米，城址内发现有城墙遗址、多处宫殿基址、水系道路、堰塘遗址、凌阴、市场、手工作坊等遗迹；秦公陵园区分布面

秦公一号大墓祭祀坑　　　　　　　　陪葬车马坑发掘现场

雍山血池秦汉祭祀遗址

积23平方千米,勘探发现了14座分陵园,分陵园内共发现中字形、甲字形大墓和各类大型陪葬坑48座,还发现了陵园的壕沟、陪葬墓区等;国人墓葬区位于城址区和秦公陵园区之间,沿雍水河南北两岸分布,发现中小型墓葬和车马坑数量众多。

建立遗址博物馆,打开秦文化展示窗口

1986年5月3日6时30分,秦公一号大墓揭椁仪式为世人打开了透视先秦社会历史奥秘的窗口。大墓出土金、石、玉、陶、铜、铁等器物3500多件。发掘过程中,共发现33枚石磬,最珍贵的是石磬上的铭文,多达206字(含重文),字体为籀文,依据铭文"天子匽喜,龚桓是嗣"推断墓主人为秦景公(公元前577—前537年在位),是雍城时期执政时间最长的一位秦公。

秦景公大墓是雍城秦公陵园区第一座被发现并发掘的秦公墓,故称"秦公一号大墓"。其发掘占据了中国考古史上五个之最:一、迄今我国发掘的最大墓葬;二、墓葬内清理出186具殉人,是我国发现的殉人最多的墓葬;三、墓中发现的"黄肠题凑"是迄今发掘的周秦时代等级最高、时代最早的同类葬具;四、椁室两侧的"木碑"是中国墓葬史上最早的木碑实物;五、大墓出土的石磬是中国发现最早刻有通篇铭文的石磬。秦公一号大墓的发现和发掘对于研究先秦历史、文化、科技、丧葬制度等具有重要意义。

石磬

秦公一号大墓共出土金器 100 余件，有金兽、金鸟、方金泡、圆金泡、金串珠等。这批金器外观小巧精美，制作技艺精湛，使用了剪切、錾刻、锤揲、焊接、镂空、多彩镶嵌、铸造、炸珠、错金、鎏金、贴金等工艺，说明秦国黄金制造工艺达到了较高水平。

秦公一号大墓车马坑出土的方金泡

秦公一号大墓还出土了种类丰富的玉器，包括璋、琮、圭、璧、环、玦、璜、佩、戈、龟、蝉、鱼、马、麦粒、掏耳勺、带钩、鞋底等。

1998 年，在陕西省考古研究所的协助下，当地农村采取国有民助的方式，利用已经发掘的秦公一号大墓建设博物馆，发展旅游产业。2000 年 8 月，经陕西省

秦公一号大墓车马坑出土的金虎

文物事业管理局批准，由凤翔县南指挥村集资创办的秦公一号大墓遗址博物馆开馆，这是中国首座由农民创办的博物馆，是社会力量参与文物保护的有益尝试。2007年9月，因民营博物馆经营困难，同时考虑到雍城大遗址保护管理也需要专门管理机构，秦公一号大墓遗址博物馆改归国有并更名为宝鸡先秦陵园博物馆，隶属宝鸡市文物局，负责秦雍城遗址的保护管理以及保护规划的编制实施。

宝鸡先秦陵园博物馆占地5.87万平方米，目前展示内容包括秦公一号大墓、车马坑和祭祀坑。秦公一号大墓平面呈中字形，全长300米，深24米，面积5334平方米；车马坑平面呈凸字形，东西长86米，南北宽约20米，深约14米，面积2088平方米，据考古勘探和已有发掘资料推测，坑内随葬有大量车马，体现了秦人"事死如生"的观念；祭祀坑长17.5米，宽3.5米，深12米，面积61平方米，2007年考古发现5组车马和26件牛羊头骨等。

保护利用并重，文化融合发展

2006年，国家文物局、财政部制定《国家"十一五"期间大遗址保护总体规划》，将秦雍城遗址纳入大遗址保护项目。2007年8月，委托西北大学文化遗产保护规划中心编制《秦雍城遗址保护总体规划》。2021年6月7日，陕西省政府办公厅印发《陕西省人民政府关于公布实施秦雍城遗址等五处全国和省级重点文物保护单位保护规划的通知》并公布实施。该规划对秦雍城遗址整体保护和展示利用有重要指导意义。

秦公一号大墓出土的玉璋

2011年6月，国家文物局下发《关于雍城秦公陵园安全防范工程设计方案的批复》，批准实施雍城秦公陵园区安全技术防范系统工程。对雍城秦公陵园23平方千米、国人墓葬区及陵园区主要交通路口实施全天候电子监控，整个系统包括入侵报警、视频复核、供电、广播、避雷接地等多个可独立运行的子系统，具有防盗窃、防破坏、图像复核、录像、录音等多种功能，不仅提升了雍城秦公陵园区地下文物的安全保护水平，也为周边群众生产生活提供了便利。

在国家和省市文物局支持下，2014年、2017年分别在秦公一号大墓和陪葬车马坑上建设了保护展示大棚，不仅改善了遗址的保存状况，也为陈列展示提供了保障。博物馆以宝鸡市建设历史文

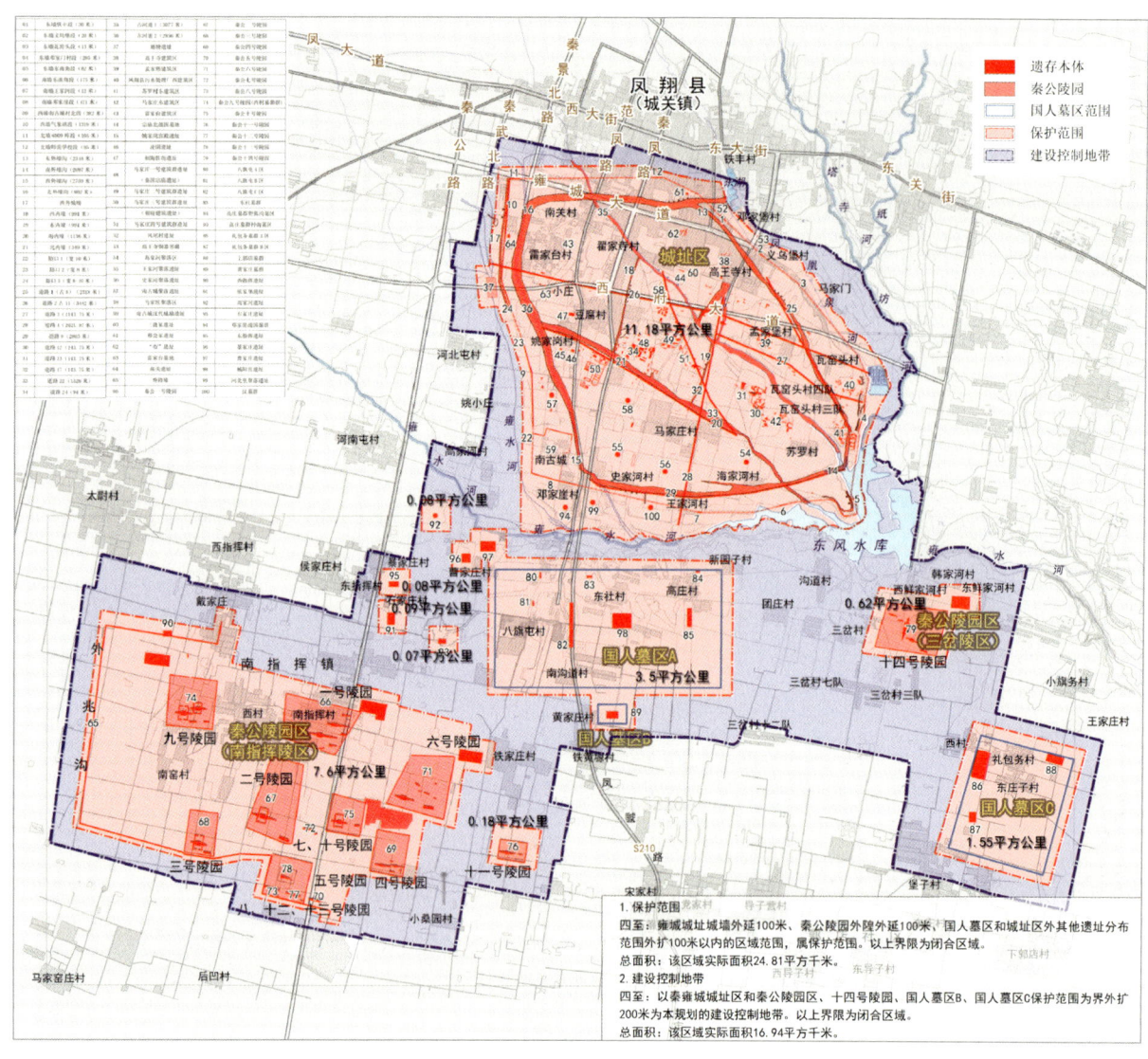

秦雍城遗址保护规划图

车马坑保护展示大棚

化名城为契机，积极争取各级资金，不断完善基础设施，规范内部管理，强化职工培训和市场营销，着力提升服务水平，秦公一号大墓的对外影响力不断扩大，游客数量逐年增加，2018年被评为国家AAA级旅游景区。

参观与体验并行，多角度展示先秦文化

宝鸡先秦陵园博物馆在秦公一号大墓及其陪葬车马坑遗址本体展示的基础上，还精心打造了两个基本陈列，分别为"'黄肠题凑'复原陈列"和"秦都探秘——秦雍城遗址考古成果展"。

"黄肠题凑"复原陈列馆按1:1比例复原了秦公一号大墓椁室形制，展示的文物包括"黄肠题凑"椁木6件，木碑1件，石夯、陶器、铁铲等文物30余件。陈列馆回廊四周以图文形式展示了雍城遗址的布局、秦人发展迁徙史、秦公一号大墓发掘、出土器物照片、秦景公时期大事件等。大墓墓室底部复原展示有殉人的葬具。

"秦都探秘——秦雍城遗址考古成果展"分为两个单元：第一单元为"雍城考古八十年"，主要展示20世纪30年代以来的雍城考古历程，以及几代考古人不懈努力取得的丰硕成果；第二单元为"文物保护利千秋"，主要讲述博物馆的设立、改制以及改制之后在文物保护、遗址本体修复等方面所做的工作。展览展出文物100余件，有青铜车马器、兵器、铜镜、瓦当、建筑材料、彩绘陶器等。

秦公一号大墓出土的铁铲　　　　　　　　春秋楔形建筑铜构件

战国凤鸟纹瓦当

战国虎食雁纹瓦当

战国双獾纹瓦当

战国子母鹿纹瓦当

探索融合发展模式，积极推动文物活化利用

近年来，宝鸡先秦陵园博物馆依托自身资源，积极探索文物活化利用，推动馆校合作，开展了以"秦公陵园寻乐趣"为主题的系列研学交流活动。通过石磬演奏体验、"黄肠题凑"搭建、拼装"先秦车马"模型、"强弓劲弩看秦兵"弓弩体验等活动，让学生不仅"走进博物馆"，而且"爱上博物馆"。

博物馆积极探索社会教育新模式，在清明节、中秋节、国际博物馆日、文化和自然遗产日等重要节日，策划推出"知清明、绘风筝、增自信、逐梦想""中秋诗词飞花令""非遗知识知多少"等主题活动。利用微信公众号等新媒体推出"假如文物会说话""小秦带你学历史""每日一个秦人小故事"等线上微课堂，向公众科普考古知识，介绍馆藏文物，弘扬优秀先秦历史文化。

博物馆还利用先秦文化元素设计开发文创产品，制作了饰品、车马拼图玩具、秦风书签等，兼具观赏性、实用性，让先秦文化走进人们的日常生活，让大众把博物馆文化带回家。

（图片：杨武站　初稿：翁利娜　统稿：李潭漪）

安吉古城遗址博物馆

— 安吉古城遗址博物馆 —

　　安吉古城遗址博物馆位于浙江省湖州市安吉县递铺街道古城村的安吉古城考古遗址公园内，依托全国重点文物保护单位安吉古城遗址、龙山越国贵族墓群而建立，于2021年12月10日正式开放。

　　安吉古城始建于战国时期，整个城址坐南朝北，南面背靠海拔100—200米的九龙山和朝北山，北面为一片相对开阔平坦的山间平原。城址平面近方形，东西长约600米，南北宽约550米，城内总面积约33万平方米，城墙保存较好，城外护城河仍清晰可见，城内地势南高北低，因农田平整形成阶梯状田块，内有上古城、下古城、白石坞三个自然村，总体保存状况较好。

安吉古城遗址鸟瞰图

— 351 —

考古发现揭示古越文化

安吉建县已有 1800 多年的历史。秦统一中国后推行郡县制，在原越国都城及楚国重镇（安吉古城）设置鄣郡，为浙江境内设置的第一个郡治。东汉灵帝中平二年（公元 185 年）赐名"安吉"。

安吉古城遗址的发现，揭开了安吉地区古越文化、秦汉鄣郡文化的神秘面纱。2002 年，考古工作者在对安吉古城西城墙的解剖中，发现城墙下叠压有战国时期遗存，推断古城的建筑时代不早于战国，城内出土的春秋晚期遗物，说明古城营建前已有人居住。古城内还发现汉代和六朝时期遗存，初步认定其始建于战国时期，沿用至汉晋，前后延续近千年。作为秦汉时期的鄣郡郡治，安吉古城是综合研究当时社会、政治、文化、经济、丧葬习俗，体现、还原古代历史的重要资料，是研究郡县级城址类大遗址的典型样本。

龙山墓群位于古城以南龙山的南侧，面积约 24 万平方米，共发现墓葬（土墩）268 座，1997 年公布为浙江省文物保护单位，2013 年与古城遗址合并公布为全国重点文物保护单位。墓葬均呈团状分布在低矮的小山及丘陵岗地上，一座大墓的周围往往有若干中小型墓葬。其中，规模最大、等级最高的是"八亩墩"，考古学命名为龙山 107 号墓葬（D107）。该墓葬所在墓园，西北距安吉古城遗址约 850 米，占地面积达 3.5 万平方米。八亩墩墓园由中心主墓、外围陪葬墓和隍壕三部分构成。主墓立于墓园中心的山巅，封土呈东西向长方形覆斗状，两圈 31 座小型陪葬墓围绕主墓四周，

D107（八亩墩）大墓外貌

分内外两重，两两对应，最外围隍壕将主墓与陪葬墓包围其中，隍壕转角方正，周长约630米。这样布局规整、要素齐备、相对封闭的高等级贵族墓园，为全国所罕见。根据墓葬形制及随葬品推测，八亩墩应为春秋晚期越国高等级贵族墓园，不排除墓园主人为越国王侯的可能性。

2016年10月—2019年10月，浙江省文物考古研究所和安吉县博物馆对八亩墩开展了抢救性考古发掘。截至2019年10月，完成中心主墓、外围31座陪葬墓和东侧已填埋隍壕的发掘，出土印纹陶、原始青瓷等随葬器物，主墓外围发现迄今为止规模最大的越墓器物坑。器物坑平面呈东西向长条形，长23米，宽1.3米、深0.7—1.2米，坑内分段摆放原始瓷和印纹陶器。

2017年，国家文物局公布第三批国家考古遗址公园名单和立项名单，安吉古城和龙山越国贵族墓群考古遗址公园（简称"安吉古城遗址公园"）入选立项名单。

安吉县行政划拨约35亩建设用地用于建设安吉古城遗址保护中心，由考古保护中心和遗址博物馆两部分组成，负责安吉古城遗址的保护、展示、利用工作。安吉古城遗址博物馆以古城遗址的长宽比例为基础母体，建筑屋顶似一张覆盖着古城的纸片，人为翻起若干边角，提升推拉，慢慢演变出丰富的空间变化，从缝隙中也透出历史。整体外观象征着古城静静地沉睡地下，而文明的脚步没有停歇，一层一层，就像记录历史的纸片。

安吉古城遗址博物馆

多措并举，开展遗址保护

2017年3月，安吉县委县政府委托浙江省古建筑设计研究院编制的《全国重点文物保护单位安吉古城遗址、龙山越国贵族墓群文物保护总体规划》出台，要求保护遗产的真实性、完整性、延续性；以遗产保护为中心，促进协调发展，正确处理历史文化遗产保护与经济社会发展的关系，把保护放在第一位，保证遗址的安全性、格局的整体性。

根据文物保护规划的要求，对古城城墙采取了多项保护措施。清除城墙遗址上的垃圾、现代坟墓、建筑物、构筑物，以及灌木、藤类等植物；开展植草绿化，防止水土流失和暴雨对地表遗存的破坏。对部分遗址段进行防护加固或重点修复，解决水土流失、风化、霜冻等影响城墙遗址保存的相关问题。对已毁城墙开展考古清理，制定专项保护和标示方案，采取合理的展示方式。

2020年，安吉古城遗址博物馆与浙江省古建筑设计研究院制定了八亩墩保护方案，采取主墓室回填和部分展示相结合的方案，在妥善保护八亩墩土遗址的同时，推动遗址公园研学旅游景观的建设。

九亩墩紧靠八亩墩，考古学命名为龙山60号墓葬（D60），是由主墩、陪葬墓、隍壕构成的另一高等级越国贵族墓园。2020年开始，在保持遗址真实性、完整性的基础上，通过地表地形修复、植被景观改善、游客服务设施建设等措施，对九亩墩遗址进行环境整治和保护展示利用。2021年九亩墩环境整治及保护工程荣获浙江省文物局第三届不可移动文物保护利用优秀案例。

古城遗址和龙山墓群保护现状

系统展示安吉古城古越、秦汉郡郡文化

安吉古城上至春秋，下达西晋，是迄今所知太湖南岸及浙江地区同时期规格最高的城址。安吉古城遗址博物馆是湖州地区首个遗址类博物馆，作为"两山"理念诞生地，其所代表的越文化和秦汉郡治文化是浙江文化史的重要组成部分，与万年上山文化、五千年良渚文化、一千年南宋文化、百年红色文化共同构成了浙江文化精神谱系。

安吉古城遗址博物馆的基本陈列分为五个部分，集中展示安吉古城地区的各类考古发现，从读城、读墓、读物等多个角度，探寻古城地区被尘封的过往。

一厅——序厅，集中展示安吉的发展历史。70多万年前上马坎遗址出现了人类活动，安乐遗址、芝里遗址出现了中心聚落，3000年前苕溪河谷平原成为越人的聚居地，春秋时期安吉则成为越国的政治中心，越国徙都会稽之后，安吉又成为秦朝的鄣郡郡治。展厅通过多种方式，串联起安吉的演变进程，为观众呈现安吉和古越文化的历史发展脉络。

二厅——考古，以模型复原展示安吉古城遗址的出土文物及地层，解读考古类型学、地层学基本原理，为观众打造深入了解考古发掘及其研究过程的沉浸式空间，凸显了博物馆"考古大学堂"的社会价值。

展厅内景

三厅——城，集中展示安吉古城遗址在春秋战国至魏晋六朝时出土的各类生活用具、建筑构件等遗物，鲜活反映当时社会的生产生活情况。

四厅——墓，展厅依托安吉古城遗址周边的多个古墓群，从出土文物、墓葬形制、丧葬习俗等内容出发，探寻古越人的身后世界，并还原他们的生前生活。

五厅——物，通过展示安吉古城地区出土的丰富器物，进一步展现古越人民的生活场景，捕捉他们的审美趣味。考古工作者依据古城内出土的大量建筑构件（简瓦、板瓦、瓦当、方砖等），推测内城区域应为官署类高等级建筑。安吉地区西汉中晚期墓葬中开始出现缩小版的仓、灶、井、家禽、牲畜等模型明器，反映出现实生活中礼制逐渐式微。安吉古城地区的青铜器出土不多，先秦越墓中几乎不见。较高等级的楚墓中，青铜剑、戈等兵器保存较好。汉墓中青铜器数量略多，器物种类如壶、

印纹硬陶坛

陶瓦当

洗、盆、勺，以及陶灶上的炊煮器甑、釜、甗等，普遍为日常生活用器，器壁较薄。

八亩墩出土的印纹硬陶坛内尚存牛骨和海产角蝾螺。据此推断，其他陶器内原本也应该盛放不同的食物，形象再现了中国古代"事死如事生"的生死观。

研学旅游整合多方资源

以安吉古城遗址博物馆为核心区域的安吉古城遗址公园，其最大亮点是"政府主导（监管）+专家把关（研究）+社会参与（运营）"的建设运营模式。北京大学徐天进老师从2018年起就倾力编制遗址博物馆展陈大纲，精心打

陶俑头

造"考古大学堂"研学项目，做精做深考古研学，力求建成一流的考古研学基地。为进一步深化"专家把关"的研学模式，安吉县将已建成的考古保护中心长期免费提供给浙江省文物考古研究所使用，并成立由王巍、信立祥、刘斌、田正标等专家学者组成的遗址公园专家委员会，为遗址公园的内涵挖掘、价值认定提供强有力的支撑。

考古研学活动

安吉古城遗址公园充分整合历史考古和文化旅游领域优质资源，以博物馆、八亩墩考古发掘现场和"两弹一星"国家使命园为依托，开展考古课堂、讲座、体验工坊、爱国主义教育等主题研学活动。通过系统解说和生动的展示手段，诠释遗址的遗产价值，普及考古知识，提升遗址所在地居民的自豪感。加强遗产保护的普及教育，让公众认识到遗址保护工作的重要性和紧迫性，提高文化遗产保护意识。

目前，安吉古城遗址公园已成功创建国家AAA级旅游景区，入选湖州市爱国主义教育基地、安吉县中小学生研学实践教育基地（营地）。2022年3月，安吉古城遗址公园研学旅游项目荣获2021全国十佳文化遗产旅游案例。

（初稿：李强　统稿：孔利宁　周瑞婷）

秦始皇帝陵博物院

秦始皇姓嬴名政，是中国第一个中央集权的统一多民族国家秦朝的建立者，也是中国历史上第一个称皇帝的伟大君主。秦始皇生于公元前259年，卒于公元前210年，其陵墓是中国古代规模最大、埋藏物最为丰富的帝王陵墓，占地约56.25平方千米。秦始皇帝陵博物院就建立在陵园之内，其前身是20世纪70年代建立的秦始皇兵马俑博物馆。在我国诸多考古遗址博物馆中，秦始皇帝陵博物院规模最大、功能最多，集考古发掘、历史研究、遗址保护、文物修复和博物馆展览陈列于一身，既是世界文化遗产，又是国家考古遗址公园、国家一级博物馆和国家AAAAA级旅游景区，遗址博物馆的特点十分鲜明，在国内外具有极大的影响力。

秦始皇陵园的考古工作始于1962年，经过60年考古调查和发掘，目前已在秦始皇陵陵区发现各类陪葬坑223座、发掘36座，陪葬墓147座、发掘19座。秦始皇陵有体量巨大的封土、墓室、

秦始皇帝陵博物院

陵寝建筑、陪葬坑、陪葬墓等陵墓设施，以及大规模的陵墓工程及附属设施，出土秦兵马俑、彩绘铜车马、百戏俑、青铜水禽等大批精美文物，具有极高的历史、艺术和科学价值。1961年，秦始皇陵被国务院公布为第一批全国重点文物保护单位。1987年，秦始皇陵及兵马俑坑被联合国教科文组织列入《世界遗产名录》，成为中国第一批世界文化遗产之一。

作为保护和展示秦始皇陵文化遗产的专题性博物馆，秦始皇帝陵博物院（秦始皇兵马俑博物馆）自1979年10月开馆以来，已接待中外观众上亿人次。同时，以秦兵马俑为代表的秦始皇帝陵出土文物赴全球40多个国家和地区的100多个城市交流展出，架起了中外交流的桥梁。古老的遗产在全社会的热情关注和文博工作者的精心呵护下，散发着历久弥新的独特魅力。秦始皇帝陵博物院这座具有国际影响力的博物馆，在考古研究、遗址保护与展示、公众服务与文化传播等方面取得了令人瞩目的成就，成为保护和弘扬中华传统文化、推进文化遗产价值社会共享、促进中外文明交流互鉴的重要平台。

考古发现与研究

公元前210年，秦始皇死于出巡途中，归葬骊山。秦末之际，陵园曾经遭到破坏。司马迁的《史记》对始皇陵有不少记载。魏晋以后，秦始皇陵作为历史名胜地，不断出现在《水经注》《长安志》

秦始皇帝陵封土

《类编长安志》等地理书籍中，同时也成为李白、王维等历代诗人墨客咏叹的对象。19世纪后半叶到20世纪初，日本学者桑原骘藏、足立喜六、关野贞、常盘大定、伊东忠太，法国学者维克多·谢阁兰等人先后考察过秦始皇陵，并留下了秦始皇陵最早的一批照片。

新中国成立前，人们就在秦始皇陵发现过陶俑。1962年初，陕西省文物管理委员会组织王玉清、雒忠如和临潼县文化馆的彭子健三位先生赴秦始皇陵开展考古勘探调查工作。他们测绘了陵墓，发现了几座城门、建筑遗迹和一些排水管道，同时还绘制了第一张陵园平面布局图。现在这张图还刻在秦始皇陵保护碑的背面。

1974年春，秦始皇陵考古因为兵马俑的发现而进入一个新时代。3月的某一天，临潼西杨村的村民在打井时发现了兵马俑的碎片。5月初，临潼县文化馆赵康民在村民打井的位置开始考古发掘，秦始皇的兵马俑再次出现在世人面前。1974年7月—1975年6月，考古队用了近一年时间，确认了一个东西长230米、南北宽62米的大型陪葬坑，这就是兵马俑一号坑。1976年4月，在一号坑东端北侧发现兵马俑二号坑；1976年5月，考古队在一号坑北侧25米处发现了兵马俑三号坑。

兵马俑坑的惊世发现，揭开了秦始皇陵园地下王国的神秘面纱，考古工作者开始在秦始皇陵地区进行大规模的科学田野考古。1974—1997年，秦始皇陵考古工作主要在兵马俑陪葬坑以及陵园的局部区域展开。1980年12月，考古工作者在秦始皇陵封土西侧陪葬坑中发现了两乘大型彩绘铜车马，是我国考古史上迄今发现时代最早、体积最大、保存最为完整的青铜车马，被誉为"青铜之冠"。同时，考古工作者还对秦始皇陵区范围内的马厩坑、珍禽异兽坑、上焦村陪葬墓、修陵人员墓地以及宫殿建筑遗址等进行大量调查、勘探和试掘，获取了丰富的考古资料。

1998年，陕西省考古研究所与秦始皇兵马俑博物馆联合组建考古队，在秦始皇陵地区开展更为系统的考古工作。1998—2007年，考古队先后对秦始皇陵K9801陪葬坑、K9901陪葬坑、K9902陪葬坑、K0006陪葬坑、K0007陪葬坑，以及陵园内外城垣等遗迹进行了调查、发掘和研究，进一步深化了对秦始皇陵内涵的认识。

2008年，秦始皇兵马俑博物馆获得国家文物局颁发的团体考古领队资格，组建了专门的考古队伍。2009年，秦始皇帝陵博物院成立。2010年10月1日，秦始皇帝陵博物院丽山园正式对外开放，秦始皇陵园的考古研究工作掀开了新篇章。随着更为全面、系统的研究，对于遗存的内涵与价值阐释也更为深入，这都为实现大遗址的科学保护与合理利用提供了有力支撑。目前已系统勘探4平方千米的遗址范围，对陵园的整体形制、结构与遗迹的分布有了更多认识。

随着考古发现的增多和研究的不断深入，已有学者提出"秦俑学"概念，涉及学科包括考古学、军事史、艺术史、建筑史、科技史与文物保护等，研究范围涵盖秦文化概念中的秦俑文化、秦始皇陵及兵马俑的内涵、形制、建造与制作，建筑结构、功能、性质与象征等。

早期对秦始皇陵的综合研究，成果比较突出的有杨宽、袁仲一、王学理、赵化成等学者，他们认为秦始皇帝陵建筑是对秦都咸阳城市建筑或者宫室建筑的模拟。2000年后，随着全新内涵的帝陵陪葬坑的发掘（如K0006陪葬坑，发掘者认为是三公九卿中主管司法的廷尉机构在地下的模拟），段清波、张颖岚提出新的研究思路，认为秦始皇帝陵的建设理念不只是简单满足衣食住行等生活愿望，而是对秦帝国中央集权和皇帝日常生活的全方位模仿和追求，是以新建的帝国为蓝本，把整个帝国的构成要素都模拟在了陵墓之中。

20世纪的兵马俑研究，比较重要的成果来自袁仲一、王学理等先生。1988年袁仲一先生出版《秦始皇陵兵马俑的研究》，该书资料翔实，是最早深入研究秦兵马俑的专著。1994年王学理先生出版《秦俑专题研究》，从军事、兵器、艺术及其他方面对秦兵马俑进行了全方位研究。20世纪90年代以后，学者们除了关注俑坑的形制与建筑、功能与象征、军事组织、车队装备、艺术等问题外，研究方向变得更加多元。在铜车马的考古资料公布后，孙机、袁仲一、党士学等学者围绕车马的形制、结构、功能、名物等进行了大量研究，科技考古工作者则从金属材料、工艺、连接等方面开展了深入研究。

近年来，段清波着力探究了秦始皇帝陵所反映的思想理念，认为帝陵将帝国时代天圆地方理念下的阴阳、五行、水德宇宙观完整地模拟在地下，是对秦帝国体制和皇帝执政合法性与合理性的论证，体现了秦帝国时期及秦始皇本人的宇宙观。博物院的学者则立足于2009—2016年的工作成果，从物质技术、社会礼仪、思想理念等方面出发，综合研究秦始皇陵遗存。基于对秦始皇陵的整体认识，有些学者认为这座陵墓可能为坐南面北结构，这种布局是结合陵区地形，并综合交通形势等因素而形成的，但是大多数学者仍坚持认为陵墓为传统的坐西朝东结构。

博物院的创建与遗址保护

从秦始皇兵马俑博物馆到秦始皇帝陵博物院

与一般博物馆不同，秦始皇帝陵博物院是随着考古工作的开展分阶段建设的。1976年9月，博物馆主体建筑——秦兵马俑一号坑展厅动工，1978年12月竣工。1979年10月1日，秦始皇兵马俑博物馆正式对公众开放。

1987年，秦始皇兵马俑博物馆启动二期扩建工程，动工建设秦兵马俑三号坑展厅、二号坑展厅、

建设中的秦兵马俑一号坑展厅

综合文物陈列厅以及相关办公和服务设施，总建筑面积达 4.5 万平方米。1989 年 9 月 27 日"世界旅游日"当日，秦兵马俑三号坑展厅对观众开放。

1994 年 10 月 14 日，秦兵马俑二号坑以"边发掘、边展出"的形式向观众开放。1999 年 10 月，秦始皇帝陵文物综合陈列厅竣工并交付使用，发掘出土的两乘彩绘铜车马在此辟专室展出。2003 年 1 月 7 日，秦俑馆馆史陈列作为基本陈列在综合陈列厅内向观众开放。至此，秦始皇兵马俑博物馆形成了以秦兵马俑一号、二号、三号坑遗址原状保护展示与秦始皇陵出土文物展示相结合的基本陈列体系。

秦始皇帝陵核心陪葬区内有 29 个自然村组及单位，大量居民的生产生活严重影响到遗址的外部环境。为保护好这笔丰厚的文化遗产，陕西省人民政府批准成立秦始皇帝陵博物院。2009 年，秦始皇帝陵博物院正式成立，2009 年 2 月，完成了秦始皇帝陵外城以内居民的全部搬迁工作。2010 年，秦始皇陵国家考古遗址公园正式对外开放。30 年间，秦始皇兵马俑博物馆实现了由馆到院的转变，并向着一院多馆格局发展。2011 年 9 月 30 日，秦始皇陵 K9901、K0006 陪葬坑陈列厅正式对外开放。2021 年 5 月 18 日"国际博物馆日"，新建成的秦始皇帝陵铜车马博物馆试开放。

秦始皇陵国家考古遗址公园

秦始皇陵保护的法制建设

在博物馆创建的同时，法制建设也在稳步推进。2005 年 7 月 30 日，陕西省人大常委会正式公布了《陕西省秦始皇陵保护条例》，这是陕西省现存七十多座帝王陵中的首部保护条例，也是陕西省首部世界文化遗产地的专项地方法规，将秦始皇陵地区遗址的保护纳入了法制化的轨道。2010 年 7 月，陕西省人民政府颁布《秦始皇陵保护规划》，《规划》的公布将秦始皇陵保护区划分为保护范围和建设控制地带，陵区的总体保护面积由原来不足 4.4 平方千米扩大到近 36 平方千米。2014 年，根据《实施〈世界遗产公约〉操作指南》的相关规定，秦始皇帝陵博物院进一步编制了《秦始皇陵保护区规划方案》，将秦始皇陵的保护面积调整为45.69平方千米。2021年5月1日，新修订的《陕西省秦始皇陵保护条例》正式施行，对秦始皇陵保护相关机构的职责做了进一步细化和完善，明确了对秦始皇陵保护区内危害秦始皇陵安全、破坏历史风貌和周边自然环境的行为的处罚方式。《条例》和《规划》的颁布实施，为秦始皇陵大遗址保护工作提供坚实的法律保障。

文物科技保护

秦始皇帝陵博物院的文物科技保护涉及陶质彩绘文物保护修复、彩绘颜料科学分析与研究、微生物防治、环境监测与控制四个方面，其中陶质彩绘文物保护修复具有长期的工作经验和较为完备的软硬件设施，走在全国前列。

2000多年前，秦兵马俑坑曾遭火焚、水淹，陶俑身上的彩绘损毁严重，只在局部有或多或少的色块残留，其保存极为不易。陶俑的彩绘方式是先在烧好的陶俑身上涂一层生漆层，然后在生漆层上着色。陶俑出土时，颜料层和生漆层均已老化。在了解彩绘损坏机理的前提下，研究人员确定了两种彩绘保护处理方法：一是抗皱缩剂和加固剂联合处理法，其原理是用抗皱缩剂替换生漆层中的水分，使其保持湿润再用加固剂增加生漆层与陶体、彩绘层之间的黏合力；二是单体渗透——电子束辐照聚合加固保护法，其原理是运用电子束照射彩绘层，改变颜料层之间、颜料层与彩绘层之间黏合剂的化学分子结构，增加黏合剂强度。

秦俑彩绘保护技术取得了良好的效果，被推广应用于全国多处陶质彩绘文物的保护。秦俑彩绘保护技术研究成果于2003年获"陕西省科学技术一等奖"，2004年获"国家科技进步二等奖"。

遗址展示展览与文化传播

秦始皇兵马俑博物馆自建馆以来一直采用原址陈列展示的方式，三个兵马俑遗址坑均是在考古发掘的基础上，以保存遗址原始风貌为前提进行原址展示，最大程度地还原历史，为游客展示最为原真的文化遗产。随着秦始皇陵启动国家考古遗址公园建设，遗址公园的形式进一步推动了对秦始皇帝陵园考古发现的遗迹和遗物的展示利用，其考古勘探、文物保护、科学研究、遗址展示、参观游览功能得以有效发挥。同时，为了方便游客理解遗址所蕴含的文化信息，更好地解释文物的价值与内涵，秦始皇帝陵博物院加强了文物的综合陈列展览、临时展览和线上展览方面的工作力度。

目前，秦始皇帝陵博物院的展示区域分为秦始皇兵马俑博物馆与秦始皇陵国家考古遗址公园（丽山园），两个区域各有侧重。前者主要展示兵马俑三个陪葬坑遗址本体、部分出土遗物；后者主要展示2.26平方千米的陵墓中心区域，展示内容分为墓上建筑与地宫、墙垣门观、道路、陪葬坑、陪葬墓、陵寝建筑等。遗址公园目前暴露于地面以上的大型遗址以巨大的秦始皇陵墓封土最为重要，其他的原址展示遗址还有内城南门遗址。秦始皇帝陵博物院还将内城垣墙垣、东西内外门阙、内城封土周边的铺石进行了地面模拟复原展示，并对其他大量埋藏于地下的遗址进行标识展示。同时，遗址公园内还建有铜车马博物馆、K9901展厅、K0006展厅，以及K9801的临时保护厅。

基本的遗址展示

秦兵马俑一号坑展厅

这是秦始皇帝陵博物院的标志性建筑，为钢拱架结构，建筑面积15 458平方米，覆盖了俑坑和部分门道遗址。门厅设有多媒体投影展示区域，以数字化手段展示整个秦始皇陵的布局以及兵马俑坑的位置。在投影展示区域背后设置了一个二层台，站在平台上可俯瞰整个一号坑的宏大军阵。自平台向左右各有环道，可从不同角度观看一号坑遗址。参观环道的关键节点还设置了10余块图文

秦兵马俑一号坑展厅

秦兵马俑二号坑展厅

展板,解读一号坑考古发现的重要遗迹和遗物。一号坑军阵的后端,是开放式的陶俑修复区,观众可以近距离观看工作人员修复陶俑。

秦兵马俑二号坑展厅

这是一座大型覆斗形建筑,外观近似地下陪葬坑的上部台形封土,建筑面积17 934平方米,室内建筑屋顶同样采用金属网架结构,室外建筑墙壁铺设青灰色天然石材,观之古朴肃穆。门厅匾额为黑底金字,以小篆书写"秦兵马俑二号坑遗址"。围绕二号坑遗址修筑有参观环道,沿途设置了灯箱展板,着重阐释二号坑遗址的布局、秦俑出土时的彩绘情况、遗址遗迹的细节等。二号坑大面积展示了棚木层,在展厅北环道上,设置了五个单兵俑的玻璃展柜,分别陈列跪射俑、中级军吏俑、高级军吏俑、骑兵鞍马俑和立射俑,可以让观众全方位、近距离地欣赏2000多年前秦朝工匠的精湛技艺,感受文物所散发的独特魅力。二号坑展厅在修建时充分考虑到建筑内相对封闭的空间,设有空调通风系统,灯光也与陪葬坑的环境相协调。

秦兵马俑三号坑展厅

展厅匾额以小篆书写"秦兵马俑三号坑遗址",与二号展厅保持相同的建筑风格,建筑面积

秦兵马俑三号坑展厅

1694平方米。三号坑遗址按区域采用了不同的复原展示方式，南厢房复原展示了陶俑列队的完整形象，北厢房展示遗迹、遗物发掘出土时的原状，包括残损的陶俑、残鹿角、动物朽骨、门楣遗迹等，车马房展示车马和陶俑的历史原状以及战车在发掘出土时的原状，两种复原展示方式有机结合，增强了遗址展示的现场感，也有助于观众了解遗存在不同时期的不同状态，增进对遗存的认知。展厅内的辅助陈列采用图文展板和灯箱相结合的方式，分专题介绍了三号坑建筑、陶俑分布、彩绘秦俑头像、出土兵器及其他遗存。

铜车马博物馆

铜车马博物馆利用现有地形5—6米的高差，设计为全覆土地下建筑，建筑顶面为覆土绿化，入口及整体建筑消隐在林荫中，视觉上基本未改变原有地形地貌。铜车马博物馆总建筑面积约为8000平方米，建筑平面围绕中央的核心展厅铺开，进馆为下行坡道，出馆为上行的封土景观路径，建筑外形、内层展厅呈方形层层递进，中轴线核心空间、边侧耳厅、外围主题展厅主次有别，核心展厅既上下分层又展柜贯通，这些设计语言都彰显了世界级瑰宝"青铜之冠"的尊崇地位。

铜车马博物馆

K9901 陪葬坑陈列厅

这是一座高约 10 米的一层建筑，外观采用青砖坡面错台砌筑，从视觉上降低了建筑高度，展厅建筑面积为 2282 平方米，掩映在陵园的断崖古树之中，与周围环境协调一致。该陪葬坑即通常所说的百戏俑坑，一般认为坑内所出陶俑反映的是秦代宫廷娱乐生活中的百戏形象。2019 年，根据最新发掘成果调整完善了陈列展示，主要展品为 6—8 件大型陶俑、青铜器、陶器等，配以展板介绍陪葬坑的形制、结构、发掘与修复过程。此外，展厅里还设有一间现场文物修复室用以修复坑内出土陶俑，观众可以透过玻璃墙近距离观看修复过程。

K0006 陪葬坑陈列厅

该展厅是一座青砖建筑，位于封土边缘，体量不大，高度适宜，建筑面积为 1358 平方米，南北两侧做成土坡，与封土边缘的环境相协调。该陪葬坑即通常所说的文官俑坑，出土陶俑分为袖手俑和御手俑两类，与一号兵马俑坑出土的武士俑相比，较显文弱。展厅主要展示 K0006 陪葬坑遗址和出土的重要文物，包括陪葬坑本体，坑下的陶俑、马骨、车迹等。

K9901 陪葬坑陈列厅

K0006 陪葬坑陈列厅

秦始皇陵内城垣、东西内外门阙及铺石道路模拟展示

秦始皇陵丽山园内城垣周长约3.8千米，由于遗址大部分的区段埋藏于地下，目前根据考古资料，模拟展示了城垣的形制和结构，并复原展示1米高的墙体，以及墙体两侧的廊房、散水。秦始皇陵园内、外城的东、西门址是陵园的主要门址，主体埋藏于地下，目前在地面模拟展示门台和阙的形制结构，并复原展示部分1米高的墙体。秦始皇陵园南部的封土周边发现了总长约1800米的铺石道路遗址，目前根据考古资料，在地面上模拟复原了一条铺石道路。

临时展览、外展及社会教育活动

临时展览为秦始皇帝陵博物院的陈列体系注入了新鲜血液，现已基本形成以下几大主题系列：一是展示秦始皇陵考古新发现、新成果，深入挖掘馆藏文物内涵的展览，如"秦俑坑出土精良兵器展""秦始皇陵园出土文物展""绿面俑暨秦俑彩绘保护成果展"等；二是以秦文化为核心内容的专题展，如"秦公钟、秦公镈特别展""溢彩流光——陕西出土秦金银器展""琳琅星罗——陕西出土秦玉器展"等；三是以秦俑元素为创作基础的展览，如比利奇"兵马俑与体育"油画展、秦兵马俑外展招贴广告画展、"勇士和女孩"大型提线木偶展等；四是引进国内博物馆优秀展览，如"姬周故地青铜之乡——周原出土青铜器珍品展""秦汉寻梦——咸阳出土文物精华展""重器鸿宝·千年重光——宝鸡新出土青铜器珍品展"等；五是与国际上其他博物馆合作，引进优秀的外展，如"玛雅：重现的文明——墨西哥古代文化展"等。

增强现实技术（AR）展示

秦兵马俑在纽约大都会博物馆展出（摄影：张卫星）

为传播中国文化，推动中外文化交流，秦兵马俑已巡展全球40多个国家和地区的100余座城市。这些展览让海外观众领略秦兵马俑的风采，感受中华优秀传统文化的独特魅力，掀起了经久不衰的"秦俑热"。

秦陵移动课堂

秦始皇帝陵博物院始终坚持以弘扬和传播中华优秀传统文化为己任，现已推出教育项目12大类33个子项目，其中"优秀历史文化进校园""秦陵移动课堂""欢乐博物馆"3个品牌教育项目，在国内外取得了良好的社会反响。"欢乐博物馆"教育项目面向所有观众免费开放，目前已策划了8项体验项目，包括"我是小小秦工匠——学塑兵马俑""我是秦代书法家——学写秦小篆""我是秦俑修复师——学修兵马俑""我是非遗传承人——学习传统剪纸""我为秦俑涂颜色——学绘兵马俑""我是秦俑发型师——学编秦发髻""秦故事小剧场""学霸古今大课堂"等，这些特色活动形式创新、寓教于乐，得到了体验者的高度评价。

2020年疫情闭馆期间，秦始皇帝陵博物院推出了"秦俑百问微课堂""欢乐博物馆微教室"等一系列线上教育活动，将博物馆优质教育资源推送至公众的指尖。通过线下教育与线上教育不断融合，馆内教育活动与馆外教育项目互为补充，博物馆的社会教育职能得到了全方位提升。

（图片：张天柱　撰稿：张卫星）

里耶秦简博物馆

里耶古城遗址位于酉水（史籍所载"五溪"之一）中游的河谷盆地，因位于湖南省龙山县里耶镇而得名。整个河谷盆地地势西高东低，在挨着河流两岸的台地上，分布着密集的聚落、农田，也分布着商周以来各历史时期的文化遗址、城址和相应的墓葬群。2002年，古城遗址一号井出土了3.6万余枚秦代简牍，一时名动天下。这些简牍表明，秦统一中国后，于此地推行郡县制，里耶成为当时洞庭郡迁陵县城所在地。里耶秦简为了解秦代社会政治、经济、文化的各个层面提供了丰富、鲜活的样本，具有极为重要的意义。

里耶古城遗址考古发现

　　里耶的历史可谓源远流长。据文献记载，当地最早的居民应是商末参加伐纣战争、后来向周王

里耶古城遗址

朝进贡朱砂的濮人。此后，苗蛮人、巴人、古越人先后移居此地，到了战国时期，武陵山区纳入楚国版图，楚威王时在此设立黔中郡。秦楚争霸期间，除了长江、汉水等交通要道，横穿武陵山区的酉水成了"自巴蜀瞰荆楚"的战略重地，里耶古城及沅水、酉水流域的其他一些楚城，均于此时建立。

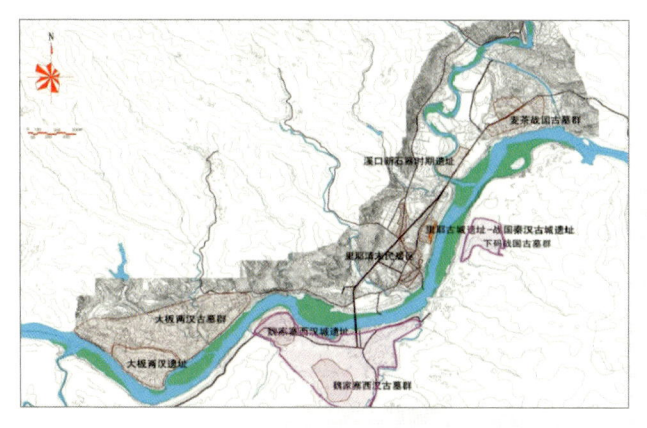

里耶盆地古文化分布图

2002年4月，为配合碗米坡水电站建设，湖南省文物考古研究所会同州、县文物部门，组织全省各地业务人员进驻里耶，对水电站淹没区涉及的古遗址、古墓葬进行大规模抢救性考古发掘。6月3日，一号井第五层出土第一枚楚简，随之从第六层开始数量大增，且均为秦简。截至11月，里耶古城共开探方220个，发掘面积5500平方米。2004年10—11月、2005年5—6月，考古人员对大板、魏家寨两处古遗址进行勘探与试掘；2005年10月—2006年6月，为配合里耶古城保护工程，对城壕进行了全面发掘。

里耶古城遗址一号井出土秦简蕴含大量史料信息，极大丰富了人们对秦王朝有关制度的了解和认识，对于史料稀缺的秦史研究来说，价值不可估量。秦简的纪年从秦王政二十五年（公元前222年）

里耶古城一号井

至秦二世二年（公元前208年），十几年未曾间断，不仅印证了《史记》《汉书》等史籍，还能拾遗补阙。这批简牍是21世纪中国最重要的考古发现之一，也是继兵马俑之后秦代考古的又一惊世发现，与前者合称为"北俑南简"，极大推动了档案学、简帛学、文献学以及秦史等学科的研究发展。湖南里耶古城及出土秦简牍被评为2002年度全国十大考古新发现，里耶古城遗址于2002年被公布为全国重点文物保护单位，2010年入选第一批国家考古遗址公园立项名单。

里耶秦简博物馆的建立

2006年，龙山县里耶古城（秦简）博物馆（简称"里耶秦简博物馆"）立项，馆址距里耶古城遗址1千米，占地面积3.6万平方米，总建筑面积7200平方米。除了收藏秦简外，博物馆还展示当地出土的文物古迹和民俗文化，是当代中国有关秦汉时期历史研究的重要资料库。2010年10月，里耶秦简博物馆及里耶古城遗址正式对外开放。2018年9月18日，里耶秦简博物馆被评为国家二

里耶秦简博物馆

级博物馆，成为湘西州第一家获得此项专业认证的文博单位，对于促进当地文博事业的发展具有重要意义。

里耶秦简博物馆现有馆藏文物8055件（套），建有两间文物库房，面积300余平方米。库房为钢筋混凝土结构，采取封闭化管理，由专人每日记录温湿度。保管柜中的文物按"下大上小，下重上轻"的原则分层摆放，摆放空间适宜、间距合理。文物保管柜密闭管理，以减少外部温度变化、空气流动及粉尘的影响，柜内合理使用变色硅胶除湿材料与防虫、防腐药物，控制微环境湿度，预防病虫害。作为一家基层的专题性博物馆，里耶秦简博物馆十分重视借助专业机构的力量，加强自身的文保能力建设。博物馆与荆州文物保护中心建立了长期合作关系，定期对馆藏秦简进行保护，2018年、2021年又分别委托重庆市文化遗产研究院、中国文化遗产研究院对馆藏金属器物进行修复，力求在最大限度上延长文物的寿命。

2020年11月6—9日，里耶秦简博物馆与首都博物馆签署战略合作协议，主要内容包括：1. 建立首都博物馆龙山分馆；2. 定期开展博物馆人才培养、业务学习及学术交流活动；3. 在首都博物馆设立里耶博物馆文创产品专柜，利用首都博物馆平台宣传展示龙山民族风情、自然风光及民族文化衍生品、地方特产。

加强学术研究

学术研究为博物馆的持续发展提供内在动力。自开馆起，里耶秦简博物馆一直重视学术平台的搭建。为提高研究水平、加强学术交流，博物馆成立了里耶历史文化研究中心，并邀请专家学者组成顾问团队。2013年9月，由湖南省科学技术厅授予的"湖南省科普基地"成功揭牌。同年，湖南省文物考古研究所在此设立湖南里耶考古工作站。2014年建立中央民族大学博物馆学教学研究基地，2015年中国社会科学院设立战国秦汉历史文化研究里耶基地。2017年1月成为湖南省爱国主义教育基地，7月，教育部"出土文献与中国古代文明研究协同创新中心"中国人民大学中心里耶教学科研基地在此落户。

此外，博物馆还积极组织举办相关学术研讨会。2002年以来，里耶秦简的发掘整理研究成果陆续推出，极大地填补了秦史社会经济文化研究的空白。近几年，为有效促进秦文化与里耶秦简学术研究，加强各相关文博单位与高校院所的交流联系，里耶秦简博物馆组织举办了多次重要的学术会议，如2017年9月举办里耶秦简与秦文化国际学术研讨会、2017年10月召开中国博物馆协会考古与遗址博物馆专业委员会2017年年会、2020年11月举办博物馆开馆十周年学术研讨会。

里耶秦简博物馆陈列展览

里耶秦简博物馆基本陈列为"大秦迁陵",分为"古城印象""迁陵往事""酉水人家""帝国县政"四个部分,以展示秦文化为主线,重点突出秦城、秦人、秦简。展览形式和内容结合紧密,借助文物、复制品、模型、图表、漫画、立体画、动画、全息投影、微缩景观和其他多媒体展示手段,以及门厅、走廊、中心庭院的独特空间设计,营造大秦文化氛围,使观众可以身临其境地感受秦朝的国家运行机制和地方社会风貌。

第一部分为"古城印象",展厅面积约600平方米。里耶古城在楚、汉、晋时期相继沿用。为突出秦代迁陵县城,展厅通过重点场景的模型复原,重现当时的城市布局和功能设施,与古城遗址展示形成互补。

第二部分为"迁陵往事",包括看台在内面积为1000多平方米。主要围绕一条河、一座古城、一场战火、一口古井、一批秦简等要素,分楚国边陲重镇、秦朝繁华县邑、秦末毁于战火三个相对独立的故事场面,通过半景画(投影)的形式,配合音乐,为里耶古城、里耶秦简提供广阔的时空背景。

第三部分为"酉水人家",展厅面积约200平方米。通过秦简、文献和墓葬考古资料,对相关展品进行编排组合、综合分析,展示秦朝普通家庭的人员构成、住房结构、室内陈设、饮食起居等生活情况。

第四部分为"帝国县政",展厅面积约600平方米。此部分通过展品与辅助手段的有机组合,展示秦朝县级政府的日常办公情况,并通过挖掘秦简内容中的亮点,展示趣味故事。

除了基本陈列,里耶秦简博物馆还积极策划或参与各类临时展览。2015年,里耶秦简博物馆与秦始皇帝陵博物院联合策划"破译秦朝——里耶秦简中的帝国真相"特展;2017年9月,参加由山东博物馆和中国文化遗产研究院等全国数十家文博机构联合策划的"书于竹帛——中国简帛文化展";2019年8月,与中国国家博物馆、湖南省文物考古研究所合作举办"小城故事——湖南龙山里耶秦简文化展";2019年9月,与秦始皇帝陵博物院联合举办"平天下——秦的统一"展览;2021年4月,与长沙市博物馆联合举办"从里耶到长沙——解码简牍中的湖湘史记"展览。这些临时展览,进一步充实了里耶秦简博物馆的内涵,也大大提升了博物馆的影响力。

截至目前,里耶秦简博物馆展出的简牍,如"迁陵洞庭郡"木简、"九九乘法口诀表"木简、"迁陵以邮行洞庭"木简等,只是数以万计珍宝中的冰山一角。我们有理由相信,在不久的将来,通过专家们的破译解读,活在这些简牍里的大秦王朝,将向我们展现越来越清晰的身影。

"九九乘法口诀表"木简

它是迄今发现最早、最完整的"九九乘法口诀表"实物。乘法口诀是我们不可或缺的数学运算工具，不论现在还是古代，都被广泛应用于社会生活的方方面面。早在2000多年前，秦人已经熟练地应用了乘法交换律，而且出现了分数，这不得不令人叹服。

"迁陵洞庭郡"木简

公元前221年，秦始皇分天下为36郡，根据史书记载和考古研究，36郡中并无"洞庭郡"。2002年，这枚木简的出土，以实物形式颠覆了过往关于秦代行政区划的定论，改写了秦代历史。

"迁陵以邮行洞庭"木简

这枚木简代表了中国邮政史的开端，也说明了早在秦朝统治时期，迁陵和洞庭之间就已经存在书信往来。同时，它也是一件能够证明洞庭郡存在的物证。

积极开展社教活动

除日常展览外，里耶秦简博物馆还积极开展馆内外文化活动，发挥全国廉政文化教育基地、省级爱国主义教育基地作用。每逢节假日，博物馆均为公众提供2场以上的免费讲解。为了提高讲解质量，制作了"大秦迁陵""里耶秦简中的吏治"语音导览和360°全景展览，为观众提供多元化的优质服务。博物馆还用心打造"里博大课堂"社会教育品牌，提供一系列高水平的公众讲座。此外，里耶秦简博物馆还与首都博物馆、中央民族大学、吉首大学、西南民族大学等建立合作长效机制，并在里耶民族中学、里耶小学设立"秦文化月"，推出秦文化集中展演，演绎里耶秦简中的故事，编写适合学生的讲解词、开设"小讲解员"培训班等。

里耶秦简博物馆以其丰富的历史文化内涵带我们重返大秦帝国，未来还将继续致力于展示湖湘文化瑰宝、传播中华文明、提升公众文化素养、启迪民众心灵。

（图片：周东征　初稿：许书耀　统稿：李兴）

南越王博物院

南越王博物院是以南越国重要考古遗存为依托的大型遗址类博物馆，国家一级博物馆，分为王墓和王宫两个展区，下辖秦代造船遗址、南越文王墓及南越国宫署遗址3个全国重点文物保护单位。王墓展区前身是1988年开放的西汉南越王博物馆，王宫展区前身为2014年开放的南越王宫博物馆，两馆于2021年9月合并建成南越王博物院。

1983年，南越国第二代王赵眜之墓发现于广州市越秀区象岗山，是岭南地区规模最大、保存最完好、随葬器物最丰富的大型彩绘石室墓。墓中共出土文物1000多件（套），是研究秦汉史、岭南文化和我国古代对外交往史的宝库。南越文王墓1996年被列为全国重点文物保护单位。1988年，依托南越王墓建立的西汉南越王博物馆，即今南越王博物院的王墓展区正式对外开放。原西汉南越王博物馆于2004年入选国家AAAA级旅游景区，2008年跻身首批国家一级博物馆。

南越国宫署遗址位于广州市中山四路西段，保护面积约5.3万平方米，自下而上层层叠压着秦至民国13个历史时期的文化遗存，其中以秦汉时期南越国的宫殿和御苑遗迹为核心，是目前发现年代最早、保存较为完好的秦汉王家宫苑实例。南越国宫署遗址于1996年被列为全国重点文物保护单位，"十一五"至"十四五"期间被列入国家重要大遗址保护项目。王宫展区位于广州传统城市中心，周边是繁华的北京路商业区，其发掘、保护和展示利用，是具有示范性的城市中心大遗址保护理念的新尝试。南越王宫博物馆自2010年11月局部开放以来，在遗址保护、展览合作、公共服务等领域开展了创新性的实践工作，先后被评为国家AAAA级旅游景区和国家二级博物馆。

2006年、2012年，由南越国宫署遗址、南越文王墓等组成的"南越国史迹"和"海上丝

王墓展区外观

王宫展区外观

绸之路·广州史迹"分别被列入《中国世界文化遗产预备名单》；2016年，南越国宫署遗址、南越文王墓被国家文物局分别列入"海上丝绸之路·中国史迹"首批申遗遗产点之一。2021年，广州南越国宫署遗址及南越王墓入选"百年百大考古发现"，充分体现了广州地区考古发掘工作的丰硕成果，也反映了广州深厚的文化内涵和历史积淀。

考古发掘历程

广州，古称"蕃禺"，是全国首批24座历史文化名城之一，至今已有2200余年的建城历史。1953年起，为配合城市建设，广州开始大规模考古发掘研究工作，其中秦汉考古是广州考古的重点工作，南越文王墓、南越国宫署遗址是广州秦汉考古的重要发现，具有极为重要的历史、艺术和科学价值。

南越国建于公元前203年，都城蕃禺，建立者为秦将赵佗，是岭南地区第一个完整的封建政权。

赵佗推行"和辑百越"政策，使岭南地区快速从刀耕火种的氏族社会平稳进入农耕文明时代，同时当地的百越文化与汉、楚、秦乃至边疆异域文化相互融合，在悠久灿烂的中华文化中逐渐形成独具特色的岭南文化分支。此外，南越国的海外交往也为海上丝绸之路的形成和发展奠定了基础。

1983年6月，南越王墓在基建工作中被偶然发现。1983年7月4日，由中国社会科学院考古研究所、广州市文物管理委员会及广东省博物馆联合组成"广州象岗汉墓发掘队"，麦英豪任队长。1983年8月25日，正式开始发掘工作。由主墓室里发现的一枚龙钮"文帝行玺"金印，确认墓主人为南越国第二代王赵眜。10月6日，历时43天的发掘圆满结束，共出土1000多件（套）珍贵文物。

墓室坐北朝南，南北长10.85米，东西最宽12.5米，建筑面积约100平方米，整体中轴对称，平面为士字形，主体为竖穴式，墓的东、西耳室则是横向掏洞而成。按"前朝后寝"的布局分为前后两部分，共七室，功能各不相同。墓中出土的"文帝行玺"金印、"赵眜"玉印、丝缕玉衣等珍贵文物反映了2000多年前南越国政治、经济和文化的发展状况；银盒、金花泡、乳香和象牙等海丝珍宝见证了中国与海外的文化交流；印章、玉器、饮食器和乐器等体现了秦汉时期岭南地区兼容并包的地域特点，再现了中华文明多元一体的发展历程。

南越国宫署遗址的发现和发掘工作从1995年开始，至1997年期间是配合城市建设进行的抢救性发掘阶段，发掘面积约4000平方米，主要收获是发现了南越国王宫的御苑遗迹，包

东耳室出土情形

前室彩绘

括宫苑的石水池、食水砖井和宫苑曲流石渠。

1995年，发掘出大型石构水池的一角，水池壁的石板刻有"蕃"字等多个石刻文字，经确认该处建筑遗址和遗物属于南越国时期，为岭南地区首见。石构水池的面积在4000平方米左右。这次发现被评为当年的全国十大考古新发现。

1997年，发掘出保存基本完整的南越宫苑曲流石渠遗迹，该石渠与1995年发掘的石构水池通过导水木质暗槽相连，两者组成了宫苑的园林水景。该次发现也入选了当年全国十大考古新发现。

秦代造船遗址的一号、二号船台

2002年9月—2009年7月，发掘面积近1.2万平方米，主要收获有三项：一是发现了南越国宫殿遗址（编号为一号、二号）和宫殿区内科学而完善的排水体系，以及被誉为"岭南第一简"的南越木简等南越国时期的遗迹遗物；二是发现了五代时期南汉国的宫殿、池苑、佛塔基座、地下排水暗渠等遗迹，出土了大量精美的砖瓦建筑材料和生活用器等；三是发现了自秦汉到民国2000多年间13个历史时期的遗迹和遗物。这些遗迹和遗物层层叠压，厚达5米左右，是广州城市发展历史的实物见证。其中，历年来发掘出土的各时期水井达500多口，可以说是广州古代水井的天然博物馆。

此外，在南越国曲流石渠的东北部，还发现有秦代造船遗址。经过1975—2004年的4次局部发掘，得知秦代造船遗址有3个平行排列的造船台，长逾100米。每个船台由枕木、滑道和木墩组成，以架承建造的船体。南侧为木料加工场地。秦代造船遗址是秦统一岭南的历史见证，于1996年被列为全国重点文物保护单位。

南越国宫署遗址是西汉南越国、五代十国南汉国的都城王宫核心区和秦统一岭南以来历代地方官署所在地，是广州作为岭南地区政治、经济、文化中心的证明，揭示了海上丝绸之路形成、发展和繁荣的过程，更是秦汉以来岭南地区融入多民族统一国家进程的重要历史见证。

文物保护和城市建设的双赢范例

在"保护为主、抢救第一、合理利用、加强管理"的文物保护工作方针指导下,广州地区对特别重要的古遗址、古墓葬实施原址原状保护并展示的模式,在南越王墓、南越国宫署遗址原址上分别建立了西汉南越王博物馆和南越王宫博物馆,二者也成了广州田野考古发掘中保护和利用的范例。在考古原址建博物馆的举措,在全国范围内都具有示范意义:一方面,最大限度地保存了广州的珍贵考古遗存,并在有效保护的基础上,对考古遗存进行合理利用,较好地发挥了考古遗存的社会功能;另一方面,促成了城市现代化建设的发展,基本达到了文物保护和城市建设的双赢效果。

南越国宫苑曲流石渠遗址

南越王墓原址及保护光棚

曲流石渠遗址保护楼及天台模拟复原展示

陈列展览与典藏文物

南越王博物院的基本陈列包括遗址本体展示及常设展览，通过原址原貌展示的考古遗迹和丰富的出土文物，梳理秦汉时期岭南社会的历史发展脉络，凸显了岭南社会文化交融、和谐发展的时代特征，展现了岭南地区多元文化并存，最后融入华夏文明体系的过程，充分展现了广州这颗南域明珠的悠久历史和深厚底蕴。

随着南越王墓及其出土文物的研究不断取得新的进展，以及博物馆展陈理念与技术的推陈出新，为了更好地保护文物、揭示文物的文化内涵，王墓展区在2010年对原有基本陈列进行改造，推出了"南越藏珍——西汉南越王墓出土文物陈列"，包括"南越文帝""美玉大观""武备车马""生产工具""生活用具""宫廷宴乐"六个单元，获评第九届（2009—2010年度）全国博物馆十大陈列展览精品。同时，引进全息展示、触摸屏、展示屏、视频、卡通等，还新设玉作坊、南越玩国、宴乐场景、南越国海边等互动设施，极大丰富了展示效果。

"南越藏珍"序厅

"文帝行玺"金印

出土于墓主胸部,印面长、宽皆为3.1厘米左右,含金量98%,印钮是一条游龙,龙身上的鳞片和爪是铸成后凿刻的,龙腰拱起可穿印绶。"文帝行玺"金印是我国目前考古发现最大的一枚西汉金印,为证明墓主身份提供了确切线索,印证了史书中对于南越文王赵眜称帝的记载,还为我们研究秦汉帝王用玺制度提供了重要的实物依据。

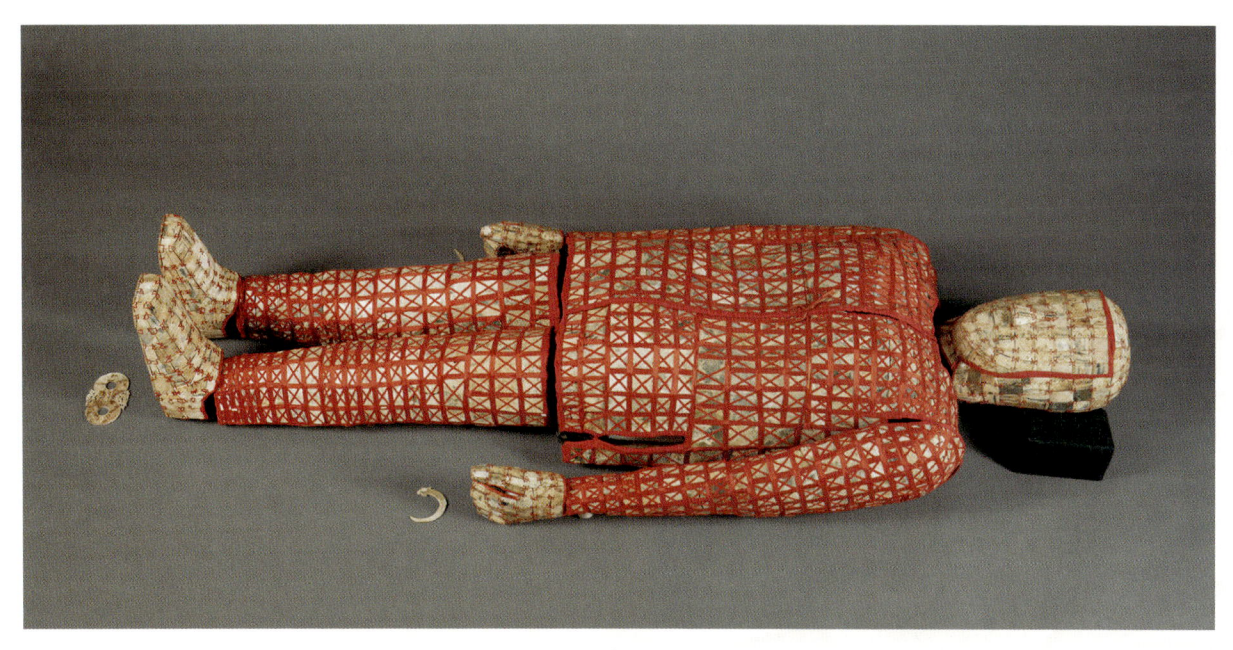

丝缕玉衣

出土于主棺室，共用玉片2291块，以丝缕缝系、麻布粘贴编缀而成，全长1.73米。出土时，编缀玉衣的丝线与麻布已朽，玉片散落，后用3年时间将其修整复原。玉衣，是两汉时期高级贵族下葬所专用的敛服。南越王赵眜这件玉衣，是目前考古所见唯一的形制完备的丝缕玉衣，为我们提供了一个研究汉代丧葬制度和玉衣文化的新实例。

透雕龙凤纹重环玉佩

出土于主棺室，原盖在墓主玉衣头罩之上，青白玉雕成，直径10.6厘米。其形似玉璧，以双环将纹饰分为两个部分。内环中为一游龙，昂首挺胸，前后爪及尾部伸至环外；内外双环之间，一凤鸟站在游龙前爪之上，并转头与龙对望，其头冠与尾部夸张地延伸成卷云纹状，将双环之间的空间填满。整件玉佩运用了线雕和透雕的雕刻技法，构图完美和谐、主次分明，给人以美的享受，其图案被选为南越王博物院院徽。

王宫展区建设工程经过发掘、研究、规划等一系列筹备工作，于2008年正式启动。王宫展区在规划建馆的过程中，始终遵循"保护第一位"原则，以遗址本体为核心，馆舍采用分散式的建筑布局，将整体建筑"化整为零"，让遗址展示成为主角。三处遗址展示馆分别展示南越国曲流石渠遗址、南汉国二号宫殿遗址、南越国水井及地下排水管道、南汉水井及排水渠等，原貌展示的考古发掘现场保持了历史遗存本体的完整性与真实性。

为促进公众对文化遗产多样性的理解，王宫展区积极探寻大遗址价值利用与展示阐释的新发展方向。2016年，南越国宫署遗址的展示利用项目成为我国大遗址数字化展示的试点项目，2020—2022年分三年实施，把数字科技、多媒体展览展示等技术与考古遗址展示相融合。项目一期重点是对曲流石渠遗址进行数字化展示，2020年底已完成，并于2021年2月9日正式对公众开放。项目一期通过多种数字化技术，以遗址为背景，通过三维建模仿真等技术勾勒出约180米长的曲流石渠全貌，模拟流水动态效果，并运用投影、声控特效技术，展现当年王宫御苑的园林美景，富有岭南风情。

曲流石渠声光电复原展示

王宫展区的常设展览为"岭南两千年中心地"，在陈列展示楼、古代水井馆集中展示，包括"南越王宫""南汉王宫""名城广州二千年""饮水思源——广州古代水井文化"四大部分，全面、立体、真实、直观地展示了南越国宫署遗址的考古历程与成果，体现了广州作为岭南中心地的历史进程。

"南越王宫"展厅

南越国"万岁"文字瓦当

在南越国宫殿和御苑中,出土了大量的"万岁"文字瓦当,当面直径普遍在15厘米以上,模印篆书"万岁"二字,属于秦汉时文字瓦当的一种。文字样式丰富多变,有十几种变化形式,甚至具有鸟虫书的笔韵,圆润灵动,被誉为"岭南最早美术字"。

南越木简

2004年底,在南越国宫署遗址的一口渗水井(J264)内清理出100多枚木简,简文字数逾千,涉及籍簿和法律文书,是南越王宫的纪事档案,简文中所见的职官、郡置、民俗、果木培植等内容,为研究南越历史提供了第一手文字资料,堪称"岭南第一简"。

南汉十六狮柱础石

出土于南汉国三号宫殿遗址,用整石雕凿而成,底座方形,覆盆下层雕覆莲瓣,上层雕刻16只蹲狮,圆顶面平整光滑,是罕见的建筑雕刻精品。

南越国宫署遗址出土了各个历史时期的建筑材料、生活用品及钱币等，现有编号文物3万多件，包括石器、陶瓷器、铜器、铁器、铅器、木器、动植物标本等，年代跨度从秦至近现代。

近年来，在很多大型临时展览中都可以看到南越王博物院的身影。2021年，南越王博物院协办的"海宇攸同——广州秦汉考古成果展"在中国国家博物馆展出，从中华文明的塑造构建、基因传承、融汇交流等角度，在秦汉时期大一统的历史背景下重塑和展示岭南地区辉煌的古代历史文化。同年，王墓展区举办"四海通达——海上丝绸之路（中国段）文物联展"，共展出来自广州、南京、宁波等22个城市31家文物收藏单位的383件文物精品，为历年来参展城市最多、文物覆盖范围最广且展出文物较精的"海丝"主题联展。此外，王墓展区还举办了"南越王与滇王""南越国与夜郎国"等临展，展示华南、西南地区最新的考古发掘成果。王宫展区则利用遗址出土历代砖瓦陶瓷文物较为丰富的特点，举办"瓷上园林——从外销瓷看中国园林对欧洲的影响""和颜悦色——陕西出土唐代陶俑专题展"等陶瓷器展。

近年来，顺应网络蓬勃发展的态势，王墓展区与王宫展区分别推出官方网站。王墓展区还开发了手机客户端，观众足不出户就能在网上参观遗址和陈列展览，欣赏典藏文物。王宫展区则利用VR技术开设曲流石渠遗址线上导览，建设遗址线上AR展示系统，大大提升了观众的参观体验。博物院同时通过微信等新媒体平台，推出语音导览、虚拟漫游遗址和展厅等功能，全面实现了多维的参观方式。

宣传推广和自媒体建设

南越王博物院一直重视传统媒体和新媒体的宣传推广工作，在全国同行业中具有一定影响力。2006年，中央电视台科教频道推出大型系列节目《岭南王国》；2012年，中央电视台《国宝档案》将南越王墓与南越国宫署遗址的出土文物制作成9个专题陆续推出；2014年，以南越国宫署遗址的发掘、保护和建馆为题材的纪录片《复活的王国》获四川"金熊猫"国际纪录片评选"亚洲制作奖"；2020年，中央电视台摄制全新的大型纪录片《探秘南越王墓》，全面呈现南越王墓出土文物的精美细节。

在自媒体建设方面，官方微博于2010年9月诞生，成为广东省内博物馆界最早的微博之一，内容更新快，活跃度高，拥有较高的关注度。官方微信订阅号以普及历史文化为重，兼顾趣味性，在全国同行业中形成了一定知名度。2020年博物馆开始打造"两个侧翼、多平台开发"的新媒体矩阵，两个侧翼是指微信订阅号和官方微博，多平台则是指发布不同内容的诸多新媒体，根据不同用户群的特点制定宣传方案，构建受众覆盖面更广、宣传到达率更高的新媒体矩阵。

在考古科普方面，先后出版《老广新游之神游南越国》和《广州原点考古手记》两本科普读物。《老广新游之神游南越国》是博物院与本地著名手绘画团队的一次跨界合作，以活泼有趣的手绘画形式，生动讲述南越国的历史故事，呈现南越国的生活场景，受到读者和市场的欢迎。《广州原点考古手记》是广州首本考古科普读物。它立足于广州城市建设的原点——南越国宫署遗址，利用第一手考古资料，通过组织文物出土时的故事片段，解读文物背后的历史信息，演绎考古学家如何为历史研究提供资料和补充信息，从而进一步还原广州建城之初的社会生活面貌。本书获广州市精神文明办颁发的"2020年书香羊城十大好书（社科类）"称号。

打造教育活动品牌

在教育活动方面，博物院全力打造教育活动品牌，面向不同年龄层次的观众，提供手工活动、场景体验、研学活动及学术讲座等形式多样的教育活动。

自2003年起，王墓展区开始在馆内举行手工教育活动，至2007年具有一定规模后，正式以"南越工坊"为名长期面向社会公众免费开放。2016年南越工坊会员制正式推出，收效甚好，教育主题囊括南越国文化、汉服文化、"海丝"文化、中国传统文化等多元文化教育阵地。

王宫展区正式开馆以来，针对不同教育对象，开展不同形式的教育活动，逐渐形成"南越汉风文化节""御前小学堂""华音宫讲坛"等多个品牌。其中"御前小学堂"针对6—12岁青少年，在暑期开设现场授课、手工实践、小小讲解员培训与比赛等多种活动，获得2017年广东省博物馆优秀青少年教育项目十佳奖项。而学术讲座品牌"华音宫讲坛"，邀请考古、历史及文博界的专家学者举办讲座，兼具学术性与通俗性，旨在搭建大众了解历史考古、遗产保护和文化传承的社会教育平台。2020年起"华音宫讲坛"线上线下同步直播，进一步提升了影响力。博物院与多所中小学开展院校合作课程。王墓展区重点打造"探越学堂"院校合作项目，以自主编撰出版的《探越笔记》中小学历史读本为基础，以展览、讲座、手工活动三位一体的形式开办体验式课程。王宫展区与小学合作开发的"乐游南越国"课程入选广州市教育局第一批利用爱国主义教育基地研发教学课程项目，并荣获2021年广东省中小学校本课程建设成果评展特等奖。

在广州市的"十四五"规划纲要中，明确提出打造岭南文化与"海丝"文化等品牌，这将是南越王博物院的重要任务。博物院将通过文物资源的统筹整合与各项工作的重组推动，积极践行"一带一路"倡议,助力海上丝绸之路史迹点的保护和联合申报世界文化遗产,为广州市增强文化软实力、建设社会主义文化强国的城市范例提供有力支撑。同时,在粤港澳大湾区建设尤其是人文湾区建设中,代表岭南优秀历史文化遗产的南越王博物院将立足湾区,发挥积极作用,并以"文旅标杆、湾区名片"为全新定位,向国内一流遗址博物馆的目标迈进。

(初稿:李颖明 统稿:孔利宁)

汉景帝阳陵博物院

汉阳陵雄踞西安北郊渭河之畔，毗邻泾渭、遥望终南，是西汉第四位皇帝景帝刘启与王皇后同茔异穴合葬的陵园。作为汉唐帝陵的重要组成部分，汉阳陵已被列入《中国世界文化遗产预备名单》。

1998年，汉阳陵的遗址保护范围调整扩大至近3000亩，1999年汉阳陵考古陈列馆建成开放。2001年，汉阳陵成为全国重点文物保护单位，2002年《汉阳陵保护与利用规划》获批。2006年，汉阳陵遗址被列入"十一五"期间100处重要大遗址名单。同年，帝陵外藏坑保护展示厅建成开放，标志着具有国际水准的保护展示利用"阳陵模式"得到社会认同。2008年，汉阳陵博物馆被评为国家一级博物馆，2010年获评国家考古遗址公园和国家AAAA级旅游景区，2015年《汉阳陵国家考古遗址公园规划》获批，2016年更名为汉景帝阳陵博物院，是集陵园遗址、考古发掘、遗址展示、遗址出土文物展示和休闲娱乐于一体的综合性博物馆。

考古陈列馆

汉阳陵的遗址内涵

汉阳陵考古始于20世纪70年代，先后勘测了帝陵、后陵、门阙及部分陪葬墓，发现了德阳庙、阳陵邑等遗址。20世纪80年代，中国社会科学院考古研究所对汉阳陵进行了较全面的调查，取得不少收获。20世纪90年代，随着西安咸阳国际机场专线公路的建设，沉寂已久的汉阳陵迎来新的生机。因公路穿陵区而过，考古工作者对陵区进行了较大规模的调查和勘探，基本厘清了陵园形制与结构，丰富和深化了考古学界对西汉帝陵的认识。

现知陵区总面积近12平方千米，因地势而呈西宽东窄的不规则长方形，东西长近6千米，南北宽1—3千米，内外双重陵园结构，主要由帝陵陵园、后陵陵园、南区外藏坑、北区外藏坑、礼制建筑、陪葬墓区、刑徒墓地及阳陵邑等部分组成。内陵园为核心区，位于整个陵区的西部，以帝陵陵园为中心；外陵园以内陵园为中心，围绕在内陵园的东、西、北三面。

汉阳陵陵园以帝陵为中心，四角拱卫，南北对称，东西相连，布局规整，结构严谨，显示了唯我独尊的皇家意识形态和森严的等级观念。汉阳陵是迄今为止遗迹保存最为完整、保护展示体系最为完备的西汉皇家陵园，是汉代帝陵制度和国家祭祀文化的至高体现，这里的诸多发现已经成为考古工作者破解汉代帝王陵寝制度和丧葬文化的重要实物资料，对研究中国封建社会早期帝陵制度具有十分重要的意义。也正是因为遗存丰富，汉阳陵被评为1990年度全国十大考古新发现。

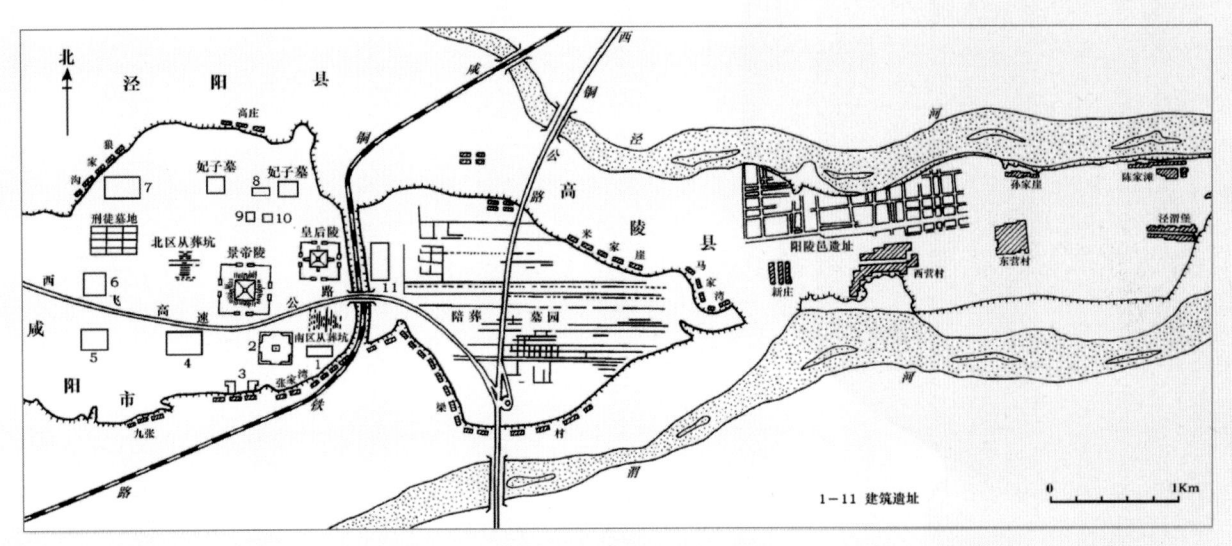

汉阳陵遗址平面图

帝陵陵园位于整个陵区中部偏西，平面呈正方形，四边的夯土围墙中部均有三出阙门，帝陵陵园中部为封土堆，呈覆斗形，上小底大，封土高32.28米。帝陵为亚字形，坐西面东，围绕封土一周发现放射状排列的外藏坑81座，象征着汉代中央政府"九卿"的官署机构。出土器物包括各种身份的陶俑、陶牲畜、原体积或缩制为三分之一的木车马、生活用具、粮食、肉类、纺织品，以及世界上最早的茶叶等，可谓种类丰富。出土陶俑有男有女，高56—62厘米不等，为真人的三分之一大小，埋葬时俑人装有可以活动关节的木质胳膊，大多穿有代表身份的丝、麻、棉、皮革等材质的衣服，故而定名为"着衣式陶俑"。由于长时间埋于地下，陶俑的木质胳膊和服装已腐朽不见，只留陶质身躯供世人想象。彩绘陶塑动物种类有马、牛、羊、猪、狗、鸡等，它们高度写实、造型生动，不仅是优秀的汉代艺术品，更为研究汉代的动物品种及其发展变化提供了翔实而宝贵的实物资料。

南阙门遗址位于帝陵陵园南部的垣墙正中，距离帝陵封土120米，由1组2座三出阙连接构成，是目前我国发现时代最早、级别最高、规模最大、保存最好的"三出阙"遗址，为研究古代建筑史提供了重要资料。遗址中出土有板瓦、筒瓦、瓦当、脊兽、陶围棋盘和六博盘等珍贵器物。东阙门遗址是观众参观帝陵外藏坑保护展示厅的必经之地，按照西汉帝陵坐西面东的规制，东阙门应为帝陵陵园的正门，也是阳陵陵园东西方向中轴线的起点。

后陵陵园位于帝陵陵园东北450米处，陵园平面亦为正方形，封土堆位于陵园中部，呈覆斗形，形制与帝陵相同，亦为亚字形，规模略小，封土外围共发现呈放射状分布的28条外藏坑。后陵前立有一块石碑，石碑上书"汉惠帝安陵"，据考证，该碑是清乾隆年间由陕西巡抚毕沅所立。

宗庙遗址在帝陵东南420米、后陵西南740米处，平面呈回字形，遗址中部的夯台为主体建筑的台基，台基中心放置一块方形巨石，石面上有一刻画十字形凹槽的圆盘，当地群众称之为"罗盘石"或"罗经石"。遗址出土有小型玉圭、玉璧、带瓦当的筒瓦、青龙纹空心砖、玄武纹空心砖，以及"长乐未央""千秋万岁"字样的瓦当等。

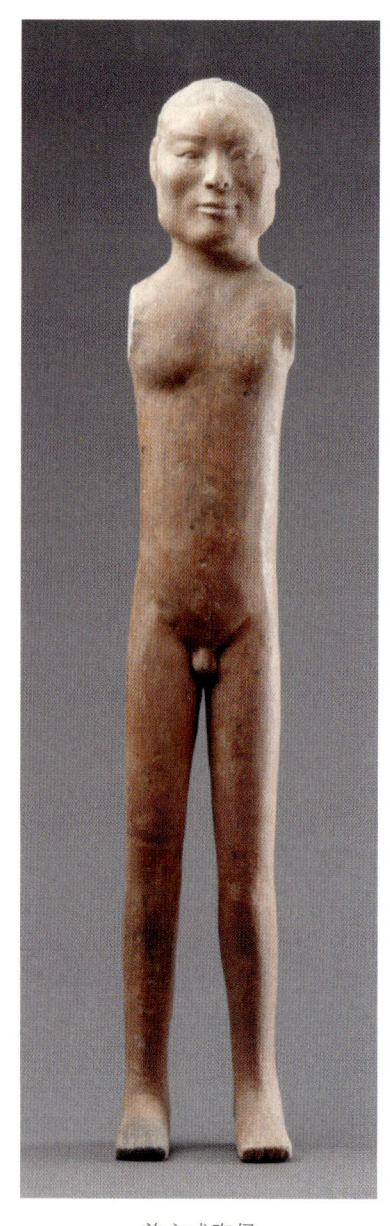

着衣式陶俑

南区外藏坑位于帝陵东南400米、王皇后陵正南300米处，共分布有24条俑坑，出土大量珍贵文物，包括武士俑、骑兵俑、兵器、生活用具，以及木车遗迹、粮食遗迹、木箱遗迹等。

北区外藏坑位于帝陵西北500米，分布有23条俑坑，其面积和出土文物种类与南区外藏坑相近。

刑徒墓地占地面积约8万平方米，发掘的29座墓葬出土了35具人骨架。人骨的颈部或脚部戴有铁质刑具——"钳"和"釱"，部分刑具上面还有明显的砍斫痕迹。

东部陪葬墓区总面积约 3.5 平方千米。中部有东西向司马道一条，贯穿陪葬墓区，司马道南、北两侧排列着数量众多的陪葬墓园。这些墓园东西成排，南北成列，呈棋盘状分布。根据墓园的布局、墓葬形制、出土遗物，可将墓园分为早、中、晚三期。早期墓葬中目前可以确定有郏侯周应墓和般邑公主墓。该处陪葬墓区出土有色彩鲜艳的塑衣式陶俑以及"般邑家"铜锺等珍贵文物。

北部陪葬墓区现存两座陪葬墓园，东西向一字排开，墓园内有中字形大墓及数量较多的陪葬墓，此类陪葬坑应为皇帝特别赏赐，有学者猜测墓主身份可能是皇帝妃嫔或诸侯王。

"般邑家"铜锺

阳陵邑面积近 4.5 平方千米，发现居址、夯土墙、水井、排水渠、道路、灰坑等遗迹，出土陶井圈、建筑构件、封泥等遗物，出土的"阳陵令印"封泥、"阳陵泾置""阳陵泾乡"文字瓦当等都有力地证明了这里就是阳陵邑之所在。

汉阳陵大遗址保护研究

汉景帝阳陵博物院在大遗址保护理论研究、遗址本体科技保护等方面取得了阶段性成果。通过引入先进理念、运用科技手段，已独立或与兄弟单位联合组织实施并完成了多项遗址本体保护项目。

日常维护贯彻"保护为主、抢救第一"的方针，坚持有效保护、合理利用、加强管理的原则。制定《遗址区日常巡查制度》，对遗址区定期巡查，翔实填写巡查记录，发现问题立即上报、及时处理，巡查记录由专人管理、定点保存。

博物院一贯注重遗址的保护，尤其是遗址保存环境的维护和监测，早在帝陵外藏坑保护展示厅设计建设中就采用先进的保护与展示理念，建立了一整套有利于院藏文物保存和遗址区遗存稳定的多参数实时环境监测系统，将文物遗址与观众隔离，为监控遗址区环境创造了有利条件。2012 年启动的国家"十二五"科技支撑计划项目"遗址博物馆环境监测与调控关键技术研究"课题，荣获"十二五"文物保护科学和技术创新奖二等奖。2013—2014 年，陕西省文物保护研究院对危险土体区域采用钢带加丝杠复位，采用水性氟聚合物对复位后土体裂缝进行灌浆加固；对遗址本体悬空区域采取局部土坯补砌加固，土坯表面采用改性黄土材料。该工程于2015年被中国文物保护基金会评为中国文物保护示范工程，入围2016年度全国优秀文物维修工程终评。

博物院以考古发掘成果为基础，以文物科技保护为手段，以服务社会为目的，以科研课题为抓手，开展了一系列科研工作，编辑出版《汉阳陵与汉文化研究》4辑、学术著作2部、图册5部、科普读物8部、校本教材1部，发表学术论文160余篇。成功举办两届"汉阳陵与汉文化研究学术研讨会"，围绕汉文化和汉阳陵两大主题进行广泛研讨，并结集出版了会议论文集。

南阙门本体保护施工现场

多元展示体系讲述阳陵故事

1999年至今，陕西文博管理机构和考古工作者针对汉阳陵不同类型的遗存和考古成果，融合新的文物保护理念与现代科技手段，创造性地开展了一系列富有特色的保护展示利用实践，先后推出考古陈列馆、帝陵外藏坑保护展示厅、南阙门遗址保护展示厅、宗庙遗址保护展示棚等展示项目。

1999年9月，汉阳陵考古陈列馆建成开放，展馆建筑外观别具一格，呈现出一种残垣断壁式的历史沧桑感，与陵园古朴的整体风貌和谐统一。展馆分为上下两层展区，集中展示汉阳陵遗址历年出土的各类精美文物，共计1200件。2018年10月，展厅升级改造，重新提炼主题、规划布局，在展示内容上融入新成果、新观点和令人耳目一新的展品，采用新形式、新技术，解读文物背后的故事，彰显文化遗产价值，弘扬文化遗产保护理念。在历经8个月紧锣密鼓的施工和布展后，"巍乎盛景——汉阳陵考古陈列馆基本陈列"作为庆祝中华人民共和国成立70周年暨汉景帝阳陵博物院建院20周年的献礼，于2019年"5·18"国际博物馆日当天，正式向社会开放。

"巍乎盛景"基本陈列展览形象墙

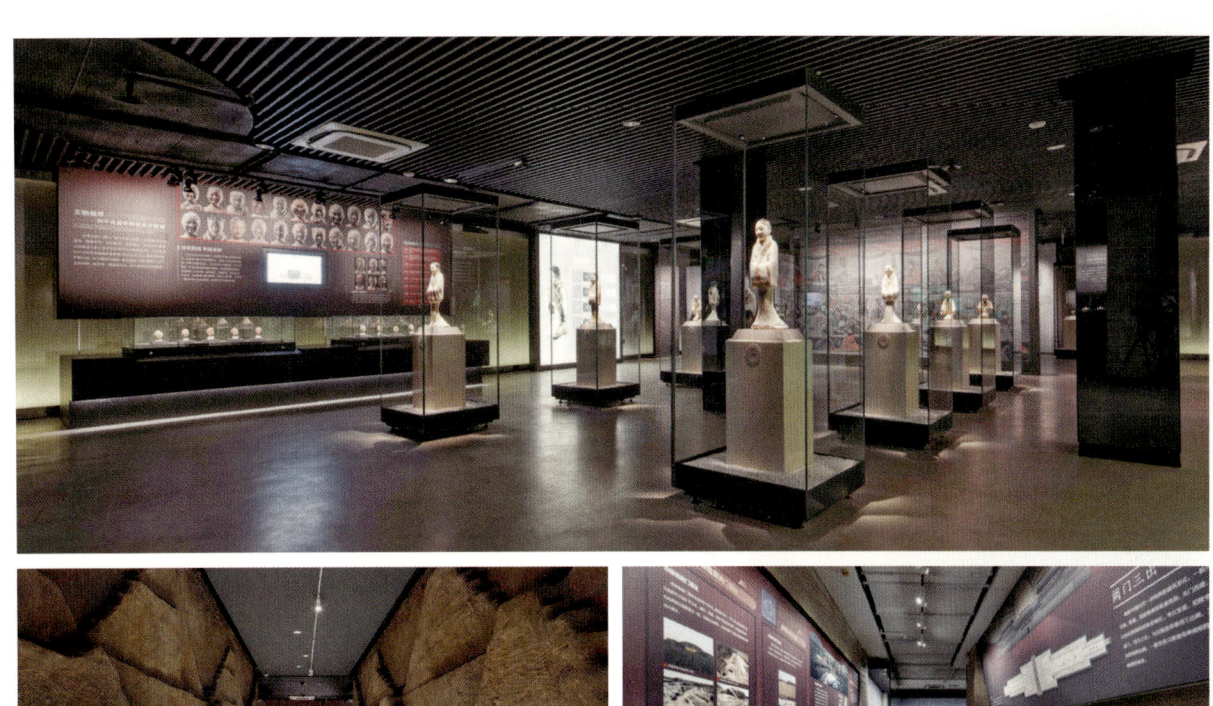

"巍乎盛景"基本陈列展厅

帝陵外藏坑保护展示厅，展出帝陵封土东侧10条外藏坑发掘现场及其出土文物，并在中厅设辅助陈列，成为世界上第一座现代化的地下遗址保护展示厅。除此之外，幻影成像节目采用先进影视成像技术，通过演绎真实的历史事件，把观众的思绪拉回到昔日西汉皇室丰富多彩的宫廷生活中。展示厅以大胆的设想、超前的理念、先进的设备和独特的展陈方式，实现了古代文明和现代建筑、文物保护与遗址展示的完美结合，成为遗址保护与利用的典范，以最高票入选第七届（2005—2006年度）全国博物馆十大陈列展览精品。

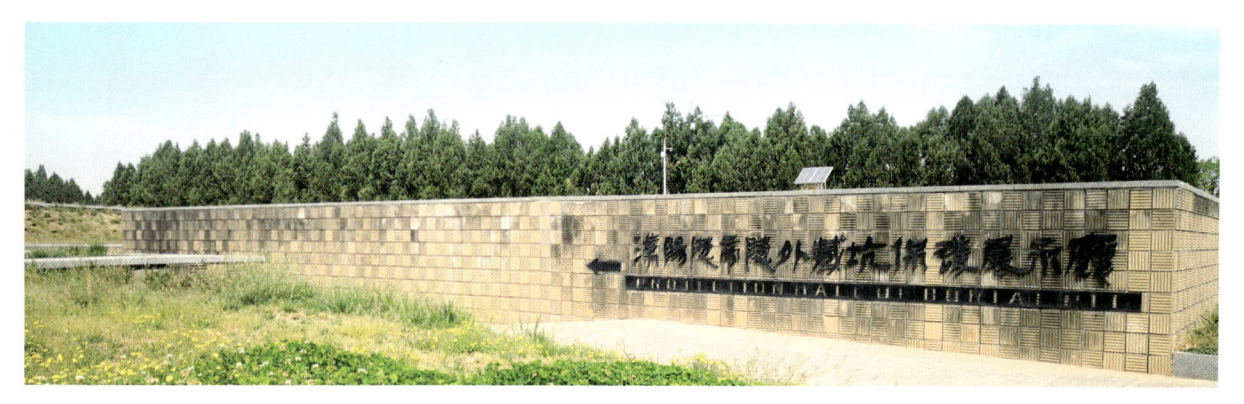

帝陵外藏坑保护展示厅

南阙门遗址保护展示厅，其外观仿汉式阙门形象，三层，钢结构，选用汉代最为普遍的红、黑两色作为主色调，将整个南阙门遗址置于建筑之中加以保护、展示。这种方式既有效保护了现存的阙台遗址，又再现了代表汉代帝王身份、等级、地位的"三出阙"的宏伟气势，完整地展示了南阙门遗址的全貌，保护与展示效果较好。同时，围绕整个遗址一周，还有关于"阙"这一古代建筑形式的专题展览，系统介绍了中国历代阙楼建筑发展演变的历史。

南阙门遗址保护展示厅

宗庙遗址保护展示棚整体采用金属支架，覆盖透明钢化玻璃，形成半封闭区域，用以保留原真的历史痕迹，提高观赏性。对已经发掘的部分进行保护性回填，并在此基础上，采取原址平行上移的做法，全面恢复遗址的原始形貌，展现总体格局与规模；对于发掘资料清晰、建筑结构明了的遗址区域，采取局部恢复地面建筑及基础部分的方式进行展示。多种保护展示手段的灵活运用，有助于在保护遗址的同时，向观众传达汉代建筑的形式、规模、用途等历史信息。

宗庙遗址保护展示棚

除了上述基本陈列，汉景帝阳陵博物院还结合院藏文物资源和遗址公园的属性特征，积极策划临时展览。2012年至今，共推出线上、线下临展19项。其中，与新疆吐鲁番博物馆联合举办的"汉唐火洲丝路风采——新疆吐鲁番文物特展"、与徐州博物馆联合举办的"古彭遗珍——徐州汉代诸侯王陵及王室墓出土文物特展"以及与河北博物院联合举办的"父子家国——汉代中山王陵及王室墓出土文物特展"获得了观众的肯定，在加强馆际交流的同时，为弘扬优秀文化搭建了平台。

汉景帝阳陵博物院先后参加了中国国家博物馆、中国丝绸博物馆、秦始皇帝陵博物院、陕西历史博物馆、西安博物院、成都博物馆等多家文博单位筹办的相关专题展，例如与秦始皇帝陵博物院联合举办"跨越时空的邂逅——秦始皇帝陵与汉景帝阳陵出土陶俑展"，与成都博物馆合作"发现中医之美——中国传统医药文物特展"等。

"父子家国"临展展厅

这是近年来博物院践行文化遗产保护成果人人共享的理念、提升自身社会影响力的有益尝试，也是"由馆舍天地走向大千世界"的一种积极表现，促进了区域文化交流，宣传了陕西深厚的历史渊源和丰富的文物资源。

同时，汉阳陵作为中国古代帝王陵与汉代物质文化的典型代表，多年来一直积极、主动地配合参与中国文物交流中心和陕西省文物交流中心举办的出境展。据不完全统计，截至目前共参展出境展览15项，如法国吉美博物馆"汉风——中国汉代文物"、丹麦摩斯盖德博物馆"秦始皇——中国陕西兵马俑"、卡塔尔伊斯兰艺术博物馆"华夏瑰宝展"等。借助交流展这一重要展示平台，宣传汉代物质文明，弘扬优秀传统文化，扩大汉景帝阳陵博物院的国际影响力。

博物馆社会教育与公众服务

为方便观众游览参观，汉景帝阳陵博物院力求全面做好观众服务和教育传播工作。展区入口、开放区域等位置设立引导指示牌、制作展览宣传折页；每项展览都撰写专业的讲解词，提供专家、专职、志愿者等多种讲解方式，自助语音导览设备有中、英文双语讲解，满足不同需求；注重观众反馈，开展具有针对性的公众调查问卷和线上专业咨询，形成调查报告，不断优化服务水平；无线局域网全覆盖，设置休息区，配备文创产品自动售卖机，提供轮椅、婴儿车、充电端口等便民服务设施，提升参观体验；举办学术研讨会，邀请专家、策展人举办讲座，并现场直播，向大众普及文化遗产知识。

围绕展品特点，结合时尚潮流、艺术审美及生活需求，研发八大类50余种文创产品，兼具观赏性、艺术性、实用性，让每位观众都能将"博物馆"带回家。其中"星汉灿烂""汉风无极"等系列文创荣获首届全国百佳文化创意产品推介第三名、第三届陕西优秀文创作品评选特等奖等殊荣。

制作线上虚拟展览，采用实景和网络虚拟技术相结合，将场景、文物、文字、图片、音视频等资料汇集融合，真实呈现"人机交互"的三维虚拟空间展览。利用多种宣传媒介同时发送，方便广大观众实时参观，打造永不落幕的展览。

建立三大固定教育场馆——陶艺馆、模拟考古基地、"汉学小舍"儿童体验中心，创新策划六项汉文化研学主题教育活动——公众考古

模拟考古基地举办的模拟考古活动

活动、汉代礼仪系列教育活动、汉代体育游戏系列活动、益智教育活动、教师技能培训、生态阳陵教育活动，同时还推出多种主题的线上汉文化教育互动视频，注重活动的科学性、艺术性和趣味性。

汉景帝阳陵博物院通过有效的保护、扎实的科研、优质的展览、形式多样的教育活动，不断实现教育、传播以及推动社会发展的职能，获得良好的社会成效，已逐渐成为促进科研、培育精神的重要场所。在创新理念下持续发展的这座现代化博物馆，必将不断书写新的篇章。

（初稿：胡雪竹　统稿：孔利宁）

茂陵博物馆

茂陵位于今陕西省兴平市南位镇策村南,是咸阳塬上九座西汉帝陵中最西端的一座,东与昭帝平陵相邻。茂陵是西汉第五位皇帝汉武帝刘彻的陵园,于建元二年(公元前139年)开始修建,直至后元二年(公元前87年)武帝入葬为止,营建时间长达53年,是修建时间最长、规模最大的西汉帝王陵墓。

考古发掘书写大汉雄风

历代有关茂陵的记载很多,《汉书》《水经注》《三辅黄图》《元和郡县志》《旧唐书》《长安志》《陕西通志》等对茂陵都有过记述,而对茂陵的实地考察记录,最早见于20世纪初。日本学者足立喜六、水野清一、关野贞,法国汉学家谢阁兰等先后对茂陵在内的西汉帝陵进行过初步的

汉武帝茂陵

调查，发表有《长安史迹研究》《中国西部考古记》等。20世纪三四十年代，我国学者陆续开始对陕西古代遗迹、遗物进行考古调查，取得了一些成果，发表有阎文儒《西京胜迹考》、徐炳昶与常惠《陕西古迹调查报告》。

新中国建立以来，先后对茂陵开展过六次较有影响的田野考古调查工作。1962年3月，陕西省文物管理委员会派何修龄对茂陵陵园进行了一次较为详细的调查。12月，又派雒忠如、崔汉林前往茂陵进行钻探，并扩大了调查范围。在陵墓东、西、北三面发现阙门遗址残高3米，还发现了夯土墙，并对"白鹤馆"遗址、李夫人墓、霍去病墓、压石冢等进行了调查，采集到空心砖、方砖、瓦当、残玉圭、陶马头、石杵等文物，对帝陵陵墓、陵园及附近的遗迹和遗物有了初步的认识。

1981年5月，兴平县西吴镇窦马村村民在茂陵陵区1号陪葬墓南边60米处平整土地时，发现了一座从葬坑。陕西省文物局随即组织咸阳地区文管会和茂陵博物馆进行抢救性发掘，出土鎏金铜马、鎏金银竹节熏炉等珍贵文物236件，并在1号陪葬墓周围进行了大面积的钻探和勘察工作，得知周围尚有38座坑和4座墓葬。

20世纪70年代以来，刘庆柱、李毓芳对包括茂陵在内的西汉帝陵进行考古调查，对汉太上皇陵和汉宣帝杜陵开展了较全面的考古钻探和发掘。1982年，刘庆柱、李毓芳在《文物资料丛刊》第6期发表《西汉诸陵调查与研究》一文，之后二人又于

鎏金铜马发掘现场

1987年出版《西汉十一陵》一书。这些研究成果基本解决了咸阳塬上西汉九陵的名位问题，在学术界产生了很大影响，得到了众多学者的认可和赞同。

1990年7—12月，陕西省考古研究所尚志儒先生带队在茂陵钻探出外藏坑119座，并发掘了1座陪葬墓。2002年，咸阳市文物考古研究所对汉武帝茂陵进行了考古调查、勘探。2003年6月23日—12月30日，考古工作者对汉武帝茂陵及其周围遗迹进行了大规模的考古调查、勘探，探明了武帝陵的东侧、南侧墓道，李夫人墓的墓道及182座外藏坑，确定了茂陵邑的位置，解决了困扰学界多年的茂陵邑问题，并对茂陵的陵寝制度有了初步的了解和认识，于《考古与文物》2007

年第 6 期发表《汉武帝茂陵钻探调查简报》。

上述五次考古工作大体确定了茂陵的组成部分，发现了部分外藏坑，发掘出土一批珍贵文物。但由于当时客观条件的限制，未能对陵区进行全面细致的调查和勘探，所形成的考古资料难以反映整个陵区的布局和结构。

为进一步了解茂陵的遗迹分布情况和性质内涵，为后续大遗址保护规划和考古研究工作奠定科学、全面、翔实的资料基础，陕西省考古研究院与咸阳市文物考古研究所联合组队，于 2006 年 9 月—2008 年初对汉武帝茂陵进行了全面调查和重点勘探，调查、勘探总面积达 13 平方千米。此次田野考古工作查清了茂陵的陵区范围和布局，新发现了茂陵陵园外围墙、外壕沟、帝陵的四条墓道、多座建筑遗址、数百座外藏坑及陪葬墓，确认了茂陵邑、修陵人墓地的位置和范围，并对陈王村南侧面临破坏的修陵人墓地进行了抢救性试掘，取得重大研究成果。同时，为了对前期调查、勘探成果进行验证，2009 年 9 月开始，两家单位又联合对汉武帝陵园内封土南侧的两座外藏坑 K15、K26 进行了发掘，出土大量马骨及 15 件汉代陶俑，基本摸清了茂陵外藏坑的性质和内涵。在 K15 中首次发现使用竹子铺设的上棚木，印证了"渭川千亩竹"史料记载的真实性。K26 建造窑洞放置陪葬品，是在外藏坑结构上出现的新变化。这次调查和钻探取得了重大收获，为茂陵的文物保护和考古研究奠定了基础，为西汉帝陵大遗址保护项目提供了科学翔实的依据，并为西汉帝陵制度研究提供了重要资料。

馆区建设呈现茂陵风貌

茂陵博物馆位于兴平市东北 9 千米的五陵塬上，是一家以汉武帝茂陵、霍去病墓及大型石刻群为依托的西汉断代史博物馆。

茂陵遗址的保护历史可追溯到民国时期。

茂陵外藏坑 K15 发掘现场

当时西京筹备委员会负责人张继为保护茂陵文物古迹，于霍去病墓北侧建立茂陵小学，并在校内附设"茂陵办事处"。1956年3月，在霍去病墓址建立茂陵文管所，占地3600平方米，石雕廊房240平方米（20间），门房一间半，馆藏文物20件（16件石雕、4件瓦当），时有一人看管，即首任所长梅平汉，隶属兴平县文化科。1961年3月4日，茂陵、霍去病墓被列为第一批全国重点文物保护单位。1979年12月，茂陵文管所更名为茂陵博物馆，正式对外开放。

茂陵博物馆现有各类文物藏品5240件（套），主要包括西汉大型石雕和茂陵周围零散征集的汉代文物。展出藏品260件（套），尤以再现西域天马雄姿的鎏金铜马、构思巧妙的四神纹玉雕铺首、气势磅礴的霍去病墓石雕以及刻有"阳信家"款识的铭文铜器等珍品为世人所瞩目。

目前，茂陵博物馆已初具规模，占地面积已由初建文管所时的3600平方米扩展为49.2万平方米，建筑面积由当初的240平方米发展至1.61万平方米，主要建筑物有仿古朱雀门一座、仿古陈列室三座、石雕廊房（亭）六座、文物库房一座、仿汉双檐景观亭三座、览胜亭一座。此外，还有琳池、编钟展演厅、茂陵汉宫等。开放区域有汉武帝帝陵陵园、霍去病墓园、金日䃅墓园、卫青墓园。文物陈列从无到有，有"汉茂陵出土文物菁华展""汉茂陵历史文化菁华展""霍去病墓石

茂陵博物馆全景图

刻展""霍去病生平事迹展""汉武帝故事造像展"等，陈列面积达2370平方米。年接待观众由1980年的10余万人次增加到2019年的50余万人次。如今的茂陵博物馆集文物、园林、仿古建筑群为一体，先后荣获全国首批精神文明建设工作先进单位、全国文博系统先进单位、国家AAAA级旅游景区等各级荣誉260余项。

保护研究展现茂陵新貌

茂陵遗址有着丰富的考古资料。在考古工作的基础上，茂陵博物馆强化科研工作，为大遗址保护利用工作提供有力的学术支撑。20世纪80年代以前，着重开展对霍去病墓石刻的保护研究工作。1981年鎏金铜马等一批"阳信家"铜器出土后，又展开了阳信家铜器归属问题的研究。先后出版《茂陵文物鉴赏图志》《茂陵与霍去病墓石雕》等专著18部，发表《霍去病墓石刻陈列方式探讨》《陵园博物馆论》等学术论文150余篇。2016年，茂陵博物馆与陕西省文物保护研究院合作，开展霍去病墓石刻保护修复项目，建立石刻环境监测与预防性保护系统，全面提升了对霍去病墓石刻的科学保护能力。

茂陵博物馆始终坚持保护优先、规划引领、合理利用、分步实施的遗址保护利用原则，以建设"汉茂陵文化遗址公园"为目标，充分发挥文化遗产在促进地方经济和社会发展中的积极作用。

主题展览诉说大汉风采

茂陵博物馆的展览体系由基本陈列和临时展览两部分组成。展览主题鲜明，结合汉文化背景，运用不同的灯光、辅助展板等各种展示手段展现文物的魅力与价值。展陈内容富有创意且紧扣陈列主题，凸显汉文化内涵及其现代意义，具有鲜明的时代感。

2016年，茂陵博物馆对基本陈列"汉茂陵出土文物菁华展"进行了提升改造，现展厅面积300平方米，以质朴浑厚的展陈语言表现汉代先民的生活情景。展出文物主要为反映汉代经济文化生活面貌的文物标本，包括建筑材料、丧葬用器和各种工艺品等。这些展品在质地上以陶器、铜器为主，也有漆器和一定数量的鎏金银器，基本反映了茂陵陵区出土文物的概貌。

展览分为两个单元，第一单元主要陈列人物和动物雕塑，人物造像有着衣式男俑、着衣式武士俑、着衣式女侍俑、服饰俑等，展现了西汉时期不同身份地位的人物形象，同时揭示出墓主人的等级身份。展出的陶塑动物种类繁多，除了常见的马、牛、羊、犬、猪、鸡、鸭，还有鸽、兔等。它们姿态各异，造型生动，展现了汉武帝时雕塑工艺之美。第二单元展示生活用品，包括实用葬器和陪葬明器，全面反映了当时社会的生活状态。茂陵1号陪葬墓1号从葬坑出土的大量铭文铜器尤其精彩，它们不仅式样丰富，而且艺术风格复杂多变，其中最具代表性的生活用品是汉代铜镜，主要有草叶纹铜镜、星云纹铜镜、日光镜等。展品中的汉代宫廷漆案、漆耳杯以稳重朴实、大气磅礴的红黑两色为主色调，色彩鲜艳，纹饰富丽，制作精良。

"汉茂陵出土文物菁华展"展厅

2017年，基本陈列"汉茂陵历史文化菁华展"进行了改造提升，现展厅面积300平方米。展览分为两个单元：第一单元主要介绍汉武帝的历史功绩，包括健全和调整西汉中央集权制度、开拓疆域、建立空前繁荣的大一统帝国等；第二单元重点阐述汉武帝时期的农业发展和经济生活，展品涵盖铁铧、铁镰、铁锄、水管道等农业生产用具，以及"五铢""半两""大泉五十""一刀平五千""大布黄千""幺布二百"等经济生活的载体。

2019年，茂陵博物馆继续对展厅进行升级改造，鎏金铜马和四神纹玉雕铺首被分别放置在两个独立展柜中。观众既可以从不同角度欣赏到两件精美文物的全貌，还可以通过观看投影，了解文物的相关知识。

鎏金铜马

鎏金铜马昂首翘尾，四腿直立，体态矫健。马口微张，两耳竖立，耳、肩、颈上刻有鬃毛。马体匀称适度，形象朴实稳重，静中含动，气度非凡，完美展现了西汉时大宛产的汗血马的特点。

四神纹玉雕铺首

兽面张目卷鼻，牙齿外露，双目圆睁，表情凶恶，兽面纹上雕有代表东、西、南、北四个方位的青龙、白虎、朱雀、玄武四灵形象，背部有突起的长方形鼻钮，有守卫门户、镇凶驱邪之意。该铺首为汉武帝茂陵陵园建筑大门上的饰物，是我国目前发现的西汉时期最大的玉铺首。

"霍去病墓石刻展"是依托霍去病墓遗存的主要陈列，也是汉代石雕的专题陈列。设石刻廊房6座，廊内马踏匈奴、跃马、起马等17件石刻环绕霍去病墓分布，保持历史原貌。

马踏匈奴

马踏匈奴石刻历来被公认为霍去病墓石刻中的主体雕刻，是一件有代表性的纪念碑式的杰作。它以写实与浪漫相结合的手法，使用一人一马对比的形式，构成一个高下悬殊的抗衡场面，揭示出正义力量坚不可摧的主题。

公众服务构筑文化平台

茂陵博物馆始终遵循以人为本、服务社会的宗旨，不断探索和研究博物馆与公众之间的关系，采取双向互动的宣教方式，主动与学校、部队、企事业单位交流沟通，积极开展多层面、多形式、多手段的馆内外公共教育活动。

茂陵博物馆根据观众感兴趣的主题，邀请专家、学者来馆开设讲座。2016年起，博物馆开展了"优秀历史文化进校园"活动，成立以副馆长为团长的宣讲团，有针对性地制定活动主题，每年深入学校、工厂、部队、乡村等举办讲座，通过设置展板、发放宣传资料、讲解、咨询等方式，宣传文化遗产及文物保护知识。

2021年5月13日，在第45个国际博物馆日、第11个中国旅游日来临前夕，茂陵博物馆研学活动暨"勇冠三军——少年英雄霍去病"汉代军事文化主题活动正式启动，当地100多名中小学生参加了此次活动。茂陵博物馆通过一系列线上、线下相结合的教育模式，不断完善博物馆的教育功能。

"勇冠三军——少年英雄霍去病"研学主题活动

茂陵与汉武大帝的赫赫功业一起，在青史中留下了厚重的一页。斗转星移，千年岁月悠悠而过，全新的茂陵博物馆将继续诉说那段历史，也等待着更多的人去探索、去发现。

（初稿：魏乾涛　张文玲　雷百景　段群乔　统稿：裴梦斐）

徐州汉兵马俑博物馆

徐州汉兵马俑博物馆位于江苏省徐州市东南部狮子山西麓，于 1985 年 10 月 1 日建成并对外开放。此后狮子山楚王陵墓及其他陵园遗迹相继被发现、发掘，在此基础上建成徐州汉文化景区，集遗址博物馆与文化旅游于一体，2006 年被评为国家 AAAA 级旅游景区。徐州汉兵马俑博物馆 2009 年被评为国家二级博物馆。

狮子山楚王陵考古工作回顾

狮子山楚王陵是目前全国已知西汉诸侯王陵中陵园保存最完整、出土遗存最丰富的一座。自 1984 年狮子山西麓首次发现汉代兵马俑陪葬坑以来，30 多年间，这座宏大的西汉王陵一直处于调查发掘当中，从陪葬俑坑、楚王陵墓、王后陵墓到陵园遗址，人们对于楚王陵埋藏内涵的认识逐渐深化，逐渐由局部走向整体。

发现兵马俑

1981 年骆驼山村砖瓦厂取土烧砖时，曾在位于狮子山以西采土场的北部挖出一座兵马俑坑，出土了数百件汉代陶马和陶俑。这座俑坑就是徐州汉兵马俑群中的六号骑兵俑坑。1984 年 12 月徐州市砖瓦厂取土时，挖出了埋藏在采土场南部的另外一座兵马俑坑，让考古工作者意识到这是一处中国考古史上罕见的汉代兵马俑坑遗址。后来通过系统的考古调查，发现南、北两处兵马俑群，共 6 座俑坑。汉俑考古队从 1985 年初开始，陆续发掘了南部俑群中的一、二、四号共 3 座俑坑，出土各类陶马、陶俑 2000 余件。1985 年狮子山汉兵马俑第一

一号坑中部

次发掘后，因未能对五号俑坑及时进行清理，山洪汇聚成池，将其淹没。1987年10月将潭水抽干后，对潭底暴露的五号俑坑进行了清理发掘，确定这应是一座尚未最终建造完成的骑兵俑坑。

寻找楚王陵

为证实徐州汉兵马俑坑的陪葬性质和狮子山地区西汉王陵遗址的存在，考古工作的重心转至勘探调查楚王陵墓上。西汉楚王陵墓均为在山岩中开凿而成的崖洞式墓葬，无法使用传统考古工具探铲进行钻探，1987—1990年物探专家利用各种物探仪器在狮子山地区进行了三次大规模的科技考古调查，最终也均未成功。此后，考古人员便采取最原始的调查办法，对民宅密布的狮子山村逐处寻访排查。1991年7月，终于在兵马俑坑以东狮子山主峰南坡一处村民院中的红薯窖下发现了一段人工开凿的岩壁，从而勘探到这座西汉楚王陵墓的准确位置。

1994年12月—1995年3月，徐州汉兵马俑博物馆与南京博物院联合组成狮子山楚王陵考古队，对这座规模宏大的西汉楚王陵墓进行考古发掘。狮子山楚王陵位于狮子山主峰南侧，墓口南向，由外向内依次为墓道、甬道及墓室。中墓道后段有一陪葬墓，为负责楚王饮食的官员。内墓道两侧有三间耳室，出土了大量炊器、兵器、玉器、金器及与沐浴有关的器物。甬道前段为塞石，封堵于甬道入口。塞石后依次为侧室、主墓室、后室，基本呈东西对称分布。侧室中发现钱库、女性殉葬墓、铁铠甲片、箭镞、车马器、铜镜、印章、带钩以及玉器等。主墓室为存放棺椁处，被盗严重，大量器物散落在主墓室中部与甬道相接的位置。主墓室东侧凿有二层台，推测为棺椁存放处。后室为一乐舞厅，从发现的编磬及钟钮推测，原室内置有成套的编钟与编磬。

狮子山西汉楚王陵的发掘成为徐州地区考古史上一座重要的里程碑，它是当地首个经过国家文

狮子山楚王墓前堂（北—南）

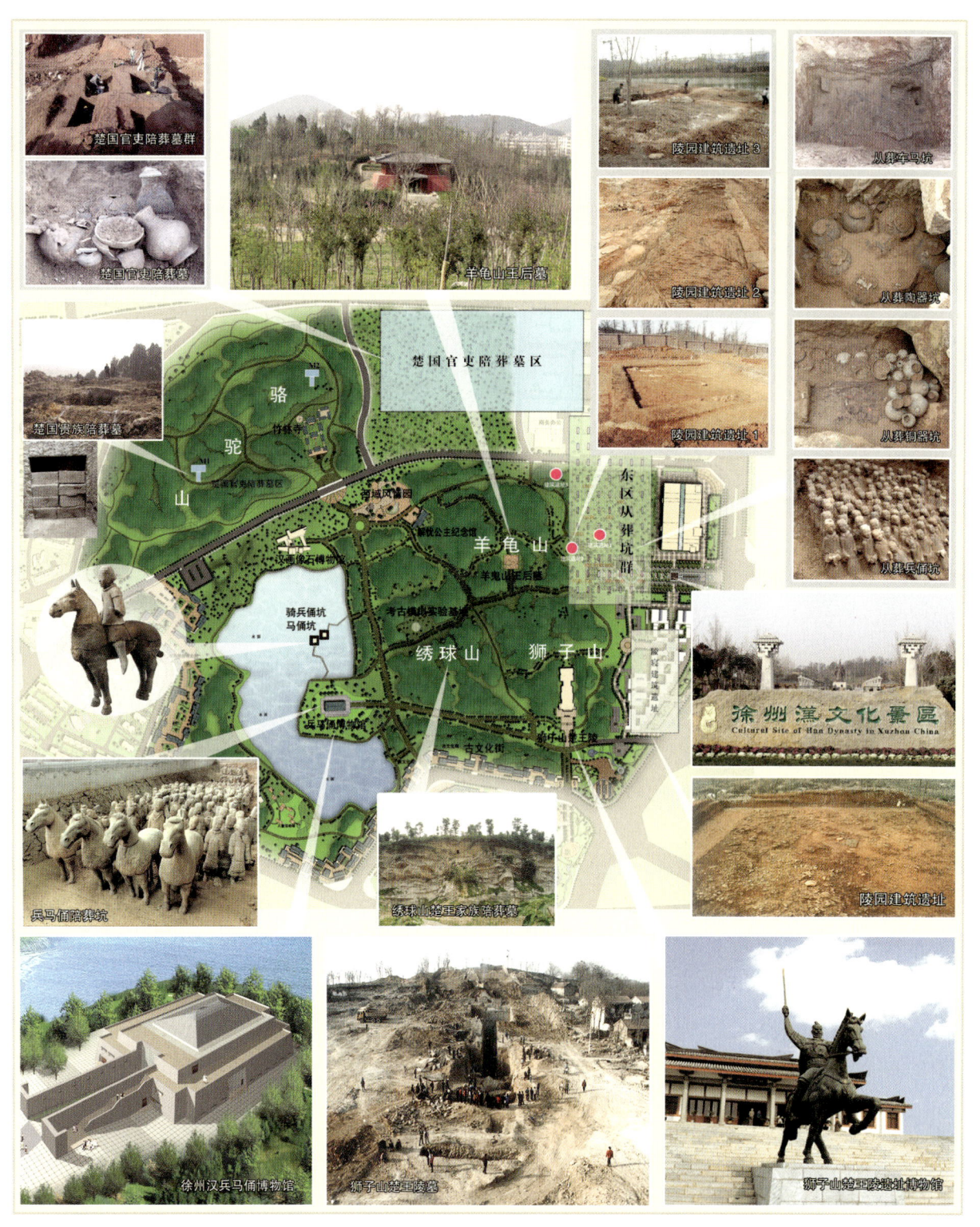

徐州狮子山楚王陵园遗址分布示意图

物局正式立项批准的科学性考古发掘项目，发掘规模和所获成果都十分突出，被评为 1995 年度全国十大考古新发现。

探索陵园

20 世纪 90 年代后期以来，考古人员主要对以狮子山为中心的楚王陵区范围内埋藏的各类陵园遗址进行勘探调查，陆续发现了楚王后墓、多座楚国王室贵族墓、数量庞大的各类从葬坑群，以及各种陵寝建筑遗迹和大面积的陪葬墓区。

目前，已基本摸清了狮子山楚王陵的墓葬形制和陵园布局，对于埋葬内涵、葬制特点也有了基本认识，进一步了解了楚王陵出土文物所反映的西汉楚国政治、经济、军事、文化、艺术、科技发展面貌等，对楚王陵的埋葬性质、时代和意义也形成了基本结论。

从遗址博物馆到历史文化景区——博物馆建设历程

1985 年 10 月，在南部四座俑坑原址上修建了一座汉兵马俑遗址展厅，并成立徐州汉兵马俑博物馆。这是我国继秦始皇兵马俑博物馆之后建立的另一座兵马俑专题博物馆，也是迄今国内唯一的汉代兵马俑遗址博物馆。徐州汉兵马俑博物馆的建立，对推进"兵马俑"这一中国古代重要历史文化遗产的展示与研究具有深刻意义，同时在狮子山区域考古调查，以及此后楚王陵墓和整个西汉王陵遗址的发现、发掘方面起到了至关重要的作用。

1994 年底—1995 年初，徐州汉兵马俑主人的陵墓——狮子山楚王墓发掘整理完成并对外开放。1995 年市政府将徐州汉兵马俑博物馆整建制划归云龙区政府。1999 年 3 月狮子山楚王陵公园管理处更名为狮子山楚王陵管理处。2002 年，徐州汉兵马俑博物馆、徐州狮子山楚王陵管理处合署办公。

楚王陵、兵马俑都是楚王陵园的组成部分，只有把它们放在楚王陵园的背景中，透过与其他文物遗存的关系，其所包含的丰富历史文化信息才能呈现出来。为了更好地发挥文物资源优势，充分保护和展示文物的文化内涵，发挥其社会、经济效益，以楚王陵、兵马俑为依托，由点到线再到面，建设 1200 亩文化遗址公园的构想逐渐清晰，打造汉代历史文化主题景区的计划正式启动。自 2003 年大刀阔斧的景区建设工程开启，历经四期建设，至 2014 年，徐州汉文化景区完成整体建设与提升，俨然成为淮海经济区最大的汉代文化遗址公园。

徐州汉兵马俑博物馆新馆建成于 2004 年 8 月，建筑面积近 6000 平方米。主体呈长方形，屋顶为仿汉四坡顶，入口两片 L 形长墙形成通道，北、西、南三面环以大坝，从外观上看，整个建筑的一半仿佛隐藏于地下。建筑外立面以狮子山楚王陵墓出土铁铠甲为造型元素设计。建筑简朴厚重，

徐州汉兵马俑博物馆

反映了汉代建筑的特征，与周围环境相协调。位于主军阵北侧的骑兵俑和马俑是徐州汉兵马俑军阵的重要组成部分，骑兵俑坑和马俑坑早年遭严重破坏并被淹没于水下，设计时却利用了这个特殊的地势，构筑了水下兵马俑展厅的奇特景观。

徐州汉兵马俑博物馆的展陈

汉兵马俑博物馆

新馆一楼展厅里设置汉代军事展厅、临时展厅、多媒体厅、汉代乐舞厅等。军事展厅内展示了兵马俑陪葬坑、楚王陵园陪葬坑出土的陶俑，楚王陵出土的兵器，复制的楚王铠甲，且复原了一座陵园陪葬坑，丰富了徐州汉兵马俑的内涵，完整生动地展示了汉代楚国的军事状况，使得观众在领略兵马俑发展历程、军阵布局、制作工艺等内容的同时，通过与秦兵马俑、汉阳陵兵马俑、咸阳杨家湾兵马俑的对比，更深入理解徐州兵马俑所具有的丰富时代内涵。

水下兵马俑展厅

汉兵马俑馆北侧100米（狮子潭内）建有水下兵马俑展厅，为两个方形覆斗状建筑，借鉴汉代屋顶建筑形式，呈四坡面。这是全国

军吏俑

车兵甲胄武士俑

车马御手俑

重装步兵俑

步兵弓弩手俑

步兵军吏俑

狮子山楚王陵兵马俑坑出土的各式陶俑

水下兵马俑展厅

第一座水下兵马俑展厅，建于西汉楚王骑兵俑军阵的原址之上。西厅用来复原展示五号坑发掘现场，东厅则陈列放大复制的骑兵俑军阵，与主军阵构成完整的组合，再现了逝去的历史信息。

狮子山楚王陵主墓地宫和王后墓

楚王陵主墓于1991年确定方位，1995年发掘完成并正式接待观众。经过考古人员的探测，于2004年底确定了王后墓位置，正是狮子山正北方向的羊龟山。两座地宫呈正南北走向，相隔百米，为汉代墓葬形式中典型的"同陵异冢"。王后墓至今并未发掘，但通过调查可以确定，王后墓比较精致，装修奢华，特色鲜明。目前在王后墓墓道前建立了一个陪葬墓展厅，展示相关汉代诸侯王墓与王后墓的形制结构。

汉画长廊

汉画长廊是徐州汉兵马俑博物馆的配套展厅之一，以汉画像石内容为母题，制作汉画动漫，设置大型弧幕投影展示，利用视觉、听觉、触觉等多种展示手段，为观众提供全新的视听享受。这里还设置了画像石雕刻技艺展示、仿制画像石拓片制作、印章篆刻及书法题跋等参与项目，观众可以在互动中体验汉画像石艺术创作的魅力。

徐州汉兵马俑博物馆的教育传播

徐州汉兵马俑博物馆通过汉学大本营、花朝节、国际博物馆日、汉文化旅游节系列活动,弘扬传统文化,传播人文历史,形成了特色鲜明、内容丰富、影响广泛的社会教育品牌项目。以花朝节活动为例,博物馆在每年农历二月二前后会举办一场别开生面的花朝盛会,借此复兴中国传统节日,弘扬传统民俗文化。身着汉服庆祝花朝节,不仅是一种仪式,更是对传统文化的致敬。

花朝节祭花神仪式

为了推行青少年素质教育,培养学生综合实践能力,引导学生了解汉代历史文化与考古知识,徐州汉兵马俑博物馆组织了一系列公众考古活动,让博物馆真正成为学生的校外大课堂。公众考古活动设置了四个系列专题,分别为考古探奇、王陵探秘、汉俑传奇、汉史绣像。通过这些活动,青少年可以亲身感受到源远流长的中国传统历史文化,并在未来的学习过程中,更好地汲取传统文化的养分。

(初稿:贾飞　刘聪　葛明宇　统稿:李兴)

南昌汉代海昏侯国遗址博物馆

汉代海昏侯国遗址位于江西省南昌市新建区东北部，东临赣江，北依鄱阳湖，遗址总面积约5平方千米，包括汉代海昏侯国都城紫金城城址和以西汉海昏侯墓为代表的铁河古墓群，是我国目前发现的面积最大、保存最好、内涵最丰富的汉代侯国聚落遗址，其出土文物种类之多，内涵之丰富，造型之精美，堪称当前西汉列侯墓考古发现之最。因此，汉代海昏侯国遗址受到各级政府和社会的高度重视，2013年5月被国务院公布为第七批全国重点文物保护单位，2015年被评为全国十大考古新发现，2017年12月被国家文物局列入第三批国家考古遗址公园立项名单，2019年获评世界重大田野考古发现。

江西省委省政府对海昏侯国遗址公园建设亦高度重视，强调要把遗址公园打造成为大遗址建设的"江西样本"，江西文化的"新名片"，南昌建设国际大都市的"引爆点"。2017年于汉代海昏侯国遗址之上起建南昌汉代海昏侯国遗址博物馆，2019年9月23日建成对外开放。博物馆占地面积118 800平方米，建筑面积39 330平方米，展厅面积约8819平方米，地下1层，地面2层，局部3层（含夹层），建筑物高度为18米，容纳了展示陈列、文化交流、文物库藏、研究保护、考古研究基地、管理服务、后勤设备七大功能板块，是一座以发掘、保护、研究、展示为主要功能的专题博物馆。

博物馆外观建筑设计独特，俯视呈一条龙形，灵感源于刘贺墓中多次出现的龙形图案，引水相连，以谦逊低伏的姿态掩映于山光水色阡陌野垄间。馆内常设展厅主要涵盖基本陈列、专题展览和观众互动展，客观真实地集中展示考古研究成果，体现遗址的价值和内涵。博物馆内设轻餐饮、海昏匠坊（文创产品）、海昏金局、4D影院、学术报告厅、孔子学堂等服务配套项目，是一个集文物展示、社会教育、文创开发、休闲娱乐、公共服务于一体的重要文化阵地。

地下奢华，侯国重现

公元前63年，汉宣帝下诏将刘贺封为海昏侯，送至豫章建城，食邑四千户。刘贺随即从山东昌邑（今山东巨野）举家迁徙到豫章海昏（今江西南昌）就国，并最终在海昏侯国走完了一生，只留下家族的墓园和国都紫金城遗址，湮没于历史长河之中。

海昏侯国，一眠两千载。直至2011年一个盗洞的发现，才揭开侯国的神秘面纱，展开了一幅

南昌汉代海昏侯国遗址博物馆鸟瞰图

极致奢华的西汉画卷。经过10余年的抢救性考古发掘与保护研究，尘封已久的汉代海昏侯国遗址正一步步清晰地呈现在世人眼前。

海昏侯国遗址属于典型的汉代列侯国都城聚落遗址，包括都城紫金城城址和以西汉海昏侯墓为代表的铁河古墓群。紫金城城址整体大致呈方形，东南部内凹，面积达到3.6平方千米，分内城和外城，内城为宫殿区，位于城区东部，外城由城垣、护城河及相关台地组成，有五处城门（含水门），采用双重墙体，墙体利用自然地势堆筑而成，是一种"大随自然、小有规则"的建造方式。铁河古墓群分布于城址周边，其中花骨墩、墎墩、祠堂岗、苏家山是几代海昏侯的墓园，以墎墩海昏侯刘贺墓园保存较为完好，其间分布9座墓葬和1座真车马陪葬坑，墓前有寝殿、祠堂等礼制性高台建筑，此外还分布有厢房、水井等，墓园总面积达4.6万平方米。

汉代海昏侯国遗址何以称得"惊世大发现"？又"奢华"几何？从目前的考古发掘成果来看，海昏侯墓考古创下秦汉考古史上的多个第一：墓中出土的黄金数量超过我国已发掘西汉墓葬出土黄金数量的总和，创下了汉代考古的纪录；发现我国最早的孔子画像；长江以南地区首次发现大型真车马陪葬坑；在我国汉代考古史上首次发现偶乐车；首次以考古方式证明以1000文铜钱为一贯的货币校量方式最迟起源于西汉等。出土的金器、青铜器、铁器、玉器、漆木器、陶瓷器、纺织品和简牍等各类珍贵文物多达1万余件（套），工艺精湛的玉器，错金银、包金、鎏金铜器，图案精美的漆器，显示出西汉时期高超的手工业制造水平，形象再现了西汉时期高等级贵族的生活，极大地丰富了人们对江西汉代历史文化的认识，为西汉政治、经济、社会、文化的研究提供了全新资料。

保护研究大展海昏风采

从1960年昌邑古城的考古调查开始，到2011年墎墩墓的抢救性考古发掘，科学发掘和文物保护理念始终贯穿于海昏侯国遗址的考古工作当中。发掘工作历经数年，由国家文物局组织带领，社会各界多方参与。中国社会科学院考古研究所、北京大学、中国国家博物馆、荆州文物保护中心等单位承担了考古发掘过程中的现场文物保护和提取工作。故宫博物院、中国丝绸博物馆、秦始皇帝陵博物院、江西省博物馆、中国人民大学、复旦大学、中国科学院大学、中国科学技术大学、厦门大学、四川大学、北京科技大学、中国中医科学院、东华理工大学、江西农业大学等单位的专家学者都参与了发掘和保护工作。

发掘工作中，考古人员始终将文物现场保护摆在首位，文保专家与考古工作者密切合作，共同参与文物的提取与保护工作。科技考古的参与和实验室考古项目的成立，有效保护了脆弱质文物和埋藏情况复杂的文物，而与新闻媒体的良性合作，也让公共考古事业在海昏侯遗址蓬勃发展。

目前，海昏侯遗址实验室考古发掘项目仍在进行，紫金城内城新一轮踏查项目也在筹备当中，相信随着文物保护和研究的深入，更多关于海昏侯的谜底将被揭开。

为加强学术建设，博物馆形成了一套学术研究管理体系，根据馆藏文物，相关研究人员分设漆器、青铜器、玉器三个研究小组，持续推进海昏文物的保护与研究，已发表研究论文多篇。成功申报2021年国家社会科学基金项目"海昏侯刘贺墓出土漆器整理与研究"，以及2020年江西省文化艺术科学规划项目"新形势下博物馆社教活动的创新与思考——以南昌汉代海昏侯国遗址博物馆为例"。出版海昏侯国遗址相关著作多部，其中《金色海昏——汉代海昏侯国历史与文化展》《刘贺藏珍：海昏侯国遗址博物馆十大镇馆之宝》分别获得2020年文物出版社最受读者喜爱的艺术类图书第一名、普及类读物第一名。

多元化展览讲好海昏故事

为了更好地展示海昏侯国遗址的历史文化，博物馆确定了以"金色海昏——汉代海昏侯国历史与文化展"为基本陈列、"丹漆海昏——海昏漆器特展"和"书香海昏——海昏简牍特展"为专题展览、"遇见海昏"汉文化体验互动展厅以及若干临时展览所组成的展览体系。

基本陈列以"金色海昏"为题,灵感来源于海昏侯刘贺墓中出土的众多金器,墓中出土裹蹄金、麟趾金、饼金和钣金共 478 件,总重量约 115 千克。裹蹄踢金、麟趾金采用花丝镶嵌等细金工艺精心制作,还铸有"上""中""下"等字样,有的还嵌有琉璃。饼金中部分有墨书题记"南藩海昏侯臣贺元康三年酎金一斤",印证了西汉的"酎金制度",还有许多饼金有戳印 V 形符号,或刻有文字、符号,推测为当时检验黄金成色和重量时留下。这是我国汉墓考古史上保存最完整、种类最全、数量最多的一次黄金的发现,不仅展现了海昏侯刘贺堆金积玉的财富,同时印证了西汉是我国历史上一个名副其实的多金王朝。

陈列由上篇"豫章海昏"、下篇"王侯威仪"和尾篇"儒风南阜"三个部分组成。为了烘托主题,展厅色调根据三个篇章的中心思想而变化,上篇选用汉代城墙的夯土"黄"色示意建都造墓,下篇以漆器的"红"与"黑"表现生活百态,尾篇则提取铜镜的赭石色突出孔子徒人图漆衣镜的历史价值。色调变换的和谐搭配,给观众创造出别具一格的观展体验,对内容的精准解读与提炼,概念化地表达出了展览的主旨。

上篇"豫章海昏"由"汉豫章郡""海昏侯国""刘贺世家"三个单元组成。在主题上区别于以往的考古成果展或珍宝展,选择历史文化的视角,首创由"郡"到"国",由"国"到"人",

"豫章海昏"展厅

"堆金聚币"单元展厅

再由"人"到"物"的展览路线，以物言史，反映世界大背景下的大汉盛世。

下篇"王侯威仪"由"车辚马啸""礼乐宴飨""衣妆盛饰""堆金聚币""闲情雅趣"五个单元组成。从生活到艺术，从物质到精神，透过海昏侯墓出土文物，生动再现了西汉鼎盛时期高等级贵族的生活，彰显大汉的雍容气度。

尾篇"儒风南阜"通过孔子徒人图漆衣镜及竹简的展示，反映了大汉时代儒学思想的独尊地位，折射出汉代分封海昏侯国对当时豫章郡社会思想文化的影响。

"金色海昏——汉代海昏侯国历史与文化展"在深度解读海昏文化内涵的基础之上，突出以人为本的理念，优化和创新展览展示方式，采用最直接且通俗易懂的方式，通过文物、复制品、背景画、展具，还原文物原本的用途，拉近文物与观众的距离。例如，将透明显示屏安装在独立柜上，向观众直观、动态地展示青铜蒸煮器的使用原理，避免生硬的展板展示，同时也减少了观众需用手机或导览器扫码的烦琐程序，这在全国属于独创。

展览中的文物布局思路也格外清晰，文物的摆放位置兼具科学性与艺术性，将以物言史、以物证史的特点贯穿始终。带有"南昌""昌邑""海昏""籍田""刘贺""刘充国"等铭文的器物大量分布在展览的上篇当中，力证西汉时期海昏侯国的历史文化。其他文物按照类型组团展出于下篇和尾篇，不仅展示出西汉高超的手工业工艺水平，而且再现了西汉时期贵族的生活，是汉人思想意识、政治制度、礼乐文明、审美情趣、社会生活的全面反映。

"刘贺"螭纽玉印

刘贺墓出土的螭纽玉印，采用和田白玉制成，质地坚硬致密，滋润莹秀，纯净无瑕，局部有浅褐色沁。纽座为一高浮雕幼螭，螭腹下方钻成扁圆形孔。印面呈正方形，印文阴刻篆书"刘贺"，出土于主棺柩内棺中部刘贺遗骸腰部位置，为揭示墓主身份提供了最直接的证据。以螭纽为印在汉代少见，螭为龙生九子之一，此印可能暗藏刘贺为皇帝子孙的寓意。

"南昌"豆形青铜灯

由灯盘、灯柱和灯座三部分组成，灯盘外壁与灯座上均有"南昌"二字铭文，其写法与现今不同，铭文上的"南"，内部为一"羊"字，比现今的"南"字多了一横。"南昌"意指"昌大南疆""南方昌盛"，这是江西地区最早有关"南昌"地名记载的实物资料。

孔子徒人图漆衣镜

　　出土于刘贺墓主椁室西室中部偏西处，镜由镜匣和铜镜两部分组成。铜镜背面为素面，有5个半环状钮。镜匣呈长方形，正面髹黄漆，四周彩绘神兽及仙人图案，如东王公、西王母、仙鹤、白虎等。镜匣背面髹红漆，中间彩绘相向而立的两个人像，人像头部后上方标有人物姓名作为榜题，两侧用墨书题写有该人物生平和言行的短传记，三部分彩绘人物分别为孔子、颜回、子贡、子路、子羽、子夏，所绘孔子像是迄今为止发现最早的孔子像，也是唯一的一份早期孔子肖像。作为西汉漆器的典型代表，它不仅展现出漆器造型的形式美和工艺美，更传递出富于时代感的文化内涵，体现了汉武帝"罢黜百家、独尊儒术"之后汉人崇儒的社会思潮。

错金神兽纹青铜当卢

当卢是系于马额前的饰件，海昏侯刘贺墓中出土有百余件，不乏造型精美、工艺高超者，鎏金、错金银比比皆是。此件错金神兽纹青铜当卢呈叶状，正面以错金工艺饰三组纹饰。最上方一组为卷曲回绕的云气纹；中间一组有相互交绕的双龙，双龙相交处上方为奔跑的白虎，下方为展翅凤鸟，凤鸟下有一山形符号；最下方一组为昂首驻足的鸾鸟。各组纹饰之间，都饰有细腻精致、流转自然的云气纹，是汉代"升仙"思想和独特丧葬文化的具体体现。

"丹漆海昏——海昏漆器特展"以海昏侯刘贺墓出土的2000多件漆器为依托，分列三个单元。第一单元"漆器时代"，主要介绍从最早的漆叶化石到汉代中期之前的漆器发展成就。汉代被誉为"漆器时代"，漆器品种丰富，工艺精湛，纹饰华美。第二单元"侯国漆华"，主要介绍海昏侯国的漆器出土情况，以及漆器品类、用途、价值、内涵。第三单元"髹饰乾坤"，主要介绍海昏侯国漆器图案纹样、书刻文字的艺术特征和内涵，以及制胎工艺与装饰技艺。

"书香海昏——海昏简牍特展"以海昏侯刘贺墓出土的5000多枚竹简为载体，分为三个单元展示。第一单元"侯国宝典"，介绍出土《诗经》《礼记》《论语》《春秋》《孝经》《子虚赋》《葬赋》《易占》等各类经典及政论、祠祝、房中、养生、医方、六博棋谱、杂占书简牍，另有百余枚公文奏牍和记物签牌。这批简牍对研究儒家学说的传布演变、汉代中期思想学术，以及诸侯王、列侯制度等均具有极高史料价值。第二单元"简牍之上"，介绍了简牍的制作工具，包括笔、墨、砚、书刀以及各种形制的简。海昏侯刘贺墓出土墨、砚、刀三种文房工具均制作精良，保存完好。同时，通过多媒体展示简牍的制作过程。第三单元"笔精墨酣"，介绍海昏简牍书法艺术。海昏简牍书体复杂、笔法丰富、收放自如、结体端庄、字形扁阔，为西汉中晚期成熟稳定的隶书。

"遇见海昏"展厅包含汉学书苑、衣冠礼乐、八音和鸣、海昏宝藏、少年天子、妙手回春、掌上海昏、钿车宝马、投壶游戏和巧夺天工等展项。观众可以在这里体验到智能体感捕捉、沉浸式裸眼观影剧场、VR互动、三维打印等各类新展示手段，实现趣游博物馆，让观众感受"看"得清、"摸"得着、"唱"得响的海昏文化。

凝心聚力共传海昏文化

南昌汉代海昏侯国遗址博物馆发动各方力量策划和开展了一系列线上、线下教育活动，包括线上直播、主题讲座、社教课堂、线下表演等不同形式。线上、线下教育活动涵盖30个主题，开展175场，参与人数200万余人次。

博物馆分别于2020年、2021年国际博物馆日开展了主题线上直播活动。2020年的"致力平等，纵览海昏"活动，向观众介绍了部分精品文物及其背后反映的汉代等级制度；2021年的"今天，你逛馆了吗？"通过海昏侯国遗址的发掘、考古故事，讲述海昏文物的历史背景，多维度解析文明发展的演变，得到了广大观众的热捧。

线下开展专家讲座和系列教育课程。博物馆邀请专家走进大学开展讲座，为观众全面介绍南昌汉代海昏侯国考古调查和发掘工作的具体内容，对出土青铜器、金器、玉器等文物进行详细介绍，深入解读海昏侯国遗址的考古发掘、保护展示与未来发展。另一方面，根据小初高学情的不同，博物馆策划了"考古发掘""娱乐""经济"三个大类共6个主题，推进"海昏文化进校园""汉风文化进校园"等教育课程，让博物馆深入中小学，将海昏文化、汉风文化融入课堂教育、校园文化、主题实践，充分发挥博物馆的教育职能，促进博物馆与学校教学的有机结合。

自开馆以来，博物馆有效利用周末和重要节假日，结合馆藏文物、海昏文化特色开展了丰富多彩的社教活动，如"我在海博修陶器""我在海博做拓片""我在海博学考古""我在海博赏印章""我在海博做铜镜"等一系列考古类社教活动，用寓教于乐的方式，向大众传播考古基础知识。还有"汉代马车的大学问""我是汉代'游戏王'""汉代器乐之美""华夏服饰·大美汉服""盛世华服·汉代霓裳"等汉文化社教活动，带观众领略汉风古韵。

博物馆也十分重视志愿服务在推动精神文明建设、传播海昏文化中的作用，面向社会和高校持续招募志愿者和组织志愿服务，志愿者经过严格的培训和考核后安排上岗，服务内容包括志愿讲解、秩序维护、咨询引导、互动展项服务、社教活动等。

充分利用微信公众号、官方网站等发挥博物馆社会教育职能，也是博物馆传播海昏文化的重要途径。公众号相继推出"海昏文化云课堂""海昏探秘""云游海昏""对话历史""海昏七题""纹饰海昏"等主题文章，介绍海昏侯国历史、馆藏文物背景信息、价值意义等，让观众跨越地域限制，足不出户即可了解海昏知识。在重要节假日期间，策划开展"祥瑞献礼""海昏寻宝""文化和自然遗产日"等主题有奖竞答活动，设计了一系列海昏侯国遗址文物和历史等题目，为线上观众奉上文化知识大餐，网友参与答题的同时，还能参加抽奖。

官方网站上开设了数字博物馆，将展览与馆藏文物数字化，通过全景漫游的方式参观展览，运用图片、文字、视频、热点交互等多种展示手段，使观众观看展览不受时间和空间的限制，更好地了解海昏侯国的灿烂文明。网上展览内容涵盖场馆全景图、解说音频、文物照片、重点文物三维展示与视频热点，囊括了展览全要素。观众通过电脑或手机即可访问网上展览，可以跟随系统自动参观，也可以自己自由观展，收获不一样的观赏体验。

一位人生跌宕起伏的传奇王侯，一次举国瞩目的惊世发现，海昏侯墓园吉光片羽，不仅揭开了史书鲜有记载的大汉海昏侯的神秘面纱，也实证了大汉的盛世繁荣，更启迪着今日国人，加强文物价值挖掘阐释，自传统中汲取精华，在传承中赋能未来。

（初稿：赵艺博　统稿：孔利宁）

大葆台西汉墓博物馆

北京市大葆台西汉墓博物馆是建立在西汉广阳顷王刘建墓葬遗址上的一座考古遗址博物馆，于1983年建成并对外开放。由于建筑已达使用年限，博物馆于2013年闭馆，等待改扩建。未来大葆台西汉墓博物馆新馆将打造成京津冀地区汉代历史文化标志，成为汉代幽燕文化与西汉"黄肠题凑"帝王葬制的研究展示中心、首都南部文化新地标。2021年因机构改革，大葆台西汉墓博物馆与北京辽金城垣博物馆、北京西周燕都遗址博物馆合并为北京考古遗址博物馆。

大葆台西汉墓博物馆

大葆台西汉墓的考古发掘

大葆台西汉墓遗址发掘于1974—1975年。1974年6月，东方红石油化工总厂在葆台村施工，打算利用这里的高大沙丘深埋储油罐。北京市地质地形勘测处勘探时发现沙丘下面有木炭、木头和白膏泥，遂向相关文物部门报告。北京市文物工作队派考古人员现场勘察钻探，初步认定是一座古墓。

北京市文物管理处立即将这一发现报告给国家文物局。1974年7月10—13日，国家文物局王冶秋局长、中国科学院考古研究所夏鼐所长，以及苏秉琦、卢兆荫、黄展岳、安志敏、王世民、钟少林、宿白等专家先后进行实地考察，认为可能是西汉中期的一座大型木椁墓。

随后，大葆台西汉墓发掘领导小组成立，8月19日，汉墓发掘工作正式开始。在对墓道东侧的土层结构进行分析时，考古人员发现墓葬可能已经被盗。清理填土阶段，发现墓葬西侧另有一座古墓，因此将原先发现的墓葬命名为一号墓，后来发现的命名为二号墓。从地层上看，二号墓时代晚于一号墓。

一号墓未揭顶前的发掘现场

清理北部填土时，考古人员发现夯土下有40—70厘米厚的木炭层，其下是白膏泥层，再往下又是一层木炭，墓底也铺了50—70厘米厚的白膏泥和20厘米厚的木炭，墓室四壁同样放有木炭，再加上7米的夯土层，对墓室起到了防水隔潮作用。清理北部木炭、白膏泥时，发现下面有被烧过的木板，再往下有一圈由一万多根90厘米×10厘米×10厘米的条木垒起来的木墙，高约2.7米，南面中

墓室西壁黄肠出土情况（北—南）

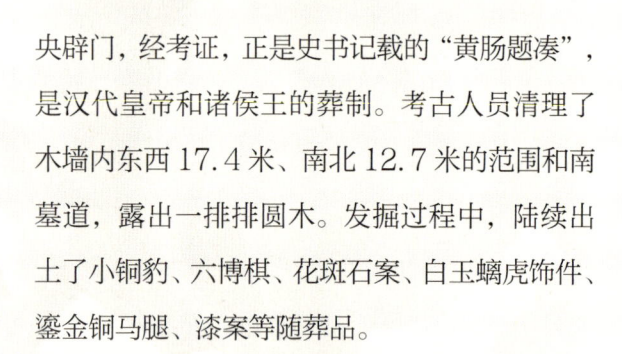

黄肠题凑与墓门

央辟门，经考证，正是史书记载的"黄肠题凑"，是汉代皇帝和诸侯王的葬制。考古人员清理了木墙内东西17.4米、南北12.7米的范围和南墓道，露出一排排圆木。发掘过程中，陆续出土了小铜豹、六博棋、花斑石案、白玉螭虎饰件、鎏金铜马腿、漆案等随葬品。

墓葬的棺椁已坍塌，但"二椁三棺"的结构仍然清晰可辨，内外椁盖板为长方形，上髹红漆，下施黑漆，椁帮已倒塌。揭开内椁盖板后，五块外棺盖板暴露出来，外涂厚重黑漆，内髹红漆，北端发现31枚五铢钱，揭掉后露出中棺的两块盖板，上涂黑漆，板上有一木杖。内棺内外都涂黑漆，盖板上发现一件八棱铜兵器。清理外棺底板时还出土了珍贵的汉代丝织品。三层棺底板清运完后，清理内外椁底板，底板上刻"下八""下六"等符号，周围散落随葬品，包括鎏金铜龙头、昭明镜、星云纹镜等可帮助判断墓葬年代的文物。

鎏金铜铺首

出土于一号墓，铜质，通体鎏金，兽面，双眼上方有三道阴文眉，双眼突出，面颊微鼓，鼻嘴相连透空处露出獠牙，呈狞笑状。器物背面一长扁平支架上钻有一孔。器物造型威猛粗犷，鎏金灿烂。应为"铺首衔环"，出土时缺环。铺首是传统建筑门饰，含有驱邪的意义。

鎏金嵌玉铜龙头

复原后的铜龙头枕

出土于一号墓后室北侧内椁底板上，为枕角一端的构件，龙头鎏金，呈张嘴吐舌蹲坐状，以水晶为眼，青玉为牙、舌和双角，造型别致生动。与其他汉墓出土同类器物比较研究，推测铜龙头枕应该是专门制作的殓具。

星云纹铜镜

出土于一号墓后室北侧内椁底板上，圆形，连峰式钮，16个内向连弧缘，钮座环绕四个圆锥形乳和弧形草叶，围以16个内向小连弧，外为四乳草叶，间四组星云纹。

"渔"字铁斧

出土于一号墓北侧外回廊隔板外侧，呈梯形，顶有长方形直銎，由銎至刃部逐渐扩展，两侧略带弧形。斧身有铸缝，在銎部铸有两圈凸棱。刃部锋利，斧面光洁呈暗红色，一面铸有微微凸起的"渔"字。"渔"字可能为渔阳郡铁官作坊的产品标识，系首次发现。此件文物是西汉时期实行盐铁官营制度的反映。

随后清理一号墓墓道内的车马遗存，发现殉葬有11匹马和3辆车。车身涂黑漆，车轮施红漆彩绘，车毂彩绘锯齿纹。

同时，与一号墓间距26.5米的二号墓正式开始发掘。二号墓不但被盗掘，而且被大火严重焚毁，其结构基本不存。根据遗留痕迹判断，其整体结构与一号墓基本相同，只是规模略小。该墓也是木椁墓，坐北朝南，平面呈凸字形，南北长17.7米，东西宽11.75米。墓室北部有盗洞，南部被金代遗址扰乱。出土有灰陶钫、釉陶器、红陶盆、铜虎镇、玉舞人及大量五铢钱等。

玉舞人

出土于二号墓，白玉质，以透雕镂空技法制成。双面阴刻舞人形象，舞人头部没有明显发式，五官刻画也比较简单，仅用几条短阴线勾画出眉眼鼻口，衣裙和双袖较长，并多为曲线。舞人轻舒广袖，微折柳腰，长裙拂地，展现了"长袖"和"细腰"的特点。上、下端各有一孔，应为组玉佩中的一件。

透雕螭虎玉佩

出土于二号墓墓室东北侧，白玉质。圆形，上部镂雕成花形，中间镂雕一盘曲螭虎，虎体用阴线刻出虎形，均两面刻，形象生动。边缘阴刻两圈弦纹，中间夹以双弧形纹。

一号墓墓道内的三辆车马（南—北）

根据出土器物及墓葬形制推断，一号墓的墓主是死于汉元帝初元四年（公元前 45 年）的广阳顷王刘建，二号墓当为其妻之墓。大葆台一号汉墓是目前北京地区考古发掘规模最大的一座汉墓，也是新中国成立后首次发现的黄肠题凑葬制汉墓，其墓葬形制和棺椁结构保存比较清楚和完整，为研究我国汉代帝王葬制提供了十分重要的实物资料。大葆台一号、二号墓虽早年被盗，仍出土文物 1000 余件，是研究西汉中晚期政治、经济、文化的珍贵资料。

博物馆的科学研究工作

大葆台西汉墓博物馆立足汉墓遗址的保护与研究，以汉代诸侯王墓研究和北京地区汉代历史文化研究为博物馆研究工作的重心。目前全国发现的汉代诸侯王墓已近 70 座，大葆台汉墓是全国发现的第一座西汉黄肠题凑诸侯王墓，加强对汉代诸侯王墓，尤其是西汉黄肠题凑帝王葬制的研究是博物馆的一项重要任务。近年来，博物馆出版《西汉"黄肠题凑"葬制的考古发现与研究》《北京地区汉代城址调查与研究》《汉代燕蓟地区史料汇编》等书籍，为相关领域的深入研究奠定了基础。博物馆将逐步建成以西汉黄肠题凑帝王葬制研究为核心的汉代诸侯王墓研究中心和北京地区汉代历史文化研究中心。博物馆将设立实验室、保护修复过程展示区等，加强与高校及科研院所的合作，做好文物的保护与修复工作，建设文物保护修复基地，加大文物保护修复人才的培养力度，力争成为国内重要的文物保护人才培养基地，并与高校及科研院所合作设立博士后工作站。

博物馆教育活动与文化传播

大葆台西汉墓博物馆自 1994 年以来，整合馆藏文物资源，挖掘历史内涵，开展一系列历史课外教育活动，形成了具有自身优势的博物馆教育模式。青少年通过参观展厅文物、参与模拟考古、书写竹简、表演汉代历史短剧、投壶礼仪等历史课外教育活动，对优秀的历史文化流连忘返。博物馆先后获得北京市优秀爱国主义教育基地、北京市科普教育基地、全国文物系统爱国主义教育基地、全国科技教育基地、校外先进教育单位等荣誉。

大葆台西汉墓博物馆对文化资源加以衍生利用，赋予创意设计，开发出丰富的文化产品，为公众提供多样化的文化服务，激发历史传播活力，吸引更多观众走进博物馆，提升博物馆的社会影响力，促进遗址博物馆的可持续发展。博物馆设计开发了"汉代六博棋"文创产品，其设计思路源自馆藏文物六博棋子，通过复原古老的六博形制，结合历史上真实存在的六博棋和现代棋类游戏的特征，创造出符合现代人喜好且富有古代韵味的棋类游戏，让人们在愉快游艺的同时感受历史，了解古代六博的知识。在产品的外观设计上，博物馆参考多件出土文物进行还原和美化，使其同时具有收藏和观赏价值。2019年，博物馆举办了"六博棋游戏规则创意设计大赛"，面向社会征集六博棋游戏规则的创意设计，并联合北京文博衍生品创意孵化中心开展高校宣讲活动，为六博棋这一古老的棋类游戏注入了新的活力。

"汉代六博棋"文创产品

新馆规划与展望

大葆台西汉墓博物馆新馆的发展目标是成为北京汉代文物的收藏、保护和展示中心，为北京汉代历史文化的研究、展示提供丰富的资料。新馆展陈以打造北京地区汉代文化展示中心为目标，以北京地区汉代历史文化发展脉络为主线，展现北京地区在汉代所取得的辉煌成就，凸显其在整个汉王朝中的重要地位及其对后世的深远影响。

新馆将实现展陈的专业化、数字化、场景化与艺术化，突出汉代文化特色和文化元素，再现博大精深的汉代文明。展陈将依托馆藏文物和征集文物，借鉴相关科研成果，以"王·广阳——北京地区汉代历史文化"基本陈列（暂定名）为核心，以"长乐未央——新中国发现的第一座西汉'黄肠题凑'诸侯王墓"专题展（暂定名）为特色，以全国汉代文物交流临时展为补充，力求做成雅俗共赏、寓教于乐的汉代历史文化"精品展"和"特色展"，通过让文物活起来、让文物说话，更好地实现博物馆的社会功能与价值。

基本陈列："王·广阳——北京地区汉代历史文化"

北京地区在汉代是幽燕地区的核心区域，是汉王朝东北部最大的区域中心。作为"汉文化"的区域中心，幽燕地区的"汉文化"对东北及内蒙古地区产生了重要影响，为其全面融入以汉族为主体的中华民族，以及北京地区由区域中心逐渐发展为全国的政治中心奠定了基础。基本陈列将采用以时系事、以"王"统篇的叙事方式，以汉代幽燕地区的诸侯王为切入点，通过"王的时代""王的疆土""王的家族""王的生活"等板块，讲述王与王国兴衰更替的历史故事，展示汉代幽燕地区的社会生活，再现各民族在历史上的文化交流，解读幽燕地区汉代文明的厚重内涵及深远影响，突出"汉代文明中的幽燕地区"以及"北京史中的汉代历史"。

专题展:"长乐未央——新中国发现的第一座西汉'黄肠题凑'诸侯王墓"

展览将追溯大葆台西汉墓的发掘历史,通过广阳王墓室复原陈列,揭秘西汉"梓宫、便房、黄肠题凑"这一高等级帝王葬制,凸显大葆台西汉墓在我国考古史上独特的地位。通过该展览,让观众对西汉"黄肠题凑"帝王葬制形成系统、全面的了解,感受汉代人的创造力与审美艺术,增强观众对中华历史、汉代文明以及北京地域文化的认知,坚定他们的民族自信心和自豪感。

临时展览:汉代文物交流系列展

新馆将主要立足于全国出土的汉代文物,举办汉代诸侯王系列主题展、汉代出土文物系列专题展两类临时展览,为各地汉代文物展搭建交流平台。汉代诸侯王系列主题展主要对已发掘的汉代中山王、楚王、长沙王、齐王、济北王等诸侯王墓进行系统展示;汉代出土文物系列专题展按照汉代人的衣食住行,或者文物的不同质地,如玉器、漆器、铜器等分类进行展示。

此外,临时展厅还将根据社会热点及观众需求,不定期举办各种国内外历史、文化、艺术、考古等方面的临时展览,以丰富人们的文化生活。

社会服务

新馆将建设成为广大公众特别是青少年学习历史和文化知识、接受爱国主义教育与文明熏陶的生动课堂,通过开展特色教育活动弘扬汉代优秀历史文化,为文物爱好者提供模拟、虚拟考古发掘环境,为文博专业师生提供教学场地。

目前,各大学考古文博专业囿于条件限制,学生参加考古实习的机会较少,实习内容很难做到全面,造成学生对考古发掘的认识明显不足。博物馆拟根据考古文博相关专业的教学要求和实践特点,对现有的模拟考古厅进行技术升级,采用三维模拟等技术手段实现教学型虚拟实验的建设和应用,为考古文博专业师生提供模拟考古发掘系统,进行模拟勘探、模拟发掘、模拟修复,让学生在虚拟的环境中获得接近真实效果的视觉、听觉和体感的模拟考古发掘体验。

新馆建成后,博物馆将利用报告厅、教室、模拟考古厅、互动活动室等公众服务区开展高科技视听教育,运用数字技术、VR、视频资源与观众进行互动教育,使博物馆教育活动更加丰富,满足社会大众对文化生活的需求。

(初稿:陈海霖 统稿:孔利宁)

汉魏洛阳城遗址博物馆

汉魏洛阳城遗址博物馆位于河南省洛阳市白马寺东、汉魏洛阳城内城西墙西侧，是汉魏洛阳城国家考古遗址公园的重要组成部分。博物馆系统展示汉魏洛阳城遗址60年来的重要考古研究成果及其重要的历史、科学、文化、艺术价值，展现汉魏时期都城的发展演变，解读汉魏洛阳城作为丝绸之路的东方起点之一，经学、礼学、佛学的文化中心，以及客家祖源地和民族融合之地的重大作用与意义。

汉魏洛阳城遗址考古 60 年

汉魏洛阳城是中国古代重要的都城之一，地处今洛阳市区东约15千米的伊洛河盆地中部，洛阳市下辖的孟津区、瀍河区、偃师区、洛龙区交会的区域。该城址自西周始建一直沿用到唐初，先后作为东周、东汉、曹魏、西晋和北魏等朝代的王都或国都，城址最大时面积近100平方千米。汉魏洛阳城在中国古代都城史上具有极其重要的地位，其都城形制及布局多为后世城市建设所遵循。

汉魏洛阳城遗址鸟瞰图（北—南）

新中国成立以后，最早有文字记录的汉魏洛阳城考古实地调查是1954年6月阎文儒先生的短期踏查。此项工作虽然短暂，但在该城的考古勘察发掘史上具有开创性。

汉魏洛阳城的正式考古勘察工作始于1962年夏天，中国科学院考古研究所正式派队考察勘探汉魏洛阳城，考古发掘工作就此拉开序幕，其间除有短暂中断外，主要的考古工作可以分为以下五个阶段。

第一阶段：20世纪60年代。这一阶段主要对城址范围和形制布局进行全面勘探，初步探明了

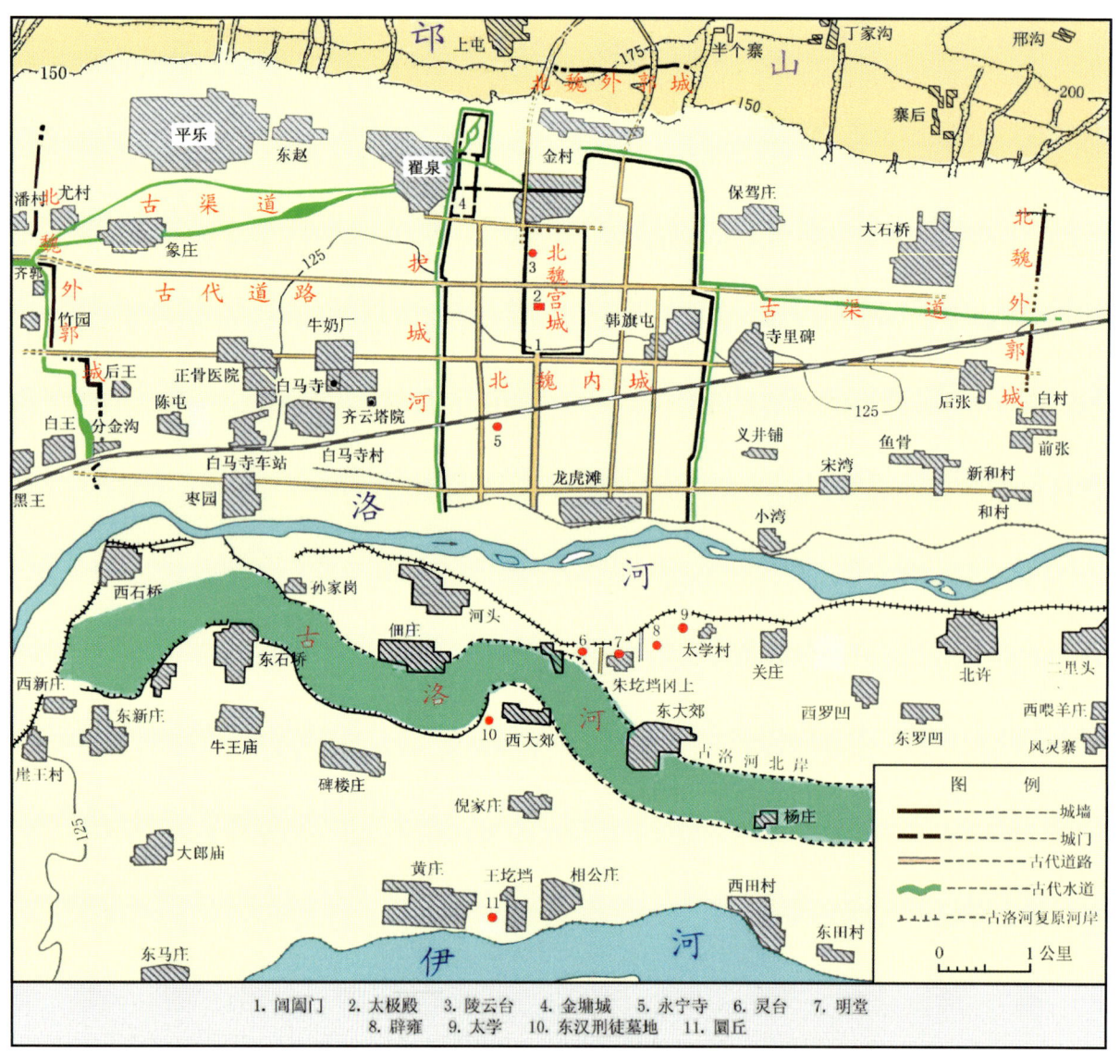

汉魏洛阳城平面示意图

曹魏正始石经　　　　　　　　　　　　　　曹魏正始石经拓片

汉晋洛阳大城的垣墙、城门缺口、护城壕、城内主要道路、宫城、永宁寺、西北角金墉城，以及城南"三雍"礼制建筑等遗址的位置和大致范围。同时，对暴露于地面上的一些重要遗址进行了抢救性发掘，包括北魏一号房址、东汉刑徒墓地、北魏宫城内俗称"羊冢"的夯土高台建筑遗址等。通过系统的勘察工作，迅速建立起对汉魏洛阳城范围、形制和重要建筑遗址分布的整体认识，为后续的考古发掘和研究工作奠定了基础。1966年开始，田野考古与研究工作全部中断。

第二阶段：20世纪70年代—80年代初。考古工作逐渐恢复，主要对该城南郊的灵台、明堂、辟雍和太学等礼制建筑遗址和城内一处保存较好的高台基址——永宁寺塔基进行了发掘。

位于汉魏洛阳城内城南郊的灵台、明堂、辟雍和太学遗址是一组重要的礼制建筑遗址，被称为南郊礼制建筑或"三雍"。通过对南郊遗址的发掘，确认了南郊礼制建筑的性质、布局、时代演变和文化内涵等信息，这些信息不仅具有重要学术意义，也使得这些重要建筑的文化价值得以彰显。

― 中国考古遗址博物馆 ―

北魏永宁寺遗址出土侍女坐像

北魏大型塑像面部

北魏莲花化生瓦当

北魏洛阳永宁寺塔基遗址发掘现场

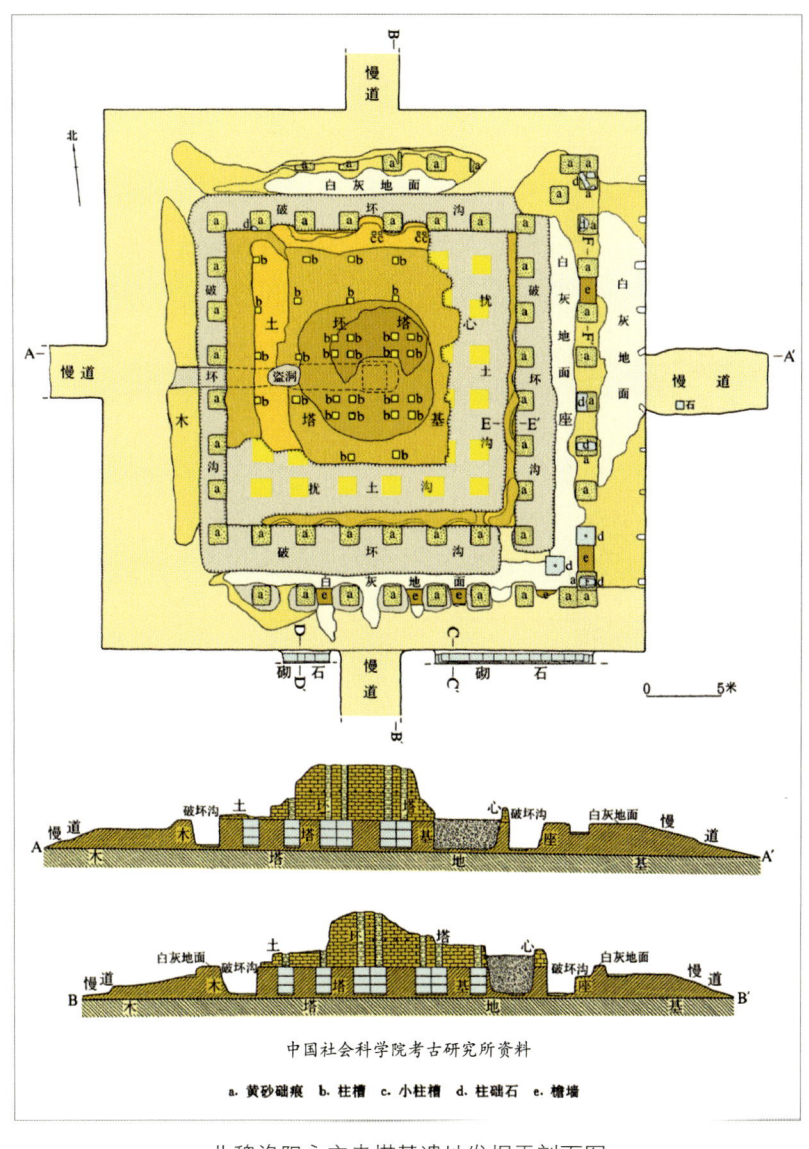

永宁寺是北魏洛阳城内的一座皇家寺院，发掘过程中先后清理了寺院南门、中心塔基和后殿建筑部分基址等遗迹，出土一大批与供佛有关的泥塑残件，对研究当时的佛教文化和雕塑艺术具有重要价值。此后随着考古报告的发表，一些学者根据考古与文献资料，对永宁寺木塔及出土泥塑佛像分别进行了复原研究与探讨。

第三阶段：20世纪80年代—90年代初。随着经济建设的发展，遗址保护压力日益增大，这一时期的主要工作是配合基本建设对北魏的内城墙垣、外郭城墙垣、北魏"大市"遗址、城西东汉墓园、城东东汉时期的烧煤瓦窑遗址区、城东两处丛葬墓地、北魏宣武帝景陵等遗址进行勘探发掘。同时，结合学术目的对西晋帝陵开展了探索，初步确认了晋文帝司马昭的崇阳陵和晋武帝司马炎的峻阳陵所在。

北魏洛阳永宁寺塔基遗址发掘平剖面图

这一时期最重要的收获是北魏时期外郭城的发现和确认。外郭城城墙、郭城内主干大道和部分漕渠等遗迹的发现，不仅解决了以往学者们探讨已久、悬而未决的北魏洛阳外郭城问题，而且从空间上进一步明确了汉魏洛阳城的范围，为城址保护提供了明确的考古依据。

第四阶段：20世纪90年代。这一阶段主要对铜驼街、唐宋白马寺遗址和永宁寺、金墉城等遗

— 449 —

址进行勘察发掘。对金墉城甲、乙、丙三个小城墙垣试掘，确定甲城和乙城均为北魏以后建造，只有丙城才是曹魏初期始建、至北魏一直沿用的金墉城，印证了有关文献记载。这一重要发现不仅解决了金墉城的始建范围和历史沿革问题，也使学者们对汉魏洛阳都城的城圈形制有了重新认识。这一时期，整理编写了《北魏洛阳永宁寺1979~1994年考古发掘报告》。

第五阶段：21世纪初至今。主要配合大遗址保护和遗址公园建设，对汉魏洛阳城宫城区进行勘察发掘工作。此项工作始于1999—2000年对宫城宫墙的系统勘察、解剖，初步明确了宫城宫墙的位置、范围和保存状况等信息。尤为重要的是，在勘察中发现了宫城南墙正门——阊阖门。2001—2002年对阊阖门遗址进行了全面发掘。

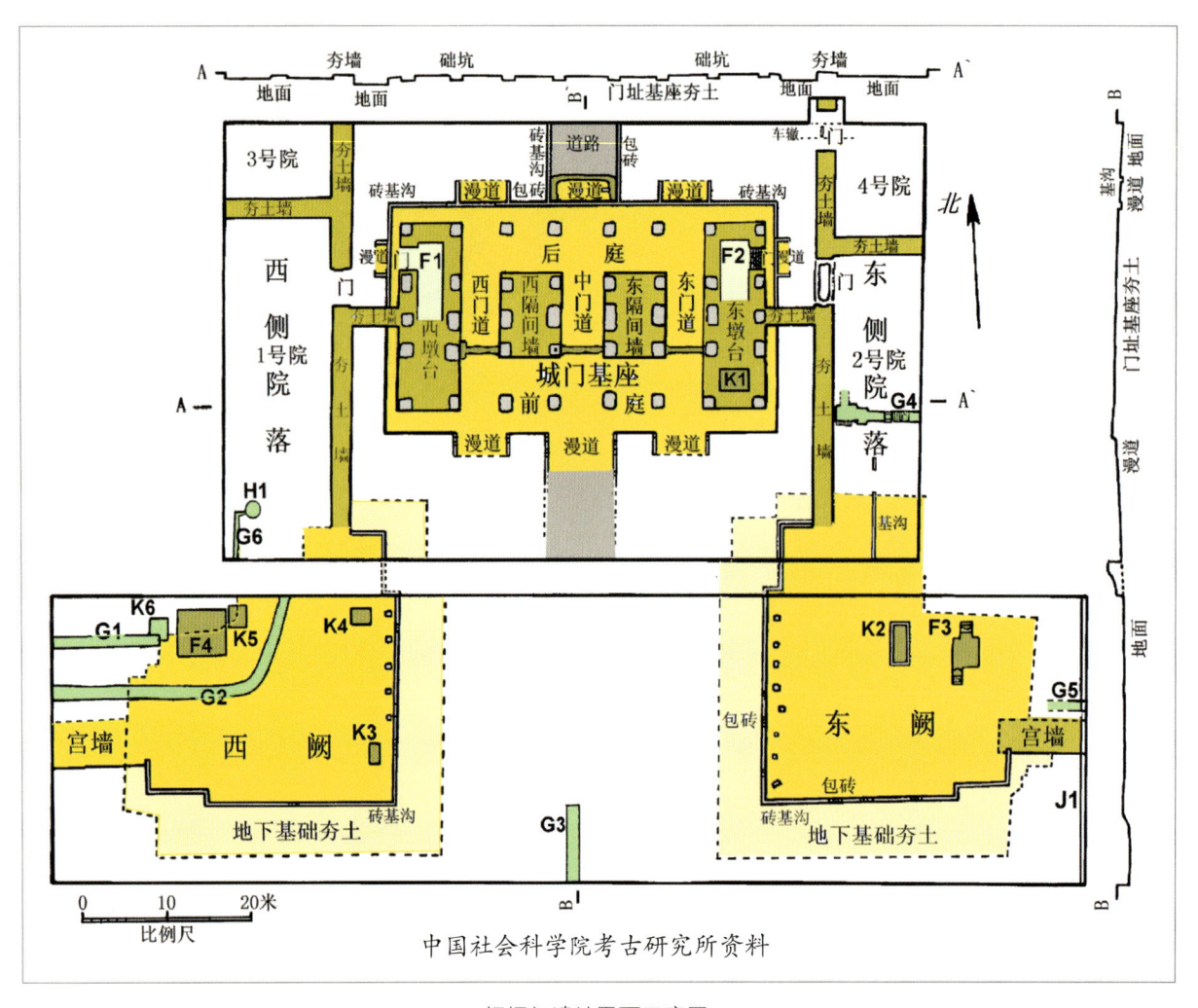

阊阖门遗址平面示意图

这一时期，先后出版《汉魏洛阳故城南郊东汉刑徒墓地》《汉魏洛阳故城南郊礼制建筑遗址：1962~1992年考古发掘报告》等发掘报告和《汉魏洛阳城遗址研究》资料集等。

2007年，汉魏洛阳城遗址被纳入国家"十一五"期间大遗址保护总体规划。2010年，汉魏洛阳城考古遗址公园被列入第一批国家考古遗址公园立项名单。以此为契机，汉魏洛阳城的考古工作进入全新阶段。

2007年，为配合阊阖门遗址保护展示工程的开展，对阊阖门遗址进行了第二次发掘。2008—2011年，先后对宫城二号宫门遗址、三号宫门遗址、宫城西南角遗址（宫城五号建筑遗址）等宫城南区遗址进行系统勘察，摸清了宫城南区建筑的布局和时代演变，不仅极大地丰富了对宫城建筑布局和性质演变的认识，更为遗址公园建设和保护展示工程的开展提供了翔实的资料。2012—2016年，对宫城太极殿进行发掘，摸清了这座始建于曹魏时期的中国历史上第一座太极殿的建筑布局和时代演变。2017—2021年，对太极殿周边附属建筑遗址进行了系统发掘。2021年以来，发掘确认了显阳殿及显阳殿宫院附属建筑、千秋门、永巷等遗址的位置、形制、时代变化和保存状况，进一步深化了对汉魏洛阳城宫城"前朝后寝"形制布局、功能分区的认识。

通过60年的考古勘察发掘工作，汉魏洛阳城整体城市布局、时代变化、建筑形态、形制演变和功能分区已经越来越清晰，丰富的考古资料为汉魏洛阳城考古遗址公园建设和文化遗产保护提供了学术支撑。

汉魏洛阳城遗址大观

汉魏洛阳城包括宫城、内城、外郭城和洛水南里坊区，保护面积约100平方千米，是世界范围内规模最大、格局保存最完整的都城遗址。汉魏洛阳城地上、地下保存有丰富的遗迹，现存格局及遗迹以北魏时期为主，同时分布或叠压有西晋、曹魏、东汉、东周以及更早时期的遗存，主要有城垣、城门、宫殿、衙署、苑囿、佛寺、灵台、明堂、辟雍、太学、陵墓等各类遗迹，以及丰富的工艺品、石刻等出土文物，对研究当时社会的政治、经济、军事、交通、文化等方面具有不可替代的意义，是中华文明发展水平的代表性物证及东西方文化交流以及商贸往来的重要物证。汉魏洛阳城以遗址状态保存至今已有1500年，其保存完整的宫城中轴线、高耸连绵的内城城墙、宏伟的太学遗址、巍峨的灵台旧址、壮观的永宁寺木塔基址、高耸的高台大冢，无不展露出往日泱泱帝都的雄浑气度。

汉魏洛阳城作为黄河流域中华文明起源与发展核心地区的重要古代都城遗址，自古被誉为"天下之中",是有文字记载以来最早被称为"中国"的地方、最早以"洛阳"为名的城址,是上中古之际整个东亚地区具有重大影响力和重要典范作用的核心都邑。"若问古今兴废事,请君只看洛阳城",汉魏洛阳城展现了华夏文明和中国历史演进的重要脉络,是中华五千年文明演进史上极其重要的一环,是中华文明多元一体和统一多民族国家形成发展的重要见证。中国古代中原王朝建都于此,传承"中""和"思想,创造的"建中立极"都城形制和宫室制度,创造的辉煌河洛文化和灿烂物质文明,对后世历代王朝乃至整个东亚地区都产生了极其深远的影响,是古代东亚地区中华文化发展的重要源泉之一。作为客家祖源地之一,汉魏洛阳城也是海峡两岸及海外客家人文化相通、血脉相连的重要见证和寻根问祖的重要恳亲地,在新时代将成为增强中华文化认同的文化动因。

博物馆与考古遗址公园建设

汉魏洛阳城是迄今所知黄河流域面积最大、建都时间最长、城市形制变化最纷繁复杂、文化内涵极为丰富的古代都城遗址之一,是黄河文化、河洛文化留给我们的一份极其重要的文化遗产。各级政府高度重视遗址保护研究与利用工作,汉魏洛阳城遗址博物馆项目现已纳入省、市"十四五"规划,并列入国家发改委"十四五"时期文化保护传承利用工程项目储备库。

汉魏洛阳城遗址博物馆位于汉魏洛阳城内城西墙西阳门外,项目占地面积222亩,总建筑规模3.2万平方米,是集学术研究、展览展示、社会教育、文创开发、观众服务于一体的遗址博物馆,功能设施主要包括陈列展厅、考古中心、文物库房及修复中心、公众考古和教育基地等。计划于2022年9月开工建设,2025年10月建成开放。

作为黄河国家文化公园的重要组成部分,汉魏洛阳城遗址博物馆建成后,将成为汉魏洛阳城考古遗址公园宣传展示的重要场所,力争打造成中国早中期都城文化发展研究展示中心、汉魏洛阳城考古科研与成果展示中心和全国大遗址保护、展示、利用示范区,促进国内外古都文化、丝路文化、黄河文化等领域的学术交流与合作,使文物保护成果惠及公众,让公众全面了解、充分感受中华优秀传统文化的博大精深。

汉魏洛阳城1961年被国务院公布为第一批全国重点文物保护单位,较早成立专门的保护管理机构。1973年,洛阳市白马寺汉魏故城文物保护管理所成立,隶属洛阳博物馆。1979年6月1日,白马寺恢复对外开放,文管所从洛阳博物馆分出,入驻白马寺办公,正式成为一个独立机构,后于1997年10月搬入汉魏洛阳城永宁寺塔基遗址区办公。2017年6月,洛阳市白马寺汉魏故城文物保护管理所与洛阳市汉魏故城文化旅游园区管委会合并,成立洛阳市汉魏故城遗址管理处,隶属洛阳市文物局。其主要职责是：负责汉魏洛阳城遗址的研究、保护、管理和开发工作；负责汉魏洛阳城考古遗址公园的管理、运营和对外开放工作；负责汉魏洛阳城遗址博物馆的建设和开放工作。

2006年，省、市人大制定出台了《洛阳市汉魏故城保护条例》，以地方法规的形式明确了当地政府及有关部门依法保护大遗址的职责。2013年12月，汉魏洛阳城考古遗址公园入选第二批国家考古遗址公园。近年来，以世界文化遗产的保护要求为准则，以遗址公园规划为指导，采取地面模拟、植物标识、露明覆罩等方式，先后完成了北魏永宁寺塔基、宫城正门阊阖门、止车门、端门、

汉魏洛阳城宫城中轴线鸟瞰图

铜驼大街、西阳门内大街，以及内城东、西城墙等遗址保护展示工程，遗址公园初具规模，深埋地下1500年、影响后世城市规划的汉魏城市格局和宫城轴线基本显现，使人们领略到赫赫帝都的兴盛衰落和朝代更替的历史沧桑。

目前，宫城正殿太极殿、神虎门遗址的保护展示工作正在按照国家文物局批复意见稳步推进，宫城显阳殿遗址保护项目已获得国家文物局立项批复，内城阊阖门至建春门大街、西明门至青阳门大街、铜驼大街南段保护展示方案正在编制。未来将完整地保护展示汉魏洛阳城内城城圈以及内城的历史道路路网格局、宫城区、皇家寺院永宁寺、金村东周王陵区、洛南礼制建筑区等，依托内城西墙西阳门遗址，与即将建设的汉魏洛阳城遗址博物馆连为一体，汉魏洛阳城大遗址的保护展示利用将在探索中不断前行。

汉魏洛阳城遗址博物馆展陈规划

汉魏洛阳城是公元1—6世纪中华文明发展史上东汉、曹魏、西晋、北魏四个重要王朝的都城，是这一时期丝绸之路的东方起点。汉魏时期是中国古代历史上社会大变革、民族大融合、中外大交流的重要时期，不同民族的文化相互交融和碰撞，孕育和产生了诸多新的文化因素，极大地促进了社会经济的发展，丰富了中国古代文化的内涵。同时，汉魏时期也是中国古代历史上承前启后的重要转折期，上承两汉余脉，下启隋唐盛世，对魏晋以降的历史产生了深远的影响。作为当时物质文明最高载体的国都，汉魏洛阳城在城市布局、宫室制度等方面的创新与变革，也具有鲜明的时代特征。

汉魏洛阳城遗址博物馆规划的展陈体系由主题展览、专题展览和临时展览组成。

主题展览

主题展览之一"煌煌洛都　建中立极"，分为"周秦西汉洛阳——洛都滥觞""东汉洛阳——洛都开端""魏晋洛阳——洛都重建""北魏洛阳——洛都辉煌"四个单元，基于历史文献和60年来的考古发掘研究，以历史沿革为主线，展示汉魏洛阳城的物质文化遗存，探究其都城建设思想、建筑规划理念，进而揭示汉魏洛阳城1600年建城史的历史文化面貌。

主题展览之二"择中立宫　太极巍巍"，展示北魏洛阳城都城沿革、布局、创新和影响。孝文帝从塞北平城徙都洛阳，承袭中华民族历史上"择中立都"的理念，在都城规划营建时"择中立宫"，形成完整、规整的都城"中轴线"，确立了太极殿这一宫室制度，创建了三重城圈和坊市制都城格局，开启了此后古代都城发展史的先河，直接影响隋唐两京，更为其后的宋、元、明、清所继承，并远播至东亚日、韩等国。展览进而解读北魏洛阳城对夏商周、秦汉魏晋以来中国古代都城传统核心文化的继承与发展,进一步深化都城作为国家政治中心的"中"之理念,突出表现中华民族文化认同和国家政治认同。

主题展览之三"上下求索　洛都新生",重点梳理汉魏洛阳城的考古发现历程,介绍重要的考古发现和研究成果,并对21世纪以来汉魏洛阳城文化遗产保护理念、规划设计与建设管理等方面的工作进行回顾和展望。

专题展览

专题展览包括"汉魏洛阳　丝路起点""客家之源　根在河洛""灿烂文化　有容乃大""大安永宁""洛京窑火""刑徒有名"等,还将设置中国都城发展(或规划)史展馆、中国佛教发展史展馆、中国书法发展史展馆等若干展馆,通过不同专题反映汉魏时期在文化、建筑、宗教、书法、都城规划、民族融合等方面的重要价值和突出贡献。

博物馆以汉魏洛阳城考古研究成果为基础,深入挖掘、阐释遗址的核心价值并进行创造性转化,运用先进的数字技术丰富展示手段,充分发挥文物的历史、文化和社会价值,让公众全方位、多角度、多层次地了解汉魏洛阳城遗址和汉魏文化的丰富内涵,探究当时的物质文化遗存、都城建设思想和规划理念,引导公众认识祖先的生产生活方式及其对后世的影响,激发公众主动参与大遗址保护的热情。

东汉佉卢文井阑石

东汉刑徒墓砖

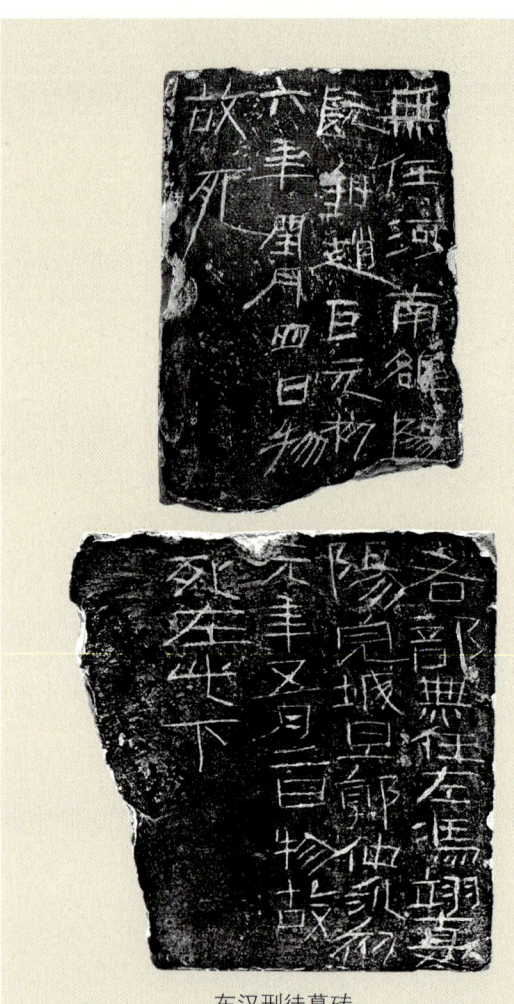

北魏彩绘昆仑奴俑

北魏仿波斯萨珊风格黑釉陶盏

北魏彩绘驮鹿半卧陶骆驼

公众考古活动

强化公众服务能力，突出公众考古特色

汉魏洛阳城遗址博物馆是国家考古遗址公园的重要展示场所，通过大遗址考古、研究、文化遗产保护展示与阐释，充分发挥文化遗产的资源优势，推进文化旅游融合发展，拓展考古遗址公园展示空间，创新保护展示传播手段，改善周边城乡居民生活环境品质，让文化遗产以喜闻乐见的形式融入现代文化生活，满足人民群众的精神文化需求。

汉魏洛阳城遗址博物馆开展多种考古研学旅游活动，打造沉浸式文旅目的地，增强公众对考古学和中华优秀传统文化的认知度和认同感，为坚定文化自信、建设社会主义文化强国、实现中华民族伟大复兴不断做出新的贡献。

（图片：中国社会科学院考古研究所　初稿：吕劲松　王阁　刘涛　统稿：孔利宁）

大明宫遗址博物馆

大明宫曾是大唐帝国的政治中心、经济中心、文化中心和国家象征。唐代22位皇帝中曾有17位在这里主政、生活，它经历和见证了贞观之治、开元盛世、安史之乱、黄巢起义等唐朝重大历史事件。同时，大明宫作为丝绸之路的东方起点，是当时世界上最为辉煌壮丽、规模最为宏大的建筑群之一，是唐代宫室制度和建筑艺术的最高成就和典型代表。

在大明宫原址上建立的大明宫遗址博物馆，是一座以展示唐代大明宫历史文化为主题的综合性博物馆，2010年10月1日正式建成并对外开放，全面展示大明宫宏大的宫城规模、精巧的宫殿建筑以及绚丽灿烂的唐代历史文化。

大明宫遗址博物馆正门

大明宫遗址的考古工作

大明宫遗址位于陕西省西安市，是唐长安城"三大内"（太极宫、大明宫、兴庆宫）中规模最大的一座。1961年3月4日，大明宫遗址被国务院公布为第一批全国重点文物保护单位。2014年6月22日，大明宫遗址作为中国、哈萨克斯坦、吉尔吉斯斯坦三国联合申遗项目"丝绸之路：

长安—天山廊道的路网"的一处遗产点，正式列入《世界遗产名录》。

大明宫遗址的考古工作可分三个阶段。第一阶段为 1957—1979 年，考古人员对大明宫遗址开展了全面的考古调查，通过发掘含元殿、麟德殿、玄武门等遗址，揭示了大明宫遗址的历史文化内涵。第二阶段为 1980—1994 年，先后发掘清思殿、三清殿、东朝堂、翰林院、含耀门等遗址，为研究唐代的朝寝制度、宫室高台建筑提供了新视角。第三阶段为 1995 年至今，先后完成含元殿遗址的第二次考古发掘、太液池遗址和丹凤门遗址的发掘，以及御道的普探和局部发掘。2008—2010 年进行复查性普遍勘探，将遗址数据纳入城市坐标系统，为遗址公园的规划和建设提供了翔实的考古资料。2010 年大明宫国家遗址公园建成后，发掘了官署遗址，初步探清了官署区的道路、水沟、隔墙等遗迹情况，目前考古工作仍在继续。

通过三个阶段的考古工作，厘清了大明宫的位置和范围，明确了大明宫与唐长安城外郭城、禁苑、东内苑、西内苑的关系，以及宫区的基本布局和各类建筑基址的分布情况。对各单体建筑基址的发掘，为唐代建筑技术、工艺、材料的研究提供了珍贵的实物资料，也为中国都城考古研究和中国古代建筑史研究提供了丰富的考古实证。大明宫遗址已经成为中国古代都城及宫室制度、建筑文化、遗址保护等研究领域的学术热点。

历年来，大明宫遗址出土了大量文物标本，除金银器、铜铁器、陶瓷器、佛教造像、封泥之外，最多的是砖、瓦、石等建筑构件，其中不乏纪年砖、线刻或浮雕石构件等精品，种类齐全，品样丰富，堪称唐代建筑材料标本的宝库。

石佛首

螭首

葡萄瑞兽纹方砖　　　　　　　　　　　　　团花纹方砖

大明宫遗址博物馆建设

大明宫国家遗址公园是西安城市建设、大遗址保护和改善民生的重点工程，2007年10月正式投入建设，以"整体拆迁、整体建设"为思路，实施遗址保护拆迁项目，对大明宫遗址附近的10万居民、88家企事业单位进行拆迁、安置。同时，运用新理念、新技术、新材料对遗址进行创新性展示和利用，最大限度地保证文物发掘工作的真实性和完整性，以及保护和展示利用的科学性、先进

大明宫国家遗址公园鸟瞰图

性，打造"遗址与公园"的复合体，开创了我国大遗址保护的先河，实现了文化遗产保护、文化传播、旅游观光、休闲生活的和谐共生，是文旅深度融合的成功范例。

大明宫遗址博物馆前身为1981年8月建立的大明宫遗址保管所，馆址原先设于大明宫麟德殿遗址，后迁至大明宫含元殿遗址。基于遗址保护的原则，博物馆采用半地下式建筑格局，建筑面积9989平方米，展陈面积3600平方米，外观与遗址区整体风格保持一致。

遗址保护，彰显文明

2007年之前，大明宫遗址的保护以看护式管理和点状保护工程为主。1957年，中国科学院考古研究所首次对大明宫遗址进行全面考古调查和发掘工作；1995年，联合国教科文组织、中国、日本三方签署协议，实施含元殿遗址保护工程；2005年，陕西省人民政府公布《唐大明宫遗址保护总体规划》。

2007年10月，西安曲江大明宫遗址区保护改造办公室成立，宣告大明宫遗址保护工作进入新阶段。以《唐大明宫遗址保护总体规划》《西安唐大明宫国家大遗址保护展示示范园区暨遗址公园

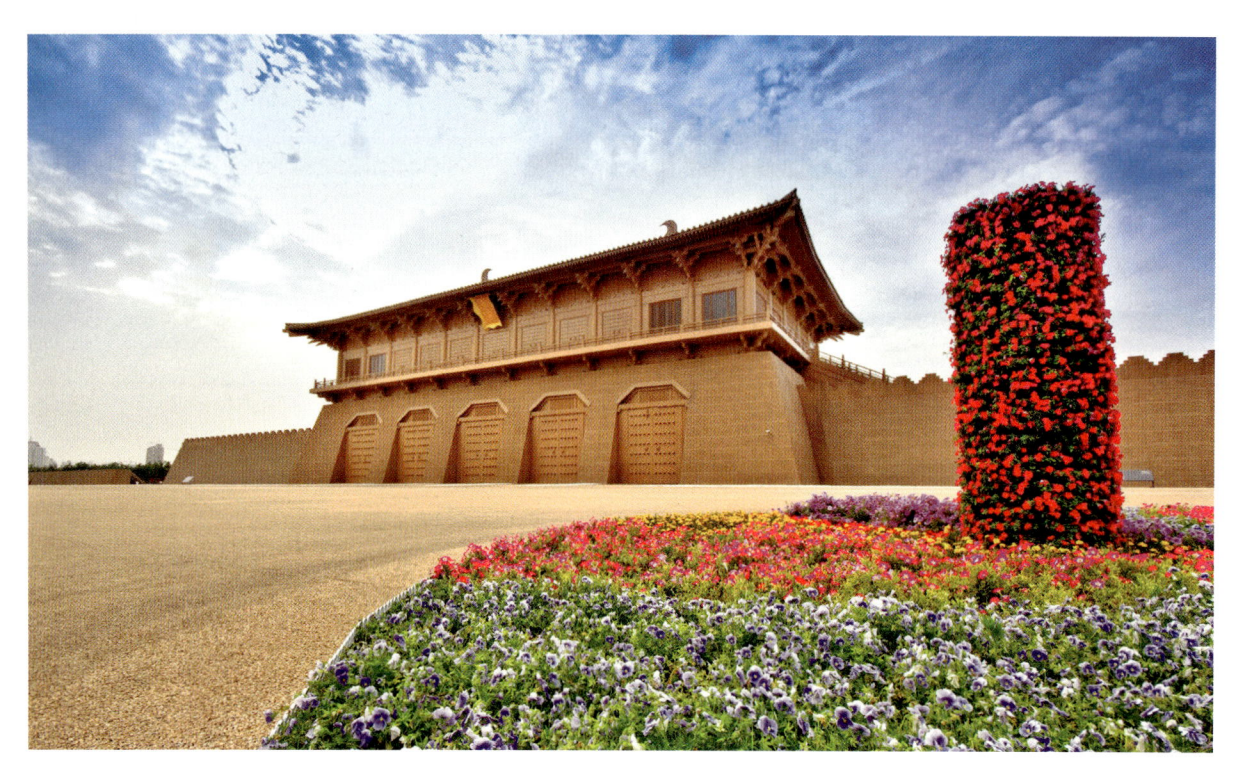

丹凤门遗址博物馆

含元殿遗址保护展示

太液池景观

总体规划》《唐长安城大明宫遗址管理规划》《大明宫遗址及周边区域整体保护利用规划》等各项规划为指导，推进遗址保护、国家考古遗址公园建设及完善、世界遗产核心区及缓冲区管理、大明宫遗址及周边区域整体发展等各层级工作。

同时，以申报世界文化遗产为契机，实施遗址本体保护展示工程，确保大明宫遗址保护的真实性、完整性及最小干预性，对具有突出价值的部分遗址组织设计保护展示方案。近年来，实施完成了玄武门内西侧遗址、玄武门内过路桥涵遗址、太液池北道路遗址、含元殿遗址、含元殿南侧渠道遗址、太液池遗址、太液池南岸石桥遗址等文物保护展示工程。全面科学的保护展示工作，深度解读、还原、诠释和传承了大明宫遗址的文化价值。

2020年，大明宫国家遗址公园获评国家AAAAA级旅游景区。2021年10月12日，隋大兴唐长安城遗址（含大明宫遗址）入选国家文物局《大遗址保护利用"十四五"专项规划》"十四五"时期大遗址名单。2021年10月18日，唐大明宫遗址入选"百年百大考古发现"。

科技赋能，解读"千宫之宫"

大明宫遗址博物馆的基本陈列为"云里凤城宫阙飞——大明宫历史文化与遗址保护陈列"，由"千宫之宫""如日之升""万国来朝""守望辉煌"四个单元组成，以大明宫的兴建、建成和毁废的全过程为线索，集中展示了唐大明宫的布局、功能、使用与历史意义，并介绍了大明宫遗址的考古发掘过程、大明宫国家遗址公园建设项目及远景规划，通过多种展示方式呈现盛世大唐的全景图。

展厅整体采取串联型布局，入口与出口为同一展厅，展线贴合参观路线，其中第三展厅展线最长，集中展示盛唐文化的繁盛。展线上文物分布适当，在展线空隙较长的区域增设辅助展品及景观模型，同时采用高科技手段烘托参观氛围，营造历史感与沉浸感。

2021年9月，大明宫遗址博物馆经过提升改造，以崭新的面貌与观众见面。本次提升融入多项高新科技，陈列内容更加丰富多元，除历史文物陈列之外，综合运用声、光、电等多种技术，使大明宫遗址博物馆成为多功能、综合性文化体验中心。

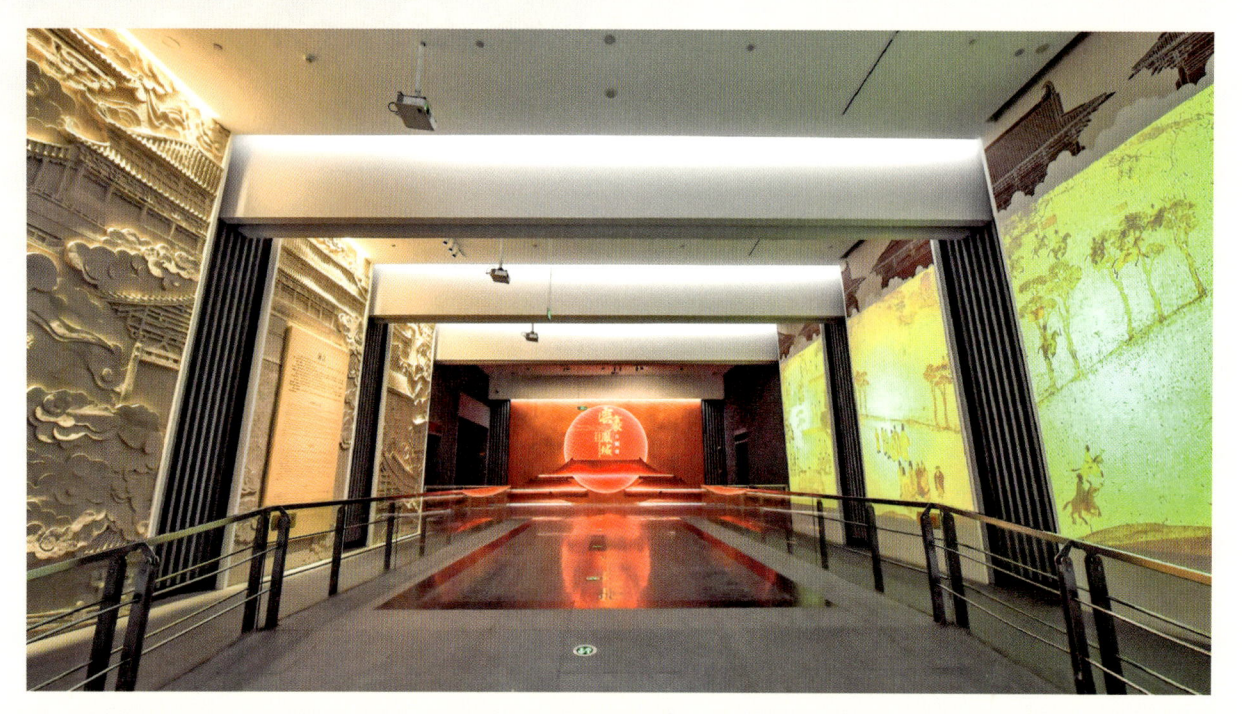

基本陈列展厅

"千宫之宫"单元展厅

"千宫之宫"单元通过三维投影技术建立大明宫遗址的微缩模型，观众轻触地域名称，布局版图就会相应亮起，使历史中的城池跃然眼前。从古今对照电子地图，到中外宫殿规模比对，用科技探寻大唐故事，以交互方式进一步加深观众对遗址的认识。

"如日之升"单元重现了大明宫的营建故事，从含元殿营建微缩场景，到大明宫营建历程主题影片，开启了那段200余年的历史。展厅内更是利用全息技术，让唐太宗李世民的影像出现在观众眼前，与观众近距离接触、交流，达到故事演绎的效果。

"万国来朝"单元采用"前朝后寝"的空间结构，丰富的展品展示了唐代的政治与外交，含元殿、宣政殿、紫宸殿的复原模型引导观众了解大明宫内的建筑样式、功能、布局等，彰显大明宫的"建筑之奇"。围绕"元日大朝会"这一场景，通过全息投影的方式，观众可以置身于四方来使的路途中、长安城的繁华街道中、盛大威严的元日大朝会中，重返历史现场，感受盛世大唐的开放包容与繁荣昌盛。

这个单元还设有游戏环节，让观众沉浸式体验真实的大唐皇室生活。宫苑区域设置了AR换装区，观众可通过增强现实技术实现换装互动，抬手就能选择自己喜欢的大唐妆容和服饰。后寝区域展示了大明宫的茶、棋、马球等互动体验，全息技术呈现的《霓裳羽衣舞》，进一步提升了展览的参与性和娱乐性。

"守望辉煌"单元从1957年中国科学院考古研究所发掘麟德殿遗址开始，通过照片和文字展

化妆、换装体验项目

示大明宫遗址在发掘和保护方面走过的 60 余载光阴。

大明宫遗址博物馆通过新型技术的运用，让观众零距离参与历史、感受历史，搭建起一座跨越历史与现实的桥梁，是让遗址和文物"活"起来的创新尝试，为诠释大明宫的历史与未来开辟了一条崭新的道路。

大明宫遗址博物馆也注重文博单位之间的互动交流，引进了丰富的临时展览。先后与圆明园遗址公园、成都金沙遗址博物馆、三星堆博物馆、殷墟国家考古遗址公园、陕西历史博物馆、敦煌市博物馆、闽越王城博物馆等机构联合举办精彩纷呈的展览。神秘的古蜀文明、残破的时代记忆、文字的象形面貌，都在这里绽放光彩，极大地丰富了遗址区的文化形态。

多元活动，传承历史文脉

大明宫遗址博物馆作为中华优秀传统文化传承基地、全国及陕西省中小学生研学实践教育基地，积极主动普及历史知识，弘扬传统文化，继承传统习俗，提高民族认同感，充分发挥博物馆社会教育职能，将当代青少年热爱历史文化、乐于动手参与的特点与科普教育体验场馆的性质相结合，探索和打造了多项品牌项目和特色主题教育活动，成为集历史文化与考古价值的社会公共教育基地，让遗址与城市和谐共生。

2014 年以来，大明宫遗址博物馆面向 6—12 岁儿童开展"情系传统·快乐'童'行"传统节日系列活动，结合大明宫的文化渊源和历史底蕴，以传统节日教育为切入点，人文传统教育为主线，实践体验为途径，亲子互动为亮点，大胆创新，通过"唐宫展厅游""趣味小课堂""巧巧手制作""考古新体验""游戏大比拼"五个环节带领公众深入体验传统节日的魅力。

博物馆携手共青团西安市委在考古探索中心打造的"小小考古家"青少年考古竞赛活动，以弘扬传统文化为主线，深度注入丝路文化、文物保护等元素，突出实践操作和互动游戏的特色，让青少年以"乐学乐教"的方式近距离接触考古学，在体验遗址深厚文化内涵、感受考古魅力的同时，提升文化遗产保护意识和热情。

2018年，"情系传统·快乐'童'行"传统节日系列活动和"小小考古家"活动分别荣获由陕西省文物局主办、陕西省博物馆协会社教专业委员会承办的"陕西省首届博物馆教育项目优秀案例评选活动"二等奖、三等奖。

"让遗址'活'在当下"是大明宫人努力奋斗的使命，"用遗址传承文化"是大明宫人孜孜不倦的追求。大明宫人将继续丰富文化传播形式，将这一片祖先赋予我们的文化遗产保护好、展示好、传承好。

（初稿：陈婷婷　统稿：周瑞婷）

乾陵博物馆

在陕西关中平原和渭北高原之间，以唐都长安城为中心向西北辐射，西起乾县，东至蒲城，绵延150余千米，群山连绵，巍峨峭拔，错落有致地排列着一条帝陵文化纽带——关中唐十八陵，它们多因山为陵，各具特色，形成一道壮丽的风景线。其中，乾陵是唐代第三位皇帝高宗李治与我国历史上唯一的女皇帝武则天的合葬陵，他们既是一对夫妻，又是两朝皇帝，因此，乾陵在中国乃至世界陵墓建筑史上都具有突出的文化价值。

　　1961年3月4日，乾陵被国务院公布为第一批全国重点文物保护单位，2017年12月被国家文物局列入第三批国家考古遗址公园立项名单，2019年5月，作为"汉唐帝陵"的重要组成部分入选《中国世界文化遗产预备名单》。

乾陵考古与遗址管理

　　乾陵位于梁山主峰之中。整个陵园仿唐长安城格局营造，规模宏大，建筑雄伟富丽。陵园分为

乾陵

主陵、陪葬墓区和陵属三个区域。主陵分为内城和外城，据元朝李好文《长安志图·唐高宗乾陵图》记载，乾陵"周八十里"，陵园原有城垣两重，内城城墙南北一千一百步，东西九百步；外城城墙南北二千五十步，东西一千二百步。内城建有献殿、偏房、回廊、阙楼、碑亭、六十朝臣画像祠堂等。外城建有下宫和邀驾宫等建筑群。20世纪60年代初，经考古工作者实地勘察确认，陵园内城大致呈正方形，南、北墙长度为1450米，东、西墙长度分别为1582米和1438米，总面积约230万平方米。乾陵地面建筑至今虽已不复存在，但建筑基址和内城朱雀门外神道两侧对称排列的100多件大型精美的石雕保存较为完整，其中有著名的无字碑、述圣纪碑、六十一蕃臣像等，为我们研究陵园形制提供了有力的佐证。

神道

据史料记载和考古调查得知，乾陵东南隅有17座陪葬墓，呈扇形分布，墓主皆为皇亲国戚、文武重臣。乾陵陪葬墓区现存封土堆15个，其中懿德太子墓、永泰公主墓和章怀太子墓的封土呈覆斗形，其余均为圆锥形。

1958年12月，乾陵玄宫的隧道口被发现。1960年2月，经陕西省人民政府批准成立陕西省乾陵发掘委员会，开始钻探工作。1961年1月22日，经乾县人民委员会批准，成立"乾陵文物管理所"，主要负责乾陵陵区及陪葬墓文物安全工作。同年，乾陵被公布为全国重点文物保护单位，

无字碑

述圣纪碑

六十一蕃臣像

考古勘探发掘的工作力度进一步提升。

1960—1972年，陕西省文管会、陕西省博物馆、唐墓发掘组（由陕西省博物馆、乾县文教局共同组建）等先后对陪葬乾陵的永泰公主墓、章怀太子墓、懿德太子墓、燕国公李谨行墓、中书令薛元超墓以及祔葬刘仁轨的刘濬墓进行了发掘清理，出土大量珍贵文物和墓葬壁画。其中，釉色亮丽的唐三彩、雕刻精美的石椁线刻画和绚丽多彩的唐墓壁画，被称为"唐墓文物三绝"，为我们研究唐代的政治、经济、文化、艺术及宫廷生活等提供了宝贵的实物资料。

永泰公主墓壁画《宫女图》

1978年8月29日，乾陵文物管理所更名为乾陵博物馆，馆址位于唐永泰公主墓遗址区内。其主要职责为文物及遗址的收藏管理、保护研究、陈列展览、文化宣传等。

近30年来，乾陵的考古发掘、勘探和调查工作持续开展。1995年4月，陕西省考古研究所（2006年更名为陕西省考古研究院）乾陵考古队开始对乾陵陵园东西乳峰阙楼、无字碑、述圣纪碑等遗址进行勘察；9月3日，首次发掘清理乾陵标志性建筑——三出阙阙楼遗址、碑亭遗址及六十一蕃臣像所在位置的部分散水，为后续遗址保护、乾陵地面建筑恢复以及唐代建筑的研究提供了重要资料；11月，发掘清理了懿德太子墓陵园南门门阙建筑基址，并对原献殿遗址（南门遗址）进行了钻探清理。1997年5—11月，陕西

章怀太子墓出土三彩文臣俑（左）、武官俑（右）

懿德太子墓墓道

乾陵博物馆鸟瞰图

省考古研究所发掘清理了乾陵六十一蕃臣像遗址。

2007年7月30日—9月15日，陕西省考古研究院对懿德太子墓陵园进行第二次考古钻探工作，新发现了陵园内城、外城和围沟，对陵园的范围、形制有了更清晰的认识。2008年6月17日，陕西省考古研究院联合乾陵博物馆对乾陵玄武门遗址进行考古钻探和发掘。此项工作历时40余天，钻探面积为2.5万平方米，发掘面积约400平方米，新发现石刻6件（石人基座2件、石虎及牵虎人基座各1件、石仗马2件、石人1件），这些石刻为研究乾陵陵园石刻形制及唐代帝陵石刻制度提供了新的实物资料。2009年，乾陵博物馆配合陕西省考古研究院完成了乾陵陵园西侧及部分陪葬墓的钻探工作，钻探章怀太子墓墓园4万平方米及乾陵小南沟窑址3000平方米。2010年，两家单位继续对乾陵13座陪葬墓进行了勘探调查，又对乾县上陆陌村古墓（疑为乾陵陪葬墓）外围以及李谨行墓圆形壕沟、乾陵东门门阙、南门第一道双阙和乾陵外城城垣进行了调查，调查范围还包括乾陵小南沟窑址群周边，勘探面积约25万平方米。至此，乾陵陪葬墓勘探工作基本完成。2010年6月，对乾陵东门双阙、南门第一道双阙进行钻探；2015年10月12日，对乾陵南门门址区域进行考古勘探，以了解南门遗址的平面形制与结构。通过这些发掘、钻探、勘探、调查等工作，乾陵陵园的范围、形制以及陪葬墓的情况日益明晰。

为了加强乾陵遗址及周边环境治理，乾陵博物馆历时 11 年完成了《乾陵保护总体规划》的编制工作，2013 年 8 月获得国家文物局批准，2015 年 3 月由陕西省人民政府公布实施。《乾陵保护总体规划》的编制与实施对乾陵文化遗产的发展、保护与管理、开发与利用等多方面具有积极的指导意义，科学研究与文物保护见证了乾陵文保事业的变革与发展，这也是乾陵人不懈努力取得的成果。

科学研究与文物保护

乾陵博物馆重视学术研究，共出版专业论著、科普读物、图录画册等 37 种，在核心期刊、省市级以上刊物发表专业论文 300 余篇。由乾陵博物馆主办的《乾陵文化研究》已连续出版 14 辑，收录论文 600 余篇。2016 年 12 月，由陕西省考古研究院和乾陵博物馆联合编著的《唐懿德太子墓发掘报告》出版，该报告全面系统地总结了懿德太子墓的发掘情况，是乾陵考古研究的一座重要里程碑。除此之外，还出版了《唐代帝王陵墓》《永泰公主与永泰公主墓》《线条艺术的遗产——唐乾陵陪葬墓石椁线刻画》《唐墓室壁画与彩绘陶俑修复与保护——以唐乾陵永泰公主墓、章怀太子墓为例》《乾坤之间——唐乾陵艺文志与大事记》等专著，均具有较高的学术价值。

乾陵博物馆的文保工作从未停止。以石刻文物保护为例，1992 年"乾陵石刻文物保护研究"项目启动；1998—2000 年，完成"乾陵发掘前期出土文物保护综合研究"；2003—2007 年，完成"唐乾陵石刻风化的超声波探测研究"；2004—2009 年，陕西省文物局和日本国立东京文化财研究所联合实施"中日唐陵石刻保护项目"，修复保护大型石刻 15 件，完成乾陵陵园内城西门和北门石刻保存修复与环境整治。2004—2005 年，完成"唐乾陵永泰公主、章怀太子墓风化褪色、断裂彩绘陶器的显现加固与修复工程"和"唐乾陵永泰公主、章怀太子墓室风化褪色、滋生蓝藻的现存原始及复制壁画的显现加固、去除与防治工程"，荣获陕西省科学技术一等奖。

全面展示遗址内涵

目前，乾陵博物馆对外开放的遗址展区包括乾陵主陵区、唐章怀太子墓遗址区、懿德太子墓遗址区、永泰公主墓遗址区及一座仿唐地宫。同时，博物馆先后推出多个主题展览，如"乾陵出土文物照片展""乾陵陪葬墓出土文物展""咸阳文物精华展""乾陵文物精品展""丝路胡人外来风——唐代胡俑展""丝路唐梦——唐代胡俑文物精品展""武则天时代展""懿德太子墓文物精品展""懿德太子生平展"等，系统展示乾陵及相关遗址出土的精华文物，深入阐释遗址内涵，重现大唐华彩。

"丝路唐梦"展厅

"乾陵文物精品展"于2010年11月对外开放，展出精品文物百余件，包括乾陵陪葬墓中出土的部分珍贵文物。展览以唐三彩、彩绘陶俑、唐墓壁画和石椁线刻画为主要内容，彰显乾陵特色，反映出唐代前期多彩的文化风貌和丰富的社会内容。

"丝路唐梦——唐代胡俑文物精品展"集中展示了乾陵博物馆、陕西省考古研究院、咸阳市文物保护中心、昭陵博物馆、陇县博物馆等五家单位的近百件藏品，包括胡人牵驼俑、昆仑俑、骑驼俑、嬉戏胡人俑、载物骆驼俑等，反映了唐代的开放政策和丝绸之路上的商贸往来。

"武则天时代展"以武则天时代文物为主，辅以图文展板，运用场景、绘画、图片、图表、雕刻、多媒体等多种手法，营造武周时代的宫廷氛围，生动展示了武则天的生平及盛唐时期的政治改革、农工商经济、军事与外交、文化与宗教。展厅还展出了彩绘仕女俑、彩绘贴金铠甲骑马俑、三彩胡人牵驼俑等具有代表性的唐代珍贵文物。

"武则天时代展"展厅

博物馆教育惠及民生

乾陵博物馆的社会宣传教育工作包括旅游讲解咨询、博物馆教育项目策划及实施、志愿者服务、公众调查、教育读物及讲解词的编写、讲解大赛组织实施、共建协议签订等多项内容。

1995年乾陵博物馆成为全国爱国主义教育基地，先后与复旦大学、西北大学、延安大学等20多所学校签订了共建爱国主义教育基地协议。每年组织爱教小分队深入学校、社区、企业、部队等开展不同主题的社教活动，利用乾陵博物馆丰富的藏品，围绕陈列展览，遵循"三贴近"原则，开展各类宣传教育活动300多场次。每年提供讲解服务约1万批次，为残疾人、特殊群体义务讲解300多批次。

乾陵博物馆研发的"丝路胡风"教育课程，分别荣获2015—2017年度中国博物馆青少年教育课程优秀案例推介展示活动"优秀教学设计奖"、2018年陕西省首届博物馆教育项目优秀案例评选活动一等奖。2019年，乾陵博物馆入选陕西省第二批中小学生研学实践教育基地。

（初稿：侯晓斌　统稿：裴梦斐）

法门寺博物馆

法门寺博物馆是国内首座以大唐宫廷珍宝和佛教文物为馆藏特色的专题性博物馆。1987年4月3日，埋藏1113年的法门寺唐代地宫重见天日，2000余件大唐皇室供佛珍宝簇拥着举世无双的佛指舍利横空出世，震惊世界。陕西省人民政府决定就地建设法门寺博物馆，以便更好地收藏、保护、研究和展示这批文物珍宝。法门寺博物馆于1988年11月9日正式对外开放。

法门寺博物馆鸟瞰图

石破天惊的法门地宫

法门寺遗址位于陕西省扶风县法门镇，是中国20世纪最重要的考古发现之一。法门寺始建于东汉末年，距今已有1800余年的历史，因为佛祖真身舍利的入藏而成为中国古代佛教圣地，素有"关中塔庙始祖"之称。法门寺古称"阿育王寺"，隋时改称"成实道场"，公元618年，唐高祖李渊改为"法门寺"，沿用至今。李唐王朝21位帝王中有8位皇帝6次迎奉佛指舍利到长安或洛阳皇宫进行供养，因此，法门寺被誉为皇家寺庙。送还舍利时，大量的皇室供佛珍宝便伴随着佛指舍利送入地宫。

法门寺遗址面积为6.2万平方米，1956年被陕西省人民政府公布为陕西省文物保护单位，2006年被国务院公布为第六批全国重点文物保护单位。1981年，法门寺明代砖塔坍塌，因保护和维修需要，1985—1987年，先后对法门寺残塔、塔基进行清理及考古发掘，发现了目前世界上规模最大、等级最高的佛塔地宫。

法门寺考古发掘现场

法门寺遗址出土了《大唐咸通启送岐阳真身志文》（简称"《志文碑》"）和《监送真身使随真身供养道具及金银宝器衣物》（简称"《物账碑》"）两通碑石，对了解地宫沿革、勘校文物名称及数量具有重要意义，后者更是国内现存的篇幅最长、物主最多、种类最繁的献物账碑。出土文

法门寺地宫遗址

物包括目前世界上唯一的释迦牟尼佛指真身舍利、金银器 121 件（套）、琉璃器 20 件、秘色瓷器 14 件、石质文物 20 件、漆木器 21 件等各类珍贵文物，以及各类钱币近万枚。除此之外，地宫还出土了大批丝织品及衣物。这些文物为佛教考古和唐代文化研究提供了珍贵的实物资料。

文物保护与研究

建馆以来，法门寺博物馆一直把藏品管理和保护工作放在首位，认真贯彻执行"保护为主、抢救第一、合理利用、加强管理"的文物工作方针，正确处理文物保护与利用的关系，不断创新文物利用理念与方法，提高文物保护管理水平。随着国家文物局"十二五""十三五"期间文保重点项目"法门寺博物馆可移动

考古专家发现第一枚舍利

> 舍利，源自梵语，意为遗体、遗骨等。法门寺塔地宫居于核心地位的便是佛指舍利。1987 年 5 月 5 日，即农历的四月初八佛诞日，在法门寺唐塔地宫中发现了第一枚佛指舍利，其后又陆续发现了三枚佛指舍利。四枚舍利中第三枚为释迦牟尼佛真身指骨舍利，其大小和形状，与地宫《志文碑》记载的"长一寸二分，上齐下折，高下不等，三面俱平，一面稍高，中有隐迹，色白如玉，少青，细密而泽，髓穴方大，上下俱通，二角有文，文并不彻"完全相同。其余三枚为影骨舍利，也被视为佛教圣物。

秘龛中出土的五重宝函（真身舍利宝函）

迎真身银金花四股十二环锡杖

出土于地宫后室,由唐懿宗供奉。锡杖为佛教法器,源于天竺僧人所持之声杖,用以在市井中摇动以乞食供养。称为锡杖,并非因其材质,而是因其有除烦恼、去轻慢、明智慧、增成就等多种寓意。这件锡杖以其独特的历史、宗教和艺术价值,成为法门寺博物馆的镇馆之宝。

盘口细颈贴塑淡黄色琉璃瓶

出土于地宫后室，是不可多得的东罗马或伊斯兰早期琉璃器珍品，应该是早期盛放舍利所用的佛教器具。

罂粟纹黄色琉璃盘

出土于地宫后室，由唐僖宗供奉。这是世界现存最早的釉彩琉璃器，也是法门寺地宫出土唯一一件釉彩玻璃作品。考古工作者在法门寺地宫后室发现了20件晶莹剔透、造型精美、纹饰独特、有着明显异域色彩的玻璃器，采用刻花、描金、釉彩、模压、贴塑等先进工艺制作而成。它们是从东罗马和阿拉伯国家不远万里传入中国的"琉璃"，是当时丝绸之路上中西文化交流和贸易往来的实物见证。

文物预防性保护项目""法门寺博物馆馆藏珍贵文物防震预防性保护项目"的实施，博物馆创建了馆藏文物预防性保护环境监测控制系统，提升了馆藏文物防震预防性保护能力，降低了次生灾害风险。

法门寺博物馆30余年来在多个研究层面取得了突破性研究成果，先后举办专题国际学术研讨会近20次，出版论文集15部、各类专著和普及读物50余部，发表论文200余篇。

法门寺金银茶器具的发现，揭开了中国茶文化研究最精彩的一页。2019年8月9日，成立中国国际茶文化研究会古茶器具研究院，这是中国国际茶文化研究会在国内唯一授权成立的专业研究机构。法门寺唐塔地宫出土的20余件香具及相关器物，堪称集有唐一代金属质地香具之大成，为迄今我国唐代考古史上数量最多、种类最繁、等级最高的香具实物集群性发现，是中国香具考古的一次重大突破。此外，馆内学者围绕出土秘色瓷展开的研究，在一些关键领域和关键环节取得了重要成果，引起学界的高度关注。

鎏金雀鸟纹银香囊

这件鎏金雀鸟纹银香囊为唐僖宗供奉，是唐代宫廷御用品。香囊为镂空球体，上下半球体以合页铰链相连，钩状司前控制香囊之开合。香囊内有一钵状香盂及两个平衡环，香盂与内平衡环之间、内外平衡环之间均以短轴铆接。圆球滚动时，内外平衡环随之转动，而香盂的重心始终保持水平不变。唐代诗人元稹在《香球》中赞叹"顺俗唯团转，居中莫动摇。爱君心不侧，犹讶火长烧"。这种香囊制作技艺代表着中国古代香具的最高水平。

五瓣葵口圈足秘色瓷碗

此碗由唐懿宗供奉,为唐代朝廷官造专供宫廷之器,做工考究,胎质细腻纯净,微泛绿色,呈现出"无中生有,似盛有水"的效果,犹如一张收口的荷叶,端庄素雅,为唐代皇家御用的稀世之宝。

"秘色"一词最早见于唐代陆龟蒙的《秘色越器》诗中,诗人盛赞秘色瓷"九秋风露越窑开,夺得千峰翠色来",让人对秘色瓷的美丽充满了遐想。秘色瓷在古代久负盛名,其工艺自五代以后渐渐失传,长期以来缺乏实物印证。法门寺唐塔地宫出土的14件秘色瓷,除1件八棱净水瓶外,其余13件在《物账碑》中均有明确记载,实物与碑文一一对应,结束了考古界探求秘色瓷的悬案,是中国陶瓷史研究的重大突破。

法门寺地宫出土的唐代丝绸制品数量大、品种多,所承载的科技、艺术和中外文化交流的信息量极大,是唐代纺织品考古的一次空前发现。《物账碑》记载属于武则天、唐懿宗、唐僖宗、惠安皇太后、昭仪、晋国夫人等皇室贵胄供奉的丝织物就达700多件,包括绣裙、袈裟、佛衣、绣帕、袜子、绣鞋、花罗衫、披袍、被褥、床罩、锦席褥子、靴子、长袖衣、帽子、枕头、揩齿布等40多个品类。大多为服装和鞋帽之类的生活用品,仅帽子就有百余顶,绣鞋百余双。这批丝织物中还出现了印花、贴金、描金、捻金、织金等以前鲜见的工艺,尤其是代表唐代工艺最高水平的菱纹织金锦,是目前考古首次发现的唐时织金锦实物。围绕5件馆藏蹙金绣开展的实验考古学研究及捻金线制作工艺专题研究,填补了国内相关研究的空白。

唐代蹙金绣丝织品

地宫出土最为珍贵的丝织物是5件用捻金线制作的蹙金绣。关于"蹙金绣",古史书曾有记载,唐代大诗人白居易的诗中也有"蹙金绣""盘金线"等词句,但从未见过实物。这批蹙金绣的出土令人大开眼界,使人联想到杜甫、王建"绣罗衣裳照暮春,蹙金孔雀银麒麟""看着中元斋日到,自盘金线绣真容"的诗句,实为权贵豪奢的真实写照。它的捻金线平均直径为0.1毫米,最细处仅0.06毫米,比头发丝还细,每米蚕丝线上绕金箔3000捻回,即使现今的高科技也难以企及。尤其在用捻金线圈边时,如画家用笔,圆韧挺拔,轮廓、线条流畅自然,色泽晕润由浅到深,如有生命。

展厅外观

多维展示大唐气象

　　法门寺博物馆占地44 700平方米,建筑面积14 270平方米,以暗红色为主色调,搭配青砖绿瓦,是唐式建筑风格的完美体现。馆藏文物9439件(组),由基本陈列和专题陈列组成陈列体系,向世人展现大唐盛世的辉煌气象和佛教文化的博大精深。

　　基本陈列"宁静的辉煌"分为法门寺历史文化、法门寺舍利文化、法门寺大唐珍宝三大部分。法门寺历史文化陈列讲述法门寺的历史沿革。丝路西去,佛典东来,法门寺地处佛教东传必然经途。唐代法门寺盛极一时,宋代承唐之盛,犹有宏制。明代晚期有重修寺塔之举,清代以后渐见衰落。法门寺舍利文化陈列展示唐代佛教文化精华,展陈以舍利宝函为中心,四枚舍利为主体,构塑包罗万象的大千世界。法门寺大唐珍宝陈列向世人展示唐代的皇家生活,展品除地宫出土佛教法器、供养器外,多为唐代皇帝奉佛的世俗物品,包括皇室日常生活所用之食器、茶具、熏香器、服饰、钱币以及各类珠宝杂件等。

　　整个基本陈列全面展示了法门寺精美绝伦的金银器、盛名远播的秘色瓷、巧夺天工的丝织品、美轮美奂的域外琉璃、高雅完备

展厅内景

的宫廷茶具、智慧庄严的佛教法器和精心设计的舍利宝函等文物，充分阐释了大唐王朝雍容大度、雄浑豪迈的时代特征，获评第五届（2001—2002年度）全国博物馆十大陈列展览精品。

"唐代茶文化"专题陈列以大唐茶事为主题，集中展示法门寺地宫出土茶具精品，如以唐僖宗乳名"五哥"为标记的系列金银茶具，这是目前所知时间最早、组合最全、等级最高的成套茶具，并阐释从烘焙、研磨、过筛、贮藏到烹煮、饮用等制茶、饮茶的全过程。"唐密曼荼罗文化"专题陈列以地下展厅的形式，复原法门寺唐塔地宫出土密教遗物及图像的场景，突出了法门寺在中国唐密曼陀罗文化历史上的重要地位。

茶具展柜

爱国教育弘扬传统文化

作为陕西省1995年首批命名的省级爱国主义教育基地，法门寺博物馆结合自身资源，打造了一批教育品牌活动，先后开发"大唐宫廷茶宴""探索大唐珍宝背后的故事""我是小小茶博士"等互动体验项目；开展优秀传统文化进校园、馆校联盟等常态化教育活动，突出"传承历史文化，培育人文情怀"主题；开展未成年人第二课堂活动，培养学生爱国、爱民、爱家的情怀，帮助他们树立正确的人生观和价值观，让博物馆成为广大青少年学习历史文化、传承中华文明的重要教育基地。

法门寺博物馆与陕西农村广播联手开设专栏节目，带领听众倾听文物背后的精彩故事，追寻历史的脚步。博物馆在微信公众号、微博等平台组织开展多个线上文化服务项目，持续做好文物资源线上展示工作。策划了唐代茶文化线上直播活动，通过"主播讲解＋现场表演"的形式，将

唐代茶文化直播活动

博物馆的文化资源转化为公众感兴趣的知识和故事，为公众提供精神滋养和文化熏陶。

2021年10月18日，第三届中国考古学大会公布了"百年百大考古发现"，法门寺遗址位列其中。历经千年的法门寺遗址是大唐盛世的珍贵缩影，是灿烂中华文明的光辉一页。法门寺博物馆将继续打造新颖独特的陈列展览及主题教育活动，让越来越多的公众感受博物馆的魅力。

（初稿：权飞　统稿：周瑞婷）

西安大唐西市博物馆

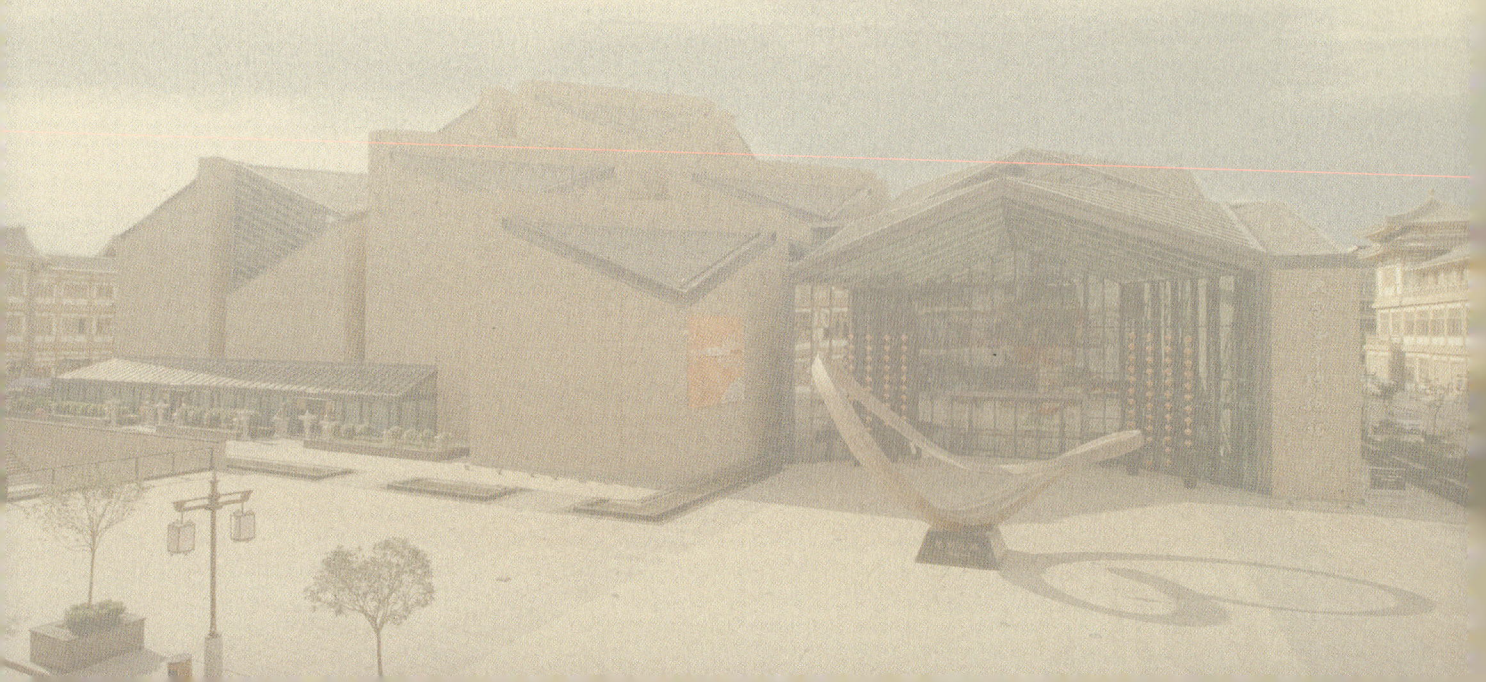

1300年前，盛唐长安城中设有东、西两大市场，其中西市是最为繁华的国际化贸易中心，也称为"金市"。大唐西市博物馆就建于唐长安西市遗址之上，是以盛唐文化、丝路文化和商业文化为主题的中国首座民办遗址类博物馆，于2010年4月7日建成并正式对外开放，2014年5月18日，全面实行免费开放。

大唐西市博物馆南门外景

考古发现，重现丝路商道

唐代长安城东、西两市始设于隋初筑大兴城之时，东市在皇城东南方，始名都会市，西市位于皇城西南方，始名利人市。唐代初期，依方位改为东市和西市。西市是隋唐丝绸之路的起点，西域商客由此进入长安城开展各项商业活动。自公元583年启用到公元904年毁坏，321年间，西市是当时世界上最大的国际市场，对于隋唐时期的经济贸易和城市发展具有重要作用，但史籍中关于西市的记述却不多。

1959—1962年，中国科学院考古研究所西安唐城工作队陆续进行了三次发掘。根据考古发掘

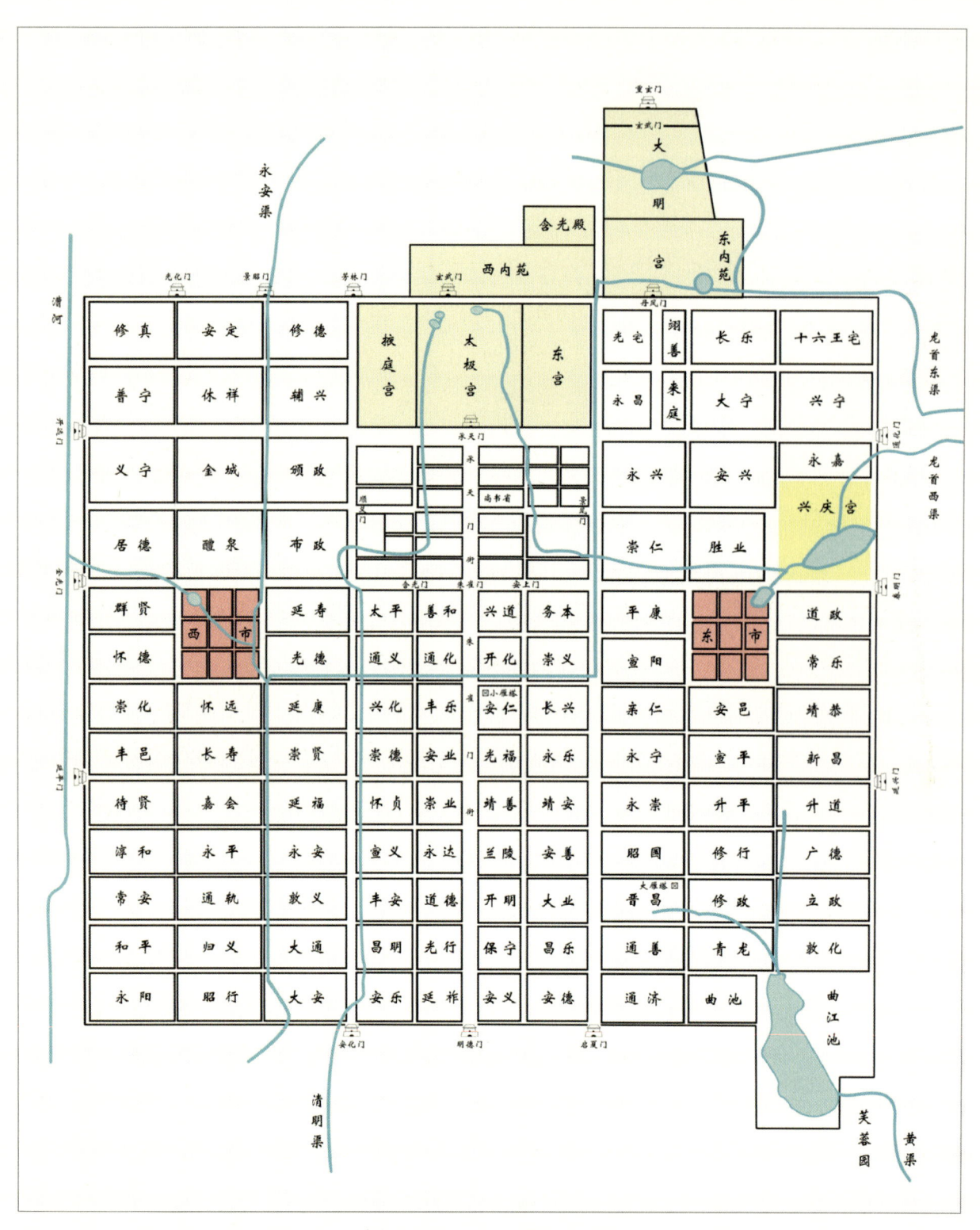

唐长安城里坊及东、西市分布图

成果，西市遗址平面呈长方形，南北长1031米，东西宽927米。西市内有南北向和东西向的平行街道各两条，四街皆宽16米，纵横交错成井字形，将整个市内划分成9个长方形区域。每个区域四面临街，街面遍布店铺，商家数量众多，显示出盛唐时贸易之繁盛。街道两侧均设有排水明沟，在水沟的外侧还有1米宽的人行道。

西市遗址航拍图

1996年11月，西市遗址作为隋大兴唐长安城遗址的一部分，被国务院公布为第四批全国重点文物保护单位。2006年4—8月，中国社会科学院考古研究所西安唐城工作队受西安大唐西市置业有限公司的委托，对该公司施工范围内涉及的唐长安城西市遗址进行了勘探和考古发掘，并首次发掘了西市东北十字街遗址。现存大唐西市土遗址主要有道路与车辙遗迹、排水沟遗迹、东北十字街遗迹及石板桥遗迹4处。其中，西市南大街东端路南发现的第三层路面属盛唐时期，道路坚实，车辙密集，可见当时西市交通繁忙的盛况。排水沟分土筑和砖砌两种，可引水入西市，既通水运，又解决了生产生活供水与排水问题，为西市的正常运作提供了基础保障。东北十字街遗迹明确了西市的基本结构，在其北侧发现的石板桥可供行人通行。

多次考古发掘中，出土了砖瓦、"开元通宝"钱币、盆、罐、碗、三彩陶器残片、铁钉、石器、骨料等。遗址、遗迹和不同类型的文物印证了《长安志》所载"街市内货材二百二十行，四面立邸，四方珍奇皆所积聚"。当时的西市在规模和布局上大气磅礴，是当之无愧的丝绸贸易最大集散地和驰名世界的国际市场。

西市遗址出土的"天宝"纪年条砖

博物馆内景

以商养文，兴建民办博物馆

大唐西市博物馆由大唐西市文化产业投资集团出资建立，占地20亩，建筑面积3.5万平方米，展览面积1.1万平方米，将传统博物馆的设计理念与现代建筑钢化玻璃结构的设计形式融为一体，建筑风格独特、鲜明。建筑主体三层、局部四层，一层为遗址展示区，二层为基本陈列展区和办公区，三层为临时展览展厅、专题展览展厅和业态展示区，四层部分为特别展览展厅。作为民办博物馆的典范，大唐西市博物馆秉持"以商养文，以文促商"的办馆思路，实行理事会领导下的馆长负责制，下设七个部室——办公室、文保科研部、展览宣教部、后勤保障部、保卫部、经营开发部、财务部，机构健全，治理结构明晰。

大唐西市博物馆2013年跻身国家二级博物馆，2017年成为全国唯一获评国家一级博物馆的民办博物馆，先后荣获首批"国家级非物质文化遗产生产性保护示范基地""中国文化遗产保护与传承典范单位""中华优秀文化传承基地""亚洲十大民营博物馆及杰出贡献奖"等荣誉称号，连续十年在西安市民办（行业）博物馆综合考评中蝉联第一名。

文保科研，助力西市发展

2011年11月，大唐西市博物馆编写了《大唐西市土遗址本体保护与修复工程方案》，对现存遗址进行病害（盐害酥粉、虫害、遗址松动剥落、裂缝）成因和状态分析，制定并实施预防性保护方案。同时，设立专职人员负责遗址的日常保护管理工作，监测土遗址的温湿度，及时处理巡视监测中发现的问题。

2010年开馆之际，大唐西市博物馆举办首届民办博物馆发展高峰论坛，各馆代表齐聚一堂共话发展征程；2011—2015年，举办五届民办博物馆发展西安论坛，先后围绕民办博物馆可持续发展之路、海峡两岸民办博物馆发展、民办博物馆如何服务社会大局等主题，探讨当下民办博物馆发展的难点和焦点问题，搭建多种所有制博物馆之间的交流互动平台。

2016年9月，在大唐西市文化产业投资集团的支持下，大唐西市博物馆与法门寺博物馆、吉尔吉斯斯坦伏龙芝博物馆、哈萨克斯坦国家博物馆等共同发起成立丝绸之路国际博物馆友好联盟，并召开首届友好联盟大会。2017年9月，第二届友好联盟大会顺利召开，大唐西市博物馆借助这个新型平台拓展了国际视野，并积极营造有利于民办博物馆可持续发展的环境。2018年友好联盟被纳入国家审批的丝绸之路国际博物馆联盟，大唐西市博物馆成为联盟副理事长单位。

建馆以来，大唐西市博物馆出版图书20余种，包括馆藏或西市文化专论、文物图录、展览图册、会议论文集等，如《大唐西市博物馆藏墓志》《大唐西市博物馆藏墓志研究》《西安大唐西市博物馆》《历史上的大唐西市》《西市宝典》。2010—2019年，配合民办博物馆发展西安论坛和丝绸之路国际博物馆友好联盟大会共出版9本论文集，收录文章282篇，为非国有博物馆的发展提供了理论参考。2018年《西市文博》创刊，开辟了非国有博物馆学术研究、经验交流的新阵地。

多元展示，还原大唐商贸

大唐西市博物馆馆藏文物2万余件，反映唐代丝路贸易和唐人市井生活的文物是其主要特色，

多样的藏品为展览陈列奠定了基础。博物馆展陈体系完备，集历史遗址、考古文物、民间珍藏等内容为一体，采用动静结合的展示方式，如借助多媒体再现西市水运靠岸时的喧闹，仿制银香囊介绍西市的香料售卖行业，还原"窦乂买坑"砖瓦击幡的互动场景等，充分调动观众的听觉、触觉，全面诠释西市历史文化，还原盛唐西市的繁华景象，发挥博物馆教育和文化服务功能。

西市东北十字街遗址展示

西市东北十字街遗址、道路与车辙遗迹、排水沟遗迹位于博物馆一层，是陈列展览的起始。通过原址裸露展示和玻璃覆盖展示，还原西市规模宏大、建筑密集、商贸繁荣、水陆交通便利的景象，以及当时的社会环境和人文状态等，引发观众兴趣，增强参观体验感。

基本陈列以"丝路起点　盛世商魂"为主题，以隋唐长安城西市遗址为基础，涵盖"大唐繁华留胜迹""万里丝路由此启""百业兴旺铸金市""十字井街汇东西""盛世千秋续商魂"五个单元。陈列紧扣隋唐西市的历史地位，全面展示西市的市场运行管理模式、商业形态及其对当时文化交流的影响，表现出西市及丝绸之路在商业贸易的同时传播文化、友谊和财富的重要历史作用，还原盛唐西市二百二十行的繁华景象，复原和再现大唐西市的商人故事，点明中华商魂的主题，体现盛唐生活中文化融合的多元景象。

"丝路起点　盛世商魂"基本陈列

釉陶算珠

西市遗址出土的釉陶算珠为数学史界有关唐代可能已有"珠算"的推断提供了有力证据，同时反映出当时西市商业的繁盛。

回鹘王子葛啜墓志拓片

回鹘王子葛啜墓志印证了唐朝经济发展繁荣、社会开放包容和对外交流频繁。从志文记载可知，回鹘王子葛啜的家族参与平定安禄山之乱有功，受到唐王朝礼遇，后于贞元十一年（公元795年）病逝于长安。在墓志的汉文之后，刻有古突厥鲁尼文17行，文末有一氏族标记。葛啜墓志是我国迄今为止发现的唯一一块唐代汉文、鲁尼文双语石刻墓志，对研究回鹘与唐朝的关系、回鹘历史具有重要意义。

十二峰陶砚

釉陶人物戏狮纹扁壶

西市遗址出土的十二峰陶砚，集蘸笔、研墨、洗笔多功能于一身，造型独特，实用性较强。陶砚以唐人吟诵的"十二峰"山景为题材，以三足和箕形为基本造型，以典型的唐代艺术纹样为主要装饰，是唐代十二峰陶砚断代的标准器。西市周边是长安城佛寺分布较为密集的区域之一，砚足上刻画的三尊金刚力士，记录着东西宗教文化的交流。它见证了丝绸之路起点的繁荣，侧面印证了唐代西市如笔墨砚纸书等各行各业的存在与发展，其质地、形制、纹饰等是文化交流的佐证。

扁壶是古代陶瓷器中的一种特殊器形，由皮囊壶演变而来，多有可以穿绳携带的双耳。张骞出使西域之后，狮子和雕刻狮子的技艺沿着丝绸之路传入中国，受到朝廷和民众的普遍喜爱。西市遗址出土的这件陶扁壶正反面装饰胡人戏狮纹样，再现了舞狮表演艺术的精彩瞬间，是文化多样性的历史见证。

专题展览"货币中的丝路故事——大唐西市博物馆藏丝路古币"展示了48个古国的2000余枚货币，其时代从古中国、古希腊、古罗马、古印度到近代的阿富汗、伊朗王国，纵贯数千年。地域上涵盖了欧洲的地中海沿岸、西亚、中亚、南亚，横跨数万里。它以时间为经、空间为纬，连接起各历史时期丝绸之路沿线各国、各地区的人文背景，展现了绚丽多彩的货币文化，映照出丝绸之路的历史辉煌。

专题展览"贞石千秋——大唐西市博物馆珍藏墓志"展出馆藏14个朝代的500余方墓志，它们记述了众多的人生故事、历史事件和社会现象，保留了大量优秀的书法艺术作品，为研究古代社会历史、文学、艺术等提供了宝贵的实物资料。

特别展览"盛世遗珍——大唐西市博物馆藏精品面面观"精心鉴选了本馆和文物爱好者收藏的青铜器、金银器及陶瓷器精品，致敬以文物交友的诚挚初心，借此寻古之幽思，感盛世昌明，悟收藏之精髓，尽享陶冶身心的文化盛宴。

开馆以来，大唐西市博物馆举办临时展览百余次，展览类型丰富，合作渠道多元，办展方式多样，在加强行业交流与合作的同时，体现了民办博物馆的灵活机制，增添了博物馆的活力。

大唐西市博物馆以丝绸之路国际博物馆友好联盟为依托，与古丝路沿线的国家和地区合作办展，在增进馆际友谊的同时助推"一带一路"文化建设。2014年4月，"陕西皮影展"走进吉尔吉斯斯坦国家历史博物馆，开创了我国民办博物馆走出国门办展的先河；同年5月，引进吉尔吉斯斯坦国家历史博物馆的"吉尔吉斯人19—20世纪物质文化展"。2016年8月，与尼古拉巧克力博物馆合作举办"奇妙的巧克力世界——尼古拉巧克力作品展"；2017年9月，举办"丝绸之路国际博物馆友好联盟丝路文化精品展"。2018年5月成功引进"欧亚大草原早期游牧民族文化——哈萨克斯坦中央国家博物馆文物精品展"，这是该馆文物首次来中国展出；2019年9月，赴哈萨克斯坦中央国家博物馆举办"丝路艺韵——长安画坛选粹"展览。

"贞石千秋"展厅

"陕西皮影展"在吉尔吉斯斯坦展出

教育传播，传承大唐文化

宣传教育促服务

大唐西市博物馆充分利用遗址和馆藏文物资源，传承优秀历史文化，积极参与城市文化建设和公共文化服务体系建设，开展多形式、多层次的社会教育和文化服务活动。开馆至今，举办了400多场弘扬丝路精神的教育活动，接待海内外观众达730万人次。

大唐西市博物馆开创了一系列有影响力的教育活动，实现了教育活动的品牌化、研学化、特色化发展。"丝路炫彩·魅力扎染"体验活动，让观众亲身感受中国民间传统工艺带来的奇妙艺术效果；"穿越西市——西市店主的一天"是配合基本陈列推出的互动项目，脱胎于2012年的未成年人跳蚤市场活动；配合"贞石千秋——大唐西市博物馆馆藏墓志"专题展览，推出"贞石千秋·墨拓精华"墓志拓片体验活动；"跃然纸上·丝路纸道"古法造纸手作体验活动，让参与者通过传统捣捣制浆、打浆、抄纸、铺纸等过程，从传统工艺中体会中华文明，做出独具特色的花草纸；"千年古韵·非遗雕花"剪纸体验活动让剪纸艺术与博物馆文化发生碰撞，剪出纸上的唐文化、剪出博物馆里的精美藏品、剪出丝路上的风光，让观众将历史带回家。

文创开发显特色

大唐西市博物馆文创产品开发另辟蹊径，积极创新，融合发展。博物馆与知名设计师共建丝绸艺术体验中心，集展、演、销于一体。开发馆藏精品文物元素的文创产品，截至2020年底共推出11个系列20余款，其中"西市纪年U盘鼠标""玉石平安系列"分别荣获第三届和第五届陕西旅游商品大赛的银奖和最佳创意设计奖。

长安金市，胡姬酒肆，诗人李白笔下的唐代西市欢快明丽、恣情迈逸，尽显盛唐风范。历史上的西市作为丝绸之路主要的物流源头和世界贸易市场，起到了中外商品集散中心之重要作用，邸店密布，商贾货物东来西去，成就了西市的繁荣，也促进了丝路的辉煌。

大唐西市博物馆始终秉承"社会公益性与文化产业性并举，社会公益性第一"的办馆理念，确立了民办博物馆"以商养文，以文促商"的办馆思路，创新现代博物馆制度。同时，大唐西市博物馆始终以保护历史遗址文物、传承丝路文化、弘扬中华优秀传统文化、传播人类文明、开展社会教育为目标，进行博物馆事业可持续发展的实践与探索。今后，大唐西市博物馆还将继续推动博物馆文化发展与文明的交流互鉴，加强与丝路沿线国家和地区博物馆的合作，与国际接轨，成为公众的精神文化中心和终身教育的第二课堂。

（初稿：陆晶　统稿：周瑞婷）

渤海上京遗址博物馆

上京

黑龙江省渤海国上京龙泉府遗址（简称"渤海上京遗址"）位于黑龙江省宁安市渤海镇，是我国目前地面遗存保存最完整的中世纪都城遗址。1961年，渤海国上京龙泉府遗址被国务院公布为第一批全国重点文物保护单位，"十一五"期间被列入全国100处重要大遗址，2013年12月28日被国家文物局公布为第二批国家考古遗址公园，2021年入选"百年百大考古发现"。

渤海国上京龙泉府遗址

渤海上京遗址附近地理形势图（南—北）

上京城航拍图（北—南）

渤海国，又称忽汗州都督府，是我国唐代东北地区以粟末靺鞨人（其先族在秦之前称肃慎，两汉时称挹娄，魏晋时称勿吉）为主体建立的地方政权。公元698年，大祚荣"据东牟山，筑城以居之"，在今吉林省敦化市建立政权。公元713年，大祚荣被唐朝册封为渤海郡王，加授忽汗州都督，"自是始去靺鞨号，专称渤海"。公元762年，唐代宗李豫封渤海郡为"国"，晋封渤海第三代王大钦茂为"国王"，公元926年，渤海国被契丹所灭。

渤海国鼎盛时期行政建置有五京、十五府、六十二州、一百数十余县。上京城是渤海国最重要的都城，也是渤海国建都时间最长的都城，见证了渤海国这个"海东盛国"的盛衰荣辱，见证了肃慎族系、靺鞨民族融入中华民族的历史进程，是中华民族多元一体的历史见证。

上京城平面呈长方形，周长16.3千米，占地面积16.4平方千米，整个城池由郭城、皇城、宫城三部分组成，整个城址以中轴大街为轴线东西对称。从平面看宫城居于郭城北部正中，呈规整的长方形，皇城位于宫城之南，北隔横街与宫城相望。

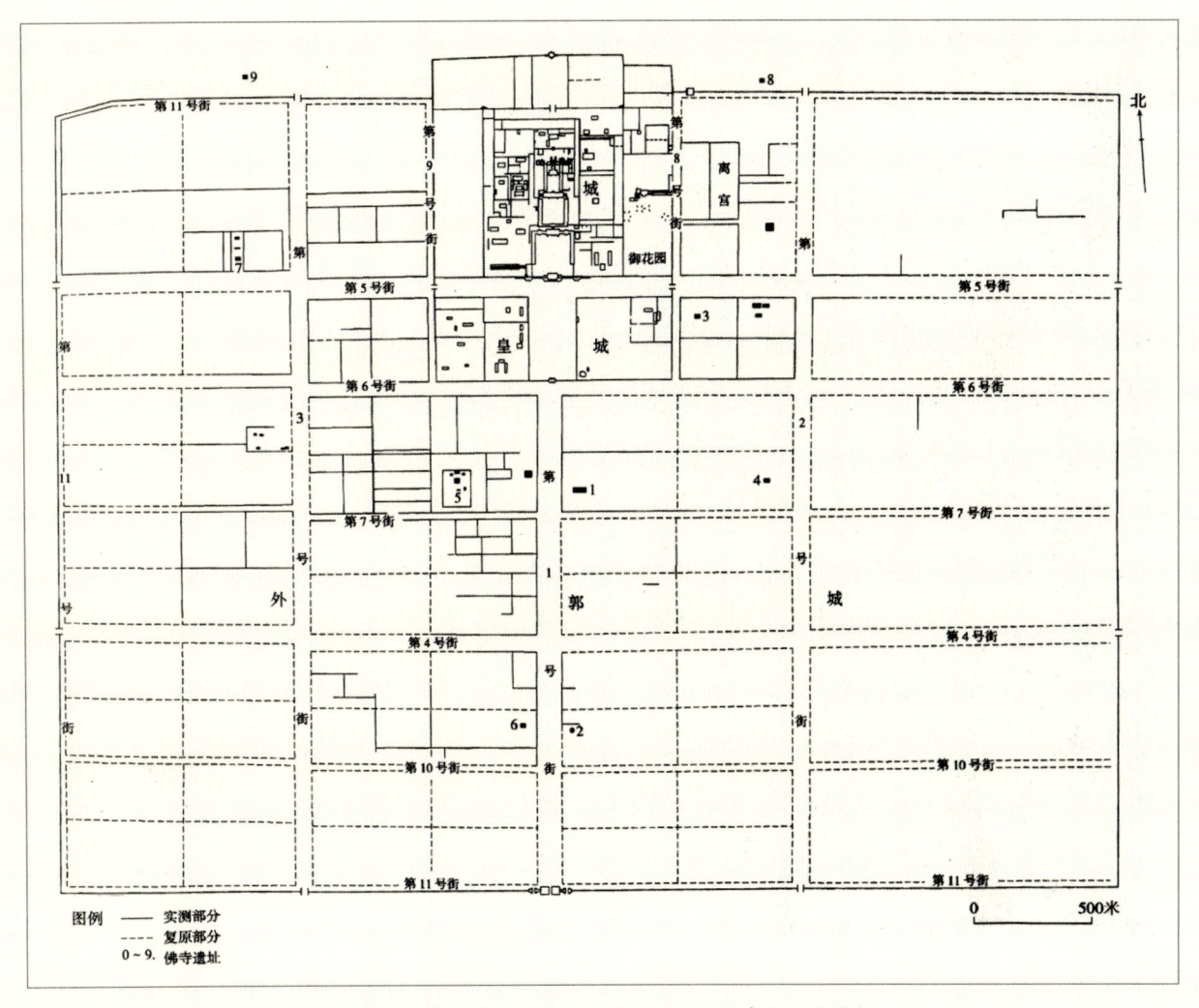

上京城示意图（绘制单位：黑龙江省文物考古研究所）

郭城

郭城东西长约 4500 米，南北宽约 3500 米，面积约 14.93 平方千米，呈东西向长方形，西北角处城墙略向内折，北墙中间正对宫城处向外凸出。整个郭城呈中轴线对称布局，东半城略大于西半城。城墙外有护城河，现最宽处约 3 米，深 1—2 米。

郭城开十门，南北各三，东西各二，位置对称，称"十门制"。1997 年在北垣东段又发现一处新门址，为研究上京城北垣交通状况提供了新资料。

郭城内发现有十条街道，包括东西向街道四条、南北向街道五条及城墙内的环城街，推测在城南部还应有一条东西向街道。各街道宽度不等，大致在 28—110 米。南北中轴线的第 1 号大街或称"朱雀大街"，路面呈鱼脊状，宽110米。在南北、东西向九条大街之间，又有纵横交错的街道和墙垣，把郭城分成若干井然有序的里坊。各坊有石砌坊墙，多为碎石垒砌，墙体宽约1米。里坊的东西长度大致接近，南北宽度相差较大，大里坊大都分布在宫城和皇城周边，小里坊分布在大里坊以外的区域。市区、街坊、里巷全部建在外城内，清初尚"明堂以外九陌三街，依稀可识"。

郭城内外现已调查确认的寺庙遗址有13处，位于中轴大街南部东侧的寺庙遗址，是清初在原址上重建的寺庙，名曰"兴隆寺"，又称"石佛寺"，当地人称之为"南大庙"。兴隆寺内珍藏有渤海时期的石灯幢和大石佛。

兴隆寺俯瞰图

皇城

皇城在宫城南部，平面呈长方形，由东、西两区及两条大街构成，是渤海国百司官署所在地，官衙地表遗迹依稀可辨，经钻探发现官署建筑遗址有10处之多。

皇城中间为T形广场，东西长为1050米，南北宽450米。中部以南北长370米、宽200米的"天街"将皇城分为东、西二区，东、南、西三面各开一门。东、西二区地表仍有清晰可见的建筑遗迹。东区西南角有一石砌椭圆形圆坑，俗称"水牢"，有学者推测可能是祭祀遗址；西区北面有一残高约3米、边长24米的夯土台基，俗称"点将台"，功能不详，有学者认为或与渤海礼制建筑有关。

宫城

宫城位于皇城正北，呈规整的长方形，东西长1045米，南北宽约940米。可划为中区、东掖城、西掖城和圆璧城四部分，在宫城内已确认的建筑遗址有53处。

宫城的布局呈现以下特点：一是采取中轴线对称配置建筑单元；二是仿唐大明宫实行"前朝后寝"的宫室制度；三是在中区由南向北建有五重宫殿；四是在宫城区的东、北、西三面设有禁苑及其他功能区。

中区南北长720米，东西宽620米，外环水壕，占地面积0.45平方千米。宫墙石筑，最高处残高约3米。可分为东、中、西三个区域，每区有环墙相隔。主要宫殿建筑位于中区，分别为中轴线上排列的正南门、五重宫殿、北门等大型建筑以及与之配套的廊庑等附属建筑。宫城正南门俗

宫城全景图（北—南）

称"五凤楼"，东、西墙中间各有门通往东、西掖城。北门即"玄武门"，与郭城北门隔圆璧城相望。宫墙东北角、西北角残存有角楼基址。

东掖城当地俗称"御花园"，南部修建有假山、水池和亭榭，北部有密集的大型建筑区，应为渤海国时期的禁苑。西掖城地表损毁严重，具体情况不明，但可以确定没有高台建筑基址。

圆璧城系郭城向外凸出部分与宫城及东、西掖城北墙所包围的区域。南可通过宫城北门进入宫城北部的夹城，北可通过郭城正北门通往城外。郭城正北门的东西侧门，皆采用"重门"制度，起到较强的防卫作用。

三灵坟

三灵坟是渤海国时期的王族陵寝，位于黑龙江省宁安市三陵乡三星村东侧，南距渤海国上京龙泉府遗址约6千米。2006年被国务院公布为第六批全国重点文物保护单位，归入第一批全国重点文物保护单位渤海国上京龙泉府遗址。

三灵1号墓为玄武岩砌成，墓向为正南北向，墓的平面呈铲形，由墓室、甬道和墓道三部分组成。墓室四壁用磨光的玄武岩石条对缝平砌，顶部为平行叠涩。甬道长4米，墓道长8米左右。墓上地表原有带覆盆的础石多块，今存6块，墓顶原有建筑，是渤海国人"冢上作屋"习俗的反映。

— 505 —

三灵2号墓壁画（局部）

三灵2号墓的形制与三灵1号墓大致相同，以"渤海国王陵区大型石室壁画墓"之名入选1991年度全国十大考古新发现。

百年考古，展现唐代东北历史文明

渤海上京城最早曾有宋人将其载入史册，但真正意义上的调查与著录始于清代。乾隆四十二年（公元1777年），大学士阿桂奉旨编纂《满洲源流考》认为："唐贾耽所云渤海王城临忽汗海者，盖即镜泊。盛京通志云宁古塔旁古大城，或即上京旧址欤。"首次明确指出宁古塔西南的古城为渤海上京故城。

1921年成书的《宁安县志》对上京城遗址、三灵1号墓的情况做了介绍，内绘《渤海上京龙泉府图》《三灵坟位置图》，是已知最早的利用现代测量方法绘制的实测图。

新中国成立后，上京城的考古发掘大致经历了三个阶段：

第一阶段为新中国成立初期。1963—1964年，由中国科学院考古研究所和朝鲜社会科学院组成的东北考古队第二队，在上京城进行了大规模的调查、钻探与发掘工作，并对三灵坟进行了调查、钻探。1997年中国社会科学院考古研究所出版了发掘报告《六顶山与渤海镇》。

第二阶段为改革开放初期。1981—1985年，黑龙江省文物考古工作队对上京城周边进行了专题考古调查，并组建联合考古队，对上京城

清理后的1号宫殿台基址

宫城正南门址、3号门址、1号宫殿及其东西长廊、墙址等进行了清理发掘。1985—1991年，为配合渤海上京遗址博物馆的建设，黑龙江省文物考古研究所发掘了皇城内的官衙遗址。

第三阶段为1997年至今。1997年，黑龙江省文物考古研究

清理后的郭城正南门基址

"宝德"文字瓦

出土于渤海上京城宫城2号宫殿遗址，现收藏于黑龙江省文物考古研究所。

陶"上京"版位砖

出土于渤海上京城，现收藏于中国国家博物馆。

铜胡人觐见跪像

出土于渤海上京城。

云形盘

出土于渤海上京城"朱雀大街"西侧坊墙，现收藏于中国社会科学院考古研究所。

所根据国家文物局的指示，将上京城考古作为重点科研项目，对以上京宫城为主的各类遗存进行了勘探与发掘，并出版《渤海上京城：1998—2007年度考古发掘调查报告》。

注重遗址管理，加强本体保护

2001—2006年，宁安市人民政府陆续出台《关于进一步加强渤海国上京龙泉府遗址保护的决定》《渤海国上京龙泉府遗址文物保护管理办法》及《关于渤海上京遗址保护利用

保护后的3号、4号宫殿遗址（北—南）

2002—2006五年实施计划》。2004年，《黑龙江省宁安市渤海国上京城遗址展示整治工程可行性研究报告》获得批复。工程项目21项，主要为环境整治、博物馆建设、文物本体保护三大类。实施的文物本体保护项目主要包括：宫城中区建筑遗迹的保护与展示、东掖城主要遗迹的保护与展示、皇城南门保护与展示、郭城正南门保护与展示、三灵坟陵园区主要遗迹的保护与展示等。2006年，黑龙江省人民代表大会常务委员会通过了《黑龙江省唐渤海国上京龙泉府遗址保护条例》。2010年8月2日，黑龙江省人民政府批准实施了《渤海国上京龙泉府遗址保护规划》。

宫城中区（北—南）

宫城正南门俯瞰图

重视学术研讨，加强互动交流

渤海上京遗址博物馆自建馆以来，一直致力于渤海国历史和渤海上京龙泉府遗址的研究工作，1986年出版宣传册《渤海上京龙泉府遗址简介》，1990年举办建馆5周年纪念活动并召开渤海史学术讨论会，结集出版了《渤海史学术讨论会论文集》。2000年创刊《渤海上京文荟》（季刊），2001年出版《渤海上京文集》，2002年举办全国渤海史学术研讨会，先后发表学术论文百余篇，专著主要有：杨荣斌《渤海史话》，张庆国《渤海王国史略》，张庆国、楚福印《渤海上京地区考古重要收获》，王林晏《渤海王国问题百答》，2021年出版了由楚福印、韩国君主编的《渤海上京国家考古遗址公园》等。

主题展览，呈现独具特色的渤海文化

渤海上京遗址博物馆成立于1985年2月，是目前全国唯一的渤海国史专题博物馆，是渤海国文物的收藏、展示和研究中心，同时也是渤海上京遗址的保护与管理中心。

渤海上京遗址博物馆位于渤海上京遗址郭城正南门外200米处，总占地面积2.25万平方米，建筑面积5760平方米，其中展厅面积3576平方米。博物馆采用先进的展陈理念、新颖的展陈方式，结合多媒体等科技手段，充分展示渤海国的政治经济、历史文化和生产生活状况。博物馆基本陈列"印象渤海"分为四个展厅、13个单元，共展出文物520件（套）。

第一展厅：海东盛国

渤海立国，始自唐武后，讫于后唐明宗。公元698—926年，渤海国经历了建立、发展和衰亡阶段。大祚荣、大武艺、大钦茂三代王时期，渤海国的疆域不断扩大，政治、经济、文化等各方面蒸蒸日上。第四代王大元义至第九代王大明忠时期，前后约25年，渤海国处于相对停滞状态。第十代王大仁秀"南定新罗，北略诸部，开置郡邑"。第十一代王大彝震在位时，进入"海东盛国"鼎盛时期。至第十四代世王大玮瑎时，渤海国衰落。第十五代王大諲譔时，被契丹灭亡。

第一单元"唐廷册封　渤海国肇兴"通过投影、电子触摸屏等方式展示渤海国不同时期的疆域范围和十五代王的生平事迹。第二单元"唐朝管辖　渤海国发展"展示唐崔忻井碑和天门军之印等珍贵文物的仿制品。第三单元"契丹东侵　渤海国亡"重点展示渤海国时期的文字瓦当和宝相花纹砖等文物。

第二展厅：定都龙泉

渤海国仿唐建立五京制，即上京龙泉府、中京显德府、东京龙原府、南京南海府、西京鸭渌府。渤海国五京中真正作为王都的先后有中京、上京和东京，其中以上京为都时间最长。上京龙泉府自渤海国第三代王大钦茂辟为王都后，除大钦茂晚年有过一段短暂的迁徙外，一直作为渤海国王都，是渤海国政治、经济、文化中心。公元926年，契丹灭渤海国，公元928年，上京城被焚毁。

第一单元"渤海国上京龙泉府遗址"展示殿阶螭首和三彩釉陶兽等石质、陶质文物。第二单元"渤

第一单元文物陈列

坐式鎏金铜佛像

海国上京城营筑时序"通过投影营造沉浸式氛围,介绍上京城的城市布局不断完善的过程。第三单元"渤海国上京城王城建制"侧重于对比渤海国上京城和唐长安城的布局。第四单元"渤海国上京城的'三朝'制"介绍了渤海国"三朝"制的建制与宫殿布局,并展示了版位砖等珍贵文物。

第三展厅:车书本一家

渤海国存在的 200 多年间,受唐管辖的同时,取法于唐制,将中原典章制度作为施政依据。这一时期社会经济繁荣,宗教文化昌盛,东聘日本,南定新罗,史称"海东盛国"。

第一单元"渤海国的社会经济"以沙盘的形式再现了公元 762 年唐代宗李豫派内侍韩朝彩册封大钦茂为渤海国王的历史场景,并通过投影、电子触摸屏等手段展现了渤海国四通八达的水陆交通状况。第二单元"渤海国的文化"阐释了渤海文化是盛唐文化在我国东北地区的分支,重点展示舍利子、舍利函、鎏金铜佛、陶佛等反映渤海国佛教文化的珍贵文物。第三单元"渤海国的对外交往"展示渤海国与日本的官牒文书、为负责对外

舍利函

— 510 —

事宜专门设立的官职列表等。第四单元"唐朝渤海 车书一家"以多媒体动画的形式详细解读了唐朝著名诗人温庭筠的名作《送渤海王子归本国》。

第四展厅：考古新发现

渤海上京城是东北地区规模最大、保存最完好的中世纪都城遗址，在东丹国南迁后已消失在人们的视野中，清初流人对上京城的调查和著述，引起了国内外的关注。

第一单元"渤海国上京城的考古发掘、保护和研究"重点展示考古发掘时期的珍贵图片、考古专业书籍及发掘工具。第二单元"渤海国的王族陵寝"重点展示贞孝公主墓的壁画拓片以及渤海国时期的饰品、丝织品等珍贵的生活用具。

宣教结合，夯实爱国主义教育基地

为深化观众对渤海国历史的了解，激发参观兴趣，提升参观体验，博物馆从讲解接待、智慧导览、研学活动、新媒体宣传等方面开展公众教育活动。

博物馆通过编印画册、分发宣传单、运营微信公众号等方式宣传渤海国历史文化；面向广大中小学生开发"探秘渤海国""文保志愿者""我是讲解员""小小摄影师""手把手教你做"等研学项目；与社区、学校、部队携手开展文明共建，充分发挥爱国主义教育基地作用；与牡丹江师范学院建立馆校共建机制，在渤海文化研究（包括音乐、舞蹈、服饰、建筑等）、人才引进、文创设计和项目合作等方面建立合作机制，共同完成渤海国研究的相关课题。

渤海上京遗址博物馆通过有效的保护手段、扎实的科学研究和优质的展览，掀开了"海东盛国"的神秘面纱，让越来越多的人认识到这片广阔沃土上曾经绽放的文明之花。

（初稿：楚福印 韩国君 统稿：李潭漪）

重庆白鹤梁水下博物馆

白鹤梁是位于中国重庆涪陵城北长江中的一道天然石梁，石梁长约1600米，平均宽度15米。受长江水位丰枯变化的影响，白鹤梁时隐时现，丰水时节完全淹没于水下，不露真容；枯水时则露出水面。而每年的水位高低没有定数，水位越低，石梁露出的部分就越多。

白鹤梁题刻原貌

"白鹤梁"得名，据考源于清代，此前史书多称"（涪州）石鱼""双鱼"等。石梁距离岸边约100米，枯水时节石梁与南岸之间形成内湖，水面似镜，名为"鉴湖"，清代涪州八景中就有"石鱼出水""白鹤时鸣""鉴湖渔笛"等。每当枯水时节，人们驾小舟，渡鉴湖，登石梁，赏石鱼，吟诗作赋，为一时盛事。

白鹤梁上的题刻有文字和图像两大类。《太平寰宇记》卷一二〇记载"黔南上言江心有石鱼见，上有古记云：广德元年二月，大江水退，石鱼见，部民相传丰稔之兆"。这可能是古籍中有关"石鱼"最早的记载，由其可知：一、当时人称白鹤梁为"石鱼"；二、除了石鱼还有题刻文字，其中最早的为唐广德二年（孙华教授考证"广德元年二月"实为广德二年，即公元764年）；三、民间传说石鱼出水可预兆丰年。

由于三峡工程的兴建，白鹤梁将永沉江底。为了保存白鹤梁题刻，国家采用"无压容器"原理

重庆白鹤梁水下博物馆全景设计图

在原址修建水下博物馆，实现了白鹤梁题刻水下原址原貌原环境的保护与展示。2003—2009 年，重庆白鹤梁水下博物馆历时 7 年终于建成，2010 年联合国教科文组织称之为"世界首座非潜水可到达的水下遗址类博物馆"。

自开放以来，重庆白鹤梁水下博物馆累计接待观众 189 万人次，免费讲解 6.2 万场次，开展巡展、研学等活动 270 余场次，相继获得了国家文物局 2009 年度文物保护科学和技术创新奖一等奖、全国文物系统先进集体、全国中小学生研学实践教育基地、全国科普教育基地、国家水情教育基地、全国青年文明号、中国华侨国际文化交流基地、重庆市爱国主义教育基地、重庆市文明单位等称号，逐渐成为长江流域和重庆地区有影响力的对外文化交流品牌。

白鹤梁题刻的重要价值

白鹤梁上镌刻有历代题刻 187 则共 1 万余字，石鱼 18 尾、观音 2 尊、白鹤 1 只。题刻内容可分为标记水位、观石鱼感言、观石鱼者题名三大类，生动反映了当地的气候、人文和社会生活，具有重要的科学、历史和艺术价值。白鹤梁题刻 1988 年被国务院公布为第三批全国重点文物保护单位，2006 年被国家文物局列入《中国世界文化遗产预备名单》。

长江标准眼

千百年来，当地人以白鹤梁上唐代石鱼的眼睛作为观测水位的标尺，这种方法与现代水文站设立的"水尺零点"原理相同。刻鱼为尺、设标记水的观测方法，在世界大河流域中是独一无二的创造。梁上现存的历史枯水水文题刻共计108则，记录了长江上游从唐代至今72个年份的枯水资料，被誉为"世界第一古代水文站"，其水文科学价值对研究长江流域的水电开发、桥梁建设、内河航运、农田灌溉、城市供水、沿江防洪有着极其重要的作用，特别是为葛洲坝项目的建成和三峡水利枢纽工程的兴建提供了确切可靠的依据。

长江标准眼——石鱼水标

长江史书

目前已知白鹤梁题刻始于唐代，现存题刻的年代分布为：唐代1则、宋代103则、元代5则（其中有八思巴文1则）、明代20则、清代21则、民国12则、现代3则，另有22则年代不可

宋代韩震等题名

宋代吴革题记

考。自唐代开始，各朝代都在白鹤梁留下了题刻，内容有人物、有事件、有时间，这是极其珍贵的历史资料，是一部序列完整、真实可信的史书。题刻的留名者，多为当地或途经涪陵的官员（往往记有籍贯、官职名）、文人、名士，有学者考证，其中姓名与史书记载互证的有300余人。

水下碑林

白鹤梁题刻以文字和雕刻的方式记事、表情、达意，囊括了唐宋以来各派书家遗墨。字体篆、隶、行、楷、草皆备，书体风格颜、柳、欧、苏俱全，是中华书法艺术、石刻艺术的精品和珍品。黄庭坚"元符庚辰涪翁来"，书写娴熟，风格老成，其"来"字饱含沧桑，倾注情感；《白鹤时鸣》图寥寥数笔，栩栩如生，白鹤似欲展翅飞去……逐一品味风格各异的书家墨宝，观摩石鱼、观音、白鹤，徜徉在中华艺术宝库，给人无限美的享受。

黄庭坚题刻

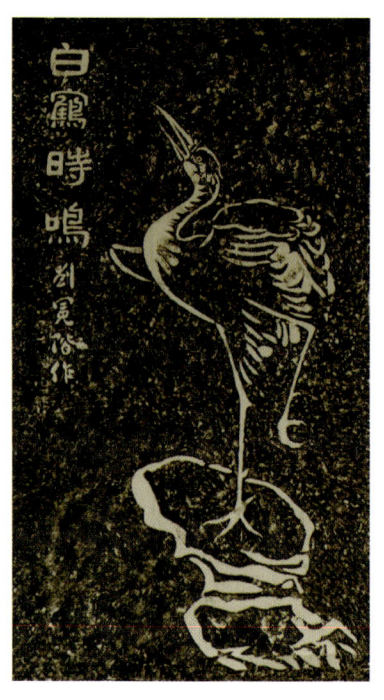

《白鹤时鸣》图

世界首座水下博物馆

在举世瞩目的三峡文物保护中，白鹤梁题刻保护工程被列为重中之重。自1992年《关于兴建三峡工程的决议》通过以来，为原址保护白鹤梁题刻研究讨论了多个方案，通过反复比较，最终采用中国工程院葛修润院士的"无压容器"原理原址修建水下博物馆的方案。

具体而言，这个方案是在白鹤梁题刻上兴建一座壳体容器，容器内注入的是通过专门的平压净水系统过滤后的长江清水，既保证了白鹤梁题刻仍处于长江水的保护之中，又有效防止了水库内的推移质对白鹤梁题刻可能造成的损坏。同时，容器内水压与外部的江水压力保持动态平衡，题刻和水下保护体结构处于内外水压平衡的工作状态，解决了水压带来的安全问题。

水下保护体内保护题刻文物的罩体上设置了23个观察窗，还设计了水下照明和遥控观测系统，观众既可以进入参观廊道观赏题刻，也可以利用遥控观测系统实时观赏。保护罩体与参观廊道间设

白鹤梁题刻水下保护体参观效果

置蛙人孔，供工作人员潜水进入保护体内开展研究、保护和维护工作。

由于水下保护体结构基本上处于水压平衡的工作状态，只承受水库风浪力、成库后泥沙淤积作用于外侧的压力、自重荷载和地震力，大大减轻了压力问题，使施工工程和材料本身得到安全保证。壳体结构简单、经济，且具有可修复性，投入也大大降低。

白鹤梁题刻水下原址保护工程是三峡库区工程最复杂、科技含量最高、涉及学科最多、参加院士最多的文物保护项目，是工程领域与文物保护领域相结合的一次创举，也是科技与文化相融合的一次探索。水下照明系统、水下保护体潜水作业系统、水净化循环系统，以及高强度、高清晰度的航空玻璃观察窗等高科技都是首次运用到文物保护工作中。重庆白鹤梁水下博物馆在水下文化遗产保护展示与利用方面的探索，领先于世界同类文化遗产的相关实践，堪称国际范例。

地面陈列和水下参观

重庆白鹤梁水下博物馆作为遗址类专题博物馆，将承载千百年来长江文明历史记忆的石梁题刻原址、原貌、原环境保存在长江水下近40米深处。虽然石梁不再出水，但通过博物馆综合性的展陈手段，公众仍能目睹石梁风姿。

重庆白鹤梁水下博物馆地面与水下展厅面积合计4580平方米，展线长度850米，实物展品152件（套），多媒体展项6项，互动展项4项。展览区域分为岸边陈列馆和水下参观区。岸边陈列馆分为两层：一层为接待及功能转换空间，设咨询接待区、序厅、"水下探寻"展区、水下参观等候区、纪念品售卖区等；二层为陈列展示空间，分四个单元介绍白鹤梁的水文科学、历史、艺术价值和水下博物馆兴建的艰辛历程。水下参观区分为廊道展区（包含斜坡廊道、水平廊道、参观廊道）和原址保护展区两个部分，廊道展区主要介绍长江流域的相关科普知识，原址保护展区原址原貌展示白鹤梁题刻。

岸边陈列馆地面陈列的序厅设置有一面浮雕墙，描绘了白鹤梁在冬春枯水季节露出水面的情景，陈列的高浮雕石鱼让观众一踏进博物馆就能感受到白鹤梁的历史文化气息。

第一单元为"生命之水——世界大河文明中的水文观测"，以图文展板的形式对比尼罗河、两河流域与黄河、长江流域水文观测记录的差异，突出白鹤梁题刻在世界大河文明中的特殊性和独特性。

第二单元为"长江之尺——白鹤梁题刻的科学价值"，借助声光电等手段，展现古代先民对白鹤梁题刻的考察，以及探究石鱼水标的人文科学价值。通过白鹤梁模型互动展品，观众能直观地了解白鹤梁的原始坐标、题刻的分布情况。

第三单元为"水下碑林——白鹤梁题刻的人文价值"，展示了重庆市级非物质文化遗产"尔朱真人的传说"、精美绝伦的书法和雕刻艺术，以及生动的石梁游春民俗活动。

第四单元为"三峡明珠——世界首座遗址类水下博物馆"，通过模型、图片、视频等展

第一单元"生命之水"

第二单元"长江之尺"

第三单元"水下碑林"

示方法讲述了白鹤梁题刻从保护到修建水下保护体、建设博物馆，再到对外开放的艰辛历程。

"水下探寻"展区展出一、二代参观窗玻璃和一、二、三代水下灯光等特色展品。如果有观众好奇：如何在长江水下近40米深处更换玻璃、灯光等设施设备？会使用哪些工具？他们会在这里找到答案。

水下参观区的上下游斜坡廊道均长91米，垂直高度约40米，连接着岸边陈列馆和原址保护展区，是进入水下参观的必经之路。廊道天幕应用多媒体技术，生动还原了古时冬春枯水时节蓝天白云、白鹤飞翔的鉴湖情景，渲染了即将踏上白鹤梁题刻原址游览的氛围。廊道右侧投射水尺，标注当日的实时水位，让观众在乘坐电动扶梯时，就可知晓是否进入长江水下。

上下游水平廊道分别长138米、146米，是进入原址保护展区之前的预热区域。白鹤梁与长江息息相关，水平廊道里的展示内容亦是如此，主题分别为"长江鱼类"和"长江舟船"。

白鹤梁保护体内的题刻是白鹤梁水下博物

第四单元"三峡明珠"

"水下探寻"展区

斜坡廊道天幕

"长江鱼类"廊道展示

长江水下40米的水平廊道

"长江舟船"廊道展示

水下环形参观廊道

水下全景窗

馆的核心,水下设备的维护和题刻的清洗需要专业潜水员通过潜水舱进入保护体内来完成。

　　重庆白鹤梁水下博物馆的陈列展览展线流畅,突出了白鹤梁的综合价值,同时对世界首座水下博物馆的设计、建造过程进行了全面展示,获评第一届全国水利博物馆联盟十大精品展览。博物馆也积极举办各类临时展览,充分发挥博物馆服务社会的职能,努力满足人民群众的精神文化需求,其中"长江史书——新中国70年·我和白鹤梁""清且涟漪——水与我们的未来"先后入选国家文物局2019年度、2020年度"弘扬优秀传统文化、培育社会主义核心价值观"主题展览推介项目。

白鹤时鸣

  重庆白鹤梁水下博物馆注重宣传教育方式的多元化，以白鹤梁历史文化资源和科技保护工程为基础，引导社会公众走进历史，体味悠久灿烂的中华文明，并着力培养青少年的探索精神。自2015年起，博物馆以"崇尚科技·传播文明""水利科技三进（进校园、进乡镇、进社区）""深入社区，走进军营"等为主题，开展系列巡展活动，通过挂图、展板、讲解、互动等方式传播白鹤梁文化，让白鹤梁真正地贴近百姓，深入群众。

  博物馆积极推动中小学生课外研学实践教育，通过优化研学课堂、征集研学教案、签约优秀讲师等方式，打造涵盖巴文化、白鹤梁文化、自然科学、社会科学方面的精品研学课程，如"科技活动周""白鹤时鸣·小小讲解员""白鹤时鸣·文化沙龙"等。同时，通过学术研讨会、座谈会、出版物等方式，组织国内外专家提炼白鹤梁题刻价值，为研学活动提供坚实的理论支撑。

  自古以来，白鹤梁上便有祈愿丰收的习俗，在2018年中国农民丰收节设立之际，博物馆推出了"石鱼出水兆丰年·白鹤梁·中国农民丰收节"系列活动。人日修禊是白鹤梁上的传统民俗，三峡蓄水，白鹤梁沉没江底，为追溯长江历史，弘扬传统文化，博物馆自2013年以来连续举办了七届"春季修禊"系列特色文化活动。为了宣传全球水资源现状和水文化知识，呼吁广大青少年探索和传承水遗产，博物馆于2020年开始举办"我们渴望的水：从遗产到未来"青少年创意大赛。

  白鹤梁题刻以其独特的水文科学和文化艺术价值，在世界文明史上熠熠生辉。重庆白鹤梁水下博物馆多次举办国际会议，与世界交流互通、文明互鉴，为助力水下文化遗产的保护和展示、探索水与人类和谐共生及可持续发展注入了新活力，同时也为推动构建人类命运共同体贡献了力量。

（初稿：杨邦德　蒋锐　赵晋刚　方文　统稿：孔利宁）

耀州窑博物馆

— 耀州窑博物馆 —

　　耀州窑地处陕西铜川,这里古称同官,因宋时隶属耀州,故名耀州窑。其核心窑场以黄堡镇为中心,沿漆水两岸分布,南北长约5千米,东西宽约2千米,即"十里窑场",产品被誉为中国古代北方青瓷的代表。黄堡镇耀州窑遗址是全国重点文物保护单位,被评为"中国20世纪100项考古大发现"和陕西十大考古发现。耀州窑陶瓷烧制技艺被列入首批国家级非物质文化遗产名录。

耀州窑遗址全景图

　　耀州窑博物馆就位于"十里窑场",是集耀州窑遗址保护展示、耀瓷文物收藏、陈列、研究及教育为一体的古陶瓷遗址专题博物馆,成立于1984年4月,1994年5月正式建成开馆。博物馆的建设促进了耀州窑遗址的保护,推动了耀瓷文化的传承与弘扬。

　　博物馆占地4.6万平方米,主馆为两层现代建筑,面积8000平方米,陈列面积4600平方米。

历经半个世纪的考古发掘

　　耀州窑遗址湮没于黄土残垣之下达数百年之久,长期以来并不为世人所知。

耀州窑博物馆主馆

— 523 —

20世纪30年代，咸榆公路及咸同铁路先后修建，穿黄堡遗址而过，大面积动土发现了大量的古瓷器，引起中外关注。1954年，中国古陶瓷学界先辈陈万里先生到耀州窑遗址考察，发现了北宋元丰七年（公元1084年）的《德应侯碑》，使学术界初步了解了耀州窑和耀瓷。此后，陕西省考古研究所和耀州窑博物馆对遗址先后进行数次调查和考古发掘。

1958—1959年，陕西省考古研究所对耀州窑黄堡、立地坡、上店三处窑场进行了发掘，清理出宋金瓷窑和砖窑12座、作坊5间，揭示了唐、宋、金元3个时期的文化层，出土瓷片标本8万多件。此次发掘是耀州窑考古发掘之始，也是我国较早的古瓷窑遗址大规模考古发掘。

1973年的第二次考古发掘，找到了一列并排三座的宋代窑炉，并清理了其中保存较好的一座，出土瓷片和窑具2万多片（件）。此次发掘找到了宋代烧瓷窑炉火膛下的落灰坑和埋在地下的通风道，确定了耀州窑鼎盛时期以煤为燃料的窑炉结构，并新发现以釉裹足为特征的五代青瓷及多样的唐代瓷釉新品种，为耀州窑日后的考古研究提出了诸多新问题。

1974—1976年，耀州窑玉华窑场考古发掘完成，清理出宋元窑炉5个，其中一个为元代的母子炉，出土瓷片和窑具2万多件（片）。此次发掘找到了未见于文献的一处新窑场，明晰了其发展史及其与耀州窑中心窑场——黄堡窑场的关系。

1984—1998年，耀州窑黄堡窑场进行第三次考古发掘，这一时期也是耀州窑考古的黄金时期。

20世纪80年代耀州窑遗址的考古发掘

此次发掘全面揭示了黄堡窑场从唐至明800多年的烧瓷历史，发现了各时代的制瓷遗存。遗存反映出瓷釉品种、器物种类与造型、装饰技艺和手法、纹样图案的题材与布局等一系列丰富内容，不仅为耀州窑的研究提供了系统科学的文物资料，也为我国唐代以后北方瓷器的断代和鉴定提供了重要标准。这次发掘延续时间长，出土文物数量多，遗址保存情况好，发展序列完整，文化内涵丰富。特别是20世纪80年代中期唐三彩相关遗存和五代天青釉瓷的发现，引起了学术界的高度关注。

2002—2005年，对立地坡、上店、陈炉等三大窑场进行了全面的考古调查与试掘，探明了立地坡、上店、陈炉三窑场的陶瓷烧造史。还调查了明秦王府琉璃厂遗址，清理出明代石砌建筑基址，以及一批带"官"字款和各类戳印符号的琉璃瓦和支烧具，确定了明秦王府琉璃厂的位置、规模、范围和布局情况。

耀州窑遗址的考古发掘，为中国陶瓷史的研究提供了丰富而翔实的实物资料，向世人呈现了当时耀州窑蔚为壮观的陶瓷烧制场面，展现了其辉煌的制瓷成就。

重现耀州窑的历史

根据目前的考古发掘资料，耀州窑肇始于唐代，历经五代、北宋发展到顶峰，金代的窑场范围扩展至立地坡、上店、陈炉等地。明代以后，陈炉成为耀州窑烧制陶瓷的中心窑场。黄堡窑场于明

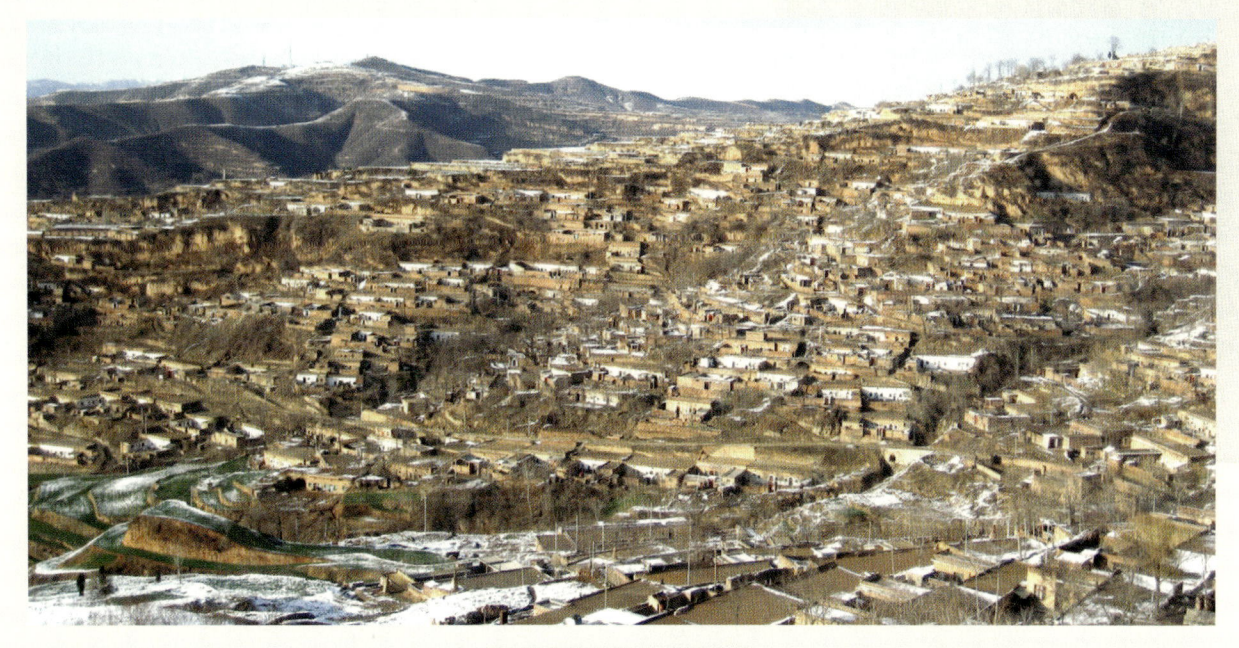

耀州窑陈炉窑场遗址外景

代中叶停烧，而陈炉窑场的炉火赓续无熄至今。

在千余载的发展史中，耀州窑为五代、北宋、金等多个朝代烧制贡瓷。其中宋、金贡瓷见于《元丰九域志》《宋史·地理志》《耀州吕公先生之记》等文献记载。宋金时期，耀州窑由于刻花、印花青瓷烧造技艺高超，产品备受青睐，山西、河南、甘肃、宁夏、重庆、四川乃至广西、广东的诸多窑场纷纷仿烧，形成规模庞大的耀州窑系，跻身当时著名的"六大窑系"。甚至越南李朝（公元1010—1225年）和陈朝（公元1225—1400年）的青瓷也曾受到耀州青瓷的影响。

耀州窑还是当时外销瓷的主要窑口之一，其产品通过海上"陶瓷之路"销往域外，促进了东西方文化的交流。当时参与海外贸易的登州、明州、泉州、广州等港口遗址均出土了耀瓷标本。东亚的朝鲜、韩国、日本，东南亚的越南、印度尼西亚，西亚的阿曼、伊朗、以色列，北非的埃及和东非的坦桑尼亚等地均发现了耀瓷遗存。

坐落于耀州窑遗址上的陈炉古镇，较好地保存了明清以来的市镇布局和传统建筑。民居、作坊、窑炉、道路依山势而筑，逐层抬高，错落有致，罐罐垒墙，匣钵、瓷片铺路，形成了独特的陶瓷文化印记，是陶瓷手工业经济、民族文化与地域文化的典型体现和物化写照，为研究人类文化发展提供了重要的史料依据，具有极高的历史文化价值。

保护与科研并行

耀州窑遗址的保护工作起步于改革开放初期。1984年，铜川市政府颁布了《关于加强耀州窑遗址的保护的公告》，并成立耀州窑博物馆；1986年，公布为市级重点文物保护单位；1988年，黄堡镇耀州窑遗址被国务院公布为全国重点文物保护单位，同年成立了群众性的文物保护组织——耀州窑遗址保护小组；1989年耀州窑遗址文物保护管理所成立，同年唐宋瓷窑遗址保护厅建成开放；1993年陕西省政府划定并公布了遗址的保护范围；1994年，耀州窑博物馆在遗址上落成开放；2000年，唐三彩窑址保护厅建成开放；2006年陈炉窑址并入黄堡镇耀州窑遗址，成为全国重点文物保护单位，同年成立陈炉耀州窑遗址文物保护管理所；2007年《耀州窑遗址保护规划》通过国家文物局验收，遗址得到了有效保护，周边环境明显改善。2017年，耀州窑遗址入选陕西省文物局公布的第一批陕西省文化遗址公园名单。2021年陕西省人民政府公布《耀州窑遗址保护总体规划》，为耀州窑遗址的保护工作提供了强有力的法律依据。

多年来，当地政府和耀州窑博物馆一直因地制宜采取多种措施，科学合理地保护耀州窑遗址。对具有较高科学研究价值的密集性、典型性和代表性遗迹，博物馆采取就地建厅保护的方式，进行陈列展示。对较重要但又分散、不便就地保护和管理的遗迹，采取搬迁集中展示保护的办法，如将铜川市第四中学内出土的大型石碾槽迁到耀州窑博物馆内复原展示。对重点建设工程区内特别重要的遗迹，遵循既利于文物保护、又利于经济建设的"两利"原则进行保护，如对市电瓷厂内的宋代窑炉，采取楼下建地下专室保护的办法，对西黄高速路下的金元作坊群遗址，采取架桥保护的方案。对大多数发掘过的遗迹，则进行回填保护。

耀州窑博物馆多次举办国际学术研讨会和学术考察活动，讨论耀州窑的文化内涵、对其他窑口的影响、耀瓷出土和贸易情况等，促进耀州窑研究的深化，提升耀州窑的影响力。还编写出版了考古发掘报告、图录、论文集、专刊等，如《宋代耀州窑址》《立地坡·上店耀州窑址》《陈炉耀州瓷精萃》，深入探索一方名窑的丰富内涵。

耀瓷精粹与遗址展示

耀州窑博物馆基本陈列由文物陈列和遗址展示两部分构成。基本陈列以"千载名窑　炉火不熄"为主题，以时代为线索，展出唐、五代、宋、金、元、明、清、民国时期耀州窑具有代表性的珍贵文物、窑具和其他生产工具共1200余件（组），全面展现耀州窑1400余年的发展史及取得的成就。

耀州窑历代陶瓷产品各具特色。唐代初创时期的耀州窑不拘一格，善于学习和借鉴其他窑口的先进技术，除生产青瓷、黑瓷、白瓷、黄釉瓷、花釉瓷等多种高温釉瓷外，还生产三彩、琉璃建筑构件等低温釉陶，成为唐代烧造陶瓷釉色品种最多的窑场之一。

黄堡窑场出土的唐代黑釉塔式盖罐，由盖、罐、底座三部分构成。罐盖模拟七重相轮，自下而上逐层内收，顶端为一捏塑的曲腿直身坐猴，呈眺望状；罐圆唇小口，丰肩鼓腹，下腹以堆贴的模制莲瓣承托；在八方台基之上设

唐黑釉塔式盖罐

四方须弥台座，四角分别堆贴一昂首翘尾、展翅欲飞的瑞鸟，四面各辟一腰圆形的壁龛，内贴饰一捏塑兽首，下方堆贴捏塑的托塔负重力士。器物造型奇特，装饰丰富，釉色乌黑光亮，局部呈赭色，施釉至底板上沿，为唐代黑釉瓷的代表作品。塔式盖罐是佛教影响下的产物，有唐一代广泛流行，在唐墓中屡有发现，但多为陶器或低温釉陶，因此，这件黑釉塔式盖罐就显得愈加珍贵。

五代是耀州窑发展史上的重要转折时期。这一时期，耀州窑的制瓷技术有了重大改进，产品以青瓷为主，创造性地烧造出天青釉瓷，堪称五代青瓷的翘楚。器物造型多仿金银器皿，秀美精致，清新典雅。装饰手法以剔花和划花最具特色，兼有贴花。其釉裹足支钉装烧工艺、天青釉色、仿金银器皿造型等特征，对两宋时期的官窑青瓷产生了深远影响。

五代青釉剔花牡丹纹执壶

剔花工艺，也称雕花，其手法是用刀将坯体表面勾画好的纹样轮廓以外的部分全部剔除，使花纹凸起于坯体之上，达到近似浅浮雕的效果。此手法借鉴了汉唐石刻艺术中的减地工艺，为当时瓷器装饰手法的重大创新。窑址出土的青釉剔花牡丹纹执壶，整体造型优美，釉色莹润，装饰华美，为五代耀州窑剔花工艺的代表。颈肩、肩腹、腹足相接处各有一周凸棱，流表面饰几何纹，柄部印连续棱形及花卉纹，肩部一周饰菊瓣纹，腹部剔刻缠枝牡丹纹，叶脉与花瓣采用划花装饰，花叶肥硕丰满，加之用刀较深，近似浮雕。

北宋，耀州窑进入鼎盛时期，形成了"十里窑场"的宏大规模。制瓷工艺日臻完善，青瓷烧造技术炉火纯青。除烧造以橄榄绿为基本色调的青瓷外，兼烧少量黑釉、酱釉及兔毫、油滴等结晶釉瓷。其青瓷"巧如范金，精比琢玉"，刻花线条流畅，犀利洒脱，印花布局规整，题材丰富，在宋瓷中独树一帜。

北宋青釉刻花水波三鱼纹碗

北宋青釉刻花牡丹纹花口尊

北宋婴戏纹碗内范

宋代耀州窑青瓷式样雅朴，器物种类繁多，极富变化，以碗、盘、渣斗、盏、盏托、注壶、注碗、杯、玉壶春瓶、梅瓶等生活用器为主，还有以香炉和香薰为主的香具，以粉盒和奁为代表的化妆具，以及各式灯具、卧具、花具、文房用具、医药具、乐器、儿童玩具等，不一而足。宋代也是耀州窑器物纹饰图案最为丰富多样的时期，常见花卉草木、珍禽瑞兽、各类人物、历史故事、庭园山石、水波流云等，还有一些在其他窑口器物上不见或少见的纹饰，如三把莲、博古纹、插花、鹤衔博古、仙人驾鹤、飞天、五童戏犬等。有些耀瓷还有年款或吉祥语，如"大观""熙宁""政和""长命""同伴合着"等。

金代是耀州窑发展的转折时期。金代早期继承了宋代传统的制瓷工艺，以烧造青瓷为主，多豆青釉和青绿釉，玻璃质感强，仍为宫廷烧造贡瓷。这一时期还成功烧造月白釉瓷，其釉厚如堆脂，青中闪白，白中透青，有近似玉石的美感。晚期风格渐变，采用涩圈叠烧工艺，青瓷有姜黄色调。北宋鼎盛一时的耀州窑，到金代后期呈现出明显的衰退之势，但其窑场范围由黄堡镇向其东部的立地坡、上店和陈炉一带扩展。

金月白釉鍪耳洗

明白地黑花婴戏牡丹纹瓶

入元以后，耀州窑烧造中心逐渐由黄堡镇转向陈炉镇，产品面向民间。除继续烧造青瓷外，还烧造黑釉、酱釉和茶叶末釉瓷。烧制器物以简单的日用瓷为主，青瓷釉色偏姜黄，胎体厚重，装饰日趋简单，失去了往昔精巧秀丽的风格，逐渐走向衰落。

明代以后，陈炉已成为耀州窑的中心窑场。与黄堡相比，陈炉窑场的制瓷技术和产品风格发生了明显转变。黑瓷和白瓷大量涌现，并出现了以绘画装饰为主流的白地黑花瓷。白地黑花瓷因对比强烈、画风质朴粗犷、写意性强、极富浓厚的民间艺术气息而深受人们喜爱，成为明代耀州窑最具代表性的新产品。

清代陈炉窑场生产规模和窑场范围不断扩大，形成"炉山不夜"的胜景。产品釉色种类比明代更加多样，除原有品种外，还创烧出了香黄釉瓷，内白外黑、内白外黄等复色釉瓷，并烧造青花瓷。民国时期，青花瓷成为主流产品，又在香黄釉的基础上发展出香黄地青花黑彩的新品种。装饰方面，多文字与绘画相结合，图文并茂，相映成趣，颇具一方特色。

此外，展览中模拟复原了"十里窑场"盛况、"炉山不夜"、祭窑神及窑炉内部烧造等场景，

唐宋瓷窑遗址

辅以古代制瓷工艺流程演示，给公众以穿越时空、走进历史、身临其境的感受，提升参观的体验感和参与度。

遗址陈列主要展示耀州窑唐宋瓷窑遗址和唐三彩窑址。唐宋瓷窑遗址保护厅位于黄堡镇新村沟口，南邻漆水，1989年建成开放。厅内展出的是1984年由陕西省考古研究所发掘清理的唐宋瓷窑遗址，面积约1000平方米。展出宋代制瓷作坊一组，其内有釉缸、釉药、用以粉碎原料的石臼和石杵，以及火坑、练泥池、安装转盘的轴坑等遗存。另外还展出晾坯场、堆料场和唐宋时期窑炉多座。陈列真实再现了唐宋时期耀瓷生产的工艺流程和技术设备，反映出耀州窑陶瓷生产的繁荣景象。

唐三彩窑址保护厅位于铜川市电瓷厂对面的漆水河畔，2000年建成开放。厅内展出1985年陕西省考古研究所发掘清理的唐三彩窑址，面积约1000平方米，这是继河南巩县窑之后我国发现的又一处烧制唐三彩的窑址。从泥料的练制到拉坯、模制成形，从三彩釉料的配方、试烧到批量烧造，再现了唐三彩生产的工序和工艺，具有极高的历史、科学和艺术价值。该保护厅展出了7孔窑洞组成的唐代三彩作坊一组、焙烧窑炉3座、试烧小窑1座。作坊内有陶盆、泥料、器物坯件、成型模具，以及火坑、轴坑等遗存。此外，该窑址还出土了大量的三彩器物、三彩陶片等，种类丰富，用途广泛。

2012年，陈炉耀州窑明代琉璃窑址保护大厅建成开放，展示明代陈炉窑场为秦王府烧制琉璃建材的作坊2座、窑炉2座，并辅助展出该窑址出土的孔雀蓝釉、黑釉琉璃建材标本多件。

唐三彩龙头套兽

弘扬耀瓷文化

20世纪90年代至今，耀州窑博物馆赴多个国家和城市举办耀州窑陶瓷精品展，并引进多个以古陶瓷为主题的临展，促进馆际交流。

耀州窑博物馆自建馆以来，始终积极发挥自身资源优势，长期致力于陶瓷类博物馆公共服务的探索和实践。在做好日常观众参观讲解的基础上，利用古代耀州窑制瓷工艺，开发出陶艺体验馆等项目，让观众深入体验陶瓷制作。此外，还推出"耀瓷文化大课堂""瓷诉学堂""触摸千年釉色，

唐三彩窑址

聆听古人情怀"等专题教育项目，走进学校、社区、军营等，并通过博物馆网站、微信公众号等平台，宣传耀州窑陶瓷文化。不定期举办古陶瓷文化知识讲座等活动，满足公众精神文化需求。

耀州窑博物馆是中国规模较大、序列性强、内涵丰富的专题性古陶瓷遗址博物馆，全方位再现了耀州窑的烧造历史及其成就。耀州窑博物馆将继续致力于科学地收藏和展示千年耀瓷珍品，继承和弘扬耀瓷文化，努力成为探索陶瓷文化的艺术殿堂。

（初稿：陈宁宁　统稿：周瑞婷）

磁州窑博物馆

磁州窑博物馆位于河北省邯郸市磁县。磁县古有"荷花城"之称，隋代时设州衙，是磁州窑的故乡，也是磁州窑文化的发祥地。2005年3月18日，磁州窑博物馆破土动工，2006年12月完成陈列布展，正式对外开放。

磁州窑博物馆占地50亩，外观以磁州窑典型的馒头窑作为设计文化符号，将传统形态与现代理念结合。2007年，磁州窑博物馆被评为国家AAA级旅游景区，2009年被评为国家二级博物馆。

磁州窑博物馆外景

磁州窑具有极为鲜明的民窑特色。它烧造历史悠久，自北朝创始，历经隋唐，在宋金元时期达到鼎盛，经明清至今，绵延不断，历千年不衰。其中心窑场位于今河北省邯郸市磁县和峰峰矿区境内，形成了以漳河流域、滏阳河流域为中心的两大烧造区域。漳河流域主要有观台窑、冶子窑、东艾口窑、申家庄窑、荣花寨窑、北贾璧窑和青碗窑等遗址；滏阳河流域主要有临水窑、盐店窑和富田窑等遗址。1996年磁州窑遗址被国务院公布为全国重点文物保护单位。

磁州窑产品种类繁多，器物造型古朴挺拔，装饰艺术生动豪放，装饰技法丰富多彩。磁州窑工匠将中国传统绘画技法用于瓷器，创烧了"白地黑花"器物，呈现出黑白对比、反差强烈的艺术效果，在陶瓷史上独树一帜。磁州窑与"宋代五大名窑"并驾齐驱，影响了黄河南北广大地区诸窑场，形成了巨大的磁州窑系。

考古发掘重现磁州窑盛景

1957年冬,河北省文化局文物工作队配合邯郸市修渠工程,对邯郸市峰峰矿区观台镇的观台窑遗址进行了发掘清理。从1957年底到1958年4月,发掘面积100平方米,发现瓷窑址2座、石灰窑址1座、炼焦炉址3座。出土较完整瓷器552件,还有陶器7件、石器2件、铁器10件、骨器2件、料器3件、铜钱71枚。收集较完整的零散瓷器2034件,陶器、铁器、骨器等多件。由于工程紧急,仅在渠身发掘了8条探沟,虽然这几条探沟不在一处,但包含的遗物基本相同,都以白釉瓷器为主。

因为时间仓促,这次发掘并未对遗址做进一步的探索。发掘期间,文物工作队还对观台西南的东艾口村和观台对岸的冶子村进行了初步调查,发现两处都有窑址,为后续的考古工作奠定了基础。

1987年,为加强对磁州窑的研究和窑址的保护,北京大学考古学系与河北省文物研究所联合对观台窑进行了4个月的考古发掘,发掘面积共480平方米。此次发掘发现了10座瓷窑遗迹,对其中6座进行了部分发掘或解剖,还发现了石碾槽遗迹。石碾槽是碾制原料的设备,此次发现的石碾槽是金代所建,使用至元代前中期废弃。这些重要遗迹为研究宋、金、元代的制瓷工艺和生产情况提供了重要的实物资料。此次发掘进一步理清了观台窑的兴衰,从地层和出土物分析,以观台窑为中心的这一组窑场,在五代或北宋早期始烧,在元代后期陆续停烧。

2012年,磁州窑博物馆和磁县文物保管所配合南水北调工程,参与发掘各时代墓葬50余座,出土文物千余件,充实了馆藏。2015年5月—2016年10月,磁州窑博物馆、磁县文物保管所配合河北省文物研究所对冶子窑进行了抢救性考古发掘。此次发掘探方10个,发掘面积296平方米,发现窑炉2座、灰坑等遗迹16个,出土各种完整或可复原瓷器1万余件,各类瓷片标本近6万片,为研究磁州窑的制瓷工艺、生产规模等提供了第一手系统资料,丰富了人们对磁州窑的认识。本次发掘发现了唐代地层,明确地将漳河流域磁州窑烧造年代的上限提前到了唐代,也把磁州窑毛笔

冶子窑发掘现场

点彩装饰出现的年代由宋代提前至唐代。

主题展览再现磁州窑魅力

　　磁州窑博物馆基本陈列名为"黑与白的艺术",既确定了专题博物馆的陈列定位,又准确地概括了磁州窑瓷器的基本特色。展厅总面积2524平方米,展线总长度480米,展出文物400件、图片278张、其他辅助展品186件。整个陈列由序厅、"窑火初燃——北朝隋唐时期"、"化境黑白——宋金元时期"、"余韵悠长——明清民国时期"和"美器由来——烧造工艺"五个部分构成。

　　序厅外形为馒头窑状,居于博物馆的中央。圆形内墙以烧成色壁砖为装饰,着力营造磁州"窑"的氛围。顶部装饰图案有两层,中间为白地黑花龙纹大盆上的龙纹,外圈为葵花纹。外沿为放射状铝合金格栅吊顶,寓意磁州的泥土经过磁州窑火幻化,升华为"黑与白的艺术"。

基本陈列序厅

　　"窑火初燃"展厅展示了磁州窑早期的产品。隋唐时期,磁州一带的瓷窑多为以生产白瓷、黑瓷、青瓷为主的北方民窑,器物品种多样。

　　"化境黑白"展厅是整个陈列的核心展厅,将宋金元磁州窑鼎盛时期的精品器物集于一堂,洋洋大观。展厅中央摆放的是"镇馆之宝"——白地黑花缠枝芍药纹梅瓶、白地黑花龙纹大盆、白地黑花"司马题桥"长方形枕等。

梅瓶是一种小口、短颈、丰肩或溜肩、上腹较鼓、下腹内收的瓷瓶。"梅瓶"这一称谓由来有多种说法，较为普遍的是因其口小仅能容梅枝而得名。实际上，明代以前并无"梅瓶"一词，宋代一般称此类瓷瓶为"经瓶"。"经"是酒的计量单位，梅瓶实际是盛酒的容器，在民间使用很广。

中国的酒文化源远流长。历代文人骚客在品评美酒之时，也会对盛酒的器物有所要求。于是，窑工们顺应时尚，不断创新、丰富着梅瓶的造型和装饰。

白地黑花龙纹大盆高 20.5 厘米，口径 69 厘米，底径 39.5 厘米，器形硕大，为磁州窑制品中罕见。这件大盆外施白釉，口沿下镶饰一圈波浪纹，盆底绘一条团龙，盆壁对称绘两条行龙。团龙躬腰曲背，爪张牙叱，形象凶猛；两条行龙横空出世，腾云驾雾。这件龙纹大盆是 1987 年发掘观台窑时从金代地层出土的，根据器物的造型和龙纹装饰推测，应是为皇宫烧制的贡瓷。

金白地黑花缠枝芍药纹梅瓶

金白地黑花龙纹大盆

瓷枕是磁州窑产品中极富特色的器物，其特色并不在于器形，而在于装饰内容。瓷枕上不仅体现了各种装饰技法，还绘制花鸟鱼虫、人物故事画，或书写诗词曲赋。为此，基本陈列中特设瓷枕展厅，集中展示宋金元时期的瓷枕百余方。展厅以传统的器物展示为基础，在内容设计上深挖瓷枕的内涵，提炼出装饰技法 60 种、装饰图案 206 幅、历史故事 20 则、诗词曲赋 150 篇。展厅内视频滚动播放上述四项内容，在展线上另设电子触摸屏，供观众触摸检索。展厅内又设置书架，放置与磁州窑瓷枕装饰有关的书籍，供观众翻阅。

　　瓷枕中值得一提的是元白地黑花"司马题桥"长方形枕，它是磁州窑瓷枕中最具代表性的方枕之一，器形较大，长 44 厘米，宽 19 厘米，高 17.8 厘米。枕前壁两端绘牡丹纹，中间开光内绘麒麟图案，两侧壁开光内绘牡丹纹，后壁开光内绘虎纹，枕底有"张家造"款，枕面两端绘葵花卷草纹。中间开光内绘人物山水图案：远景三山遥峙，烟云缭绕，近景右侧大树下停一辆马车，左侧一道木桥，桥头一座牌坊，牌坊下，一书生由书童陪同，正往木柱上挥笔题诗。图案繁密有致，层次分明，主题突出。

　　瓷枕展厅后的通道展示了一艘沉船。1975 年，磁县南开河村村民在村东修渠时发现了古代瓷碗，报告磁县博物馆。次年，磁县博物馆会同有关部门对该地点进行发掘，清理了木船 6 只，出土

元白地黑花"司马题桥"长方形枕

了一批瓷器和铁器，部分船上还有人骨。此地位于漳滏两河交汇之处，后人推断，这些木船是在停泊时骤遇大风等突发事故而沉没的。出土的瓷器中有大量元代磁州窑瓷器，反映了当年磁州窑瓷器的贸易情况。

"余韵悠长"展厅一方面展示了明代磁州窑中心转向彭城窑，以及彭城成为"北方瓷都"的辉煌历史，另一方面将田野考古和博物馆陈列有机结合。展厅中的亮点是一面大体量的瓷片墙。瓷片墙形象地表现了观台窑的底层分期，真实反映窑址底层构造。瓷片墙旁展示了模拟考古发掘遗址场景，场景面积12米×7.5米，现场为框架玻璃平面，高12厘米，玻璃平面下面是布满瓷片和草丛的遗址原始地面，场景背景片18米×3.2米，背景片前配置不同类型瓷窑的结构图和考古现场照片。除此之外，展厅中还有一个可直接用手触摸的瓷片箱，为观众多角度深入了解瓷器提供了可能。整个空间开阔疏朗，气氛浓烈亲切，内容丰富，充满人文情怀。

"余韵悠长"展厅

"美器由来"展厅占地726平方米，集中展示了磁州窑全场景生产工艺。整个展厅采用1:1的比例，用实物、雕塑、模型、背景画、投影、灯光、音响等方式展现取土、练泥、成形、施釉、装饰、入窑等制瓷全过程。

磁州窑瓷器装饰艺术之丰富，在我国各大名窑中名列前茅。据专家统计，磁州窑的装饰手法有63种之多，包括划花、绿釉、白地黑花、黑白剔花、三彩印花、雕塑镂空等，其中尤以白地黑花最为经典。这种装饰手法将绘画、书法用于瓷器装饰，标志着中国瓷器由胎装饰向彩装饰的过渡。白地黑花瓷器包含的历史文化信息最为丰富，诗词曲赋、历史故事、民间传说等均可以表现，被称为"民俗词典"。展览运用多种手段，展示瓷器内涵，充分阐释了"白地黑花"这一黑与白的瓷器艺术。

2006年12月，磁州窑博物馆"黑与白的艺术"基本陈列正式对外开放，引起了广泛反响，开展不久即获评河北省首届博物馆陈列展览精品，2007年荣获第七届全国博物馆十大陈列展览精品。

加强文物宣传，开展遗产教育

磁州窑博物馆积极拓展文化传播和文物保护教育，策划了丰富多彩的社会教育活动。每年的国际博物馆日与文化和自然遗产日，采取发放宣传单、图片展览、设立咨询台等形式宣传《中华人民共和国文物保护法》及文物保护的重要意义。每年在学生中开展"博物馆在我身边""我爱文化遗产"有奖征文、问卷，以及"工艺作坊制瓷互动"等研学活动，培养广大青少年热爱磁州窑、热爱故乡、热爱祖国的情感。同时，磁州窑博物馆已与磁县和邯郸市部分中小学共建德育教育基地，充分发挥教育阵地作用。

磁州窑博物馆自开馆以来，立足博物馆的专题展览，做好对外展示宣传，每年还策划举办一系列临时展览。为了宣传和展示磁县的历史文化资源，弘扬磁州窑文化，让磁州窑文化走向全国，迈向世界，博物馆积极与全国各博物馆联合办展，还远赴海外举办展览，传播磁州窑文化。

构筑学术阵地，创新文创产品

为进一步提升磁州窑博物馆的学术水平，博物馆加强磁州窑遗址和瓷器研究，出版磁州窑学术专著，还开设"学术大讲堂"，请专家到博物馆交流最新研究成果。2010年起每两年举办一届的"国际磁州窑论坛"，主题聚焦磁州窑的工艺、影响、外销以及磁州窑文化的传承与创新等，进一步提高了磁州窑的知名度，扩大了磁州窑在学术领域的影响力。

磁州窑博物馆开拓思路，开发文化创意产品，力求实现传统与现代、传承与创新、艺术与生活的结合，推出的创意陶瓷产品多次在各类设计大赛中获奖，并获得国家专利。

窑火不绝，文化不断。磁州窑从隋唐走来，历经千年淬炼，正以全新的姿态面对世人。白地黑花、瓷枕梅瓶，全新的磁州窑博物馆等待更多人去发现，去探索。

（初稿：张美芳　统稿：裴梦斐）

景德镇民窑博物馆

景德镇民窑博物馆位于景德镇市以东 4 千米处的南河南岸，前身为湖田古瓷遗址陈列馆，隶属于景德镇陶瓷历史博物馆，1984 年对外开放。2003 年 6 月 23 日，湖田古瓷遗址陈列馆更名为景德镇民窑博物馆，系统保护、发掘、研究、展示以湖田窑为代表的景德镇千年制瓷历史。

湖田古瓷窑址的考古发现

　　湖田古瓷窑址位于江西省景德镇市竟成镇湖田村境内，分布在与昌江相通的南河流域。遗址南面环山，北面邻水，南面的山脉由钟山、旗山、鼓山等小山组成，北面为南河。南河自东向西，环湖田村而过，在市区汇入昌江。

　　湖田窑遗址保护区面积 26 万平方米，是一处五代至明代的古瓷窑遗址，是瓷都景德镇古瓷窑址中规模大、烧瓷历史长、文化内涵丰富的一处综合性窑址，也是我国宋代青白瓷窑系的代表性窑场，在我国古代制瓷史上具有非常重要的地位。湖田古瓷窑址于 1982 年被国务院公布为全国重点文物保护单位。

　　文献中对湖田窑的记载，较早见于南宋蒋祈《陶记》。1972 年，景德镇陶瓷历史博物馆对湖田窑遗址做了全面考古调查，确定其窑业遗迹分布面积约为 40 万平方米。1988—1999 年，江西省文物考古研究所等单位配合基础设施建设，先后进行了 10 次抢救性考古发掘，面积达 6000 余平方米，发现了一批窑炉、作坊、生活等遗迹，出土数十万件瓷器、窑具、制瓷工具等各类遗物，年代涵盖五代、北宋、南宋、元、明，资料结集出版为《景德镇湖田

景德镇湖田窑遗址地理位置卫星影像图

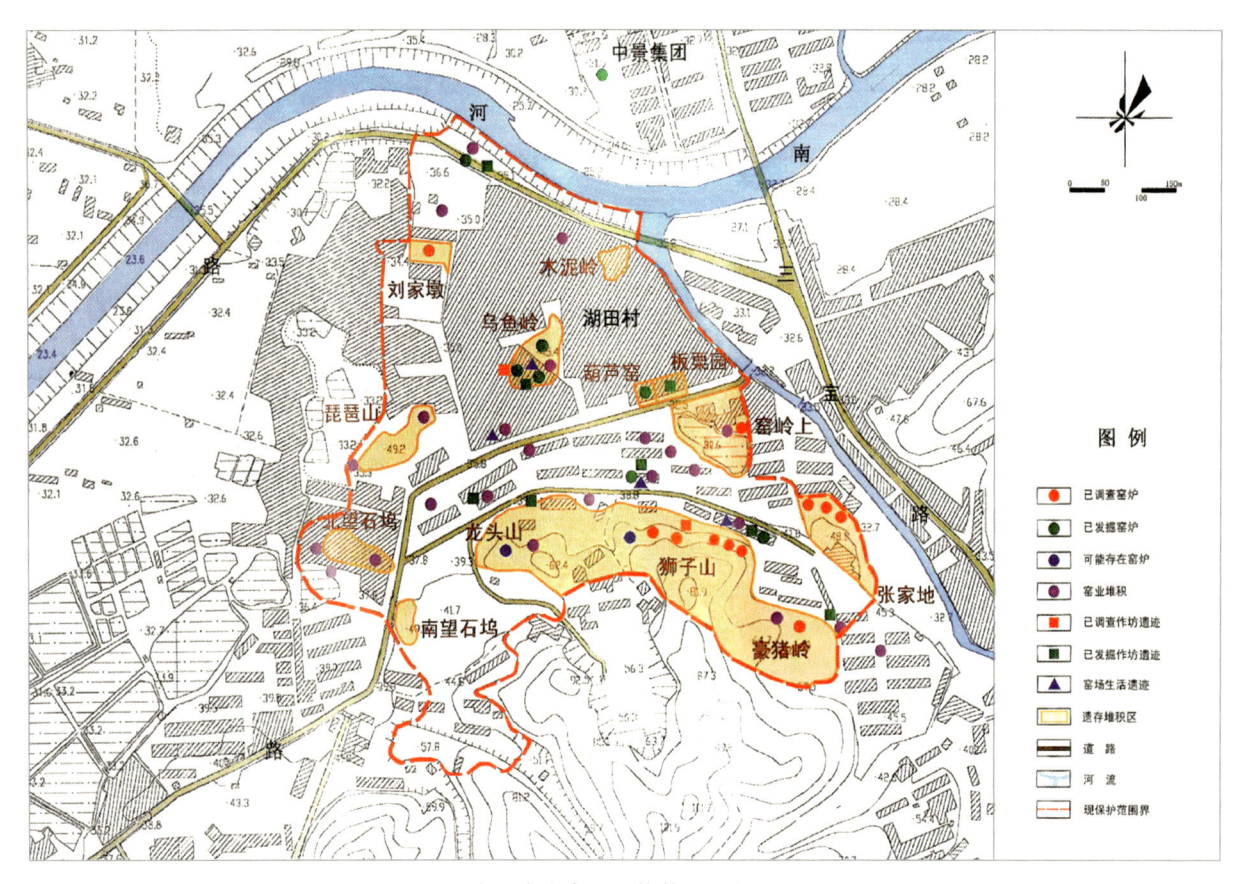

湖田古瓷窑址保护范围分布图

窑址：1988～1999年考古发掘报告》；2000—2004年，为配合基建项目，江西省文物考古研究所先后开展4次考古发掘，发现湖田窑的元明瓷业生产场所，清理元代龙窑、明代葫芦窑、元代码头及大量元明时期的作坊遗迹，出土了数量较多的元代青花瓷、釉里红、卵白釉瓷和明代洪武、永乐、成化、弘治瓷器，以及制瓷工具、窑具等。湖田窑被学界认为是研究景德镇制瓷技术与艺术在10—14世纪发展演变历史的最佳窑址。

2015年10月—2016年7月，江西省文物考古研究所联合景德镇民窑博物馆对湖田窑板栗园宋元明制瓷作坊以北开展考古发掘，发掘面积700平方米。清理出布局清晰、功能明确的元代遗迹，包括烧成区与制瓷作坊区；发现宋、元、明三个时期地层叠压关系，出土大量瓷片与窑具标本；出土瓷质卵白釉筒瓦、带龙纹瓦当的绿釉筒瓦、戳印"东局"铭文的残瓦、绿釉板瓦、五爪龙纹瓦当等一组具有官窑特征的元代建筑构件。考古发掘资料及史料可以证实，景德镇湖田古瓷窑址在元代是"浮梁磁局"（元官署名，管理皇室烧瓷并"漆造马尾棕藤笠帽等事"）下辖的一处官式窑场，为研究中国陶瓷史、窑业技术发展和陶瓷贸易交流等提供了重要的实物资料。湖田古瓷窑址本次发掘成果被列为2016年江西省六大考古成果之一。

水土宜陶造就如玉美器

景德镇地处江西东北部，为赣皖两省交界处。全境山峦起伏，河川纵横，山地占全市面积的三分之二以上，境内主要水系为昌江，地质条件比较复杂。特殊的地理环境和自然条件，为景德镇陶瓷生产提供了丰富的资源。岩石蚀变风化后形成的高岭土矿床、瓷石矿床等，是景德镇陶瓷生产的重要矿产资源。早在南宋时期，蒋祈《陶记》一文就记载了多处制瓷原料产地，有些直至今天仍在为景德镇提供瓷石、匣钵土等。如"湖坑"即今之三宝蓬，"岭背"为牛角岭背，"界田"即景德镇东南的界田村，"壬坑""马鞍山"在湖田窑西侧。

除原料丰富之外，景德镇全年日照充足，有利于泥坯的自然干燥。温和湿润的气候适合树木生长，为烧制瓷器提供了充足的燃料。域内流过的昌江及其支流，为粉碎瓷石的原始机械——水碓提供了天然动力，也为瓷器的外销和商贾的往来提供了便利的水上交通。众多优越的条件，成就了景德镇"水土宜陶"的美誉。

就目前考古调查和发掘的资料可知，景德镇制瓷始于唐代，以兰田窑和南窑为起点。湖田窑创烧于五代时期，延续烧造历史长达700余年，是我国古代延续烧造历史最长的窑场之一。五代时期湖田窑生产的瓷器分灰胎青釉和白胎白釉两大类。青釉器器胎灰黑，瓷釉酷似越窑；白釉器可能仿烧邢窑器物，但瓷胎更为洁白，半透明感也更好。装烧采用支钉叠烧的裸烧形式。这一时期陶瓷产品制作草率，装烧落后，尚处于初级阶段，但白瓷瓷胎致密，半透明度极好，属于五代时期我国南方地区的优质白瓷。

青白瓷又称"影青瓷"，创烧于五代末期，成熟于北宋，釉中含铁量较低，在高温还原焰中烧成。器物胎体洁白致密，釉色青中泛白，白中闪青，釉质清澈透明，又不失玉质感，积釉处色泽较深，晶莹如湖水，呈现出温润如玉、

湖田窑五代白釉盘

雅淡悦目的视觉效果。宋代瓷器釉色以青为尚，代表了文人士大夫婉约优雅的审美。

宋代湖田窑生产的青白瓷品类繁多，不仅有碗盘杯碟等日常生活用瓷，还出现了大量的陈设瓷器、人物雕塑等新器形。器物表面流行团花、折枝花卉、缠枝花卉、婴戏纹等，装饰细腻，构图活泼，线条流畅，充满浓郁的生活气息。瓷盒、执壶等器物上出现商号印记，说明当时市场竞争激烈，瓷器生产已高度商业化。而刻有"臣张昂措置监造"题记瓶底的出土，则证明湖田窑在宋代已为朝廷生产贡瓷。从我国各地宋代墓葬和遗址出土文物来看，青白瓷在十几个省、直辖市、自治区的 100 多个县市出土，说明其流通区域非常广泛。从生产规模和市场范围来看，以湖田窑为代表的景德镇窑确实是宋代名窑。

湖田窑宋代青白釉执壶

元代是湖田窑业发展的转折时期，烧造品种有青白瓷、黑釉瓷、卵白釉瓷和青花瓷。卵白釉瓷是湖田窑瓷器的新品种，因釉色偏白失透、似鹅蛋之色而得名。早期的卵白釉瓷，器形较少，主要有折腰碗、浅盘和高足杯等，常在内底及内壁模印莲瓣和缠枝花卉等。早期器物釉色偏青，与南宋的青白瓷类似，生烧器物釉色呈现出米黄、灰青等色调。晚期器形多样，常见大碗、大盘、连座瓶及建筑砖瓦等，釉面卵白，呈乳浊状，模印纹饰模糊不清，可辨有云龙、云凤、八吉祥等纹饰及"枢府"款。

元代湖田窑还烧造青花瓷、釉里红等新产品。青花瓷有白地蓝花与蓝地白花两种，所用青料为进口的"苏麻离青"，图案装饰繁缛华丽，多见莲花、菊花、蕉叶、葡萄、松、竹、麒麟、鸳鸯等纹饰。胎质细腻洁白，为典型的"糯米胎"，釉色莹白光亮。湖田窑出土的元青花大盘、大碗、大罐的残片，可与伊朗国家博物馆和土耳其托普卡比宫博物馆所藏元青花瓷器相印证。

元青花莲池鸳鸯纹盘，伊朗国家博物馆藏

明代湖田窑主要烧造民窑青花瓷和仿龙泉青瓷。湖田窑遗址有保存较完整的明代中期葫芦窑和明代马蹄窑遗迹。明代中晚期，景德镇制瓷中心虽已转移到珠山附近，但湖田窑仍大量生产瓷器，只是器形简单，胎体较粗，质量总体下降。

历史上，湖田窑生产的瓷器主要是民用产品，但从宋代开始生产贡瓷，到元代又成为浮梁磁局下辖的重要窑场之一，是一处官民兼烧的窑场，对研究中国古代官窑制瓷史和御用瓷器发展史具有重要的价值。在工艺创新上，湖田窑于五代时期创烧质优工巧的青白瓷，在元代烧造青花瓷、釉里红等，丰富了中国陶瓷的品类。青花瓷的影响更是极为深远，遍及中国乃至世界。

湖田窑明代马蹄窑遗址

立体呈现景德镇千年制瓷历史

景德镇民窑博物馆现有"薪火千年——景德镇民窑历代陈列展""土与火的艺术——景德镇民窑制瓷生产工艺陈列""湖田窑宋元明制瓷作坊遗址科普展""湖田窑乌鱼岭重点保护区遗址展"四个基本陈列。

"土与火的艺术——景德镇民窑制瓷生产工艺陈列"展厅

"薪火千年——景德镇民窑历代陈列展"以湖田窑遗址及其出土文物为主线,辅以景德镇其他窑口出土遗物与资料,展示千余年来景德镇陶瓷生产的辉煌历程。

"土与火的艺术——景德镇民窑制瓷生产工艺陈列"主要展示以湖田窑为代表的景德镇民窑制瓷生产工艺。内有4个遗址坑,是历年来湖田窑考古发掘的重要遗迹,遗迹内容包含了练泥、拉坯、施釉、装烧等各个工序,完整地展现了制瓷作坊遗迹及制瓷工艺,配合展板文字说明和展柜内的文物展示,辅以VR技术、增强现实技术、互动触摸屏等多元展示手段,使观众身临其境,仿佛穿梭于古代与现实之间。陈列分为"丰富的制瓷资源""精湛的成型工艺""成熟的烧成技术""绚丽的装饰艺术""海上陶瓷之路"五个部分。从原材料到制造工艺再到最后的销售,每个部分既自成章节,又相互联系,既参考历史资料,又吸取最新学术研究成果,视角专业但通俗易懂。

"湖田窑宋元明制瓷作坊遗址科普展"展出的是经考古发掘并原地保护的湖田窑宋元明制瓷作坊。作坊遗址分布在2000平方米的作坊区内,包括各项工序的遗存及连接作坊各工序、直通窑炉

"湖田窑宋元明制瓷作坊遗址科普展"展厅

的青砖路，这些内容组成了一个有机完整的陶瓷生产体系。从这一处作坊，可以窥见当时景德镇制瓷业分工之细致，工匠需求量之大，形成"工匠来八方，器成天下走"的盛况。

近年来，景德镇民窑博物馆不断提高展陈水平，完善智能语音导览平台，在官网和微信公众号上推出多个线上展览，以满足不同观众的观展需求。同时加强同国内各博物馆的交流与合作，先后联合策划推出"玉壶清华——景德镇宋元明清酒具瓷展""龙行万里——海上丝绸之路上的龙泉青瓷"等高质量外展。在"走出去"的同时，也在本馆筹办优质临时展览，如2020年举办的"秋收冬藏玉炉香——宋元青白瓷香器特展"等。

发挥博物馆文化阵地作用

景德镇民窑博物馆作为江西省科普教育基地和江西省爱国主义教育基地，积极开展丰富多彩的社教活动。一方面走进社区和中小学，主动宣传湖田窑陶瓷历史、文物、大遗址、文化遗产保护等相关知识，在遗址博物馆的提升项目中考虑与社区的兼容，拓展面向社区的文化服务功能；另一方面与景德镇多所高校建立合作关系，签订教学实习与就业实践基地合作协议，成为大学陶瓷类相关专业的第二课堂，让学生在陶瓷类遗址博物馆上课，更深刻地认识古代景德镇陶瓷的制作工艺、烧造技艺。

景德镇湖田窑烧瓷历史长达700余年。丰厚的窑业堆积，为研究10—14世纪景德镇制瓷技术与艺术的演变历史，以及景德镇城市兴起、经济结构转变、人口流动等提供了翔实的资料。湖田窑以宋代生产的青白瓷最为著名且影响广泛，在中国形成了一个庞大的青白瓷窑系，其历史和经济地位不逊色于"宋代五大名窑"。湖田窑的创新与承上启下，深刻影响了中国陶瓷史的发展方向。

（初稿：王亚　统稿：孔利宁）

南京大报恩寺遗址博物馆

南京大报恩寺遗址博物馆依托明代大报恩寺遗址而建立,博物馆占地面积约200亩,位于南京市秦淮区,北邻外秦淮河,南接雨花台,2020年被评为国家二级博物馆。

南京大报恩寺遗址博物馆

明永乐十年(公元1412年),朱棣下令在南京长干里天禧寺旧址上修建皇家寺院大报恩寺,其规格之高、用料之精、工艺之繁、历时之久,此后明清两代佛教建筑无出其右者。明代大报恩寺规模宏大,周长"九里十三步",面积约400亩。寺院建筑布局总体分为南北两大院落,主要的宗教性建筑分布于北区,配套的附属建筑位于南区,两者之间以院墙相隔。寺内标志性的九层五色琉璃宝塔,达到中国传统造塔工艺的最高水平,从清初开始其形象传入欧洲,成为中国建筑乃至中国文化的重要象征。令人遗憾的是,南京大报恩寺在19世纪中叶毁于战火,此后一个多世纪寺院地表建筑逐渐湮灭。

古大报恩寺复原图

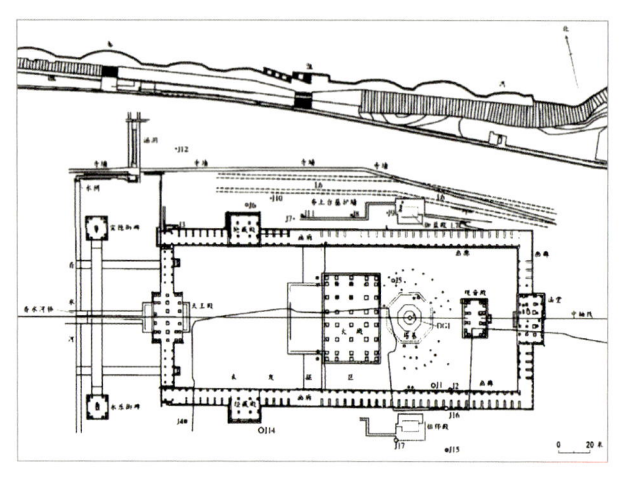

大报恩寺遗址平面图

21世纪初，大报恩寺遗址的历史意义和现代价值得到了广泛关注。2007—2010年，南京市考古研究所对明代大报恩寺遗址北区进行了全面、系统的考古发掘，先后发现并清理了属于明代大报恩寺的香水河桥、中轴线主干道、天王殿、大殿、观音殿、法堂，以及始建于北宋大中祥符四年（公元1011年）的长干寺真身塔地宫和北侧的画廊基址等重要遗迹，出土了以七宝阿育王塔、金棺银椁为代表的一大批珍贵文物。大报恩寺遗址被评为2010年度全国十大考古新发现，2013年被国务院公布为第七批全国重点文物保护单位。

跨越古今的博物馆建筑与展陈

2011年，南京大明文化实业有限责任公司在明代大报恩寺北区原址兴建南京大报恩寺遗址博物馆，一期建设总建筑面积84 739平方米，其中遗址博物馆33 278平方米，地宫保护建筑2239平方米。2015年12月，南京大报恩寺遗址博物馆正式开馆。

南京大报恩寺遗址博物馆秉持"跨越历史与当代、联结城市与建筑"的设计理念，在严格保护遗址本体的前提下，以立体的空间组织呈现寺庙遗址的多层次历史信息，以及其与城池、山川的格局关系，并以新的技术手段创造具有历史文化意蕴的场所。博物馆内有三大常设主题展区，分别是"长干佛脉——大报恩寺遗址展区""佛都金陵——南京佛教文化展区"和"藏海无涯——汉文大藏经展区"。另建设有画廊、临时展厅、剧场、艺术与纪念品流通处、游客服务中心等博物馆展陈与综合服务体系。

博物馆的设计从城市和寺庙两个层面的形态关系入手，延续了明代大报恩寺的东西向轴线，以此确立了博物馆建筑群与古代都城轴线、明城墙及护城河之间的形态结构。明清时期的寺院格局是廊院式，中轴线上的主要建筑为走廊围绕的封闭式院落。主展馆设计顺应地形高差变化，以简洁的口字形形成环状（内院长约220米，宽约80米，与明代大报恩寺的内院尺度相吻合），经过保护、修整后的大殿等遗址，因内院边界的再现而获得应有的空间秩序和尺度认知，实现了遗址保护规划的要求。

从博物馆入口开始，依次经过御道遗址、北画廊遗址、出土文物区三处以遗迹遗物为主题的展示区域，随后为报恩空间、报恩文化体验区等主题展厅。依托这一构型，片段的、散置的古代寺庙遗址在整体的大格局中得到保护、连缀和呈现，并与相关的文化展示、学术交流、配套服务等功能相得益彰。

在大报恩寺遗址展区内，仍可探寻600年前的香水河、香水河桥、永乐碑、宣德碑、御道、三大殿遗址、画廊遗址、油库遗址、义井以及烧制琉璃构件的官窑等，当年大报恩寺的宏大规制一目了然。

香水河上的拱形桥面遗址属于明代的香水河桥，长4.5米，宽2.5米，桥下是青石铺筑的主道。古时，人们站在桥上远望，大雄宝殿、琉璃塔宝顶正好连成一线，可见当初设计者的巧思妙想。在香水河桥前方，左右两侧对称分布两座碑亭，南北相距约100米，这个位置是古大报恩寺御制碑亭的原址。左碑（永乐碑）立于永乐二十二年（公元1424年）二月，碑文由朱棣亲自撰写，详细说明了他建造大报恩寺的初衷为报"父母大恩"，是研究大报恩寺的重要史料。此御碑在太平天国时期毁于战火，只剩下驮碑用的石赑屃。右碑（宣德碑）立于宣德三年（公元1428年）三月十五日，是大报恩寺建成时朱棣的孙子明宣宗朱瞻基所立，目的是向太祖、成祖和仁宗三位先帝告成，歌颂他们的功德。

由于古大报恩寺皇家寺庙的地位和建制，从山门进入寺庙的主干道与当时皇宫御道规制一致。在进入博物馆的室内部分后，观众可站在玻璃罩上观赏御道遗址，想象古大报恩寺的宫阙规制。

天王殿是古代大报恩寺的第一重殿。根据目前天王殿遗址中的柱网结构，可以推测，当时大报恩寺的天王殿是五间三进，有减柱现象，目的是为了扩大空间，安置佛像。

大殿前面宽阔的平台是月台遗址，月台在古代是举行盛大典礼的地方。月台后的大殿遗址，土质部分是原遗址保护区，另一部分根据古建筑原大比例复建而成。大殿是大报恩寺中除了琉璃塔外最大的建筑，面宽七间，进深四进，规模稍小于北京故宫的太和殿。遗址内现存六个大型的石柱础，每个两米见方，足见当年宫阙规制的皇家气派。

御道遗址

今日大报恩塔

大殿后方即为今日大报恩塔。历史上的大报恩寺琉璃塔建于1412年，此后，作为南京最具特色的标志性建筑物，被西方人誉为"南京瓷塔"，作为中国建筑文化的典范被西方各国仿建。19世纪中叶，大报恩寺琉璃塔毁于太平天国战火。

在古塔消失的100多年后，大报恩塔重建。为保护千年地宫，新塔采用四组钢管斜梁跨越遗址上方，地梁落脚点位于整个塔基遗址的外侧，形成覆钵形的新地宫，在原有地宫遗址上安放七宝阿育王塔，安奉佛陀舍利。

塔基上方再造轻质九层塔，有四重传承与创新。一是形态，不是复建而是再造，但规模、形制、造型比例与古塔近似；二是材料，古塔用琉璃，新塔用艺术玻璃，并通过手工雕刻、上釉、烧制和合片等工艺，呈现流光塔影；三是结构，内核由两个正方形旋转交错构成莲花瓣状，通过逐层收分，塔顶重构，达到新塔古韵；四是功能，既保护千年地宫又传承历史记忆。

北画廊遗址

明代大报恩寺的走廊上有许多壁画，所以又称画廊。据记载，南北画廊共有118间，绘制了有关佛教缘起的宗教传说和白马西来等历史故事，以及帝后礼佛、高僧说法等宏大场面。明代周晖的《金陵琐事》形容它"壮丽甲天下"，堪称一绝。目前北画廊基本保留了遗址原貌，地势自西向东由低到高，仍可想象当年的宏大规模。画廊两侧各有一口井，据考古推测，是为了消防而建。画廊还有很多处散水接着暗渠，可直接把水排到香水河。

展区内还展示了明代水工遗址，即明代大报恩寺的排水暗渠，水通过暗渠可一直排往秦淮河。暗渠中还设有栅栏，用来防盗。这处水工遗址是南京现存最大的明代大型官修水工设施。压在排水暗渠上面的是明代大报恩寺北部院墙的墙基，也是目前发现的大报恩寺最北侧的边缘。

整个展区为成片的废墟遗址留出大量空间，力求保持遗址真实的展示状态。展厅后半段，遗址基本消失，开始转入闭合空间，利用富有科技感的动态场景等现代手段，抽象展示佛寺主题和报恩文化，"千年对望""前世今生"等展区即是如此。

"千年对望"时空长廊，两旁有八根琉璃立柱，步道上有七朵莲花。步道上的琉璃地砖，一旦踩上去，灯光会如涟漪荡开。长廊尽头是玄奘法师与佛陀的千年对望。玄奘顶骨舍利与佛陀顶骨舍利共同瘗藏于大报恩寺所在的长干道场约一千年。

大报恩寺自建初创始，长干再继，天禧更名，直至永乐报恩，重要特色是历代遗址的垂直叠加，"前世今生"展区即是以沙盘模型和影像画面复原了大报恩寺在前代遗址上以"宫阙规制"建造的宏大场面，凸显了大报恩寺的建筑特色和佛教文化艺术特色。

"千年对望"时空长廊

南京佛教文化展区由"江南佛教初兴地""南朝四百八十寺""康熙南巡图""中外交流""莲池海会""舍利佛光""经变画廊"等单元组成，重点展示南京佛教文化的历史脉络、重大事件以及高僧大德事迹。

"南朝四百八十寺"单元

汉文大藏经展区由"藏经文化明盛世""集经纪事溯初衷""寻经求法西域行""译经浩纂广流传""金陵刻印遍十方""法乳流长传宗门""世代传经承四海"等单元组成。除了展示藏经外，还循序分述了集经、取经、译经、刻经、印经等内容。展区内经常开展互动体验活动，观众可以近距离观赏传统手艺人刻印经书的过程，体验"金陵刻经"这项世界级非遗技艺的独特魅力。

地宫宝物盛世重光

南京大报恩寺遗址博物馆的新建玻璃塔下是宋代长干寺地宫，比大报恩寺塔的历史还早400年。2008年7月18日，考古人员在大报恩寺琉璃塔遗址发现该地宫，举世震惊。地宫底部至现存

"经变画廊"单元

地表6.74米，是国内目前发现的最深、最大的竖穴式地宫。

地宫出土文物极为丰富，总数达到1.2万余件，种类众多。出土文物展区展出了地宫出土的部分文物，大量使用了独立展柜和小单元的方式，可移动文物与不可移动文物共处一室。其中最受关

注的是一整套宋代舍利瘗藏容器，包括石函、铁函、七宝阿育王塔（塔函）以及银椁、金棺、大小银函、水晶瓶等。

石函整体呈方柱状，由倒梯形底座、四块长方形壁板和顶盖组合而成。在石函北壁板上镌刻着题为《金陵长干寺真身塔藏舍利石函记》的长篇铭记，由"法主承天院住持圆觉大师赐紫"德明撰写，详细介绍了僧人可政得到宋真宗的支持，于六朝旧址重建长干寺，新建高达二百尺的九级砖塔，于大中祥符四年六月举办"阖郭大斋"，在塔下瘗藏"感应舍利十颗，并佛顶真骨洎诸圣舍利"这一重要历史事件。碑文部分文字因遭铁函碰触而缺损，但绝大部分保存完好。

石函内部是铁函，铁函整体呈方柱状，通高1.32米，器身内壁光滑平整，外表未经打磨。铁函为保存内部文物提供了很好的环境，是中国冶金史上一件珍贵的实物资料。

铁函内是鎏金七宝阿育王塔，单层方形，由下部塔座和上部塔盖两部分组成，通高1.17米，是我国迄今出土的体形最大、制作最精、工艺最复杂的阿育王塔。内部以檀香木制作骨架，表面为银皮，通体鎏金，塔体上凿有452个圆孔，镶嵌"佛教七宝"，有的至今仍晶莹剔透。塔盖、塔座以子母口相合，盖向上提起打开，塔座内部中空，盛放供养物品。塔盖顶部中心处立塔刹，刹柱根部套有两个圆环，从下向上设五层相轮，逐层内收，顶部为火焰珠和葫芦形宝瓶。塔盖顶部四角设四座突出的山花蕉叶。山花蕉叶、塔盖、塔座腹部和底部饰有佛像或佛教故事画。塔盖底部四面分别锤揲"皇帝万岁""重臣千秋""天下民安""风调雨顺"四字吉语，塔体各处錾刻铭文，介绍施主姓名、捐资数目、打造内容等。

阿育王塔内出土的珍贵文物，包括瘗藏舍利的容器、供养器物、丝织物等，都在馆区内进行了陈列，其中最珍贵的是金棺银椁中瘗藏的佛顶真骨。大报恩寺遗址地宫佛顶骨舍利的发现，让中国拥有了佛顶骨舍利、佛指骨舍利（陕西法门寺）和佛牙舍利（北京灵光寺）等三大佛舍利。

大报恩寺遗址研究与文化传播

2007年，为配合南京大报恩寺遗址的考古发掘与保护工作，南京大明文化实业有限责任公司委托南京大学历史学系教授夏维中等人成立"南京大报恩寺及

鎏金七宝阿育王塔（复制品）

大报恩寺琉璃塔拱门（复制品）

其琉璃塔与明代文化"课题组。课题组的专项研究，弥补了大报恩寺遗址研究资料之不足，基本弄清了大报恩寺的布局、规格及重修等问题，提高了对琉璃塔的认知水平，并且对大报恩寺及其前身进行了全面梳理和定位。

为了更好地弘扬孝亲尊师的优良品质，进一步唤起人们对中华民族传统美德、传统技艺的向往和追求，在研究大报恩寺遗址文化的基础上，南京大报恩寺遗址博物馆设计开展了系列亲子活动，如"启蒙开笔礼""感恩成长礼""小小茶艺师""琉璃手工课""非遗布贴画""福禄流苏""手工香囊""感恩拓福""民俗年画""手绘宫扇""手绘油纸伞"等。通过这些亲子活动，教育孩子感恩立志，知晓父母养育之恩，学会孝敬父母，尊敬师长，让孩子们意识到自己的使命和责任，树立为国家和民族奋斗的决心。

南京大报恩寺遗址博物馆通过遗址原址展示与现代科技展示相结合，跨越历史与当代，使博物馆兼具历史感、科技感和艺术感；通过科学研究与各类教育活动设计，不断促进传统文化的传承，使博物馆逐渐成为弘扬民族传统美德的重要场所。

（初稿：贺希皓　统稿：李琳）

明十三陵博物馆

明十三陵博物馆位于北京市昌平区境内的天寿山南麓，保护并展示明朝迁都北京后十三位皇帝的陵寝建筑群。明十三陵建于1409—1644年，共葬有13位皇帝、23位皇后、1位皇贵妃及数十名殉葬宫人。陵区内除皇帝陵外，还有7座妃嫔墓和1座太监墓，占地面积约80平方千米。目前开放的展示区域包括长陵、定陵、昭陵、神道和康陵。

1961年，明十三陵成为第一批全国重点文物保护单位。2003年7月作为明清皇家陵墓的扩展项目，被联合国教科文组织列入《世界遗产名录》，成为世界文化遗产。2011年，明十三陵被评为全国AAAAA级旅游景区。

1981年6月，北京市昌平区十三陵特区办事处成立，其职责是保护辖区内的文物古迹和自然环境，保护范围包括明十三陵、居庸关景区以及银山塔林景区。1995年，明十三陵博物馆成立，

明十三陵全景图

负责明十三陵范围内的文物保护管理与参观服务等事项,下设4个分馆,即长陵博物馆、定陵博物馆、昭陵博物馆和神道博物馆。2000年初,明十三陵博物馆在定陵大门外广场修建陈列馆,内设明十三陵陈列,全面介绍明十三陵历史、建筑、墓主及定陵出土文物。2021年,十三陵特区办事处更名为明十三陵管理中心。

以陵见史,鉴古通今

长陵博物馆

长陵始建于1409年,是明朝第三位皇帝朱棣与皇后徐氏的合葬陵寝,也是明十三陵中营建时间最早、规模最宏伟、保存最完整的陵寝,被称为明十三陵的"首陵"。长陵博物馆的主体建筑——祾恩殿已有600多年的历史,以珍贵的建筑材料——金丝楠木和最高的中国古代建筑等级闻名于世。明成祖朱棣在位期间迁都北京,营建了象征封建皇权的紫禁城,开创了"幅员之广,远迈汉唐"的永乐盛世。长陵的建筑反映了明代初期帝陵建筑制度和建筑艺术的不断发展与完善,在中国帝陵建筑史上具有承上启下的重要意义。长陵祾恩殿内设有三个展览,分别为"永乐伟业展""华裳威仪"和"定陵出土文物"。"永乐伟业展"以《永乐伟业图》为主线,通过文字、图片、数据及模型等形式,再现永乐皇帝朱棣一生的辉煌业绩,展现了明永乐时期国富民强、万国朝拜的盛景;"华裳威仪"和"定陵出土文物"两个展览展出定陵出土丝织品、明代帝后服饰以及精美的随葬器物。

长陵博物馆祾恩殿展陈内景

昭陵博物馆棱恩门全景

昭陵博物馆棱恩殿

昭陵博物馆

昭陵是明朝第十二位皇帝穆宗朱载坖及其三位皇后的合葬陵寝，也是明十三陵中地面建筑修复最完整的皇陵。1987—1989年在原址重建了棱恩殿、东西配殿、棱恩门、碑亭等，1990年9月1日正式开放。1992年宰牲亭竣工，1993年布置明朝名臣张居正、海瑞、戚继光的陈列展览。2013年8月29日建成"明镜昭廉"明代反贪尚廉历史文化园，挂牌北京市廉政教育基地。主展馆布展"明代反贪尚廉历史陈列"，一道院的宰牲亭内设有"明代清官史事展览"，二道院的东配殿陈列"海瑞生平事迹展"，西配殿为"昭陵帝后史事陈列"。2015年7月16日，挂牌中央国家机关廉政教育基地。棱恩殿内复原展示明昭陵于霜降日举行的秋季祭祀，这是明代中叶以后等级最高、最隆重的祭陵活动。

定陵博物馆

定陵是明十三陵中唯一被发掘的陵寝，埋葬的是明代第十三位皇帝神宗朱翊钧及孝端、孝靖两位皇后。定陵营建于1584—1590年，明末清初及民国时期曾遭破坏。新中国成立后，为了进行考

定陵博物馆

古与历史学方面的研究，1955年郭沫若、吴晗、沈雁冰等联名上报国务院请求发掘长陵，得到批准。随后由中国科学院考古研究所、文化部文物局、北京市文物调查研究组联合组成长陵发掘委员会。为了慎重起见，发掘委员会决定先对定陵进行试掘。1956年5月—1957年7月，历时一年两个月，定陵地宫终被打开，出土各类文物3000余件（套）。1959年10月，在定陵原址建立了定陵博物馆，向中外观众开放。

定陵博物馆现有展陈包括地下宫殿原状陈列和陵区内第一、第二陈列室的地宫出土文物展。定陵地下宫殿及其丰富的随葬文物为我们研究明朝中后期的经济、政治、典章制度、丧葬制度等提供了宝贵的实物资料，具有极高的历史价值。

定陵出土金丝翼善冠

定陵出土金爵

定陵出土青花油缸

定陵出土金盆

定陵出土六龙三凤冠

神道博物馆石像生

神道博物馆

明十三陵总神道，即长陵神道，是进入陵区的主要通道，两侧有龙山、虎山对峙。陵区大门建在两山之间，山上建有护陵边墙，与北面群峰山口相连，将陵区紧紧环抱。神道贯穿南北，由石牌坊、大红门、神功圣德碑亭、石像生、龙凤门等建筑组成。碑亭以北长达800米的距离内共矗立着36尊石像生，其中石兽12对24尊、石人6对12尊，神态逼真，雕工精细，均用整块巨石雕刻而成；碑亭四角伫立有四座汉白玉雕刻而成的华表，具有很高的艺术价值。整条神道构成一座石雕艺术博物馆。

多年来，明十三陵博物馆始终坚持"保护为主、抢

武臣石像生

救第一、合理利用、加强管理"的文物工作方针，不断完善文物保护措施，加强文物保护力度，在文物安全、博物馆建设、科研、宣传等方面取得了较大成绩。

筑牢文物安全，改善周边环境

做好保护性修缮，加强文物日常养护和预防性保护

申遗成功后，明十三陵管理中心按计划逐步实施了14项主要修缮工程，这是自清乾隆年间修缮之后明十三陵最大规模的修缮。同时，为尚未开放的10座陵寝建立了石刻文物精细化档案，完成石刻文物构件的清理工作。

完成可移动文物与古树名木普查

2013—2016年，明十三陵完成全国第一次可移动文物普查统计。2015年，结合文物库房搬家，重新清点、核实了库房藏品，确定明十三陵博物馆藏品总数为2722件（套），5120件。

同时与专业公司合作实施古树复壮工程，制定中长期保护方案，加强古树名木保护。明十三陵陵区共有一级古树1207株、二级古树3168株。明十三陵管理中心专门成立了绿化科，对一级、二级古树名木实行编号挂牌管理，并在古树专家的指导下，通过高科技手段对数百株衰弱古树实行了复壮，使古树的衰弱长势得到了有效改善。

整治周边环境，提升参观质量

遗址周边环境是明十三陵世界遗产的重要组成部分。申遗过程中，拆除周边各类用房8万平方米、商业摊亭42处，新修万娘坟至明思陵公路3340米。一系列的环境整治工作不仅为世界文化遗产申报成功提供了保障，同时也极大改善了博物馆周边的旅游环境，提升了博物馆形象。

明十三陵列入《世界遗产名录》后，专门成立了明十三陵世界文化遗产管理办公室。2018年7月，明史协会和遗产管理办公室合并，增加了保护管理力量，加强了对明十三陵世界文化遗产的保护、管理与监测工作力度。与此同时，明十三陵属地十三陵镇还成立了相应队伍，负责周边的环境整治工作。

近年来，明十三陵管理中心与各方力量共同努力，完成了停车场、旅游厕所、标识牌、无障碍设施、游客中心、步道、路椅、门禁票务系统、电子监控系统、LED信息发布系统等多项服务设施的升级改造。2014年重点实施了定陵、长陵两大博物馆景区的地面铺设和树椅建设工程；实施了长陵博物馆景区商摊净化工程，撤拆商业摊棚3处；实施了定陵、长陵、神道博物馆景区的无线网络建设工程，三大博物馆景区实现了免费无线局域网全覆盖。

推进安防改造，提升安全防护水平

博物馆成立消防站，在尚未开放的陵寝以及长陵、昭陵、定陵、神道博物馆开放景区参照微型消防站标准配备设施和防暴装置。设立明十三陵文物安全管理中心，组建文物安全巡查大队，建立领导班子、保卫科、文物安全巡查大队和各博物馆景区三级文物安全巡查机制。2020年，为进一步明确明十三陵管理中心文物保护管理职责，切实做好馆藏可移动文物与展线文物安全巡查工作，加强日常保养维护，根据有关法规，建立备案博物馆日常业务监管工作机制，同时结合明十三陵管理中心实际，修订、新编与明十三陵可移动文物保护相关的21项管理制度。

为确保文物安全，2016年11月明十三陵文物库房加装监控探头40个，2018年7月更换4个新防盗门、加装12个防盗窗；2018年底，定陵第一、第二陈列室和长陵大殿内的展柜安技防系统进行提升改造；2019年4月，定陵第一陈列室安装消防排烟设备。通过增添、改造安全及消防设施，进一步确保了文物安全。

同时专门成立了以明十三陵管理中心领导，保卫科、文物科、文保部、绿化基建科人员组成的文物保护与安全考核领导小组，具体负责日常巡查、定期月评、年终工作考核等。目前，长陵、昭陵、定陵、神道博物馆4个开放景区均有专人负责文物安全保卫工作并设有治安保卫组，对博物馆景区进行24小时轮岗值班和监控。

构筑学术研究与文物宣传阵地

开展学术研究，促进学术交流

多年来，明十三陵管理中心十分重视文物保护研究工作，先后出版学术专著14部、专题报告4篇、专志书籍1部、连环画4部，发表明十三陵专题论文119篇。管理中心加强与中国明史学会、北京古代建筑研究所、北京建筑大学等机构的合作，修编了《十三陵志》，先后举办了两届明代帝王陵寝学术研讨会。2009年成立"明代帝陵研究会"，出版《明朝帝王陵》《明长陵》等研究论著及科普读物。2016年明十三陵和中国明史学会合作共建"中国明文化研究中心"，开展明文化资源挖掘与研究工作。

另一方面，明十三陵积极开展文物科技保护研究。截至2016年，明十三陵管理中心委托南京云锦研究所共复制64件丝织衣物；2015年4—7月，配合首都博物馆完成无损检测定陵部分出土玉器的工作。此次检测由北京市文物局牵头，以首都博物馆和多家单位共同合作承担的"基于无损检测技术的中国古玉鉴定研究"课题为基础开展。定陵出土的玉壶、玉爵、玉耳杯、玉佩、玉带等

织金寿字龙云肩通袖龙栏妆花缎衬褶袍（复制品）

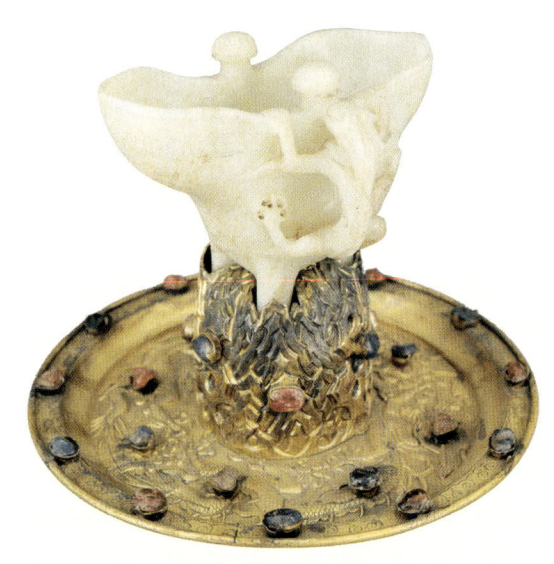

定陵出土玉爵

21件（套）出土玉器被列入研究内容，这是第一次运用高科技手段对定陵出土的明代标准器、高级别的皇家御用玉器进行"全身体检"。通过此次检测，对出土文物的质地、做工有了新认识，对明十三陵今后的文物科研工作起到促进作用。

请进来，走出去

明十三陵博物馆自成立以来，始终立足本馆特色，策划公众喜闻乐见的文化项目，吸引公众走进博物馆。如"明长陵皇家祭祀祈福大典"活动，通过祭祀祈福表演，生动地再现了明代祭祀礼仪、服饰和文化，逐渐成为博物馆的特色文化展示项

长陵博物馆祾恩殿前祭祀表演

目。明十三陵还积极参与每年北京市文物局举办的国际博物馆日、文化和自然遗产日活动，各分馆通过设置咨询服务台、挂横幅、贴宣传海报、发放宣传材料等方式，宣传文化遗产相关知识。

与此同时，明十三陵还积极"走出去"。通过参加外展、走进学校、参加电视节目等多种手段，向公众介绍明十三陵的相关知识，提升公众对明十三陵的认知。

为纪念明永乐帝迁都北京600年，明十三陵博物馆与首都博物馆、南京市博物总馆等多家博物馆联合举办"1420：从南京到北京"巡回展，2020—2021年分别在北京、南京两地展出。定陵部分出土文物还参加了首都博物馆"北京文物精品展""中国记忆——5000年文明瑰宝展"和"回望大明——走近万历朝"特展，以及美国"北京古代帝王珍宝展"、希腊"帝王之都——北京文物珍宝展"和意大利"明代文物特展"等多项陈列展览活动。

重门严邃，殿宇宏深。楼城巍峨，苍柏松翠。明十三陵屹立在群山之中，诉说着明代的沉浮俯仰。不断发展的明十三陵博物馆，将继续展示明史变迁，也等待更多的人来探索研究，以古鉴今。

（初稿：高尚武　统稿：裴梦斐）

海龙屯遗址博物馆

海龙屯遗址位于贵州省遵义市汇川区高坪镇，始建于南宋宝祐五年（公元1257年），现存主要是明万历年间（约公元1595—1600年）的遗存，包括城防设施、兵营、操练场、行政及生活设施、手工业设施、交通设施以及水井遗址等。海龙屯遗址是我国宋、元、明时期山地石头建筑的典型杰作代表，是南方土司制度发展达到顶峰的象征，也是遵义悠久历史的缩影，是古播州人民智慧和勤劳的结晶，其建筑遗存反映了古代西南地区高超的建筑技术、科学的山地军事战略思想和封建土司制度的演变过程。2015年7月4日，遵义海龙屯遗址与湖南永顺老司城遗址、湖北恩施

海龙屯遗址远眺（摄影：李德芳）

咸丰唐崖土司城遗址组成的中国"土司遗址"项目在联合国教科文组织世界遗产委员会第 39 次会议上被列入《世界遗产名录》，成为贵州省首个世界文化遗产。

千年播州——海龙屯遗址

海龙屯遗址是播州杨氏土司在其统治核心区域设立的山地防御城堡，与位于湘江西岸平原地带的播州宣慰司治所（今遵义老城区）配合使用，是战争时期播州土司的行政和军事中心。

唐僖宗乾符三年（公元 876 年），杨端应募入播平南诏，为播人所怀服，历五代，子孙世有其地，世代统治播州达 725 年。南宋时期，播州杨氏土官（元以后称"土司"）修建海龙屯。明代晚期，播州末代土司杨应龙主政期间，海龙屯进行了改建和扩建。明万历二十八年（公元 1600 年），杨应龙举兵反叛，历时 114 天的"平播之役"爆发，海龙屯成为播州杨氏土司最后坚守的据点，最终杨应龙兵败身死，结束了杨氏的世袭统治。海龙屯被明军攻占后遭到焚毁，遂废弃。

海龙屯遗址的选址与地形地貌

海龙屯地处云贵高原北端的大娄山中，此地是连通川黔湖广的交通要道，战略位置极为重要。该地区属喀斯特地貌，海龙屯所在的龙岩山地势险要，东、南、北三面均为悬崖绝壁，下临深谷，仅东西两侧有小径上下，易守难攻。山顶平旷，适宜营建。屯顶地势复杂多变，自然形成相对独立的区域，既增加了防御体系的层次，又强化了军事攻防的功能。

一字城墙（摄影：尹世林）

屯西为白云岩、金鼎山等山峰，屯北、南两侧分别有白沙河与腰带岩沟自西向东绕屯流过，两水在屯东侧汇合，向东南流下，注入湘江，并流经遵义老城区，这条水路是历史时期连接播州宣慰司治所与海龙屯的交通要道。

海龙屯作为与土司平原治所配合使用的山地防御城堡，其"占山环水"的选址特征既考虑了借助天险进行军事防御，又兼顾了屯上生活的便利，体现出山城建造时对自然天险的充分利用。

三十六步天梯（摄影：杨世龙）

海龙屯遗址的总体格局

海龙屯遗址与周围的养马城、养鸡城、养鹅池、教场坝、炮台坡、定军山、打眼岩遗址等组合

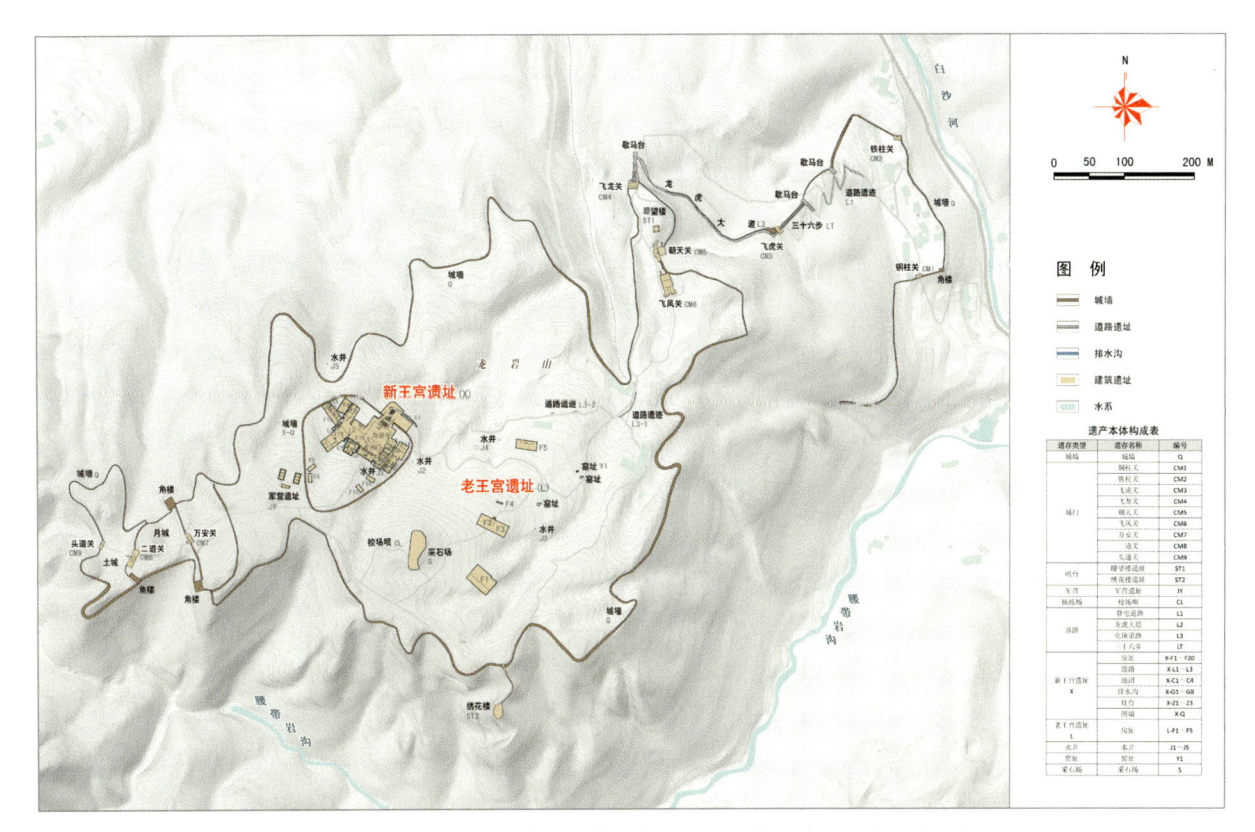

海龙屯遗址遗产本体构成图（绘制单位：中国建筑设计研究院建筑历史研究所）

形成一个集军事防御、杨氏行宫、屯兵给养为一体的配套完好、规模宏大的军事防御体系。养马城、养鸡城等共同构成屯前军事防御区。海龙屯自身格局分为军事区及主体活动区两部分，借外围自然山险营建军事防御系统，同时在屯顶较平坦之处修建土司行政、生活设施。

军事区分布于海龙屯外围。由于屯东、西为主要的出入通道，人工建造的防御性设施集中分布在屯的东、西两侧，形成屯东和屯西军事防御区。屯南、北两侧山势险要，自然天险足以拒敌，因此仅有简单砌筑的城墙和哨台等设施，形成屯南和屯北军事防御区。军事区的主要遗存包括城墙、城门（关口）、哨台、道路设施等。

屯东军事防御区是海龙屯的核心防御区，包含铜柱关、铁柱关、飞虎关、飞龙关、朝天关、飞

铜柱关（摄影：李忠智） 　　　　铁柱关（摄影：尹世林）

飞虎关（摄影：杨世龙）

飞龙关（摄影：杨世龙） 　　　　　　　　　　　飞凤关（摄影：刘捷）

朝天关（摄影：杨世龙）

后关（摄影：杨晓军） 　　　　　　　　　　　西关（摄影：袁卫民）

万安关（摄影：杨晓军）

凤关共 6 座城门（关口），各关随山就势，以城墙相接，构成纵深式防御体系，集中体现了山地城堡的防御理念。屯西军事防御区由头道关（后关）、二道关（西关）和万安关 3 座城门（关口）及城墙共同围合成土城和月城，形成双重瓮城的防御结构。

发掘新王宫——海龙屯遗址考古回顾

20 世纪 70 年代，文物工作者对海龙屯开展了一次系统调查。1999 年，海龙屯进行了第一次考古试掘活动。真正大规模和正式的考古发掘从 2012 年开始。

2012 年 4 月 23 日，贵州省文物考古研究所考古队正式入驻海龙屯遗址，此次共发掘出 1.3 万余件文物，第一次系统查清了整个海龙屯的轮廓，包括城墙的走向、关口的设置等，对屯内建筑群的年代、性质、历史变迁都有了超越以往的认识。

海龙屯遗址考古勘探、发掘工作主要集中于新王宫遗址。"新王宫"是相对于"老王宫"而言的，为当地对屯内两组大型建筑群的俗称。二者隔沟相望，相距约 200 米。新王宫遗址大部分掩藏在草丛、灌木和黄土之下，据民间传说，它是明代播州土司杨应龙的宫殿，因老王宫缺水而兴建。据现有考古发现，新王宫是一组明代土司衙署建筑遗址，它集行政办公与休闲生活为一体，总面积 1.8 万平

发掘中的新王宫遗址（供图：贵州省文物考古研究所）

方米，依山形地势修建，坐西南朝东北，四周有宫墙，以中央踏道为中轴线，建筑大致可分东、中、西三路，均沿阶逐级抬升，错落分布。

新王宫遗址宫墙长504米，由土、石混筑而成，部分已坍塌并掩于土下。宫墙在东北侧开大门，与门两侧的八字墙相连。

新王宫中路建筑是土司处理政务的重要场所，为整个衙署区的核心。由前向后依次分布有大门、仪门、大堂、二堂，并辅以踏道、庭院、厢房，形成层次分明、秩序井然的三进建筑群。中路建筑遗址在明代衙署遗存上还叠压有改土归流后所建海潮寺部分遗存，包括下殿基址、大殿、须弥座等。海潮寺是平播战争结束后，由时任遵义兵备道副使的傅光宅于1600—1603年主持修建。据传当年战争死伤无数，傅光宅为了安抚亡灵而在新王宫中央建寺供佛。根据出土碑文及文献记载，海潮寺

考古测绘（供图：贵州省文物考古研究所）

新王宫遗址考古发掘现场（供图：贵州省文物考古研究所）

历经多次重建，今上殿尚存，香火不绝。

新王宫西路建筑朝向因地形呈现不同变化，分布有总管厅、厨房、水池、水牢、三星台、书房等遗址。其中水牢遗址据传为土司关押犯人之所，考古发掘前一半掩埋于泥土之下，形成一个阴森、积水的石涵洞。2012年，考古人员对洞内淤土和洞顶瓦砾进行全面清理，证实它其实是一处石砌拱券顶的通道，长7.2米，宽1.42米，高2.16米，呈上下立体交通的形式，上层连接建筑基址与厨房，下层连接三星台与下层台地建筑基址，体现了山地建筑交通组织的巧妙设计。

东路建筑群中部为一组两进的院落，因

出土骨质秤杆、陶秤砣、鹿角切片等遗物，推测其为药房或存储用的府库类建筑。

经过多年努力，海龙屯遗址考古工作取得了一系列成绩，先后入选中国社会科学院2012年度六大考古新发现、2012年度全国十大考古新发现、2015年"世界十大田野考古发现"、2011—2015年度中国考古学会"田野考古奖"一等奖。2021年10月18日，全国"百年百大考古发现"名单正式发布，"贵州遵义海龙屯城址及播州杨氏土司墓群"成为贵州唯一入选项目。

瓷片整理（供图：贵州省文物考古研究所）

海龙屯遗址保护

在文物修缮和保护方面，申遗期间对铜柱关、铁柱关、飞龙关、飞凤关、朝天关、明代建筑群（新王宫）、海潮寺、万安关南城墙、西关、海龙屯城墙等进行了抢险加固与修缮，并实施了相关技防工程项目。

修缮保护后的新王宫遗址

龙虎大道危岩体保护修缮前

龙虎大道危岩体保护修缮后

其中，海潮寺修缮项目是土司遗址申遗的重点项目。项目达到了"最小干预现状、最大化保存历史信息"的保护效果。2014年9月，海潮寺修缮项目接受国际古迹遗址理事会专家现场考察。2019年4月18日，海龙屯海潮寺修缮项目入选全国优秀古迹遗址保护项目。

2016年，遵义海龙屯文化遗产管理局拉开"海龙屯遗址飞龙关、飞凤关保护工程"的序幕，在施工过程中始终坚持"保护为主、抢救第一、合理利用、加强管理"的文物保护工作方针，使用原工艺、原材料，以确保遗址的原真性、完整性。该工程的实施使得飞龙关、飞凤关的"生命"得到最大程度的保护，使得遗址更加完整地呈现在世人面前，延续了遗址的真实性和完整性。同年，开始实施海龙屯龙虎大道危岩体加固工程，对危岩体崩塌及岩体碎落、剥落等病害进行加固处理，以避免岩体碎落危及人员、文物安全。

龙虎大道危岩体保护修缮中

城墙修缮前　　　　　　　　　　　　　　　城墙修缮后

此外，遵义海龙屯文化遗产管理局针对海龙屯城墙实施了历时一年半的文物保护修缮工程，力争做到"修旧如旧"，最大程度地维护好世界文化遗产的整体风貌。为保护好城墙的原真性，每一块原城墙上卸下来的石头都要进行编号。在填补进新的石料之后，按照编号将原有石料逐一归位，这一工序称为"卸荷归安"。石块的堆砌看似杂乱无章，实则每一块石头都各司其职，不曾挪动过分毫。

海龙屯陈列展示中心建设

在原址保护并展示海龙屯遗址本体的基础上，海龙屯遗址陈列展示中心通过专题陈列，对海龙屯遗址的内涵做进一步的深入阐释。该中心由中国建筑设计院设计，对原游客管理中心加以改造，采用贵州遵义独特的竹子元素，因地制宜对原三层房屋进行装饰、包裹，于2014年8月投入使用。陈列展示中心占地面积2500平方米，建筑面积1880平方米，展厅面积600平方米。

陈列展示中心展陈共分三个单元。第一单元"千年播州"，由播州沿革、杨氏世系及遗迹遗存三部分组成，着重介绍播州历史、杨氏入播、杨氏代表性人物、庄园和杨氏墓葬等；第二单元"龙岩风云"，包括军事要塞、土司衙署、龙屯壁垒三个板块，主要展示海龙屯遗址的地形地貌、衙署、建筑构件和关隘城墙，以及重要碑帖拓片等；第三单元"保护管理"，包括调查发掘、保护文告、保护路径、管理机构、著述研究、专家考察六个板块，着重讲述考古过程，并介绍历年印发的保护管理规划和条例、出版物等。

陈列展示中心是申遗时应急改建而成，不能充分体现海龙屯遗址的历史文化特色。为切实建立

海龙屯陈列展示中心

"龙岩风云"单元展厅

起与世界文化遗产相匹配的展陈体系，全面展示海龙屯遗址的历史文化风采，遵义海龙屯文化遗产管理局联合相关单位，根据省、市业务主管部门指导意见，编制完成《遵义海龙屯遗址展陈建设项目方案》，对博物馆设施及展陈形式进行改造提升。

海龙屯遗址的宣传教育

2018年10月13—15日，海龙屯遗址博物馆承办第八届中国土司制度与土司文化国际学术研讨会，此次会议对土司制度、土司遗址保护利用等方面进行了深入探讨，对推动贵州土司文化研究、进一步提升海龙屯等土司遗址的知名度具有重要意义。2019年11月19—20日，中国博物馆协会考古与遗址博物馆专业委员会2019年年会在海龙屯遗址召开，此次年会结合博物馆实际，就考古与遗址博物馆的可持续发展等主题展开交流，并对海龙屯文化遗产文旅融合的新途径提出诸多真知灼见。2020年5月18日，海龙屯陈列展示中心举办了"品鉴历史 传承文脉"文物鉴赏沙龙等活动。以上学术活动,进一步拓展了海龙屯遗址研究的深度和广度,提升了海龙屯遗址的影响力。

海龙屯遗址博物馆积极发挥博物馆的社会教育职能,通过学术讲座、合作研学等多种形式,向公众全方位地阐释播州土司历史文化和价值,积极营造全社会共同参与世界文化遗产保护的良好氛围。

自 2016 年开始,遵义海龙屯文化遗产管理局主动走进学校、社区和军营,积极开展文化遗产保护与传承活动。工作人员先后走进 20 多个校园,围绕世界遗产、海龙屯历史与文化、海龙屯相关遗存、文化遗产保护与传承等主题,开展社会教育活动。通过播放纪录片、根据中小学生特点设计寓教于乐的课件等方式宣讲历史知识,增进了青少年对海龙屯遗址历史文化内涵的认知,增强了青少年的文化自豪感。

(初稿:陈丽　统稿:李兴)

广东海上丝绸之路博物馆

广东海上丝绸之路博物馆（以下简称"广东海丝馆"）位于广东省阳江市江城区海陵岛南海一号大道西，是以"南海Ⅰ号"宋代古沉船发掘、保护、展示与研究为主题，展现水下考古现场发掘动态的水下考古专题博物馆，被誉为世界三大沉船博物馆之一，是国家一级博物馆、国家AAAAA级旅游景区。博物馆以"在科学保护'南海Ⅰ号'中加快与旅游产业的高度融合，实现文化遗产的传承和可持续发展，助力一带一路建设"为办馆宗旨，设有陈列馆、"水晶宫"、藏品库房等设施，主要展出沉寂于海底800多年的宋代商贸海船"南海Ⅰ号"及其船载文物。

　　广东海丝馆主体建筑占地面积12 288平方米，建筑面积19 409平方米。博物馆建筑特色鲜明，紧扣海洋文化主题，是海陵岛的地标性建筑。立面由五个大小不一的椭圆体连环相扣组成，整体既似起伏的波浪，又如展翅的海鸥。在干栏式结构中融入古代造船的龙骨结构，建筑风格具有浓厚的海洋文化色彩。

广东海上丝绸之路博物馆外景

目前，广东海丝馆藏品总数 30 027 件（套），包括金银器、铜器、铁器、铅锡器、钱币、陶器、瓷器、竹木漆器、宝玉石器、玻璃器、骨角牙器、书画等。从来源分类，藏品以接收"南海Ⅰ号"考古队发掘器物为主，共 29 869 件（套），广东省文物局调拨和社会征集（收购和接收捐赠）藏品为辅，共 158 件（套）。

水下遗存丰富，再现南宋海洋贸易盛况

"南海Ⅰ号"沉没地点位于广东中部通往西部海上交通的主航道上，是古代中国通往西方的海上丝绸之路必经之地。作为一个相对独立且结构完整的水下遗存，"南海Ⅰ号"蕴含的信息量极为庞大，显示出宋代高度发达的商品经济和较为成熟的海上贸易体系，再现了南宋海洋活动的繁荣景象。"南海Ⅰ号"的发现及发掘打捞工作前后历经近 30 年，见证了我国水下考古学从无到有、再到成熟壮大的发展历程，不仅体现了中国水下考古的发展水平，还是我国水下文化遗产保护发展的一个缩影。

"南海Ⅰ号"古沉船于 1987 年 8 月被偶然发现，是在南海发现的首个依考古惯例以遗址海域命名的重要沉船。当时，广州救捞局正在广东省台山市和阳江市交界海域内寻找沉船"莱茵堡号"，却意外发现了一条满载宋元时期文物的沉船，并打捞出瓷器、铜器、铁器、银锭、铜钱等文物 247 件（现藏于广东省博物馆）。这艘偶然发现的沉船最初被命名为"川山群岛海域宋元沉船"，20 世纪 90 年代初，中国水下考古事业的创始人之一俞伟超先生将其命名为"南海Ⅰ号"。

1989—2004 年，国家文物局先后 8 次组织水下考古队对"南海Ⅰ号"进行考古调查、勘探。经国家文物局批准，2002 年，"南海Ⅰ号"沉船进入了水下考古试掘阶段，初步确定了"整体发掘、异地保护"的发掘方案。同年 10 月 10 日，阳江市组织召开"南海Ⅰ号"文物保护工作座谈会，会上做出了三个决定：一是正式提出了"整体开发，就地展示，原地保护"的十二字方针，以确保"南海Ⅰ号"文物的完整性和唯一性；二是认真研究、科学制定整体打捞工作方案；三是规划建设广东海丝馆。

2007 年 12 月 22 日上午，装有"南海Ⅰ号"沉船的沉箱被吊出海底。同年 12 月 28 日，"南海Ⅰ号"成功实现了世界首创的整体打捞，移放在广东海丝馆的"水晶宫"。2009 年 12 月 24 日，广东海丝馆正式对外开放。

经 2009 年和 2011 年的两次室内试发掘和 2012 年的前期研究工作，2013 年 11 月，国家文物局启动了"南海Ⅰ号"的系统性保护发掘工作。考古发掘显示，"南海Ⅰ号"船体保存较为完整，

仅艉舭稍有残缺,对于中国造船史研究具有重要意义。"南海Ⅰ号"残长22.15米,宽9.35米,船内舱室最深2.7米,保留有左右舷板、水线甲板、隔舱板、舵承孔等船体结构,以及船中桅托梁、甲板、船壳板、底板和小隔板等部分。从船体结构、船型工艺等方面判断,"南海Ⅰ号"属于"福船"类型,采用木材的产地来自中国东南沿海、西南地区,以及南亚等地。"南海Ⅰ号"还使用了先进的升降船舵以及"可倒桅"技术。升降船舵是中国人发明的,14世纪才传入欧洲。

目前,"南海Ⅰ号"全面保护发掘工作已经基本完成,并取得了阶段性成果,船舱内遗物已清理完毕,考古发掘工作进入船体外围清理和船体加固、古船数据采集阶段。"南海Ⅰ号"是在古代海上丝绸之路上发现的年代较早、体量较大、保存较完整的南宋贸易商船,是目前为止我国最为重要的水下考古项目之一,在我国水下文化遗产保护事业中具有里程碑意义,为世界水下文化遗产的保护提供了中国方案。

"南海Ⅰ号"的出水文物包括瓷器,金、银、铜、铅、锡等金属器,竹木漆器,玻璃器以及人类骨骼、矿石标本、动植物遗存等,总数超过18万件(套),其中尤以瓷器、金属器为大宗。出水瓷器17万余件(套)、金器200余件(套)、银器198件(套),铁器凝结物逾130吨,对研究我国乃至东亚、东南亚的古代造船史、陶瓷史、航运史、贸易史等有重要意义,为海上丝绸之路的千年传承、我国与沿线国家的商业与文化交流提供了坚实论据。

"南海Ⅰ号"出水景德镇窑菊瓣碗　　　　　　　　"南海Ⅰ号"出水龙泉窑菊瓣碟

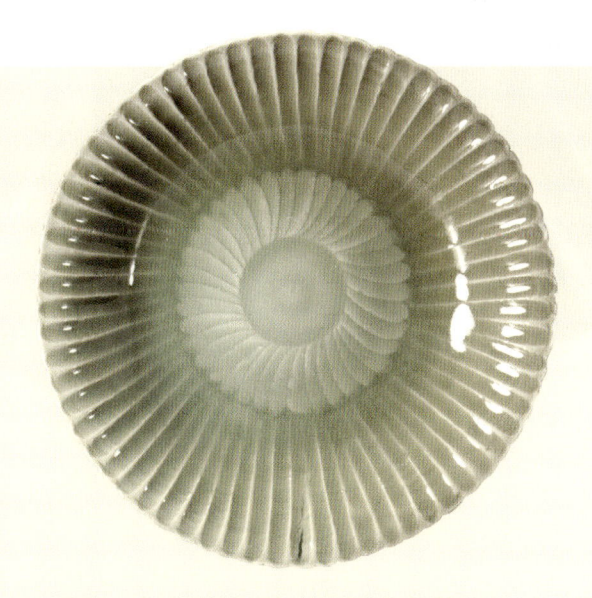

"南海Ⅰ号"出水金缨络胸佩

"南海Ⅰ号"出水银铤　　　　　　　　　　　　"南海Ⅰ号"出水铜镜

　　宋代瓷器是中国瓷器史上的巅峰之作，"南海Ⅰ号"沉船出水的宋代瓷器来自江西景德镇窑、浙江龙泉窑、福建德化窑、闽清义窑、磁灶窑等诸多窑口，品种繁多，造型独特，见证了宋代陶瓷外销的盛况。

　　2015年12月，"南海Ⅰ号"古沉船遗址被广东省人民政府公布为广东省第一批水下文物保护区。"南海Ⅰ号"水下文物保护区位于大帆石、南鹏岛、茫洲岛以及上川岛的乌猪洲的闭合连线范围内，核心区域位于北纬21°30′36.9466″，东经112°22′11.54914″，半径500米范围。2020年5月，广东"南海Ⅰ号"南宋沉船水下考古发掘项目入选2019年度全国十大考古新发现。2021年10月，广东"南海Ⅰ号"沉船入选百年百大考古发现。

陈列新颖生动，充分展示海洋历史文化

　　"南海Ⅰ号"是珍贵的文化遗产。实施整体打捞工程后，沉船船体及丰富的船载文物被移至广东海丝馆内，此后便开展了一系列研究工作，探索其蕴含的丰富海洋文化。

　　广东海丝馆以全程向公众开放的水下考古发掘现场和观众互动参与为特色展示内容，包括了沉船船体保护、船载文物发掘清理的水下考古（现场）发掘、出水文物保护等展示项目。其中，"水晶宫"内展示的沉船水下考古发掘现场是观众参观的主要内容。"水晶宫"设计有多层围廊和可视窗口，观众可以选择多种方式，近距离、多角度参观水下考古现场。伴随着水下考古工作的推进和沉船丰富文化信息的不断揭露，展示内容始终在变化，既增强了展览的生动性、直观性，也提高

"丝路船说——'南海Ⅰ号'的前世今生"基本陈列

了观众互动参与的积极性。

广东海丝馆现有两个基本陈列，分别是"丝路船说——'南海Ⅰ号'的前世今生"和"沧澜帆影——探秘'南海Ⅰ号'"。

"丝路船说——'南海Ⅰ号'的前世今生"基本陈列面积达1.2万多平方米，展线长2000多米，展品超过4000件。展览紧紧围绕"南海Ⅰ号"，展现其发现、水下勘探发掘、整体打捞、保护等历程，分"扬帆""沉没""探秘""出水""价值""遗珍""成果"七个展区，主要展示"南海Ⅰ号"出水的珍贵文物，包括充满异域风情的黄金饰品、朴素典雅的中国陶瓷、极其罕见的宋代漆器等。通过展厅内声光电多媒体营造的场景，观众可以了解"南海Ⅰ号"扬帆远洋、搏击风浪、货通万国的故事，感受古代海上丝绸之路恢宏灿烂的历史文化。

"沧澜帆影——探秘'南海Ⅰ号'"陈列位于博物馆建筑拱底的海丝文化创意街，面积500平方米。陈列包括"远渡重洋的云帆""重现于世的沧海遗珠""海底宝船的历史谜团""揭开古船的神秘面纱"等四个单元，以"提出问题—引人思考—公布答案"的互动问答方式，将观众关心的"南海Ⅰ号"历史谜团一一解开，这也是广东海丝馆创新陈列形式的尝试与探索。

"南海Ⅰ号"是海上丝绸之路申遗的重要见证，依托"南海Ⅰ号"古沉船，2018年4月，阳江市加入海上丝绸之路申遗城市联盟，并依托联盟开展了一系列面向国内外的文化交流活动。作为"一带一路"文化使者，"南海Ⅰ号"出水文物在丝绸之路沿线国家和地区举办的数十场展览中展出，宣传中国文化，促进文明互鉴，助力21世纪海上丝绸之路建设。

在展陈设计理念方面，广东海丝馆集保护、发掘、展览于一体，合理运用多种展陈手段，便于观众参与互动，营造海洋历史文化和蓝色文明氛围。博物馆采用现代化科技手段模拟沉船水下环境、开放水下考古工作现场等展览方式具有极大的创新性。同时，博物馆将古代造船航海技术研究、各港口考古研究、外销瓷研究等成果融入陈列展览，凸显了博物馆的研究特色与优势。

博物馆是中小学生的第二课堂，广东海丝馆高度重视社会教育活动的开展，大力开拓中小学生研学项目。博物馆依托丰富的历史文化资源，结合造船、航海等自然科学知识，开发了19个研学项目。其中，"南海Ⅰ号"研学旅游项目被评为"全国文化遗产旅游十佳项目"。将知识性、趣味性、科学性有机结合的"南海Ⅰ号"文物保护之旅、"南海Ⅰ号"探秘之旅等，深受中小学生的喜爱。

2020年以来，广东海丝馆在做好疫情防控和保障人员安全的基础上，采取网上预约购票，提供语音讲解器，提倡分时分段参观，尽可能实现无接触服务，改善观众的参观体验。

研究培养并重，树立水下遗产保护标杆

"南海Ⅰ号"的文物保护工作，树立了我国水下文化遗产保护的标杆。

环境的变化是影响沉船保护的重要因素。沉船脱离川山群岛海域埋藏的水文环境，整体迁移上岸后，船木处于饱水状态，面临有氧环境及微生物活动等不利条件。沉船经过长期的水下埋藏，遭受了一定程度的腐蚀破坏，海洋生物、海泥和船载货物在其表面形成大量凝结物，船身侵蚀严重，保护难度大，保护任务艰巨。

自"南海Ⅰ号"出水以来，国家文物局指导相关部门和单位，积极开展一系列专题研究，内容涉及考古发掘、船体现状评估、保存环境监测、船体和船载文物保护等多个方面，积累了丰富的实验数据和原始资料。在此基础上，国家文物局考古研究中心、广东省文物局、广东省文物考古研究院、广东省博物馆、中山大学、自然资源部第三海洋研究所等多家单位合作编制完成了"南海Ⅰ号"考古发掘和保护工作方案，并获得国家文物局批准。在"南海Ⅰ号"木质船体及出水文物的保护等方面，取得了丰硕的成果。"南海Ⅰ号"船体较少出现萎缩、硬化、变形、开裂的现象，船身整体保护效果良好，为中国水下大型木质古船文物保护树立了典范。

自2013年"南海Ⅰ号"全面发掘和保护工作启动以来，完成脱盐处理的陶瓷器已达数万件，完成清洗、缓蚀、封护处理的铁器逾300千克。专业技术人员每天对发掘现场船木进行喷淋保湿防腐，为出水漆器定期换水检测。2015—2017年，博物馆开展馆藏陶瓷器和铜器保护修复项目，保护处理1553件陶瓷器、5000余枚铜钱、50件铜环和2枚铜镜。2019年，博物馆完成部分漆木器的稳定性保护处理。2020年，博物馆积极和高等院校合作，研究铁质文物保护技术，已取得初步成果。此外，博物馆还承担了"十三五"国家重点研发计划项目"海洋出水木质文物保护关键技术研发"。

广东海丝馆具有瓷器文物修复资质，建有仪器分析室、出水文物现场保护实验室、文物

清理漆盘

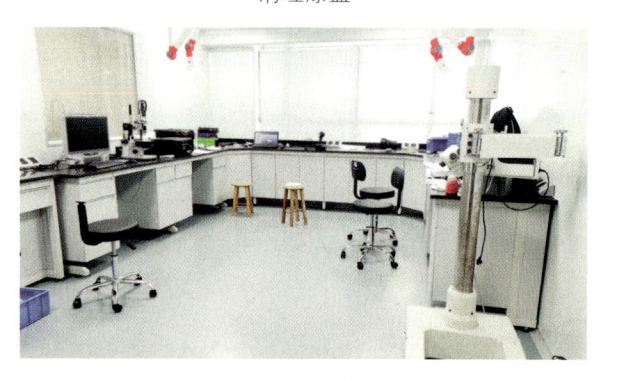

仪器分析室

修复实验室等实验场所，拥有专业能力强的文物保护与修复人才队伍，配备了门类齐全的文物保护设备，包括脱盐设备、观察分析设备、环境检测设备、文物修复设备等，为"南海Ⅰ号"的发掘保护提供了强有力的人才和技术保障。近年来，广东海丝馆和中国文化遗产研究院联合主办十多期出水文物保护修复技术培训班，为全国各地文物保护单位和博物馆培养了数百名文物保护工作人员，促进了文物保护事业的长远发展。在文物保护基础上，广东海丝馆对"南海Ⅰ号"的学术研究也取得丰硕成果，已出版"南海Ⅰ号"研究专刊、丛书、图录等，相关技术也已获得专利。

"南海Ⅰ号"不仅是一条古沉船，它更像一个符号，象征着我国古代海上丝绸之路恢宏灿烂的历史。广东海上丝绸之路博物馆的建立，为全世界了解"南海Ⅰ号"和海上丝绸之路史提供了一个窗口，有力地促进了我国水下考古事业和海上丝绸之路学的蓬勃发展，推动文化遗产的传承和可持续发展，助力"一带一路"建设。

（初稿：陈浩天　统稿：李潭漪）

后　记

编写《中国考古遗址博物馆》的倡议，最早是由刘曙光理事长在参加中国博物馆协会考古与遗址博物馆专业委员会2020年年会时提出来的。那次年会的重要议题，是学习领会习近平总书记在中央政治局第二十三次集体学习时关于考古工作的重要讲话精神，部署在2021年纪念中国现代考古学诞生100周年系列活动中遗址博物馆的重要工作，深化我国考古遗址博物馆在新时代文化强国建设中的使命担当。

经过一段时间的准备，2021年6月，中国博物馆协会在考古与遗址博物馆专业委员会主任委员单位秦始皇帝陵博物院召开了编撰工作协调会，刘曙光理事长主持会议。与会者一致认为，考古遗址博物馆不仅是建设中国特色、中国风格、中国气派考古学的重要内容，也是中国博物馆事业高质量发展的重要方面，同时也是促进考古学与博物馆学交叉融合、共同进步的重要途径。会议还就本书的入编单位、样稿撰写、编写体例与文稿风格等达成共识，并确定由中国博物馆协会史前遗址博物馆专业委员会和考古与遗址博物馆专业委员会共同承担编撰工作。

本书的编写时间紧、任务重，各相关单位通力合作、密切配合，确保了如期交稿出版。刘曙光理事长始终对编撰工作给予很大关注，中国博物馆协会秘书处的曹文心协调各方，付出了很多时间和精力，在此深表谢忱。

该书的出版填补了我国考古遗址博物馆没有综合类专著的空白，不仅为纪念中国现代考古学诞生100周年献上一份博物馆界的厚礼，也向迎来40周岁生日的中国博物馆协会表达了热诚的敬意。

江苏凤凰文艺出版社长期致力于文化遗产和博物馆领域出版工作，副总编辑张遇、编辑费明燕、胡雪琪、高竹君，为本书的付梓付出了很多心血，在此一并致谢。

限于时间和水平等，本书在文字、图片、编辑体例以及入选范围等方面还有一些不足之处，敬请读者批评指正。

编　者

2022年5月

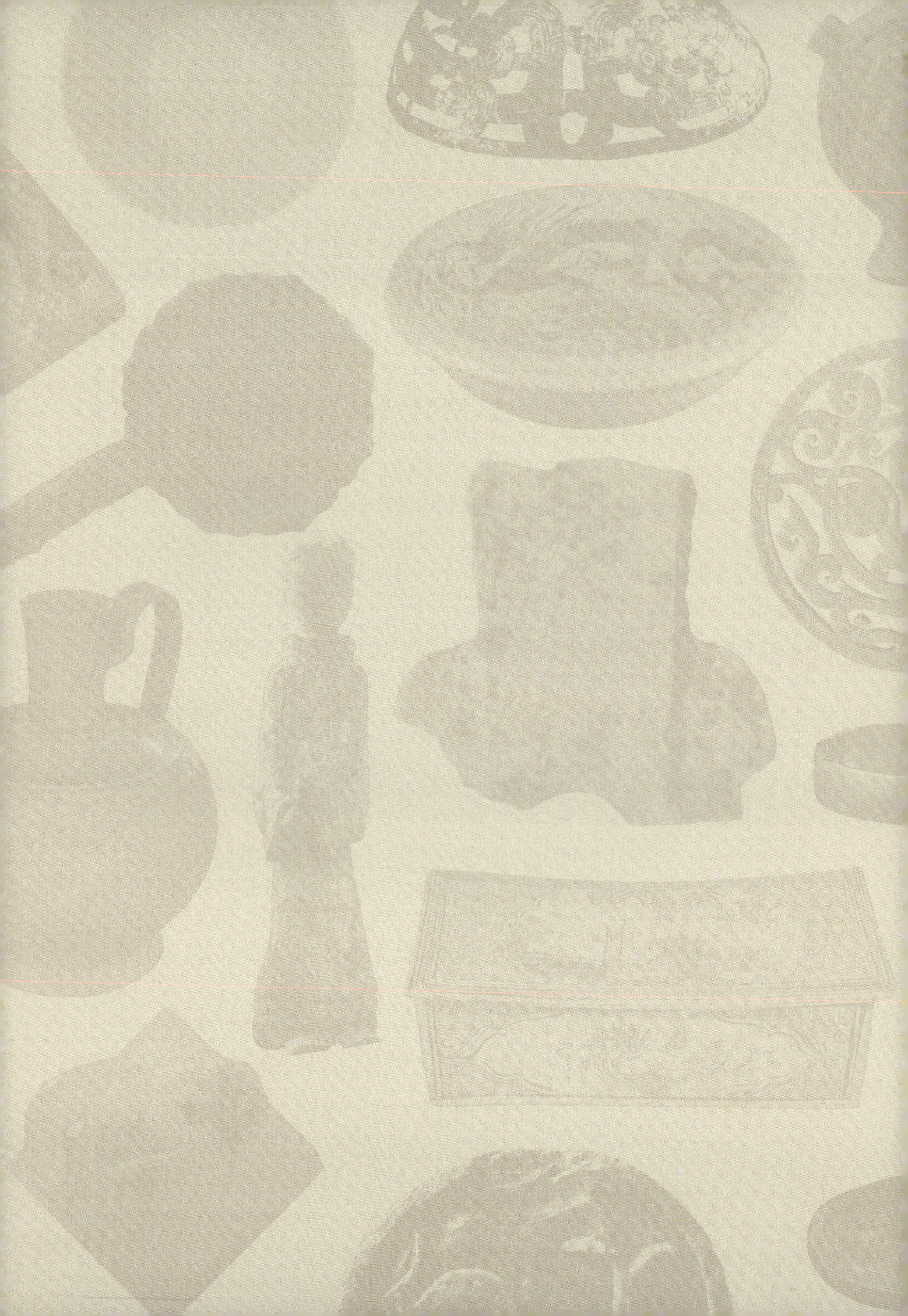

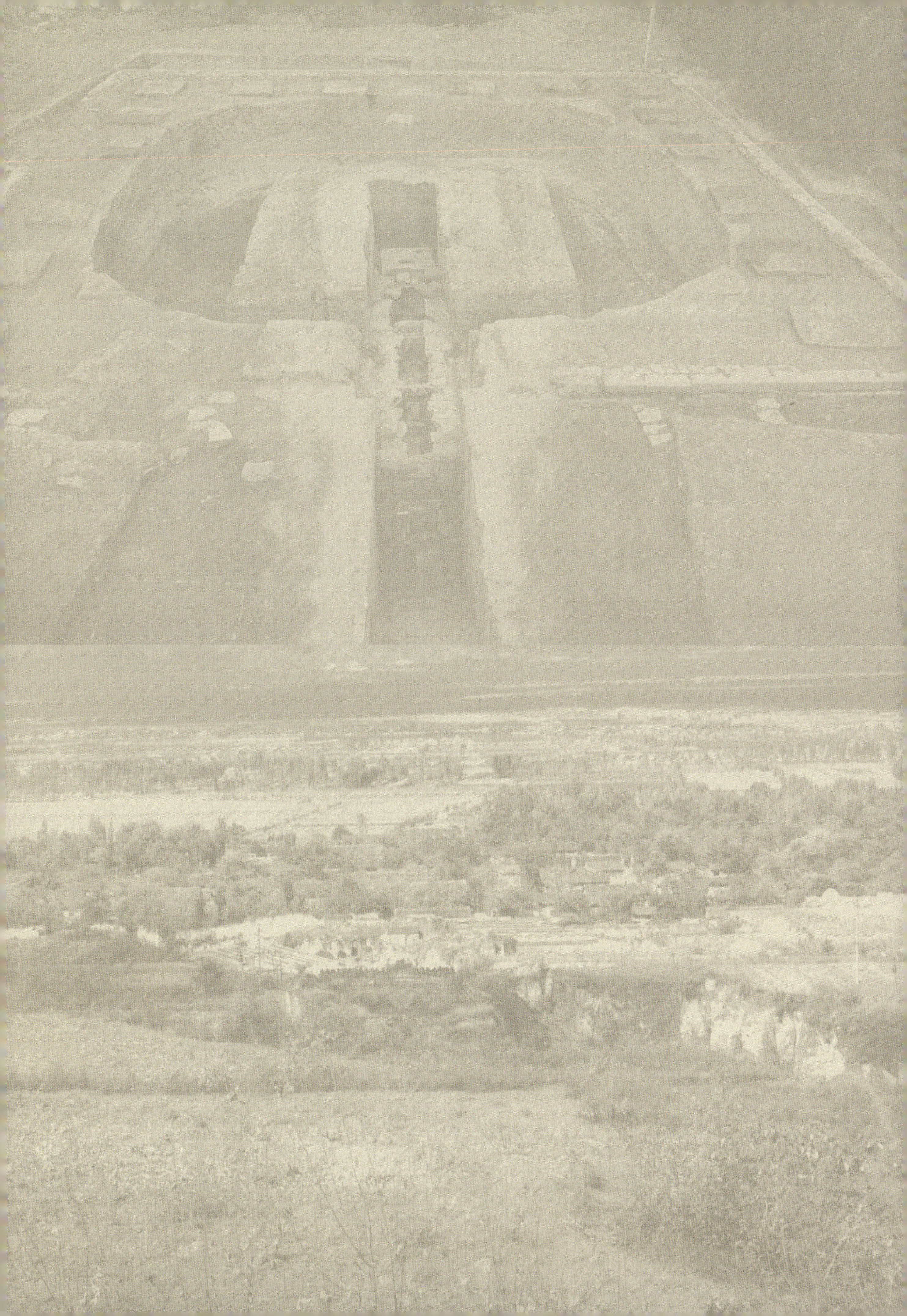

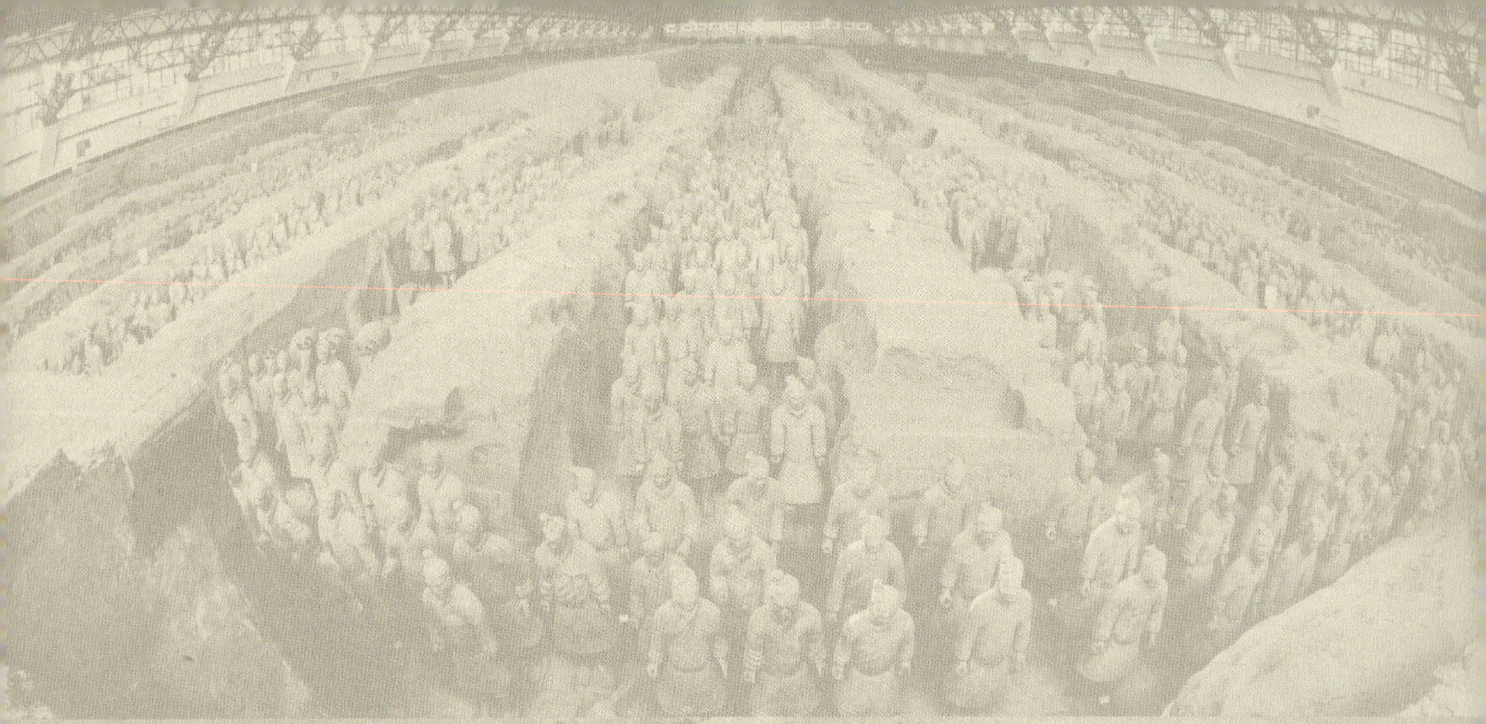

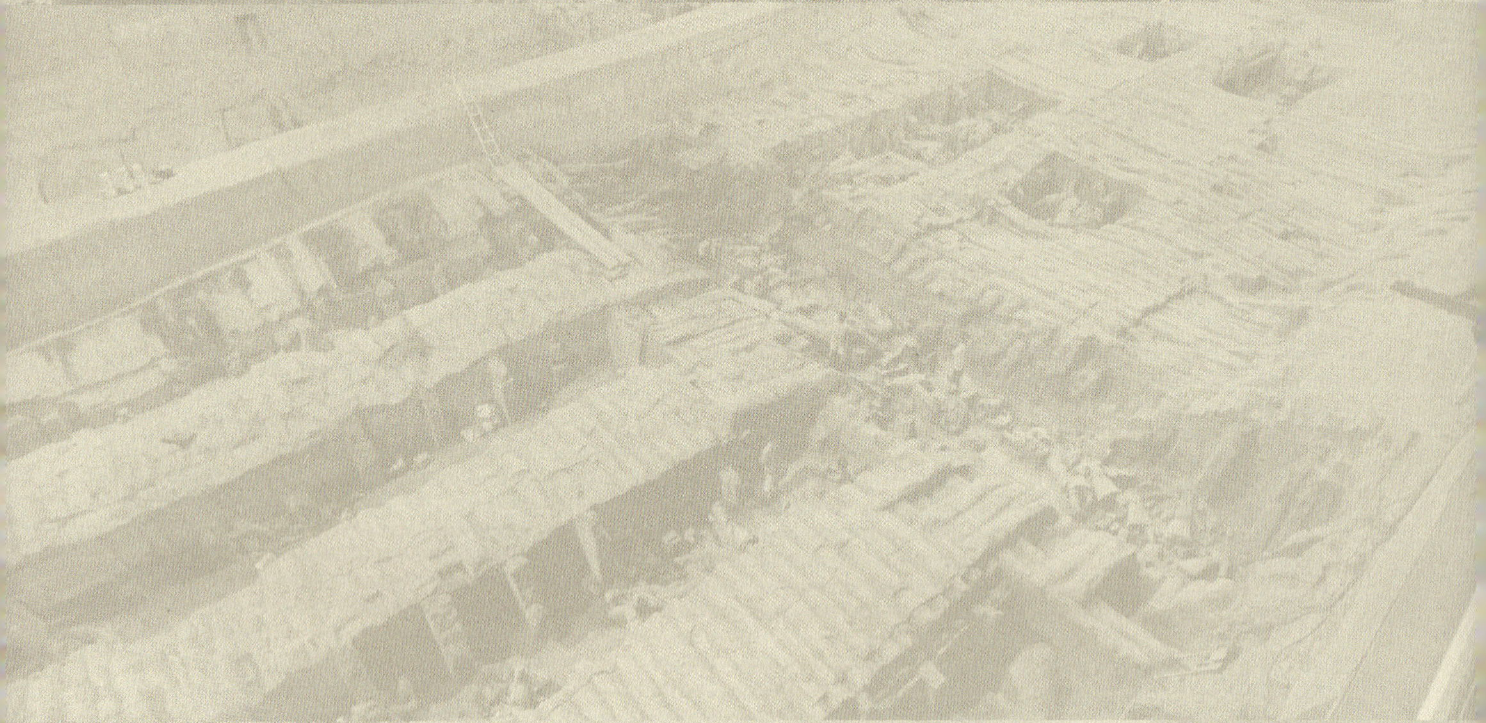

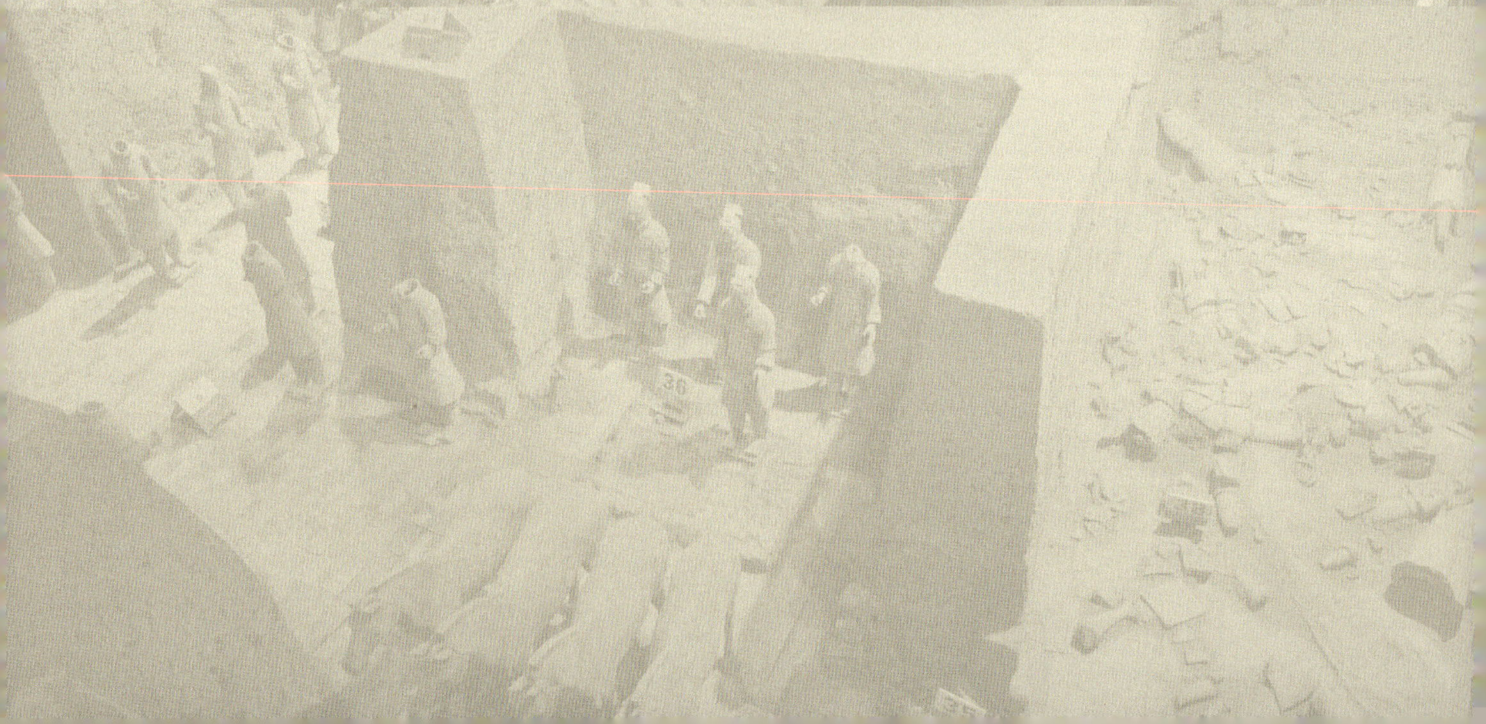
36